TONGXINZHAIXIESHI
Minzu Lilun Ruogan Wenti Tanjiu

同心斋撷实

民族理论若干问题探究

张三南/杨须爱 · 主编

时事出版社

图书在版编目（CIP）数据

同心斋撷实：民族理论若干问题探究/张三南，杨须爱主编.—北京：时事出版社，2016.12

ISBN 978-7-5195-0028-3

Ⅰ.①同… Ⅱ.①张… ②杨… Ⅲ.①民族问题—研究—中国
Ⅳ.①D633.1

中国版本图书馆 CIP 数据核字（2016）第 205620 号

出 版 发 行：时事出版社
地　　　址：北京市海淀区万寿寺甲 2 号
邮　　　编：100081
发 行 热 线：（010）88547590　88547591
读者服务部：（010）88547595
传　　　真：（010）88547592
电 子 邮 箱：shishichubanshe@ sina. com
网　　　址：www. shishishe. com
印　　　刷：北京市昌平百善印刷厂

开本：787×1092　1/16　印张：22.5　字数：435 千字
2016 年 12 月第 1 版　2016 年 12 月第 1 次印刷
定价：105.00 元
（如有印装质量问题，请与本社发行部联系调换）

本书获河北省高校青年拔尖人才计划项目（BJ2014099）、中国博士后科学基金面上资助项目（2014M550120）和中国博士后科学基金特别资助项目（2015T80184）支持，谨表谢忱。

目　录

经典探微

"过程"分解

“族性”问道

“问题”释惑

学科自省

序　言

"同心斋"本是个微信朋友圈的名称，成员同为一个师门，即王希恩老师及其门下的博士和博士后。王老师长期在中国社会科学院民族学与人类学研究所工作，长期担任博士生导师，2015 年悠然退休。他的这些学生有在读的，更多则是走上工作岗位或在职在读的。"同心斋"这个名字是在大家充分讨论后由王老师最后定夺的，可以理解为，"同在一个师门，同学同心，戮力向学"。在《新华字典》中，"斋"的第一义项为"书房、校舍"，延伸即可喻为"师门"，甚是恰当。

"同心斋"的发起是在 2015 年秋天，是在为王老师荣退举行的座谈会之后我们为加强同门之间的联系而建的。时至今日，"同心斋"不能说很热闹，但很纯粹，均是交流学术信息、同学来往信息，偶尔也会有点小调侃、小幽默来活跃气氛。但在这些信息背后，"斋友"们共同的作为则是对于民族理论的探究，因为这是共同的学业、志趣和事业。正因为这样，我们在筹备王老师荣退活动时就设想要出一本书，既作为纪念活动的一部分，也能反映王老师和学生们的学术成就。经过近一年努力，就有了这样一本文集。

怎样编辑这本集子，我们是颇费心思的。既然是纪念王老师荣退，当然要对王老师的学术贡献有一个充分的反映。但王老师学术生涯 30 年，先在民族史和党史领域耕耘，后集中在民族理论和民族问题研究，成绩斐然，如何选用他的作品是要精心考虑的。同时，作为王老师的学生，受他学术思想影响产出的研究成果也颇具规模，如何选用也并非易事。然而，我们秉承的原则是尽量做好，具体做法是围绕王老师的主要著述划出相应专题，以王老师的一篇文章打头，同时选出一组学生的文章辅放其后，最终形成了这样五个板块的格局。五个板块主要反映王老师五个方面的贡献。

一是关于马克思主义经典民族理论的研究，也即"经典探微"部分。作为中国民族理论的指导思想和主要研究内容，包括"经典"理论在内的马克思主义民族理论在王老师的研究中占有很大比重。他曾积极参与了中央和中国社会科学院马克思主义理论研究与建设工程的相关课题，主持了他所在的民族学与人类学研究所马克思主义民族理论重点学科方向的工作，由他主持的中国社会科学院“马工程”课题《马克思恩格斯列宁斯大林论民族》已完成并出版（中国社会科学出版社，2013 年），同样由他主持的《马克思主义经典作家民族问题文选》（五卷本）也已出版（社会科学文献出版社，2016 年）。这两套书采用了经典原著的最新版本，补充了新的内容，选文精当，正成为国内学习研究马克思主义经典民族理论最全面、最权威的读本。在具体问题的研究上，王老师曾对马克思主义经典作家关于民族主义的论述做了系统梳理，并提出根据经典作家的理论设想和世界历史的发展实践，民族主义是实现无产阶级革命和社会主义目标必需的“过渡”性途径。马克思主义经典作家对民族主义的两重性有着清晰的辨别，对其消极性做了严厉的鞭挞和批判，而将它的积极因素在实践上加以借助，在理论上吸纳改造，使其成为马克思主义民族理论的重要内容。马克思主义经典作家对于民族主义的批判、借助和吸纳，既是矛盾的，又是统一的（《批判、借助和吸纳——对马克思主义经典作家关于民族主义论述的再认识》，《民族研究》2007 年第 5 期）。该文被放在“经典探微”板块之首，可被视为王老师经典理论研究的代表性作品。而其后我们关于马克思主义有关民族主义论述的几篇文章，都是从这篇文章得到启发后而做出的延续性研究。

二是关于民族过程理论，也即“‘过程’分解”部分，意在反映王老师对民族过程理论的探讨。民族过程理论曾是 20 世纪六七十年代苏联民族学界的主导理论，80 年代传入我国后引起民族理论界的重视。王希恩老师 1998 年出版的《民族过程与国家》（甘肃人民出版社）一书在肯定苏联民族过程理论价值的前提下，对其内容进行了全面的修正，以完全中国化的风格和话语阐述了自己的民族过程理论。王老师在书中将民族过程看作是人类社会发展历史的一个特殊形式，详细分析了民族过程的具体内容和阶段，尤其是对民族过程与国家的关系做了系统阐述。2009 年，王老师的另一本专著《全球化中的民族过程》（社会科学文献出版社）对其民族过程理论又做了进一步的发展。他提出，世界民族过程在全球化背景中经历了三段行程。这期间，民族借助资本的力量，从一个“羞怯的婢女”变成了历史的主角。全球化用不断进步的交通和媒介拉近了民族之间的距离，因此引发了世界性的民族自觉；也用持续而大范围的人口流迁分解了民族的壁垒，开启了民族融合的广阔前景。民族过程理论本质上是马克思主义将民族视为一种历史过程，有其产生、发展和消亡固有规律的理论反映。民族过程既是一种理论观点，又是一种分析工具。对民族过程理论的坚持和发展有助于从更宽广和纵深的视野认识当代世界的民族现象和民族问题，有助于认识当前中国民族问题发生发展的客观规律。通过民族过程理论的阐发，王希恩老师完成了自己关于民族现象和民族问题理论的系统性构建，成为其标志性的观点。这一板块，我们选用了王老师《关于“民族过程”的两个问题》（《宁夏社会科学》1997 年第 3 期）一文，此文是王老师民族过程理论时的铺垫性作品。

三是关于当代世界民族现象和民族过程的认识，也即“‘族性’问道”板块。关于“族性”，即英文的“ethnicity”，在学界有着广泛的解读并因此产生了诸多的学说。王老师将其纳入民族过程理论并做出了既符合实际又有极大解释力的分析。他认为，“族性”即能够构成各种族类群体的基本要素，包括血统、语言、传统文化、祖籍地、宗教、种族等。以“族性”为中心的阵营组合和竞争的加剧、基于“族性”的传统文化的着意弘扬、“政治族性化”的日渐盛行、原生族体的“碎片化”及大范围扩散等构成了当代世界的“族性张扬”。“族性张扬”有着全球化的背景支撑，是当代世界民族现象和民族过程的基本特征和阶段性内容。这一观点，是王老师民族过程理论对当代世界民族现象的具体解读，对正确理解当今世界的民族问题有着很强的现实意义，也为相关研究提供了新的思路。本板块即以王老师的论文《族性及族性张扬——当代世界民族现象和民族过程试解》（《世界民族》2005 年第 4 期）为核心，辅以学生们关于当代民族主义和文化相对主义的几篇论文，形成了一种颇显阵容的对于当代民族现象的研究场景。

四是关于中国的民族问题和民族工作，也即“‘问题’释惑”部分。中国民族理论向来把研究民族问题，尤其是研究中国的民族问题视为己任，每一个成熟的研究者都有关于当前民族问题和民族事务的一套观点或理论，王希恩老师同样如此。2002 年出版的《当代中国民族问题解析》（民族出版社）初步奠定了他对当代中国民族问题的基本观点；2012 年出版的《20 世纪的中国民族问题》（中国社会科学出版社）充分地展示了他对百年以来中国民族问题的系统看法；而同年出版的他的论文集《问题与和谐——中国民族问题寻解》（中国社会科学出版社）则是他对当代中国民族问题及其解决之道的集中表达。同样不可忽略的是，基于这些认识，王老师成功地将其应用于中国民族工作的智力支持实践。2000 年，他主持的国家社科基金课题《世纪之交我国民族问题的基本态势及进一步促进民族团结研究》，分专题对当时国内的民族问题及其发展趋势做了正确的预判并提出相应的对策建议。成果上报后产生了应有的社会效益。此后，从国家专项五年规划《坚持和完善民族理论政策体系规划（2011—2015年）》的主持制定、一些重大理论问题的对策建议、中央民族工作会议的理论咨询到一些具体政策问题的讨论，都留下了他的文字、身影和声音。本板块收录了王老师的《认识和处理中国民族问题中的统筹兼顾》（《民族研究》2008 年第 5 期）一文。他认为，统筹兼顾是科学发展观的根本方法，也是我们正确认识和处理中国民族问题的根本方法。统筹兼顾首先要有大局意识，既要抓主要矛盾，又要善于协调各种利益和关系，既要立足现实，又要有前瞻意识。此文充分反映了王老师在当代民族问题认识上的一种辩证方法，堪称科学研究的典范。同样，本板块也将弟子们关于民族问题、民族工作的一些文章收入，展示了他们的研究方法、态度和观点，成为王老师思想的延伸。

五是关于中国民族理论学科的检讨，即最后部分“学科自省”。民族理论是颇具中国特色的一门学科，有其独有的优点和优势，也有其先天缺陷和后天不足。长期以来，民族理论学科的优势发挥的不够理想，而其不足和缺陷也并没有得到应有的克服。对此，学科内外的学界同仁是不满意的。作为民族理论学科的践行者和建设者，王希恩老师不但在研究和教学实践中自觉扩展视野、拓展研究方法，也努力地从学科理论上不断做出检省，在民族理论的学科建设上做了大量的工作。本板块收录的《论中国民族理论的学科特色》（《民族研究》1997 年第 5 期）一文就是王老师初入民族理论研究领域时对这一学科的检省之作。他在文中分析了民族理论学科产生的历史背景、发展环境和研究宗旨，概括了它的特点，评点了这些特点的优越之处及容易伴生的弊端，其中也对中国民族理论的学科性质、地位和作用等做了独到的阐述。其后不久，王老师又在《论中国民族理论的学科职能》（《中央民族大学学报》1997 年第 5 期）、《民族理论书简——关于中国民族理论学科特色的讨论：与熊锡元先生的通信》（《黑龙江民族丛刊》1998 年第 4 期）等文中进一步阐发了自己的观点。再其后，他又在不同的时间发表了《当代西方民族理论的主要渊源》（《民族研究》2004 年第 2 期）、《中国民族理论发展的三个生长点》（《满族研究》2002 年第 1 期）、《关于中国民族理论学科创新的几点认识》（《中南民族大学学报》2004 年第 4 期）等文章，分别就中国民族理论与西方的区别、中国民族理论学科发展创新的着力点等表达了意见。王老师在学科建设上所发表的成果充分地反映了一个学者应有的学术责任和自省精神。

五个板块安排的另一目的是反映我们学生对于王希恩老师学术道路的追随。我们这些博士和博士后自成为王老师的学生开始，便在他的指导下学习民族理论知识和从事研究，尽管总体上也很有收获，但具体到个人就颇显薄弱，甚至在王老师上述贡献的领域拿不出像样的成果。这样，在每个板块的安排上，除了王老师的文章之外，其他文章的切题性就不那么讲究了。当然，这些文章还有一些集中点，比方说，关于民族主义的研究就占有很大比例，五个板块中几乎都有涉及。这是与王老师的学术思想有关的。因为在他的著述中，在他对学生的指导中，民族主义都是一个极为重要的话题。同样，在当代世界民族问题和中国民族问题的诸多实践中，民族主义也是一个带有关键性的内容。所以，我们学生关于民族主义的研究，符合王老师的思想，也足以撑起一片天地。就此而言，我们也值得欣慰。

其实，这本文集不论是在反映王希恩老师的学术思想和贡献方面，还是对我们学生学术成果的展示方面，都远远不够。但能够反映的是我们“同心斋”在学术上的孜孜探索，是“同心斋”向中国民族理论研究奉献的一份财富。以此纪念王老师的荣退，也应该是一份拿得出手的礼物了。

张三南　杨须爱

2016年8月13日

经典探微

批判、借助和吸纳——对马克思主义经典作家关于民族主义论述的再认识*

王希恩

典型的民族主义现象始于18世纪，对民族主义现象的研究则始于19世纪后期，而在此进程中，马克思主义的著述绝对形成了民族主义研究史上的一个高峰。英国当代民族理论家A. D. 史密斯讲：“在1914年以前，马克思主义是民族主义研究的主要学派之一。虽然马克思和恩格斯没有在民族主义问题上形成成熟的理论，但东欧发生的民族主义运动使得马克思和恩格斯的追随者对这种现象给予了相当的注意。卡尔·考茨基（Karl Kautsky）、罗莎·卢森堡（Rosa Luxemburg）、奥托·鲍威尔（Otto Bauer）和伦纳（Renner）、列宁和斯大林等都对这些问题做了大量研究。事实上，在近几十年之前，他们是在连续性上最好的民族主义研究学派。”① 此言当为公允之论。事实上，马克思主义的有关论述不但成为民族主义研究的主要学派之一，而且对马克思主义解决民族问题的实践，乃至全部国际共产主义运动的历史实践都有着巨大影响。然而，在对待这份珍贵的历史遗产问题上，我们的民族理论界却长期满足于既有的结论，缺少深入的理解，漠视相关研究的进展。这种状况不利于马克思主义民族理论的发展，更不利于对于民族主义这一不断改变人类社会面貌的重要现象的正确认识。

在马克思主义阵营中，第二国际时期的卢森堡、考茨基以及鲍威尔等人虽都对民族主义问题做过一定的论述，但是他们的理论都不同程度上受到了列宁和斯大林的批判，一般来讲已经不能视为马克思主义观点了。因此，我们研究马克思主义关于民族主义的理论，从其本源上说只能推及到马克思主义的经典作家，即马克思、恩格斯、列宁和斯大林那里。马克思

---

* 原载《民族研究》2007年第5期，略有改动。

作者简介：王希恩（1954—），男，河南内黄人，中国社会科学院民族学与人类学研究所研究员，中国民族理论学会常务副会长，博士生导师，主要研究方向为民族理论、当代民族问题。

① Anthony D · Smith：*Theories of Nationalism*，Holmes & Meier Publishers，New York，1983，p. 257.

和恩格斯对于民族主义的直接论述不多，以至于西方学者普遍认为，“马克思终其一生都低估了作为一股独立力量的民族主义……这是他的伟大体系中的主要弱点之一。”① “在卡尔·马克思讨论的所有历史现象中，他对于民族主义、民族主义运动和民族国家的出现的考察是最不令人满意的。”② 但实际上，虽然直接论述不多，可马克思和恩格斯对于民族主义问题的间接论述却很丰富，这一点我们决不能忽略。与马克思和恩格斯不同，在列宁和斯大林关于民族问题的论述中，“民族主义”属于使用频率最高的关键词之一。可以说，列宁和斯大林的民族理论正是在对民族主义的论争和批判中建立起来的，马克思主义经典作家关于民族主义的基本观点也主要是在他们的论述中得到确立的。

据此，这里拟对马克思主义经典作家关于民族主义的理论及相关问题做一粗略分析，以求对这一研究的进一步展开。

一、“民族主义”的主要类别及内容

作为分析的前提，首先需要根据经典作家的有关论述，排列出他们所论及的“民族主义”的大致类别及内容。

古代民族主义。马克思和恩格斯没有对民族主义着意做出区分，但他们在批判布鲁诺·鲍威尔时曾提到：“民族主义导致了罗马和希腊的灭亡。因此，当批判（这里及下面的“批判”意指所针对论点的关键词——引者注。）断言民族主义促使法国革命失败的时候，批判并没有说出有关法国革命的任何独到见解。”③

显然，这里两次提到的“民族主义”，前者发生在古代历史，后者发生在法国大革命时期，分属不同时代的民族主义。后者是现代的，前者则是古代的。

“封建君主制的民族主义”和“资产阶级民族主义”。斯大林在其《社会民主党怎样理解民族问题》一文中提到：格鲁吉亚归并俄国后，格鲁吉亚贵族感到丧失了特权和势力，有伤自己的尊严，所以想要“解放格鲁吉亚”，由此就出现了这种“封建君主制的民族主义”。

---

① ［英］伯林著，冯克利译：《反潮流：观念史论文集》，译林出版社，2002 年版，第 333 页。

② 华东师范大学当代中国马克思主义研究中心：《社会主义发展的历史进程研究》，上海人民出版社，2001 年版，第 369 页；阿维纳日：《走向一种社会主义的民族主义理论》，《异议》1990 年。

③ 马克思、恩格斯：《神圣家族》，中国社会科学院民族研究所编：《马克思恩格斯论民族问题》，民族出版社，1987 年版，第 46 页。

而当随着资本主义的发展，年轻的格鲁吉亚资产阶级感到自己很难和外国资本家进行自由竞争时，他们就“开始嘟囔起什么独立的格鲁吉亚来了。格鲁吉亚资产阶级想用关税壁垒保护格鲁吉亚市场，用强力把‘外国’资产阶级从格鲁吉亚市场赶出去，用人为的方法提高物价，并用这种‘爱国的’手腕在发财的角逐场上求得成功”。这就是格鲁吉亚的“资产阶级民族主义”。①

“黑帮民族主义”或“政府的民族主义”。1905 年以后，俄国国内经济生活的重大变化和“宪政”促进了各民族自觉意识的觉醒，但当政的沙俄政府对俄边疆地区的民族觉醒实施了种种高压手段，从上层掀起了“黩武的民族主义浪潮”。列宁把这种民族主义称为“黑帮民族主义”或“政府民族主义”，他说：“俄国是一个民族关系复杂的国家。政府的政策，得到资产阶级支持的地主的政策浸透了彻头彻尾的黑帮民族主义。”“反动的或黑帮的民族主义力图保证一个民族享有特权，而使其余一切民族处于从属的、不平等的、甚至是根本无权的地位。”②

“从属的”或“被压迫民族中的民族主义”。这是与“黑帮民族主义”或“政府民族主义”对应的一种民族主义。斯大林在讲到 1905 年以后沙俄政府“从上层掀起的黩武的民族主义浪潮”时，也讲到由这种对边疆地区黩武和高压而产生的“下层”的“民族主义反击浪潮”，其中包括各民族中的“沙文主义”，犹太人中的“锡安主义”，鞑靼人中的“大伊斯兰主义”，亚美尼亚人、格鲁吉亚人、乌克兰人中的民族主义的加强，以及“没有教养的人反犹太主义的共同倾向”等。③ 这些民族主义多为各民族的上层所掀动，所以，列宁把它们称为“被压迫民族上层分子中的民族主义倾向”。1914 年，列宁在《关于民族问题的报告提纲》中又谈到了“被压迫民族中的民族主义”，指的是，俄国占 57% 的非大俄罗斯居民“受到难以置信的、空前的压迫的情况下”的反抗。④

“自由派民族主义”。1912 年 12 月列宁在《真理报》撰文，批判了当时俄国杜马中出现的“民族主义自由派”观点，指出，“他们不希望地主和官僚独占整个的统治权”，而追求两院制的受严格限制的宪法，“希望有一个执行以火与剑为‘祖国工业’争夺市场的‘爱国’政策”，“建设

① 斯大林：《社会民主党怎样理解民族问题》，中国社会科学院民族研究所编：《斯大林论民族问题》，民族出版社，1990 年版，第 3—4 页。

② 列宁：《工人阶级和民族问题》，《再论按民族划分学校事业》，中国社会科学院民族研究所编：《列宁论民族问题》（上），民族出版社，1987 年版，第 184、275 页。

③ 斯大林：《马克思主义和民族问题》，《斯大林论民族问题》，第 24—25 页。

④ 列宁：《关于民族问题的报告提纲》，《列宁论民族问题》（上），第 283 页。

'伟大的'资本主义俄国"。"民族主义自由派"或"自由派民族主义者"主要由俄国杜马和国务会议中的"进步派"和立宪民主党内大资产阶级的头面人物所组成。列宁反对这种民族主义是因为，当时的无产阶级政党的任务是彻底推翻旧的国家机器，实现无产阶级的自决，而不是维护和实行由资产阶级意志和力量所主宰的旧的俄国政权。因此，他号召人们"反对自由派民族主义。这种民族主义虽不那么粗暴，但是由于它的虚伪、由于它对人民进行'巧妙的'欺骗而特别有害"。也正是由于这一点，列宁又把它称为"虚伪地掩饰起来的精致的民族主义"。①

"社会民族主义"。列宁在《"联合者"》一文中称波兰社会党"左派"是"波兰社会民族主义派别之一"。② 他们是波兰社会党中持有民族主义偏见的一部分人。在第一次世界大战进行过程中，列宁又提醒人们同几种主要的社会民族主义，如普列汉诺夫的、波特列索夫的、崩得的、阿克雪里罗得的、考茨基的社会民族主义明确划清界限；把社会民族主义称为"资产阶级流派的最凶恶的保卫者"。根据列宁的论述，社会民族主义是打着社会主义招牌的民族主义，社会民主党内的民族主义。

"崩得民族主义"。"崩得"是于1897年成立的立陶宛、波兰和俄罗斯犹太工人总联盟的译称，1898年加入俄国社会民主工党。崩得自称是犹太无产阶级利益的唯一代表，主张俄国社会民主工党各部分之间的团结应表现在"联邦制"上，提出要以"联邦"的形式保持与俄国社会民主工党的关系。1903年崩得退出了俄国社会民主工党，1906年重新加入。

崩得民族主义是俄国社会民主党建党时期面临的无产阶级政党内部最严重的民族主义，其错误主张主要表现在对"民族文化"口号和"民族文化自治纲领"的鼓吹上。崩得对俄国社会民主工党的统一和工人阶级的团结造成了很大损害，并导致了它和俄国社会民主工党的正式决裂。为了清除崩得民族主义的影响，1913年，列宁和斯大林分别在《关于民族问题的批评意见》和《马克思主义和民族问题》两文中做了集中批判。除此之外，他们的其他论著也经常涉及批判崩得民族主义的内容。

"大俄罗斯民族主义"（沙文主义）和"地方民族主义"。早在1913年，列宁就在《论俄国社会民主工党的民族纲领》中讲道："沙皇政府比邻国政府更加反动，它是经济的自由发展的最大障碍，并且拼命激起大俄

---

① 列宁：《关于工人代表的某些发言问题》《关于杜马中的工人代表和他们的宣言问题》《民族主义自由派》，《列宁论民族问题》（上），第151—156页。

② 列宁：《"联合者"》，《列宁论民族问题》（上），第135页。

罗斯民族主义。"[1] 十月革命以后，列宁和斯大林反对民族主义倾向的主要着力点放在了党内和国内的大民族主义和地方民族主义。1919 年列宁在俄共（布）第八次代表大会上开始提到要警惕"大俄罗斯沙文主义"。他在讲到乌克兰问题时指出："对大俄罗斯共产党人中产生的一点点大俄罗斯民族主义的表现，都应当极其严格地加以追究。"同时讲："长期遭受压迫使乌克兰的落后群众具有民族主义倾向，因此，俄国共产党党员必须极其耐心和慎重地对待这种民族主义倾向。"实际上，不仅乌克兰，而且当时所有面临着与俄罗斯建立联盟关系的各国都有民族主义倾向。因此，列宁号召俄罗斯和其他有关各国的共产党员共同奋斗，"粉碎任何资产阶级民族主义的阴谋，消除各种各样的民族主义偏见"。[2]

此后，斯大林也在不同的场合对"两种民族主义"的表现和实质等做了论述。

"小资产阶级民族主义"。1920 年，列宁在为共产国际第二次代表大会草拟的《民族和殖民地问题纲领》中讲道："口头上承认国际主义，而事实上在全部宣传、鼓动和实际工作中却用市侩民族主义与和平主义偷换国际主义，这不仅是第二国际各政党中最常见的现象，而且也是那些已经退出了这个国际的各政党中，甚至往往是现在自称为共产党的各个政党中最常见的现象。"列宁把这种现象称为"小资产阶级民族主义"，认为其根源在于帝国主义的民族压迫和其本身生产方式的封闭性。[3]

二、关于"民族主义"的基本观点

以上为马克思主义经典作家的论述中所涉及到的"民族主义"的主要类别，另外还有个别的、偶尔提到的"民族主义"。这些"民族主义"从历史类型来分，有古代的、中世纪的，更多是现代的；从阶级属性来分，有封建阶级的，更多是资产阶级的和小资产阶级的；从政治营垒来分，有统治集团的以及与之相对的被压迫民族的，有维护旧程序或资本主义制度的，也有无产阶级政党内部以及社会主义国家内部的。如此众多的"民族主义"，其性质和表现各有区别，但在经典作家的论述中又都有着一些共同点：

其一，民族主义是剥削阶级，尤其是资产阶级的意识形态和思想倾

---

① 列宁：《论俄国社会民主工党的民族纲领》，《列宁全集》第 24 卷，人民出版社，1990 年版，第 240 页。

② 列宁：《俄共（布）第八次代表大会》《俄共（布）中央关于乌克兰苏维埃政权的决议》《为战胜邓尼金告乌克兰工农书》，《列宁论民族问题》（下），第 752、776、792 页。

③ 列宁：《民族和殖民地问题纲领初稿》，《列宁论民族问题》（下），第 818 页。

向。斯大林提到的格鲁吉亚的“封建君主制的民族主义”，已经点明了这个“民族主义”所属的封建阶级性质。至于沙皇政府的“黑帮民族主义”，由于列宁将沙俄称为“军事封建帝国主义”国家，故它的民族主义无疑也属封建阶级之列。此外，其他的民族主义都属资产阶级的范畴了，只是有的直接，有的间接。所以，从经典作家对民族主义的论述来看，尽管他们所谈的“民族主义”形形色色，有不同的阶级属性，但他们总的倾向是将民族主义与资产阶级联系起来。

其二，民族主义把本民族的要求放在第一位，实质上维护的是本民族资产阶级的特权和利益。对此，列宁的话一针见血：“资产阶级和资产阶级民主主义的民族主义，口头上承认民族平等，实际上则维护（常常是偷偷地，背着人民）一个民族的某些特权，并且总是力图让‘本’民族（即让本民族的资产阶级）获得更大的利益……”① 这句话的意思实际上是对前一观点，即民族主义是资产阶级意识形态和思想倾向的自然延伸。

其三，分离、隔绝和发展特殊性是民族主义的共有特征。经典作家没有对民族主义做出完整的定义，但却在不同的场合揭示了民族主义的一些特征，其中提及最多的是把民族主义与“分离”“隔绝”和发展“特殊性”等相类概念联系起来。基于这一点，列宁反复谈到，“无产阶级不能支持任何巩固民族主义的做法，相反，它支持一切有助于消灭民族差别、消除民族隔阂的做法，支持一切促使各民族之间的联系日益紧密和促使各民族融合的做法。”②

出于上述认识，马克思主义经典作家明确表明：“资产阶级的民族主义和无产阶级的国际主义——这是两个不可调和的敌对的口号，它们同整个资本主义世界的两大阶级营垒相适应，代表着民族问题上的两种政策（也是两种世界观）。”③ 无疑，这是马克思主义经典作家在民族主义问题上的基本论点。

虽然，马克思主义经典作家对民族主义持坚决反对的态度，但我们必须注意两点：

其一，经典作家充分肯定了民族主义运动在历史上的进步作用，但却将这种进步性从“民族主义”中剥离出来。

马克思恩格斯对欧洲民族国家的建立给予了积极的评价，称各民族都

① 列宁：《再论按民族分校》，《列宁论民族问题》（上），第275页。
② 列宁：《关于民族问题的批评意见》，《列宁论民族问题》（上），第237页。
③ 列宁：《关于民族问题的批评意见》，《列宁论民族问题》（上），第229页。

有“民族独立和民族自决的历史权利”,[1] 但却没有赋予它们“民族主义”的名义。

列宁曾谈道：“民族原则在资产阶级社会中有其历史的必然性，因此，在考虑到这个社会时，马克思主义者完全承认民族运动在历史上的合理性。然而，要使这种承认不致变成替民族主义辩护，就应该极严格地只限于承认这些运动中的进步的东西……在民族问题的各个方面坚持最坚决最彻底的民主主义是马克思主义者的绝对职责。……可是无产阶级不能超出这个范围去支持民族主义，因为超出这个范围就成了力图巩固民族主义的资产阶级的‘积极’活动。”[2]

显然，这里的“民族原则”是民族主义的原则，这里的“民族运动”是民族主义的运动，列宁完全肯定它们的合理性和积极意义，但却将它们与“民族主义”区别开来了。

列宁还说过：“有些人认为，民族国家是比民族文化自治更大的民族主义。幼稚可笑的错误！民族国家是世界历史上的通例。民族文化自治是一些蹩脚知识分子的臆造，任何地方都没有实现过。”[3]

“民族国家”是民族主义的基本政治追求。一方面充分肯定民族国家的历史地位，另一方面又将它推出民族主义的大门；一方面承认民族主义的历史进步性，另一方面却认为这些进步性不属民族主义，这在马克思主义经典作家的论述中具有相当的普遍性。这说明，马克思主义经典作家把民族主义一剖两半了：一半是进步的、积极的，一半是反动的、消极的，而只有反动和消极的一半才是“民族主义”，另一半则是进步的“民族原则”和“民族运动”。但事实上它们是民族主义的两个侧面，同为一体的。

其二，列宁在其晚年已开始对民族主义做出区别。

1919 年列宁在向俄国东部各民族共产党组织讲话时谈到：“你们还必须借助于正在这些民族中间产生出来并且必然要产生出来的资产阶级民族主义，这种民族主义的产生是有其历史根据的。”[4]

列宁在这里提出对于民族主义“借助”的问题，是一个非常重要的理论观点，因为历史证明，无产阶级革命实际上离不开对于民族主义的借助（这一点，后面将会具体论述）。而这里列宁对于民族主义产生“历史根据”的肯定，刘少奇在其《论国际主义和民族主义》一文中引述为“这种

① 恩格斯：《支持波兰》，《马克思恩格斯论民族问题》（下），第 505 页。

② 列宁：《关于民族问题的批评意见》，《列宁论民族问题》（上），第 236 页。

③ 列宁：《关于民族问题的报告提纲》，《列宁论民族问题》（上），第 284 页。

④ 列宁：《在全俄东部各民族共产党组织第二次代表大会上的报告》，《列宁论民族问题》（下），第 773、774 页。

民族主义有着历史的正当性”，[①] 可能更符合列宁的原意。

1922 年，由列宁口授的《关于民族或“自治化”问题》一文再次谈到：“一般抽象地提出民族主义问题是极不恰当的，必须把压迫民族的民族主义和被压迫民族的民族主义区别开来，把大民族的民族主义和小民族的民族主义区别开来。”[②] 列宁这里主要在于说明“大民族主义”的危害性，但也明确表达了不能一概地否定民族主义。

列宁关于区分民族主义的观点，在刘少奇的民族主义论述中被明确为“资产阶级的民族主义在一定历史条件下的进步性”。[③]

上述两点说明，马克思主义经典作家在对民族主义持坚决反对态度的同时，也对它的历史进步性有着积极的肯定，但它经历了一个从事实上承认、名义上否定到完全承认这样一个过程。这一过程反映了经典作家对于民族主义的认识有变化有发展。所以，应像对马克思主义其他理论的认识一样，我们对经典作家关于民族主义思想的理解也不能仅仅停留在他们的部分论述或字面含义上，而应有一种历史的眼光和全面的视角。

三、社会主义的“目的”与民族主义的“过渡”

应该说，马克思主义经典作家对于民族主义进步性的肯定已不同程度上为人们所认识，但我们还需认识到的是，经典作家的这种肯定是与他们对于无产阶级革命和社会主义运动的总体把握相联系的，有着更为深刻的理论根据。列宁曾这样讲道：“社会主义的目的不只是要消灭人类分成许多小国家的现象和各民族间的任何隔离状态，不只是要使各民族互相接近，而且要使各民族融为一体。……正如人类只有经过被压迫阶级专政的过渡时期才能达到阶级的消灭一样，人类只有经过一切被压迫民族完全解放的过渡时期，即他们有分离自由的过渡时期，才能达到各民族的必然融合。”[④]

这里“被压迫民族完全解放的过渡时期，即他们有分离自由的过渡时期”，讲的是“民族自决”问题，属于民族主义的核心原则。也即共产主义和民族融合这一目的的实现要经过民族主义这样一个“过渡”。当然，列宁这里讲的“过渡”十分笼统，实际上，结合经典作家的其他论述和世

---

① 刘少奇：《论国际主义和民族主义》，中共中央统战部编：《民族问题文献汇编》，中央党校出版社，1991 年版，第 1194 页。

② 列宁：《关于民族或“自治化”问题》，《列宁论民族问题》（下），第 867 页。

③ 刘少奇：《论国际主义和民族主义》，中共中央统战部编：《民族问题文献汇编》，第 1194 页。

④ 列宁：《社会主义革命与民族自决权》，《列宁论民族问题》（下），第 503 页。

界历史的发展实践，这种民族主义“过渡”包含着三个环节：

第一个环节是资本主义取代封建主义的统治，与此相应的民族运动和民族国家成为无产阶级革命的必要准备。

马克思和恩格斯充分肯定了资本主义取代封建社会过程中民族运动和民族国家的历史地位。列宁更明确地指出：资本主义战胜封建主义的时代是与民族运动联系在一起的。“建立最能满足现代资本主义这些要求的民族国家，是一切民族运动的趋势（趋向）。”①

当然，资本主义性质的民族运动和民族国家并不是与无产阶级革命无关，马克思、恩格斯称“1848 年革命虽然不是社会主义革命，它毕竟为社会主义革命扫清了道路，准备了基础”。② 而 1848 年革命正是资产阶级民族运动蓬勃发展的“民族之春”。

资产阶级民族运动和民族国家之所以成为无产阶级革命的必要准备，是因为“无产阶级的国际运动，无论如何只有在独立民族的范围内才有可能”。③ 民族国家是资产阶级的正常政治组织，也是建立各民族协调的国际合作的必要先决条件，“没有这种合作，无产阶级的统治是不可能存在的。要保障国际和平，首先就必须消除一切可以避免的民族摩擦，每个民族都必须获得独立，在自己的家里当家做主”。④ 因此，马克思主义不但不反对民族主义性质的独立运动和民族国家的建立，而且积极支持和鼓励这种运动。

第二个环节是帝国主义时期作为无产阶级革命同盟军的民族解放运动。

资本主义自由竞争推动了生产力高速发展，也导致了资本的高度垄断，资本主义由此推进到帝国主义阶段。帝国主义促成了世界压迫民族和被压迫民族的分化。附属国和殖民地国家被压迫民族进行的反帝斗争是他们摆脱压迫的唯一出路；而发达国家的无产阶级运动也需要把自己的斗争与民族解放运动结合起来。“列宁主义已经证明，帝国主义战争和俄国革命也已经证实：民族问题只有和无产阶级革命相联系并在无产阶级革命的基础上才能得到解决，西方革命必须同殖民地和附属国反帝解放运动结成革命的联盟才能取得胜利。民族问题是无产阶级革命总问题的一部分，是

---

① 列宁：《论民族自决权》，中国社会科学院民族研究所编：《列宁论民族问题》（上），第 311 页。

② 马克思、恩格斯：《共产党宣言·1893 年意大利文版序言》，《马克思恩格斯论民族问题》（上），第 123 页。

③ 恩格斯：《恩格斯致卡尔·考茨基》，《马克思恩格斯论民族问题》（下），第 564 页。

④ 恩格斯：《暴力在历史中的作用》，《马克思恩格斯论民族问题》（下），第 832 页。

无产阶级专政问题的一部分。”① 由此，帝国主义时代和十月革命以后的世界民族解放运动已经和无产阶级世界革命联系在一起，反对民族压迫的民族主义成为无产阶级的同盟军，支持这种民族主义运动成为无产阶级革命的必需内容。

第三个环节是社会主义时期对国家利益的维护和民族国家体制的继承。

马克思主义经典作家所讲的“无产阶级的国际运动，无论如何只有在独立民族的范围内才有可能”，其意义决不限于资本主义时期，因为无产阶级取得政权以后同样需要以国家为单位建立和巩固社会主义制度。社会主义只能是对已有文明成果的继承，而不能凭空产生；民族国家对资本主义是适宜的，对于社会主义同样是必要的。马克思、恩格斯在《共产党宣言》中曾批评了对共产党人“取消祖国，取消民族”的责备，说“工人没有祖国。决不能剥夺他们所没有的东西。因为无产阶级首先必须取得政治统治，上升为民族的阶级，把自身组织成为民族，……”② 这里的“民族”当然是与国家结合为一体的民族。于是，将国家利益和民族利益联系在一起的民族主义或爱国主义也便成为社会主义必需的内容。事实证明，民族国家直到全球化时代的今天仍还保持着旺盛的生命力，也为社会主义国家所继承，是有其充分的理论根据和实践理由的。

上述三个过渡环节虽然是阶段性的，但又是贯穿于马克思主义经典作家所设想的无产阶级革命和建设事业全过程的。据此，民族主义就成为了无产阶级革命和社会主义运动所需的伴生物。或说，无产阶级革命和社会主义是目标、是原则，民族主义则是实现这种目标和原则的必需途径。

四、对民族主义的实践“借助”

正是由于民族主义是无产阶级革命和社会主义实现过程中的一种过渡环节或必需途径，所以，马克思主义经典作家就不仅在理论上对于民族主义的进步性做出了肯定，而且也在具体实践中采取了支持和借助的立场。

海斯认为，“马克思自己为社会民族主义的先驱者。他不反对民族主义的理论。他承认民族主义是一种事实，而且颂扬它。他对祖国很有感情。他还与意大利民族主义的使徒马志尼维持着多年的亲密关系，他对意（大利）人、波兰人及其他反‘异族侵略’的‘被侵略’民族的斗争，曾在文字上表示过同情”。在马克思的心目中，民主主义始终是无产阶级国

① 斯大林：《论列宁主义基础》，《斯大林论民族问题》，第293页。
② 马克思、恩格斯：《共产党宣言》，中央编译出版社，2005年版，第43页。

家的必要条件。然而，民主主义如果不以民族为基础，不在民族国家范围内，就不能实现和运行。①

这个评论不一定准确，但大致可以反映马克思对于进步民族主义一贯支持的态度。马克思和恩格斯对于民族主义的正面论述虽然很少，却对属于民族主义范畴的欧洲民族解放运动给予过积极的声援。位居欧洲中部的波兰自18世纪开始便屡遭俄、普、奥等封建帝国的瓜分。19世纪中期波兰的民族解放运动出现高潮，遭到沙皇军队的残酷镇压。为此马克思和恩格斯非常关注波兰问题，号召各国的无产阶级支援波兰人民的解放斗争。在他们的影响下，1863年英国工人在伦敦召开大会声援波兰，英、法、德工人组织募捐予以物质支持，马克思则受德国工人委托写了声援波兰的呼吁书。1864年，英、法、德、意、波等工人代表在伦敦再次为支援波兰集会。正是在这次大会上成立了国际工人协会，即“第一国际”。马克思为大会起草了《国际工人协会成立宣言》。此后，马克思在第一国际的各次会议上都为波兰的独立进行了积极的工作和斗争，发表过多次演说。②

爱尔兰是英国的近邻，也是英国最早的殖民地。数百年来，爱尔兰人民一直为反抗英国的殖民统治而斗争，19世纪中叶这一斗争达到高潮。马克思和恩格斯高度重视爱尔兰问题，从40年代开始，他们就为爱尔兰问题写了许多文章和通信。在此他们论证了爱尔兰民族运动的意义，揭露了英国殖民者的策略，分析了爱尔兰民族运动的阶级关系及发展前景，也批判了各种机会主义在爱尔兰问题上的立场和观点。同时，马克思和恩格斯指导下的第一国际也对爱尔兰人民的斗争给予了具体的支持。第一国际的总委员会不仅多次讨论爱尔兰问题，制定了明确的纲领，而且把英国和爱尔兰的冲突问题提到首要地位，公开站在爱尔兰方面，支持他们的民族运动。③ 列宁评价说：“马克思和恩格斯在爱尔兰问题上的政策提供了各压迫民族的无产阶级应当怎样对待民族运动的最伟大的、至今还具有巨大实际意义的范例。”④

同样，马克思和恩格斯也对同时期意大利和匈牙利等国的民族解放运动给予了积极支持。此外，19世纪中叶欧洲以外殖民地半殖民地的民族运动也引起了马克思和恩格斯的关注。为此他们写了《中国革命和欧洲革命》《波斯和中国》《不列颠在印度的统治》《俄国在远东的成功》《俄国

---

① ［美］海斯著，帕米尔等译：《现代民族主义演进史》，华东师范大学出版社，2005年版，第203页。

② 梁守德等：《民族解放运动史》，北京大学出版社，1985年版，第144页。

③ 梁守德等：《民族解放运动史》，第159页。

④ 列宁：《论民族自决权》，《列宁论民族问题》（上），第354页。

的对华贸易》《鸦片贸易史》《英人在华的残暴行动》和《帕麦斯顿内阁的失败》等一系列文章。在这些文章中，马克思、恩格斯驳斥了殖民者对殖民地民族的种种诬蔑，严厉谴责了殖民主义的野蛮暴行，也蕴含着对于殖民主义和民族革命问题的科学分析和深邃见解。

马克思、恩格斯关于民族殖民地问题理论的基本观点，正是在对欧洲以及其他民族解放运动的观察、研究和支援的实践中创立起来的。

相对于马克思和恩格斯，列宁和斯大林对民族主义有着更为直接的借助。

沙皇俄国是经300多年扩张建立起来的近代封建殖民帝国，其国内的广大非俄罗斯民族与沙皇俄国是殖民地和宗主国的关系，民族压迫极为残酷。因此，作为社会主义革命的前提，俄国的无产阶级政党必须首先尊重各民族的自决权，支持被压迫民族从俄国的殖民压迫下解放出来。列宁领导俄国社会民主党正确制定和执行了这一路线。十月革命爆发不久，苏维埃政权即于1917年11月15日发表《俄国各族人民权利宣言》，宣告各族人民拥有平等和自主权；享有完全自决乃至分离并建立独立国家的权利；废除任何民族的和民族宗教的一切特权和限制；居住在俄国境内的各少数民族与部族可以自由发展。在列宁民族自决思想的鼓舞下，波兰、芬兰、爱沙尼亚、拉脱维亚、立陶宛等民族先后宣布独立，建立起自己独立的国家。并得到了苏俄的承认。① 所以，十月革命是与俄国境内各民族脱离沙皇统治的斗争同步进行的。

十月革命及第一次世界大战改变了世界历史的方向，俄国社会主义道路的开启将世界无产阶级革命和被压迫民族的解放联系在一起。1919年，在列宁的领导下，第三国际（即共产国际）第一次代表大会在莫斯科召开。列宁宣布：“我们现在不仅是全世界无产者的代表，而且是各压迫民族的代表。”他赞成第三国际提出的的口号：“全世界无产者和被压迫民族联合起来！”认为它虽然不同于《共产党宣言》中的口号，“而从现在的政治情况来看，这样的提法是正确的”。② 从1919年成立到1943年解散，第三国际共召开了7次代表大会、13次执行委员会会议。这些会议都有殖民地半殖民地无产阶级的代表参加，几乎都讨论了民族殖民地问题，对被压迫民族的解放运动给予了实际的指导和帮助。比如帮助各国建立共产党组

---

① 徐天新、许平、王红生主编：《世界通史》（现代卷），人民出版社，1998年版，第264页。

② 列宁：《在俄共（布）莫斯科组织积极分子大会上的演说》，《列宁论民族问题》（下），第833页。

织，在苏联建立东方劳动者共产主义大学和中山大学等，为被压迫民族培养干部，直接派人到一些国家指导革命运动等。中国、朝鲜、印度、印度尼西亚、土耳其、埃及、巴西、智利、阿根廷、墨西哥、突尼斯、南非等都在这一时期建立了共产党。十月革命后不久苏俄政府就向中国、朝鲜、伊朗、土耳其、阿富汗等国发布了一系列文告，向这些国家的民族解放运动表示了真诚的支持，同时宣布取消沙俄时期强加于中国、土耳其、伊朗等国的一些不平等条约。

十月革命的胜利，为人类历史奉献了第一个社会主义国家政权。为保卫和巩固这一革命成果，列宁领导苏俄人民同国内外敌人进行了艰苦卓绝的斗争。而到了斯大林时期，由他领导的苏联社会主义和国际共运则出现了所谓的“民族主义革命”。表现为斯大林将苏联的国家利益置于国际主义之上，将各国无产阶级的国内革命与保卫苏联结合起来，在社会主义国家关系中奉行民族利己主义和大国沙文主义等。[①] 当然，众所周知，苏联国家层面的民族主义更多反映出的是“大俄罗斯民族主义”，这种民族主义的存在和弘扬是与对其国内“地方民族主义”的压制结合在一起的，但实际效果却是激起后者的更大反弹。除了苏联之外，其他社会主义国家也都经历了类似的“民族主义化”过程。这是由各国无产阶级革命在此阶段所处的环境和面临的共同历史任务所决定的。但不同于苏联民族主义的一个表现是，这些国家的民族主义大都包括着对抗苏联“大国沙文主义”和霸权主义的内容。奉行国际主义原则的社会主义阵营为民族主义所分化，这是国际共运史上的悲哀，也是民族主义的固有消极性在支撑社会主义运动过程中的突出表现。

列宁为无产阶级专政的社会主义国家体制建设进行了艰苦的理论探索。早先，他极力排斥联邦制的主张，认为“联邦制在理论上的根据只能是民族主义思想”。[②] 但他后来采纳了联邦制，构建了一个多民族联合的社会主义国家联盟，这已经是对“民族主义思想”的一种借助。然而“联邦制只是一种过渡形式，也是列宁根据沙俄帝国的历史及其遗留的民族问题遗产做出的策略选择，而建立多民族统一的新型或社会主义的‘尽可能大’的民族国家是列宁的基本思想”。[③] 列宁的过早离世使他没能实现自己的思想。斯大林继承

---

① 郭树勇：《从国际主义到新国际主义》，时事出版社，2006 年版，第 142—144 页。

② 列宁：《最高的厚颜无耻和最低的逻辑推理》，《列宁论民族问题》（上），第 41 页。这句话尽管是批判“崩得”鼓吹的在俄国社会民主党内实行的按民族建党的理论，但也指按民族建国的国家体制。苏联最终由基于民族的加盟共和国、自治共和国等构成说明了这一点。

③ 郝时远：《重读斯大林民族定义——读书笔记之三：苏联多民族国家模式中的国家与民族（нация）》，《世界民族》2003 年第 6 期。

了列宁的遗愿，将构建多民族的社会主义民族国家付诸实践。尽管基于苏联多民族、多形态和多层次的社会结构和复杂国情，这种尝试归于失败，但它本质上还是对民族主义“一个民族，一个国家”原则的借助，是民族主义“民族建设”（nation－building）历史实践的一个类型。

五、对民族主义理论的吸纳改造

马克思主义经典作家对于民族主义的实践借助是与他们对于民族主义理论的一定认同联系在一起的。必须承认，作为资产阶级革命的伴生物，民族主义学说也是资本主义文明的一部分，对马克思主义理论也产生过重大影响。比如，1859 年恩格斯在谈到欧洲国家的划界问题时说：“在整个欧洲，没有一个大国境内不包括有一部分其他民族。……谁都不能肯定地说，欧洲地图已最后确定。但是一切改变如果希望能长期保持，就应当从下列原则出发，这就是应当愈来愈多地使那些大的、有生命力的欧洲民族具有由语言和共同感情来确定的、真正自然的疆界；同时在某些地方还保留着的，但是没有能力再作为独立的民族而存在的那些残余的民族，仍然应当留在比较大的民族里面，或者溶化到他们中间，或者没有任何意义地作为人种学的纪念品。”①

这里所讲，欧洲国家的边界应是“具有由语言和共同感情来确定的、真正自然的疆界”，正是 19 世纪民族主义盛行的原则，源自早期德国民族主义思想家费希特的理论。② 但是，这种民族国家的划界只是适用于“那些大的、有生命力的欧洲民族”，而“那些残余的民族”则应留在或“溶化”到比较大的民族里面，这又正是为满足民族主义原则而在各民族国家中普遍得到推行的同化理念。显然，恩格斯在这里倡导了民族主义的理念，却未做改造。《马克思恩格斯论民族问题》的编者为此作注说：“恩格斯关于一些小民族的历史命运的看法，即他认为这些小民族通常没有能力作为一个独立的民族存在下去，而在集中的进程中不可避免地要被更大的、生命力更强的民族所吞并的意见，是不确切的。恩格斯正确地看到了资本主义社会所固有的集中的趋势，建立大国的趋势，但是没有充分估计到另一种趋势——小民族反对民族压迫、争取独立的斗争的趋势，它们力求建立自己的国家的趋势。”③

① 恩格斯：《波河与莱茵河》，《马克思恩格斯论民族问题》（上），第 330—331 页。

② ［英］埃里·凯杜里著，张明明译：《民族主义》，中央编译出版社，2002 年版，第 64 页。

③ 《马克思恩格斯论民族问题》（下），第 909 页，注释 211。

然而，作为无产阶级革命理论的创立者，马克思主义经典作家对于民族主义原则和理念更多采取的是有立场、有批判的吸纳改造。

所谓有立场的吸纳改造，是说经典作家对于民族主义原则的运用始终立足于无产阶级立场，服务于无产阶级革命斗争的要求。列宁讲："无产阶级承认各民族平等，承认各民族都有成立民族国家的平等权利，但它把各民族无产者之间的联合看得高于一切，提得高于一切，并从工人的阶级斗争的角度来评价一切民族要求，一切民族分离。"① 列宁在这里明确表明了马克思主义对待民族主义的正确态度。

所谓有批判地吸纳改造，就是在对民族主义积极因素加以吸纳的同时，对其分离性和偏狭性等消极因素予以坚决的摒弃。经典作家们对民族主义的批判也主要是就这一点展开的。民族主义的分离性和偏狭性是由它的基本理念——民族是最自然、最合理的人类划分，民族利益高于一切——所决定的，这与马克思主义所主张的国际主义是根本对立的。

最能说明经典作家这种立场的是以下几种理论。

民族自决。"民族自决"为民族主义的基本主张。人们公认：民族主义"其本身在很大程度上是一种民族自决学说"②；"每个民族都需要完全的自决和自治"为民族主义的"核心原则"之一。③ "民族自决"理论是自由主义主张的个人"自由"向集体（民族）"自决""自治"的自然延伸，产生于马克思主义形成之前。④ 然而，马克思主义经典作家也将"民族自决"作为自己民族理论的一个重要原则。马克思早在1865年致海尔曼·荣克的信中就谈到，要通过"实现民族自决权并在民主和社会的基础上恢复波兰"。⑤ 恩格斯1875年在讲到波兰问题时也提到，被奴役的民族"具有民族独立和民族自决的历史权利"。⑥ 而到了列宁时代，"民族自决"又成为无产阶级政党领导俄国革命推翻沙皇统治和建设新型社会主义国家的核心问题。1902年，列宁在为俄国社会民主工党起草的纲领草案中就已把"承认国内各民族的自决权"列入其中。其后他又对"民族自决"问题发表了大量著述，仅题目中包括"民族自决权"字样的文章就有近10篇

① 列宁：《论民族自决权》，《列宁论民族问题》（上），第325页。

② ［英］埃里·凯杜里著，张明明译：《民族主义》，第24页。

③ ［英］安东尼·史密斯著，叶江译：《民族主义——理论，意识形态，历史》，上海世纪出版集团，2006年版，第23页。

④ 较多的研究认为，"民族自决"理论源于康德的"个人自决论"和赫尔德的民族理念，形成于19世纪早期的费希特的《对德意志民族演讲集》，见［英］约翰·麦克里兰著，彭淮栋译：《西方政治思想史》，海南出版社，2003年版，第692页。

⑤ 《马克思致海尔曼·荣克》，《马克思恩格斯论民族问题》（上），第376页。

⑥ 恩格斯：《支持波兰》，《马克思恩格斯论民族问题》（下），第505页。

之多。但是，马克思主义经典作家论述中的民族自决并不是民族主义理论的“原版”，而是对其大大改造了：

第一，扩大了“民族自决”的适用范围。受历史环境所限，马克思和恩格斯早年谈的民族自决主要着眼于波兰、爱尔兰等这样一些“大的民族”和“文明民族”；而至恩格斯晚年已提出“每个民族都必须获得独立，在自己的家里当家做主”。[①] 并把这些“民族”的范围扩大到“全部所谓的东方问题”所涉及的马扎尔人、罗马尼亚人、塞尔维亚人、保加利亚人、阿尔纳乌特人、希腊人和土耳其人等。[②]

列宁是将马克思主义民族自决理论做出完整阐发的经典作家，也把民族自决的权利真正赋予了所有民族。他说：“一切民族都有自决权，不值得把霍屯督人和布西门人特别提出来说。地球上绝大多数居民，大概十分之九，也许百分之九十五，都适合于这种论断。”[③]

“民族自决”的主体该如何界定？是仅适用于具有“民族”（nation）资格的“大民族”，还是包括“小民族”和“落后民族”的“一切民族”，这一问题自19世纪初即已成为欧洲“文明世界”争论不休的问题。前引恩格斯关于欧洲划界问题的议论就明显带有这一争论的痕迹。然而，列宁将“民族自决”的适用范围扩大到“一切民族”，其意义不在于“民族”资格的界定，而在于强调被压迫民族摆脱民族压迫和奴役的“权利”，体现出的是民族不论大小一律平等的无产阶级民族平等观。

第二，明确了“民族自决”的含义。列宁多次明确指出：“所谓民族自决，就是民族脱离异族集体的国家分离，就是成立独立的民族国家。”[④] 斯大林对此解释说：“从前，民族自决原则通常被曲解，往往把它缩小为民族自治权，……列宁主义扩大了民族自决的概念，把它解释为附属国和殖民地被压迫民族有完全分离的权利，各民族有成立独立国家的权利。……”[⑤]

列宁这样明确阐述“民族自决”的含义，在于批判当时在“民族自决”的旗号下混淆无产阶级革命目标的各种错误论点，在于从根本上解决无产阶级革命政党摆脱各种“民族主义”束缚，引导和帮助被压迫民族从帝国主义奴役下解放的问题。

第三，将“民族自决”置于无产阶级革命利益的范畴之内。民族自决

---

① 恩格斯：《暴力在历史中的作用》，《马克思恩格斯论民族问题》（下），第832页。

② 恩格斯：《俄国沙皇政府的对外政策》，《马克思恩格斯论民族问题》（下），第850页。

③ 列宁：《俄共（布）第八次代表大会》，《列宁论民族问题》（下），第751页。

④ 列宁：《关于民族问题的批评意见》，《列宁论民族问题》（上），第312、315页。

⑤ 斯大林：《论列宁主义基础》，《斯大林论民族问题》，第292页。

原本就是同反对民族压迫和奴役联系在一起的。马克思主义经典作家坚持了这一点，但又不限于这一点。作为无产阶级革命的理论，马克思主义更把民族自决权同无产阶级的革命斗争利益联系起来。列宁在阐述俄国社会民主党关于民族自决的态度时就说："我们无条件地承认争取民族自决自由的斗争，但是并不一定要支持任何的民族自决的要求。""我们应当使民族自决的要求完全服从这种斗争（指无产阶级的阶级斗争——引者注）的利益。"[①] 这一观点在列宁的其他文章中也得到反复陈述。

列宁的民族自决权理论主要应用于两个场合：一个是沙俄帝国内的各民族自决，另一个是世界被压迫民族，即殖民地、附属国人民反抗帝国主义压迫的自决。前者是针对沙俄帝国这个特定国家的；后者是为适应资本主义发展到帝国主义阶段这个特定时代的。但是这两个场合自决所要实现的最终目标都是要在全世界建立无产阶级专政，代表的都是无产阶级的最终利益。因此，各民族的自决，即自由分离的权利和选择只是走向这一目标的必需途径。这在列宁的论述中有着清晰的说明。

民族平等。一般而言，"民族平等"是资产阶级最先提出，但准确讲是源于民族主义理论。因为，早期的民族主义思想家大都将"民族"看作是"神"的创造，并认为民族赖以存在的文化是世界多样性的表现，而多样性又是"上帝"的安排，都有同样的价值。赫尔德用 18 世纪的眼光"射过遥远的时间和空间，看见各地各代的民族；他不但在欧洲发现民族，也在亚洲、非洲、美洲及海岛上发现民族（他还是称它们为'nations'或'peoples'不用，'nationalities'一词）；不但在现代发现民族，也在最久远的古代发现民族"。"他排斥任何民族限制或阻碍另一民族的自然发展，他以为这种企图是犯罪的行为。……他对于亚洲民族的权利和对于欧洲民族的权利，同样地主张维护。"[②] 美国独立战争是资产阶级革命的重大事件，也是世界近代史上最早的民族解放运动。美国 1776 年《独立宣言》称：一个民族解除与另一个民族的政治联系，在世界列国中取得独立和平等的地位，是由"自然法则"和"自然神明"所规定。[③] 这里已将"民族平等"作为民族解放的理论依据正式提出。

所以，正是民族主义将"民族平等"的价值理念阐发出来，将早期资产阶级主张的"个人平等"引伸到民族中来。"民族平等"与其说最早是

---

① 列宁：《我们纲领中的民族问题》，《列宁论民族问题》（上），第 21、22 页。

② ［美］海斯著，帕米尔等译：《现代民族主义演进史》，华东师范大学出版社，2005 年版，第 23、25 页。

③ 董云虎、刘武萍编：《世界人权约法总览》，四川人民出版社，1990 年版，第 272 页。

资产阶级提出的口号，毋宁说是民族主义的口号。同样，通过吸纳改造，马克思主义经典作家也将这一民族主义理念转变成马克思主义民族理论的一项基本原则了。

第一，将“民族平等”从资产阶级的空谈变成了具有牢固基础的社会目标。这个基础就是无产阶级专政和私有制的废除。列宁认为，“资产阶级民主随时随地都答应一切公民不分性别、宗教、种族、民族一律平等，但是它在任何地方从来没有实行过这种平等，而且由于资本主义的统治也不可能实行。”① 为什么资本主义不可能实现民族平等？因为它是以生产资料私有制为基础的社会，私有制的存在决定了阶级差别和社会压迫的存在，而民族压迫和不平等的本质正在于阶级关系的不平等。所以“无产阶级平等要求的实际内容都是消灭阶级的要求”。② 将民族平等同消灭私有制联系起来，同社会主义的根本任务联系起来，这就使民族平等从空谈坐落到坚实的物质基础之上，变得真正有意义了。

第二，使“民族平等”的实践倾向于少数民族权利的保障。民族平等能否实现很大程度上取决于社会对于少数民族的态度。早在 19 世纪 40 年代，马克思和恩格斯就讲“古往今来每个民族都在某些方面优越于其他民族”,③ 批评各民族中存在的民族偏见和民族优越感是极端有害的“大规模的利己主义”。而到了 1913 年，列宁就明确谈道：“保障少数民族权利是同完全平等的原则密切联系着的。”④“我们要求国内各民族绝对平等，并无条件地保护一切少数民族的权利。”⑤ 十月革命胜利和无产阶级专政国家政权建立以后，列宁进一步提出了要对少数民族“让步”的观点。⑥

所以，在马克思主义经典作家的理论中，民族平等决不是一种貌似公正的“对等”的关系，而是需要“大民族”“压迫民族”做出“让步”和以对自己的“不平等”给予少数民族和原来的被压迫民族以“补偿”方能建立的关系；是需要对落后民族给予真诚而长期的帮助，以消除“事实上的不平等”方能建立和维持的关系。这种关系是任何剥削阶级难以做到的，也是民族主义的平等理论难以企及的。

第三，将“民族平等”与“民族自决”联系起来，使其成为被压迫民

① 列宁：《共产国际第一次代表大会》，《列宁论民族问题》（下），第 745 页。

② 恩格斯：《反杜林论》，《马克思恩格斯选集》第 3 卷，人民出版社，1995 年版，第 448 页。

③ 马克思、恩格斯：《神圣家族》，《马克思恩格斯论民族问题》（上），第 46 页。

④ 列宁：《关于民族问题的批评意见》，《列宁论民族问题》（上），第 244 页。

⑤ 列宁：《拉脱维亚边区社会民主党第四次代表大会纲领草案》，《列宁论民族问题》（上），第 186 页。

⑥ 列宁：《关于民族或“自治化”问题》，《列宁论民族问题》（下），第 867 页。

族反对帝国主义统治和民族压迫的思想武器。按照列宁的思想，实现民族自决权，使各民族都有从异族压迫下分离和建立独立国家的权利，是民族平等在政治上的最高表现。在资本主义时代，能够解决民族问题的唯一途径就是建立以民族自决为前提的民主的国家制度。所以，能否实现民族平等，至为关键的一点就是能否实现民族自决权，也即能否推翻帝国主义和殖民主义的民族压迫和统治。这就使"民族平等"的内容变得很实在，并与无产阶级的历史使命联系起来了。

民族概念。民族是什么？怎样才算一个民族，这个问题在民族主义出现以前是鲜少有人关心、鲜少有影响力大的理论出现的。而将这样的问题提出来，并将它作为一个重要的理论加以阐释的正是民族主义，因为只有民族主义者才最关心如何界定自己，界定民族与其他事物和现象的区别。民族主义思想家大都为民族做出过概念性的阐述。如赫尔德认为，民族不是一个国家，而是一个文化实体；同一民族的人说共同的语言，生活在共同的地域，有着共同的习惯、共同的历史和共同的传统。[①] 被海斯誉为与赫尔德"并驾齐驱，同是阐明民族原理的先锋"的柏克说："民族是一个'连续'的具体表现，是人民在时间上、数目上、空间上的一种扩张性的具体表现。它是一些共同的政治制度、法律制度、宗教制度与传统的产物，尤其是习惯风俗的长期连续一致的产物。一群依这种方式经过长时期的共同生活，经过同样的历史进化的人民便将组成一个民族。"[②]

不能说他们的解释多么完美无缺，因为"民族"的概念迄今也还是一个见仁见智的不解之题，我们应该而且能够肯定的是，他们将民族要素集中到语言、地域、传统文化、风俗习惯和"历史的进化"这样一些方面，对包括马克思主义在内的后世各派思想家对于民族概念的讨论具有奠基性的意义。斯大林讲："民族是人们在历史上形成的一个有共同语言、共同地域、共同经济生活以及表现在共同文化上的共同心理素质的稳定的共同体。"[③] 显然，这一民族定义的经典概括与上述赫尔德等人的理论有着明显的渊源关系。但是，如同其他对民族主义理论的吸纳一样，马克思主义经典作家对于民族概念的讨论也远远超出了单纯的学术意义，而是成为他们指导无产阶级革命、构建新型社会主义国家体制和民族关系的重要理论内容了。

民族国家理论。如果说把上述概念的提出归于民族主义还需做出一定

---

① ［伊朗］拉明·贾汉贝格鲁著，杨祯钦译：《伯林谈话录》，译林出版社，2002 年版，第 95 页。

② ［美］海斯著，帕米尔等译：《现代民族主义演进史》，第 71 页。

③ 斯大林：《马克思主义和民族问题》，《斯大林论民族问题》，第 28—29 页。

解释的话，那么“民族国家”理论的最早归属当是没有争议的。盖尔纳讲：“民族主义首先是一条政治原则，它认为政治的和民族的单位应该是一致的。”“民族主义认为，民族和国家注定是连在一起的；哪一个没有对方都是不完整的，都是一场悲剧。”① 这已成为公论。然而，马克思主义经典作家同样对于民族国家问题做出过许多重要论述，而这些论述也同样超出民族主义的一般原则了。

经典作家认为，民族国家是资本主义摆脱封建束缚、实现生产力发展的必要条件。恩格斯曾对欧洲民族国家的产生做了详细分析，指出：欧洲“日益明显日益自觉地建立民族国家（Nationale Stiaaten）的趋向，是中世纪进步的最重要杠杆之一”。② 列宁强调了经济因素在民族国家形成中的作用，认为资本主义战胜封建主义的时代是与民族运动联系在一起的，这种运动的经济基础是为了使资产阶级占领国内市场，必须使操着同一种语言的人所居住的地域用国家形式统一起来。③

正因为有着最深刻的经济因素，“因此民族国家对于整个西欧，甚至对于整个文明世界，都是资本主义时期典型的正常的国家形式”。列宁由此也把民族国家的建立看作是资产阶级民主革命的重要内容，说在西欧大陆上，从1789年至1871年的资产阶级革命时代，恰恰也是民族运动和民族国家建立的时代，而在东欧和亚洲，这个时代是从1905年开始的。遭受列强瓜分和殖民压迫的“印度和中国觉悟的无产者，除了走民族道路以外也不能走别的道路，因为他们的国家还没有形成为民族国家”。④

不但如此，根据马、恩关于无产阶级“只有真正成为国家的民族时，才更能成为国际的民族”⑤ 的思想和列宁的“过渡”理论，尤其是列宁晚年表现出来的建立多民族统一的“尽可能大”的新型社会主义民族国家的思想倾向及其后来的实践，民族国家在社会主义时代，至少在社会主义的一定时期也还是一种必需的国家形态的理论是马克思主义经典作家民族国家理论的重要内容。当然，这个理论还不能说十分明确，因为马、恩，甚至列宁都还缺少实践；斯大林实践了，却又失败了。真正使这个理论得到

① ［英］厄内斯特·盖尔纳著，韩红译：《民族与民族主义》，中央编译出版社，2002年版，第1、9页。

② 恩格斯：《论封建制度的瓦解和民族国家的产生》，《马克思恩格斯论民族问题》（下），第819页。

③ 列宁：《论民族自决权》，《列宁论民族问题》（上），第311页。

④ 列宁：《1914年10月（14日）所作的专题报告：〈无产阶级和战争〉》，《列宁论民族问题》（上），第417页。

⑤ 恩格斯：《恩格斯致卡尔·考茨基》，《马克思恩格斯论民族问题》下册，第565页。

明确和发展的是当代社会主义、包括中国特色社会主义的实践。

正是在对民族主义问题上持有的批判态度和坚定立场，民族主义的一些原则和论点在被经典作家吸纳改造以后就成了马克思主义的理论构成。经典马克思主义民族理论的一些基本论点正是在对民族主义的批判性吸纳中建立起来的。

结语：民族主义为马克思主义所借助和批判的几个因素

经典马克思主义对于民族主义的借助和吸纳说明，民族主义并不是和马克思主义绝然对立的，从本源上说，它也是人类文明发展史中的一份重要成果。

民族主义理念是随着18世纪启蒙运动中世界主义的勃兴而形成的。那一时期欧洲的思想家们主张“四海之内皆兄弟……他们教人们超越狭隘的地方心理与集团心理，而应成为世界的公民，热心于全人类的进步”。但是，他们不但关心全人类，而且关心人类的特殊表现和群体构成。“从这里他们开始推究‘民族’间的类同与对比之点，推究民族从根本上是什么；他们越从事推究的工作，越相信民族是人类社会的根本单位，是主持必要改革工作与增进人类进步的最自然的工具。”①

“人道民族主义”被海斯称为“最早的民族主义”。“它们对全人类的幸福抱着极大的慈心，对其他民族的权利具有极动人的尊重，对侵略主义与不容异教的观念抱有极愤恨的态度。”② 人道民族主义的理论家虽然表述的着重点不同，但“在他们看来，民族主义和人道主义似乎不互相矛盾。他们说，‘开明’的人做合理忠诚的民族主义者时，最能为全人类和国际主义服役。让各民族修明内政，扑灭弊恶，扫除迷信，重整政治和文化的器具吧；人类将获得利益，国际的和平将实现，人类的进步将一日而千里”。③

人道民族主义是最早的民族主义，也可谓“正宗”的民族主义，从这里我们看不到民族主义的罪恶，倒是处处感触到正义、善意和开明。所以，将民族主义视为罪恶和反动，至少在民族主义发源时期和从它原本的社会追求来看不是这样。从思想史的角度而言，民族主义是18世纪的启蒙思想家们探索人类进步的一个视角和途径。它与世界主义是相对的，又是相辅相成的，都属于那个时代的思想精华。正是由于这一点，才构成了民族主义为马克思主义所借助和吸纳的前提。

---

① ［美］海斯著，帕米尔等译：《现代民族主义演进史》，第8页。
② ［美］海斯著，帕米尔等译：《现代民族主义演进史》，第13页。
③ ［美］海斯著，帕米尔等译：《现代民族主义演进史》，第27页。

不但如此，民族主义在唤起民族感情、动员社会方面具有其他意识形态所难以企及的巨大能量。近代以来的世界历史证明，“不与民族主义感情结盟的任何政治运动都不可能获胜”。① 资产阶级创造了民族主义，也最早发掘和运用了它的功能；无产阶级革命和马克思主义理论是在民族主义运动高涨时期萌生的，也不自觉地感受并借助了这一功能。马克思主义将阶级作为社会认同的着眼点，但最终也不得不正视民族认同具有的强大生命力。所以，民族主义天然具有的社会动员功能也是它为马克思主义所借助的内在因素。

民族主义中蕴含的进步因素和它具有的动员功能为马克思主义对它的借助提供了必要性，而民族主义天生具有的从属性和依附性又为这种借助提供了可能性。

我们从民族主义的源头已可以知道，民族主义从一开始就不是一个独立的意识形态，它只是服务于启蒙时代思想家们通向他们各自“大同”理想的一个“工具”。这一点，在其后来的发展中始终没有改变。史密斯将民族主义的“基本主张”概括为：

1. 世界由不同的民族所组成，每个民族都有它自己的特征、历史和认同；
2. 民族是政治权力的唯一源泉；
3. 对民族的忠诚超出所有的其他忠诚；
4. 为赢得自由，每个个人必须从属于某个民族；
5. 每个民族都需要完全的自决和自治；
6. 全球的和平和正义需要一个各民族自治的世界。

史密斯同时将这几点称为民族主义的“核心原则”，说它体现了民族主义创立人卢梭、赫（尔）德、齐默尔曼、柏克、杰弗逊、费希特和马志尼以及他们的追随者的共同思想观点。② 这一概括是对当今民族主义研究各家学说的综合，有较好的代表性。但从这些基本主张可以看出，民族主义主要提出的是人类社会的归属问题、确立归属和协调归属的原则，并没有涉及更多的问题。

所谓人类社会的归属问题，包括身份认同、利益和价值认同等，民族主义者将其目标明确为“民族”：民族是人类最神圣、最崇高的归属；民族利益是最高的社会价值。这是各个时代、各个国家的民族主义思想家及

---

① ［英］伯林著，冯克利译：《反潮流：观念史论文集》，译林出版社，2002年版，第422页。

② ［英］安东尼·史密斯著，叶江译：《民族主义——理论，意识形态，历史》，上海世纪出版集团，2006年版，第23页。

其追随者们最一致的地方。所谓确立归属，就是把由一个民族组成的国家作为民族认同和价值体现的政治终结点；民族是政治权力之源。所谓协调归属的原则就是“多样性”原则和与之相应的“民族平等”的问题。对这一点史密斯的上述概括似有疏忽，但在早期民族主义思想家，尤其是赫尔德的论述中，文化多样性问题的确是事关民族身份的神圣，直至民族地位平等的原则问题。

然而，民族主义提出了人的社会归属或认同问题，却没有涉及人类社会的发展目标和具体内容；提出了民族国家的政治形式，却没有解决这种形式的阶级定位、具体结构和运作机制；提出了民族之间的关系原则，却没有涉及民族与其他社会结构之间的问题。总之，它不是一个完整的意识形态。这就决定了它无论在理论上还是实践上从来就不能独立，唯有寄附于其他意识形态才可实现自己的目的；这也就决定了它能够为资本主义所用，也可为社会主义所用。

所以，马克思主义经典作家对民族主义的实践借助和理论吸纳取决于无产阶级革命的需要，也取决于民族主义固有的文明要素、卓越的社会功能，以及因其理论上的不完整而决定的从属性和依附性。马克思主义是人类一切思想文明的集大成者，其中，也有民族主义提供的一份成果。

但是，民族主义毕竟又是为马克思主义经典作家所倾力批判的，其中除了阶级的、时代的以及具体革命实践的因素之外，也在于民族主义在情感和政治上的极端性特点。

民族主义情感上的极端化是与它赋予了“民族”过多的神圣色彩分不开的。因为“在民族主义者眼里，民族可被描述为拥有历史和天命的群体”,① 而这种“神圣性”和“至上性”总是就自己民族而言的，这就使得他们在阐述正义主张（包括世界主义和利他主义等）的同时，也会情不自禁地对自己的民族做出超出理性的赞美和歌颂，从而将自己民族与其他民族区别开来，显现出偏见、歧视，甚至种族主义和极端主义。海斯讲：从民族主义的先驱卢梭、赫尔德和马志尼至法西斯主义的莫拉斯、希特勒和墨索里尼，“似乎是一条很长道路，而这条路径看起来是迂回的。前三人所排斥的东西正是后三人所提倡的。然而后三人看来却是和前三人同一直系的产物”。② 从“人道民族主义”到法西斯主义经历了复杂的演化过程，有着深刻的社会和思想根源，但其中“神圣”而极端化的民族情感又是其中最坚韧的思想链条。

---

① ［英］安东尼·史密斯著，叶江译：《民族主义——理论，意识形态，历史》，第31页。

② ［美］海斯著，帕米尔等译：《现代民族主义演进史》，第242页。

民族主义政治上的极端化表现集中在它的“一个民族，一个国家”理念。自古至今，一个民族自成一个国家的现象少而又少；人类社会的流动性和开放性决定了这一理念的虚幻性。然而，民族主义对此却有着矢志不渝的追求。为此，“主体民族”对所谓的“异族”就要驱逐、要同化；“异族”对“主体民族”就要闹“独立”、搞“自决”。民族主义由此可以是被压迫民族争取民族独立的旗帜，也可以是分离主义瓦解统一国家的利器，而伴随其中的就有不尽的屠杀和冲突。

所以，民族主义情感和理论原本不无合理之处，但因为它与邪恶和谬误靠得太近并太容易突破了，以至于人们常把它们等同了。当今人们将民族主义的全面否定和批判，正是建立在这种等同之上的。

民族主义是为近代以来的人类历史持续造成重大影响的思想和社会潮流。它有着极为鲜明的两重性，既与民族本位、偏狭、排外以至压迫和暴力相通，又为反对压迫和不公提供动员手段，为社会进步提供有效的政治建构和认同。这个两重性在马克思主义经典作家的理论和实践中有着清晰的辨别，并被区别对待。所以，我们对于马克思主义经典作家关于民族主义论述的认识应是辩证的、全面的，既要看到他们对于民族主义的鞭挞和批判，又要看到他们对于民族主义的吸纳和借助。这一点，对正确理解马克思主义和民族主义的关系，理解民族主义在世界共产主义运动中的作用和地位，都太重要了。

马克思主义经典作家民族主义论述的再认识：“困难对话论”评析*

张三南

民族主义是近现代最强有力的思潮、意识形态和运动之一，也是备受关注的重大理论和全球性实践议题。伴随着民族主义在全球范围内的勃兴，充满流变与争鸣的各种民族主义研究方兴未艾，纷纷借其诠释历史与

---

* 原文分上、下篇载于《世界民族》2014 年第 3、4 期，略有改动。

作者简介：张三南（1977—），男，江西赣州人，燕山大学文法学院教授，中国社会科学院民族学与人类学研究所博士后，硕士生导师，主要研究方向为民族与民族主义、国际政治、马克思主义民族理论与政策。

现实、资本主义与社会主义、族际政治与国际关系等范畴中的理论与现实问题。由于各具立场、背景的思想流派尤其是各大主流思潮的涉入，民族主义研究学派纷然群起。在诸多关于民族主义的论析中，同样位居近现代影响最为深远思潮之列的马克思主义，本应因经典作家有着丰富的关于民族主义的论述①而成为民族主义研究的重要学派。然而，由于在认识上普遍受到马克思主义与民族主义存在明显差异及经典作家对民族主义持批判的基本立场等因素的影响，不少人在理解马克思主义与民族主义之间的关系及经典作家相关论述时，不免产生了“困难对话论”这一颇具代表性的认识。而这种认识实际上不利于对马克思主义尤其是经典作家关于民族主义论述的全面理解，这一现象值得引起注意。

一、问题的存在：“困难对话论”

确切地说，“困难对话论”不是某一具体学派的理论，而是泛指那些通过各种方式放大马克思主义与民族主义间差异，忽视其思想碰撞和交集，并对马克思主义尤其是经典作家关于民族主义的论述回避、揶揄甚至否定与批判的观点和现象的总称。作为分析的前提，笔者收集、整理了“困难对话论”的一些代表性观点和现象。

西方学者中，英国学者罗纳尔多·蒙克（Ronaldo Munck）在其《困难的对话：马克思主义与民族主义》一书中以醒目的标题形式表达了自己的看法，此书的标题也无形中成为了“困难对话论”的名号。蒙克认为：“作为一种意识形态的马克思主义（宣称要为人类的解放找出新的道路）在理解民族主义上始终觉得异常困难”，“马克思主义者受挫于民族主义的变色龙特质，它有着不同的表现形式，受到了不同社会群体的支持，产生了不同的政治影响”，“直率地说，民族主义常常与马克思主义存在竞争。社会主义运动在适当的时候会偷偷披上民族主义这件衣裳，或者在不合时宜之时对民族主义加以谴责”，“实质上，马克思主义没有关于民族主义的理论”，“马克思主义与民族主义之间的关系仅仅能被描述为一种误撞的关系”。②《困难的对话：马克思主义与民族主义》一书出版于1986年，是

① 笔者根据目前国内较为常用的版本统计出了经典作家“三大全集”中“民族主义”直接出现的次数：《马克思恩格斯全集》（中文第1版，全50卷），约49次；《列宁全集》（中文第2版，全60卷），约844次；《斯大林全集》（全13卷），约210次。如加上经典作家间接使用的在内涵与外延上同属民族主义范畴的用词（如“民族的利己主义”“大俄罗斯主义”），经典作家关于民族主义的论述更显丰富。

② Ronaldo Munck, *The Difficult Dialogue: Marxism and Nationalism*, London and Atlantic Highlands, NJ: Zed Books Ltd., 1986, pp. 1 -2, 162.

“困难对话论”较为全面、直接论述马克思主义与民族主义间关系的著作。该书除了在导言和结论部分明确表述了关于马克思主义—民族主义的基本观点之外，还分章节论述了马克思与恩格斯、第二国际、罗莎·卢森堡及“左派理论家”、列宁主义、第三国际、第三世界、社会主义国家以及当代的有关争论等内容。当然，由于意识形态等因素，书中关于马克思主义—民族主义的观点呈现出较为明显的偏见。

在罗纳尔多·蒙克之前，英国自由主义大师以赛亚·伯林（Isaiah Berlin）可谓是“困难对话论”的典型代表。伯林认为：“不管是否出于自觉，马克思终其一生都低估了作为一股独立力量的民族主义……尽管马克思有许多深刻而独到的观点，但是他没有正确说明民族主义的来源和性质，低估了它的作用，正像他低估了作为社会中一个独立因素的宗教的力量一样。这是他的伟大体系中的主要弱点之一。”①

“困难对话论”在当代的又一代表人物是《走向一种社会主义的民族主义理论》与《马克思主义与民族主义》两文的作者阿维纳日（Shlomo Avineri）。阿维纳日在《走向一种社会主义的民族主义理论》一文中认为：“在卡尔·马克思讨论的所有历史现象中，他对于民族主义、民族主义运动和民族国家的出现的考察是最不令人满意的”，因此有必要根据20世纪的历史经验而建立一种“社会主义的民族主义理论”。② 阿维纳日还认为：“马克思从来没有对民族主义做系统论述。从他许多零碎的论述中，可以看出马克思对民族和民族主义前后有两种‘范式’：在1848年以前，他认为民族主义是一种‘前现代现象’；在1848年以后，他认为民族主义是一种‘资产阶级的上层建筑’。相对于在第一种范式中，民族主义在第二种范式中作为资本主义政治，尤其是经济发展的工具受到了相当程度的肯定。对民族主义的这种工具主义思路在马克思主义以后的马克思主义中居于主流地位。但问题的症结也正在这里：忽视了民族主义以及民族的文化向度的内在价值。正因为如此，马克思主义对历史发展的分析极难对具体的民族主义运动作出评价。”③

在《马克思主义与民族主义》一文中，阿维纳日表达了类似观点：“马克思从来没有系统地讨论过民族主义，我们所获得的是许多分散的陈述，有时是在一个非常普遍的层次上论述问题，有时是为了回应我们评论

---

① ［英］伯林著，冯克利译：《反潮流：观念史论文集》，译林出版社，2002年版，第333页。

② Shlomo Avineri, “Toward to a Socialist Theory of Nationalism”, *Dissent*, Fall 1990, p. 447; 转引自童世骏：《1989年以后的欧洲人文思想界》，《欧洲》1995年第1期。

③ 详见童世骏：《1989年以后的欧洲人文思想界》，《欧洲》1995年第1期。

的具体历史事件的报纸文章”，“马克思始终如一地坚持‘发达’和‘不发达’社会的普遍观点作为一个明确的观点出现，而这一观点是完全工具性的，缺乏任何对民族主义的独立评估”，“马克思对民族主义问题的复杂观点留给社会主义运动一个模糊性的遗产，到目前为止这种运动依赖马克思并作为其关于民族问题政策的指导”。①

此外，柯逢（Craig Calhoun）、吉本诺（Montserrat Guibernau）、巴特摩尔（Tom Bottomore）等学者均表达了类似的观点。柯逢（Craig Calhoun）认为：从未有政治与社会的分析者像马克思和恩格斯一样，在理解民族主义的重要性上遭受如此严厉的批评。② 吉本诺认为：马列主义未能适切处理民族主义的问题，症结在于马克思与恩格斯一味追求“大理论”（grand theory），企图只用一个理论来解释人类社会的所有演进阶段；对马克思来说，从古代希腊以来的整个社会体系，一言以蔽之，就是“阶级斗争”，因此他才会将所有社会的、政治的和意识形态上的社会变化全部归诸于经济的因素，也就是所谓的生产模式与关系；在这样的脉络下，民族主义只是一种边缘现象；马克思对作为“超结构”的政治领域之过度强调，导致他刻意贬低民族国家和民族主义对历史变迁的影响力。③ 巴特摩尔（Tom Bottomore）则认为：“马克思主义者对这些（民族主义）现象的研究分析贡献不大，实际上他们倾向于忽视或否定这种研究的价值，认为这种研究价值很小。”④

作为工具书的《布莱克维尔政治学百科全书》也有类似的观点，其在“马克思主义（思想卷）”词条中是这样表述的：“迄今为止，马克思主义者很少注意民族主义现象（工人没有祖国），因此，对处理民族主义在世界大战中所表现出的暴力行动准备不足。”⑤

在中国，虽然王希恩先生等学者明确提出了对马克思主义经典作家关

---

① Shlomo Avineri, "Marxism and Nationalism", *Journal of Contemporary History*, Vol. 26, No. 3/4, The Impact of Western Nationalisms: Essays Dedicated to Walter Z. Laqueur on the Occasion of His 70th Birthday (Sep., 1991), pp. 638, 641, 643.

② Craig Calhoun, *Nationalism*, Buckingham: Open University Press, 1997, pp. 26 - 27；转引自罗志平：《民族主义——理论、类型与学者》，（台北）旺文社股份有限公司，2005 年版，第 87 页。

③ Montserrat Guibernau, *Nationalisms: The Nation - State and Nationalism in the Twentieth Century*, Polity Press, 1996, p. 42；转引自罗志平：《民族主义——理论、类型与学者》，（台北）旺文社股份有限公司，2005 年版，第 87—88 页。

④ Tom Bottomore, "Sociology" in D. McLellan (ed.), *Marx: The First hundred Years*, London: F. Pinter in association with Fontana Books, 1983, p. 140.

⑤ ［英］戴维·米勒、韦农·波格丹诺主编，邓正来译：《布莱克维尔政治学百科全书》，中国政法大学出版社，2002 年版，第 489 页。

于民族主义论述进行再认识的观点，[1] 不可否认的是，“困难对话论”仍是一个广泛的现实存在。民族理论学界似乎普遍难于逾越“马克思主义同民族主义是不能调和的”“无产阶级不能支持任何巩固民族主义的做法”和“反对一切民族主义”这类提法的思想界线，[2] 而作为民族主义研究主阵地之一的国际政治学界，似乎仍处在“西风劲吹”的状态，仍处在引介和消化西方民族主义研究成果的阶段，在介析民族主义理论流派时对马克思主义学派几乎视而不见。其间缘由，或是思维惯性，或是讳莫如深，抑或是黑格尔在《思想现象学》（1807 年）中颇具韵味的哲学警句所述：“通常众所周知的事情正因为是众所周知而不为人所知。”[3]

可见，“困难对话论”是个现实的存在，为更全面地理解经典作家关于民族主义的论述，很有必要对“困难对话论”的观点和现象进行评析。

二、两大思潮的差异与交集

“困难对话论”之所以持有此见，关键在于放大了马克思主义与民族主义这人类两大思潮之间的差异，并将这种差异理解为难于产生交集和对话的双轨式平行状态。马克思主义与民族主义确有诸多差异。“由于人类沿着横向线划分为阶级，又沿着纵向线划分为民族”，[4] 在对同时代人类群体的划分上，马克思主义主要采取阶级分析法，将阶级社会的人类群体分为统治阶级与被统治阶级（资本主义时期则为资产阶级和无产阶级）；民族主义则采取民族（国家）视角，以民族共同体（最高层次为国家）的不同来区分“自者”和“他者”。相应的，在基本主张和诉求方面，马克思主义以无产阶级国际主义为基本准则，以实现“人类解放”和共产主义为最高目标；民族主义以维护本民族共同体的利益为出发点，其最高政治诉

---

① 详见王希恩：《批判、借助和吸纳——对马克思主义经典作家关于民族主义论述的再认识》，《民族研究》2007 年第 5 期。郭树勇先生也针对经典作家相关理论与实践提出了颇具争鸣性的看法，详见郭树勇：《从国际主义到新国际主义——马克思主义国际关系思想发展研究》，时事出版社，2006 年版。

② 《关于民族问题的批评意见》，《列宁全集》第 24 卷，人民出版社，1990 年版，第 136、138 页；《论民族自决权》，《列宁全集》（第 25 卷），人民出版社，1988 年版，第 284 页。如考虑到非此即彼“二选一”式的立场选择的话，此处引文充分体现了经典作家从无产阶级根本利益出发“反对民族主义，主张国际主义”的基本立场，这也是理解经典作家相关论述的基本导向。但这种导向同时也导致许多学者习惯于或难于超越于从排外性角度理解马克思主义与民族主义，忽视了从具体语境和全面（包容性）角度理解经典作家相关论述。

③ ［法］皮埃尔—安德烈·塔吉耶夫著，高凌瀚译：《种族主义源流》，生活·读书·新知三联书店，2005 年版，第 1 页。

④ ［澳］伊恩·卡明斯著，柯明译：《马克思恩格斯与民族运动》，湖北人民出版社，1983 年版，第 30 页。

求即为取得民族国家的独立地位及相应的政权。

马克思主义与民族主义的这种差异是人类两大思潮之间的差异。作为两种影响深远的重要思潮，马克思主义和民族主义同为人类某一特定群体诉求利益、探寻进步和求索解放的思想路径。从普适性[①]角度而言，二者均在数目巨大的人类群体中拥有广泛的影响力，拥有自身的信仰者和践行者，或称拥众。

普适性是普遍主义（universalism，或称“普世主义”）的基本特征，简言之是指某一事物特别是观点、制度和规律普遍适用于某一人类群体，或被其接受。普适性程度不一地存在于各种文化形态中，尤其是在哲人、政治精英、宗教领袖等“克里斯玛”（charisma）型人物的提炼和推动下，普适性的观点或理念逐渐影响受众的精神世界，使其自觉不自觉地成为其拥护者。或可说，但凡在人类文明史上占有一席之地的思想精华，其思想内核的普遍主义色彩难以隐去。柏拉图的“理想国”如此，康德的“永久和平论”如此，黑格尔的“绝对精神”如此，各种形式的宗教与“主义”同样如此。

一般认为，根本不存在适应于一切民族、阶级和人类群体的“普世价值”或“普遍主义”。若从严格的哲学思辨和逻辑推理来看，“普世价值”甚至是一个伪命题，“普遍主义”同样有适用范围宽窄、人数多寡之囿。但这并不妨碍我们通过普适性这一视角，借助其工具性特征来分析马克思主义和民族主义在特定人类群体中的普遍主义色彩。换言之，若从“观点或理念的被接纳”角度而言，马克思主义和民族主义同为人类文明的重要成果，思想具有穿透力，拥众众多，均具有典型的普遍主义色彩，只是分别适用于以阶级（无产阶级）和民族（国家）来划分的特定人类群体。

马克思主义是科学的世界观、方法论，是无产阶级及其政党这一人类群体的指导思想和行动指南。毛泽东同志所言“马克思、恩格斯、列宁、斯大林的理论，是‘放之四海而皆准’的理论”，[②] 指的正是马克思主义对于无产阶级及其政党而言具有普遍真理之意。从此意义上讲，马克思主义作为无产阶级及其政党的思想武器，对其具有显见的普适性。

民族主义则为众多具有典型“民族归属感”的人类群体在情感上奉为

---

① 本文所指的“普适性”“普遍主义”等概念，主要是从“思想普遍适用于拥众（或被拥众接纳）”角度而言，主要目的是借助其工具性特征以助论述，而非哲学意义上的论辩。关于“普遍主义”的学理性分析，详见马德普：《普遍主义的贫困——自由主义政治哲学批判》，人民出版社，2005 年版。

② 《中国共产党在民族战争中的地位》，《毛泽东选集》第 2 卷，人民出版社，1991 年版，第 533 页。

圭臬，在行动上实为指南，这些人类群体的民族主义虽然忠诚对象不一，但总体上几乎涵盖了近现代具有民族认同意识的人类群体的全部。民族主义对他们而言同样具有显见的普适性。

霍布斯鲍姆（E. J. Hobsbawm）曾乐观地认为，“带来智慧的密涅瓦之鹰已经起飞，如今正盘旋在民族与民族主义的上空，这显然是个吉兆。”①霍布斯鲍姆是位新左派史学家，他对民族主义的消亡持乐观态度，甚至认为随着全球化的兴起、民族国家的式微，揭橥民族主义逐渐消失的“密涅瓦之鹰”已经起飞。然而，“只有通过艰难的想象，我们才能设想一个没有民族主义的世界”、②“民族主义结束的时代至今仍然遥遥无期”③之类的感慨应该更真实地反映了人们的普遍感知，这也体现了民族主义生命力和影响力的客观存在。不论是从本体普遍主义、价值普遍主义还是规范普遍主义的角度而言，民族主义均以“本民族”为基础和轴心，塑造了自己的忠诚对象、价值取向和行为规范，基于“民族”同各种普世因素相结合，“首先发生的是普世因素被民族化，而民族因素被普世化，国家被民族化，民族被政治化”。④如此等等的结合使民族主义焕发出普遍主义色彩。例如，通过同政治、经济、文化等普世因素的结合嬗变出政治民族主义、经济民族主义、文化民族主义，契合了政治、经济、文化等人们关注的普适性领域。又如，通过拥有“政治正确性”⑤而彰显了价值普遍主义，引领了拥众的价值取向。这也可以解释汉斯·科恩（Hans Kohn）为什么认为“作为1789年两大遗产的自由主义和民族主义到处传播，而且民族主义比自由主义又更为强劲”⑥的原因所在。

当我们借助普适性这一视角来比较马克思主义与民族主义时，确实较易得出“困难对话论”的印象。在吸引拥众方面，二者存在竞争关系。尤其是人们在面对“国际主义 vs 民族主义”这对非此即彼的选项时，情况

---

① E. J. Hobsbawm, *Nations and Nationalism since 1780: Programme, Myth, Reality*, Cambridge: Cambridge University Press, 1990, p. 192.

② Isaiah Berlin, *The Crooked Timber of Humanity: Chapters in the History of Ideas*, New York: Alfred A. Knopf, Inc, 1991, p. 243.

③ Benedict Anderson, *Imagined Communities: Reflections on the Origin and Spread of Nationalism*, London: Verso, 1991, p. 3.

④ ［德］弗里德里希·梅尼克著，孟钟捷译：《世界主义与民族国家》，上海三联书店，2007年版，第43页。

⑤ “政治正确性”（Political Correctness）意即“拥有契合主流政治、法律、意识形态、道义及情感上的普适合法性和正义性”。譬如，爱国主义因其强烈的褒义色彩，固然拥有政治正确性；民族主义因易被理解为爱国主义或有时确实也是爱国主义的体现而同样拥有政治正确性。

⑥ Hans Kohn, *The Age of Nationalism, the First Era of Global History*, New York: Harper and Brothers, 1962, p. 12.

更是如此，自然也就产生了区分人类群体的两种相异的划分法。尤其是在经典作家号召“全世界无产者，联合起来”，力图通过世界革命推翻资本主义世界的时代，民族主义成为了马克思主义宣传无产阶级国际主义遇到的天然和强劲的对手，其体现为追逐本“民族利益”、奉行民族分离和隔绝而非联合主张的自私本质成为了马克思主义的对立面。经典作家正是因为民族主义抹杀阶级性、麻痹民众的特征而对其总体持批判态度。列宁更是对第一次世界大战爆发后第二国际的绝大多数领导人倒向本国政府，支持帝国主义战争的民族主义行径甚为气愤，直言第二国际已“破产”。[①] 马克思主义与民族主义存在竞争关系，以及经典作家对民族主义持批判的态度等印象逐渐为“困难对话论”所凝固，并成为其基本论据。

然而，“困难对话论”并未意识到，经典作家除了在基本立场上对民族主义持批判态度外，还充分体现了马克思主义的开放和发展特色，即对民族主义进行了借助和吸纳。[②] 这种借助和吸纳，体现了马克思主义和民族主义这两大看似处于平行与对立状态的思潮的碰撞。这种有着诸多交集的思想碰撞具有深厚的历史渊源和现实基础。

从思想史角度而言，民族主义可谓是世界主义的“孪生姊妹”，二者相对相伴，相辅相成。这种状况甚至可追溯到以但丁这位被恩格斯称作为“新时代的最初一位诗人”为代表的文艺复兴时期，当时的意大利是世界上“第一个资本主义民族”。[③] 经过文艺复兴、宗教改革和启蒙运动三大思想革命的浸润，民族主义伴随着18世纪世界主义的勃兴正式登上了人类历史舞台，在“人人都有追求幸福的权力”与“自由、平等、博爱”这些带有普适性色彩的宣言响彻欧美大地并掀起独立战争和革命运动的同时，实际上也造就了全新的民族国家。18世纪的欧洲，处于理性主义狂飙突进和世界主义流行的时代。当时的思想家们普遍主张超越狭隘心理、热衷于世界公民意识和全人类的共同进步诉求。英国学者霍布森（John Atkinson Hobson）曾指出：“在法国革命的前夕，欧洲一些卓越的思想家——莱辛、康德、歌德、卢梭、拉法揵尔、康多塞、普利斯特列、吉本、富兰克

① 列宁：《社会主义与战争》，《列宁全集》第26卷，人民出版社，1988年版，第333页。

② 王希恩：《批判、借助和吸纳——对马克思主义经典作家关于民族主义论述的再认识》，《民族研究》2007年第5期。

③ 恩格斯对但丁和意大利的高度评价出自于1893年他为《共产党宣言》所作的意大利文版序言。但丁在其《论世界帝国》（另译《帝制论》）这篇名著中体现了典型的世界主义思想，但这种世界主义思想又是融合了以罗马人（意大利人）为镜像的民族意识。笔者认为，虽然当时的民族意识尚难称为严格意义上的民族主义（学界普遍认为民族主义形成于18世纪），但难于否认的是这种民族意识已初具民族主义雏形。

林——与其说是某一个别国家的公民，不如说是世界的公民。”① 于是，追求全人类共同进步的进程迈出了实质性的第一步，体现为以美国独立战争和法国大革命为代表的伟大实践。盛行于欧美的这种追求民族平等“自然法则”的反侵略、反压迫的民族主义被海斯（Carlton Hayes）称为“人道民族主义”，被科恩称为“公民民族主义”，成为了思想先驱们探寻进步、求得解放的又一途径，“它们对全人类的幸福抱着极大的慈心，对其他民族的权利具有极动人的尊重，对侵略主义与不容异教的观念抱有极顽恨的态度”。② 德国著名历史学家弗里德里希·梅尼克（Friedrich Meinecke）对此也认为：“世界主义并不是民族国家产生的障碍，相反，它还是19世纪民族国家理念崛起的内在动力与冲击力。”③

在追求人类进步和解放方面，马克思主义同样具有显见的“世界主义”情怀。早在1845年，恩格斯在为庆祝法兰西共和国成立而在伦敦举行的各族人民庆祝大会上就强调了“世界主义”的原则。这里所指“世界主义”一词，不应当被理解为被批判的资产阶级世界主义，而应当理解为它的第二个意义，即“没有民族局限性和民族偏见”。④ 对此，有研究者指出：“可以肯定，恩格斯认为自己是一名‘共产主义的世界主义’公民，并且在他的政治词汇中‘世界主义’一词与国际主义相近。”⑤ 可见，从思想溯源来看，民族主义和马克思主义并非绝然对立，二者在本源上同为人类文明的成果，都有追求人类进步和解放的内在属性。马克思主义作为人类文明成果的集大成者，其中也吸纳有民族主义的成分。

从现实基础来看，马克思主义与民族主义数量众多的拥众之间，实际上存有大面积的重合。这又是一个被“困难对话论”忽视的现象。换言之，这些人类群体，既是马克思主义的拥众，又有着民族主义的合理诉求和理念，往往体现为所谓的“阶级—民族”。在中国，李大钊就曾以阶级

---

① 详见彭卓吾主编：《列宁的历程：一个国际伟人震撼人类的一生》（上），解放军文艺出版社，1997年版，第193页。

② ［美］海斯著，帕米尔等译：《现代民族主义演进史》，华东师范大学出版社，2005年版，第13页。

③ ［德］弗里德里希·梅尼克著，孟钟捷译：《世界主义与民族国家》，上海三联书店，2007年，1963年版编者导论，第9页。

④ 详见恩格斯：《在伦敦举行的各族人民庆祝大会》，中国社会科学院民族研究所编：《马克思恩格斯论民族问题》（上），民族出版社，1987年版，第68页。后来为区别于资产阶级世界主义，经典作家使用“国际主义”一词取代“世界主义”。但这并不妨碍我们对世界主义追求人类进步和解放这一属性的理解。也有人认为，当时还没有国际主义的提法，它是国际主义思想的萌芽（详见何润：《马克思主义民族理论经典导读》，中央民族大学出版社，1998年版，第21页）。

⑤ 俞可平、李慎明、王伟光主编：《全球化与全球化问题》，中央编译出版社，2006年版，第148页。

的语言来想象在国际舞台上的中华民族，称中国人民是一个被西方资产阶级压迫的无产阶级民族，是国际无产阶级的一部分。[①] 对于此时的中国，列宁认为“觉悟的无产者也只能走民族的道路”。[②] 之后，中国共产党领导建立的“不但是代表工农的，而且是代表民族的”[③] 的政府，代表的正是这种类型的“阶级—民族”。阿卜杜拉·拉鲁依（Abdallah Laroui）、考纳（Walker Connor）等人更是把此类型的民族主义称为“阶级民族主义”。[④] 当然，“阶级民族主义”并非只存在于中国，存在于同时具备较成熟的民族主义意识“自发”行为和阶级意识“自觉”行为这两大条件的诸多民族国家形态之中。

三、历史意蕴：着重于“人类解放”的“长时段理论”和“大理论”

作为马克思主义的奠基者，马克思和恩格斯在其著述中直接使用“民族主义”的表述确实不多。《卡尔·马克思传》的作者戴维·麦克莱伦（David Mclellan）甚至发现，青年时期的马克思写了许多包含德国浪漫主义色彩的诗歌，也曾受到其父亲亨利希·马克思要其写一首“爱国主义的、热情洋溢的和渗透德意志精神的”长篇颂诗的鼓励，但马克思的诗歌却未有涉及民族主义的主题。[⑤] 西方有些“困难对话论”学者试图从“出身论”角度来解释其间的缘由。伯林的看法是，马克思的中心思想虽然深刻而有创见，他却没有对民族主义提供令人满意的解释，这很可能是因为他本人不公开承认自己的犹太人出身造成的困境，也很可能是因为他没有完全意识到这种困境；要是马克思在童年时受到过和赫斯一样的来自虔诚的犹太人的宗教教育，他的生活和世界观将会发生深

---

① Maurice Meisner, *Li Ta-chao and the Origins of Chinese Marxism*, Cambridge: Harvard University Press, 1967, p. 188.

② 列宁：《关于无产阶级和战争的报告》，《列宁全集》第26卷，人民出版社，1988年版，第35页。

③ 毛泽东：《论反对日本帝国主义的策略》，《毛泽东选集》第1卷，人民出版社，1991年版，第158页。

④ ［美］杜赞奇著，王宪明等译：《从民族国家拯救历史：民族主义话语与中国现代史研究》，社会科学文献出版社，2003年版，导论第11页；周传斌：《民族主义话语与现当代的中国》，《西北第二民族学院学报》（哲学社会科学版）2005年第2期。

⑤ ［英］戴维·麦克莱伦著，王珍译：《卡尔·马克思传》，中国人民大学出版社，2005年版，第17页。

刻的变化。[①] 伯林等人的解释看似颇有吸引力，实为似是而非，且未抓住问题的关键。

根据法国学者索维尼（G. de Bertier de Sauvigny）考证，作为一个专门术语，民族主义一词于1798年第一次出现在文献中，然后直到1830年才第二次出现，而且在19世纪末、20世纪初以前的浩瀚文海中“很少见到‘民族主义’一词，表明直到近代以前，它并未被广泛使用”。[②] 尤莫特·奥科瑞姆利（Umut Özkirimli）也认为民族主义一词只是18、19世纪学者们不经意掠过的词语。[③] 这说明19世纪的马克思恩格斯较少直接使用民族主义一词实为情有可原，很大程度上体现了当时人们行文用语的习惯，或民族主义一词在语言学意义上演变的实际情况。[④] 如果考虑到马克思和恩格斯在行文中使用了诸如“民族的利己主义”“沙文主义”“普鲁士主义”等在内涵与外延上同属民族主义范畴的用词，两位马克思主义开创者实际上有许多关于民族主义的论述被“困难对话论”者所忽视。

马克思主义的继承者和发展者列宁、斯大林随后在形式上也避免了由于较少直接使用民族主义一词而引发“困难对话论”非议的所谓不足。列宁和斯大林在论述民族问题时高频率地直接使用了民族主义一词，并最终确立了经典作家关于民族主义的基本观点，进一步证实了英国著名民族理论家、“族群—象征主义”代表人物安东尼·史密斯（Anthony D. Smith）所认为的“马克思主义是民族主义研究的主要学派之一……他们是在连续性上最好的民族主义研究学派”[⑤] 的评价。

经典作家不仅在相关引用和表述上证明了其对民族主义的关注，更为重要的是，他们关于民族主义的论述给我们展现的是一幅宏大的着重于

---

① 详见［英］伯林著，冯克利译：《反潮流：观念史论文集》，译林出版社，2002年，序言，第31—32页。赫斯曾对青年黑格尔派的马克思、恩格斯转向共产主义产生了重要影响，被伯林称为“欧洲共产主义之父”。但赫斯后来转变成了认可民族主义的犹太复国主义者，马克思、恩格斯则为共产主义事业奋斗了终身。

② J. Hutchinson&A. D. Smith, *Nationalism*, Oxford: Oxford University Press, 1994, p. 41；转引自钱雪梅：《文化民族主义刍论》，《世界民族》2000年第4期。据笔者多方核对分析，学界对“民族主义”一词首次出现的时间有争议，但其广泛使用是20世纪以后的事情。

③ Umut Özkirimli, *Theories of Nationalism: A Critical Introduction*, New York: Palgrave, 2000, p. 1.

④ 当然，也有学者提出了其他解释，如澳大利亚学者卡明斯认为马克思和恩格斯对民族运动的许多分析是通过私下通信及其他渠道进行的，而这些资料很久未披露，导致第二国际的继承者们很少继承“经典的”论述来解决他们那个时代的社会主义和民族主义的关系。详见［澳］伊恩·卡明斯著，柯明译：《马克思恩格斯与民族运动》，湖北人民出版社，1983年版，第29页。

⑤ Anthony D. Smith, *Theories of Nationalism*, New York: Holmes&Meier Publishers, 1983, p. 257.

“人类解放”历史意蕴的“长时段理论”（Long – period Theory）和“大理论”（Grand Theory），而不是伯林等“困难对话论”者诸如牵强的“出身论”的解释。超越了黑格尔、费尔巴哈等前辈及赫斯、卢格、拉萨尔、鲍威尔等同期精英，马克思发现了人类社会物质世界和精神世界最为本质的规律，并用毕生心血去实现“哲学家们只是用不同的方式解释世界，而问题在于改变世界”所蕴含的伟大目标。

这个伟大目标就是马克思主义的终极目标，即“人类解放”，它是在吸收众多人类文明成果的基础上总结出来的。列宁曾指出：“马克思是19世纪人类三个最先进国家中的三种主要思潮——德国古典哲学、英国古典政治经济学以及同法国所有革命学说相联系的法国社会主义——的继承者和天才的完成者。”[①] 无独有偶，“困难对话论”的代表人物蒙克也认同了列宁的“三项来源”之说，并认为“要了解马克思主义与民族主义的关系，最好的办法不是从马克思主义的起源着手……这三项来源使马克思主义的学说看起来很激进，但是也促使马克思主义在理解民族主义时产生某种‘偏向’”。[②]

这种“偏向”的本质和核心主题是实现“人类解放”问题。早在《论犹太人问题》一文中，马克思就提出了“政治解放”与“人类解放”这两个核心概念，并实现了对“政治解放”理论的伟大超越，从德国犹太人的解放的具体历史现实中发现了人之生存的不公正、不合理状况及问题的实质，提出了“人的解放”的应然性原则。随后，马克思、恩格斯批判地继承以费尔巴哈“基本内核”和黑格尔“合理内核”为代表的德国哲学精华，潜心研究政治经济学，发现了剩余价值规律，创立了辩证唯物主义、历史唯物主义及科学社会主义，从全人类高度出发，在对人类社会尤其是阶级社会进行批判性分析的基础上力图构建一种能够保障全人类福祉的社会形态。为此，马克思还创立了具有科学总结性与预见性的社会形态观，在《〈政治经济学批判〉序言》中总结了“亚细亚的、古希腊罗马的、封建的和现代资产阶级”这几种资本主义以前的社会形态，[③] 使马克思主义的社会形态观成为了科学社会主义理论和共产主义学说的有机组成部分。

虽然M. 韦伯、R. 阿隆、新康德主义等学者试图抹杀马克思主义社会

---

① 列宁：《卡尔·马克思》，《列宁专题文集·论马克思主义》，人民出版社，2009年版，第7页。

② Ronaldo Munck, *The Difficult Dialogue: Marxism and Nationalism*, p. 162.

③ 马克思：《〈政治经济学批判〉序言》，《马克思恩格斯文集》第2卷，人民出版社，2009年版，第592页。

形态观的科学性和预见性，[①] 但被美国历史学家斯多雅诺维奇（T. Stoianovich）认为其是“对史学研究和历史方法做出的重大贡献，在20世纪任何一个国家，没有任何一个团体能望其项背”[②]，这种法国年鉴学派的观点应该更具说明力。年鉴学派的主要代表人物，无论是费弗尔（Lucien Febvre）、布罗代尔（Fernand Braudel）还是J. 勒高夫（Jacques Le Goff），都承认受到了马克思主义尤其是马克思关于历史模式的“长时段”社会形态观的启发。布罗代尔曾说，“马克思的天才及其影响的持久性的秘密，在于他第一个在历史长时段的基础上构造了真正的社会模式。”[③] J. 勒高夫则认为：“历史的发展时快时慢，但推动历史发展的内在力量却只有在长时段中才能起作用并被把握。……马克思懂得这个道理，他通过生产方式的概念……把一些历时几百年的经济和社会体系看作是历史的基本形态。”[④] 实际上，政治哲学家大都喜好用预先设计出来的逻辑来规定和解释现实，并且想让现实朝着这个设计出来的方向前进。而马克思虽然也预设了价值理想，但他并未教条地理解和要求现实应当如何发展下去，而是尽力探究事物本身的本质，然后在其中找到正确的发展方向。这样的努力最后促成了马克思主义宏大理论体系的产生。这个理论体系围绕的是“人类解放”主题，主要关注的是宏观性强的“长时段理论”和“大理论”问题。相应地，在民族问题上，正如斯大林所言：“民族问题是无产阶级革命总问题的一部分”，[⑤] 经典作家总是从“革命总问题”与“社会总问题”的角度来审视，当然对民族主义问题更是如此。

本尼迪克特·安德森（Benedict Anderson）曾指出：“与其他极大多数‘主义’不同，民族主义从来没有产生自己伟大的思想家，没有霍布斯、托克维尔、马克思、韦伯。”[⑥] 伯纳德·雅克（Bernard Yack）说的比安德森更为直接：“民族主义缺乏可阐释和捍卫自身的伟大理论著作，没有马克思、密尔与马基雅维利，只有少量出自于费希特这样的一流思想家的著

---

① 详见张附孙：《布罗代尔的“长时段”与马克思的形态观》，《云南师范大学学报》（哲学社会科学版）2006年第3期。

② T. Stoianovich, *French Historical Method*: *The Annales Paradigm*, Ithaca, 1976, p. 235.

③ ［法］费尔南·布罗代尔著，刘北成、周立红译：《论历史》，北京大学出版社，2008年版，第55页。

④ ［法］J. 勒高夫等主编，姚蒙编译：《新史学》，上海译文出版社，1989年版，第27页。

⑤ 斯大林：《论列宁主义基础》，《斯大林选集》（上），人民出版社，1979年版，第239页。

⑥ Benedict Anderson, *Imagined Communities*: *Reflections on the Origin and Spread of Nationalism*, p. 5.

述，更多的是出自马志尼这样的二流思想家之手。"[1] 学者们在指出民族主义局限性的同时，多次提到和对比了马克思这位伟大思想家。另有研究表明，像盖尔纳（Ernest Gellner）、安德森、奈伦（Tom Nairn）和霍布斯鲍姆等现代主义民族理论学派的领衔人物都具有马克思主义的知识背景。[2] 马克思主义对民族主义研究界的巨大影响实际上离不开其固有的"长时段理论"和"大理论"历史意蕴。如前所述，就连"困难对话论"者吉本诺也提及了马克思主义的"大理论"特征，只是遗憾地把"大理论"理解为只强调阶级斗争和经济因素。问题在于：马克思主义是从实现人类解放的高度来考察整个人类社会的历史进程，综合考量产生历史推力的各因素，其对阶级、经济因素的重视并不意味其对民族主义因素的忽视；实际上经典作家对后者十分重视，并产生了诸多辩证论述。"困难对话论"忽视了这一点。

四、经典作家对民族主义"两重性"和"两种民族主义"的辩证论述

如果从"长时段理论"和"大理论"的历史意蕴而言，马克思主义对民族主义的基本立场总体持批判态度。但马克思主义不是教条，无论是对"国族"还是"族体"层次上的民族主义，经典作家在理论和实践中有着清晰的辨别，荡漾着辩证法的光辉。因此，我们对于经典作家关于民族主义论述的认识也应该是辩证的，既要看到他们对民族主义的批判，又要看到他们对民族主义的"借助和吸纳"，也要看到他们在理论与实践中对"两种民族主义"的区分。[3]

什么是民族主义？就民族主义含义而言，由于定义者所处时代、持有立场和视角各有不同，以及民族主义的内涵和外延也在不断演化，因此"给民族主义下一个确切的定义是困难的"。[4] 学者们将民族主义视为思想

---

① Ronald Beiner, *Theorizing Nationalism*, New York: State University of New York, 1999, p. 2.

② Philip Spencer, Howard Wollman, *Nationalism: A Critical Introduction*, London: SAGE Publications, 2002, p37；王希恩：《全球化中的民族过程》，社会科学文献出版社，2009 年版，第 25 页。

③ 一般认为，经典作家主要关注的是国家层面的民族（或称"国族"）及其民族主义，与国际主义相对。但实际上列宁、斯大林关于"两种民族主义"的论述更多被认为是指向（或适用于）国家内部的民族（或称"族体"）及其民族主义。本文采用最大化外延的界定，不囿于特定的"民族"形式。

④ Louis L. Snyder, *The Meaning of Nationalism*, *Part II*, New Brunswick, New Jersey: Rutgers University Press, 1954.

状态，或学说，或运动，或情绪，或兼有之；也有的将其视为“世俗宗教”或“准宗教”（quasi－religion）。[①] 由于公认的普适性定义并未也难于出现，以至于民族主义的研究被视为“术语丛林”（terminological jungles），[②] 甚为杂乱。学界的这种纠结同样体现在对民族主义智仁各见的价值评价方面。这些评价总体上反映出了民族主义的“两重性”，正如英国学者（Tom Nairn）所称的“雅努斯双面神”（Janus）特质。[③]

民族主义的“两重性”，即民族主义的消极性和积极性。前者主要体现为利己性、偏狭性、极端性和分离性，后者主要体现为合理性、进步性。客观而言，民族主义的消极性和积极性所占的比重因时、因地而异，其定性需具体问题具体分析。资本主义上升时期的资产阶级民族主义、帝国主义时代殖民地半殖民地的民族主义、现当代的民族主义均是如此。

经典作家对民族主义持批判的基本立场，这主要是基于无产阶级根本立场而言。经典作家清晰地认识到民族主义的利己性尤其是资产阶级民族主义抹煞阶级关系的企图严重妨碍了无产阶级反对资产阶级统治的革命斗争，有悖于无产阶级国际主义和“人类解放”伟大事业。马克思恩格斯对民族主义的利己性进行了深刻地揭露。早在1844年，针对鲍威尔等人认为信仰基督教的德意志人优越于其他民族的论调，马克思恩格斯即阐发了“直到现在每个民族同另一个民族相比都具有某种优点”的著名论断，批判了鲍威尔等人“深深地陷在德国民族性的泥坑里”的“条顿主义”或“日耳曼主义”，实际上批判了鲍威尔等人的民族主义情结，也批判了资产阶级的种族、民族优越论。[④] 又如恩格斯根据亲身感受，观察到英国、法国的工人未将其视为外国人看待这一具体事实，欣喜地认为他们“摆脱了民族偏见和民族优越感”，并指出民族偏见和民族优越感归根到底是大规模的利己主义而已，是极端有害的东西。[⑤] 因此，从国际主义意义上讲，列宁后来所总结的“马克思主义同民族主义是不能调和的，即使它是最‘公正的’、‘纯洁的’、精致的和文明的民族主义。马克思主义提出以国际

---

① Carlton Hayes, *Nationalism: A Religion*, New York: The Macmillan Company, 1960, p. 11; John E. Smith, *Quasi－Religions: Humanism, Marxism and Nationalism*, New York: St. Martin's Press, 1994.

② Benjamin Akzin, *State and Nation*, London: Hutchinson Univ. Library, 1964, pp. 7－10.

③ “雅努斯”是古罗马的门神，其形象常有两副面孔。奈伦借其喻指民族主义的两重性。详见 Tom Nairn, “The Modern Janus”, *New Left Review*, No. 94, 1975, p. 18。

④ 详见马克思、恩格斯：《神圣家族，或批判的批判所做的批判》，《马克思恩格斯文集》第1卷，人民出版社，2009年版，第354—355页。

⑤ 详见恩格斯：《英国工人阶级状况》，《马克思恩格斯文集》第1卷，人民出版社，2009年版，第383页。

主义代替一切民族主义，这就是各民族通过高度统一而达到融合”[①] 的观点正是体现了马克思主义批判民族主义的基本立场。

在批判民族主义的消极性这一“基本内核”的同时，马克思、恩格斯并未否定民族主义的“合理内核”，即其合理性、进步性。马克思、恩格斯主要关注的是资本主义上升时期的民族主义，认为其在推翻封建统治与帝国专制、建立民族国家的进程中具有历史进步意义，譬如英国、法国资产阶级革命就包括了“民族对地方主义的胜利”[②] 的内容。马克思恩格斯还根据西欧资本主义发展进程肯定地指出，虽然“1848 年革命在无产阶级的旗帜下使无产阶级战士归根到底只做了资产阶级的工作”，但这样的革命“毕竟为社会主义革命扫清了道路”。[③] 同时，马克思恩格斯对民族主义运动进行了区别看待，对进步民族的民族主义运动持坚决支持态度。马克思恩格斯从是否有利于无产阶级政治觉醒和推动革命的爆发立场出发，划分了“有生命力的”与“衰落的”或“垂死的”、“革命的”与“反革命的”等民族类型。[④] 相应地，马克思恩格斯一方面对表现为“泛斯拉夫主义”“民族的利己主义”“沙文主义”等“反革命的”民族的民族主义进行揭露和批判，另一方面积极支持波兰、爱尔兰等“革命的”民族的民族主义运动。

列宁同样辩证地论述了民族主义问题。一方面，列宁对资产阶级民族主义的利己性有着清醒认识，一针见血指出“资产阶级和资产阶级民主派的民族主义，口头上承认民族平等，行动上则维护（常常暗中，背着人民）一个民族的某些特权，并且总是力图为‘自己的’民族（即为本民族的资产阶级）获得更大的利益”。[⑤] 另一方面，列宁顺应帝国主义时期的时代变化，提出了区分大、小民族主义和压迫、被压迫民族主义问题，提出了诸如“抽象地提民族主义问题是极不恰当的。必须把压迫民族的民族主

---

① 列宁：《关于民族问题的批评意见》，《列宁全集》第 24 卷，人民出版社，1990 年版，第 136 页。

② 马克思：《资产阶级和反革命》，《马克思恩格斯文集》第 2 卷，人民出版社，2009 年版，第 74 页。

③ 马克思、恩格斯：《共产党宣言》，《马克思恩格斯文集》第 2 卷，人民出版社，2009 年版，第 24、26 页。

④ 郝时远先生对此认为：对这些评价或论断，只能从建立民族国家是否进步这个意义上去理解，并不包含经典作家对这些民族本身的看法。详见郝时远：《重读斯大林民族（нация）定义——读书笔记之二：苏联民族国家体系的构建与斯大林对民族定义的再阐发》，《世界民族》2003 年第 5 期。

⑤ 列宁：《再论按民族分学校》，《列宁全集》第 24 卷，人民出版社，1990 年版，第 247 页。

义和被压迫民族的民族主义，大民族的民族主义和小民族的民族主义区别开来”[①] 的观点。列宁对民族主义进行区别的观点，实际上关注的是广义上的“两种民族主义”问题，体现为世界、国际、国内三个层次。[②]

在世界层次，列宁的区分主要体现在其关于“两个趋势”理论的论述上：“发展中的资本主义在民族问题上有两种历史趋势。民族生活和民族运动的觉醒，反对一切民族压迫的斗争，民族国家的建立，这是其一。各民族彼此间各种交往的发展和日益频繁，民族隔阂的消除，资本、一般经济生活、政治、科学等等的国际统一的形成，这是其二。这两种趋势都是资本主义的世界性规律。第一种趋势在资本主义发展初期是占主导地位的，第二种趋势标志着资本主义已经成熟，正在向社会主义社会转化。马克思主义者的民族纲领考虑到这两种趋势，因而首先要维护民族平等和语言平等，不允许在这方面存在任何特权……其次要维护国际主义原则，毫不妥协地反对资产阶级民族主义（哪怕是最精致的）毒害无产阶级。”[③] 从中可以看出，列宁从“世界性规律”的层次展开论述，肯定第一个趋势时期即资本主义上升时期的“合理”“进步”的民族主义运动，但对第二个趋势的民族主义却加以批判，认为其“毒害无产阶级”。在国际层次，列宁在马克思恩格斯论述东方国家民族问题基础上，进一步提出了殖民地半殖民地民族解放运动的理论。对此，英国学者考纳指出，列宁创造性地把民族主义纳入了马克思主义框架之内，使殖民地民族解放运动成为一种符合无产阶级利益和马克思主义社会发展观的进步的“阶级民族主义”。[④] 当然，列宁对“两种民族主义”的区分以及对民族主义的借助是有前提的，是从无产阶级根本利益出发的。为此，列宁指出：共产党人不是支持殖民地国家一般的“资产阶级民主运动”，而是支持真正具有革命性质的“民族革命运动”，“只有在殖民地国家的资产阶级解放运动真正具有革命性质的时候，在这种运动的代表人物不阻碍我们用革命精神去教育、组织农民

---

① 列宁：《关于民族或“自治化”问题》，《列宁全集》第 43 卷，人民出版社，1987 年版，第 352 页。

② 笔者曾从列宁世界革命思想演变角度对其相关论述的三个层次展开过探讨。详见拙作：《列宁关于民族主义论述的三个层次——基于列宁世界革命思想演变的分析》，《民族研究》2012 年第 6 期。

③ 列宁：《关于民族问题的批评意见》，《列宁全集》第 24 卷，人民出版社，1990 年版，第 129 页。

④ 周传斌：《民族主义话语与现当代的中国》，《西北第二民族学院学报》（哲学社会科学版）2005 年第 2 期。

和广大被剥削群众的时候，我们共产党人才应当支持并且一定支持这种运动”。[①] 而在国内层次，列宁所关注的正是狭义上的“两种民族主义”，即大俄罗斯沙文主义和地方民族主义。在这一问题上，列宁多次强调告诫全党二者皆要反对，尤其是大俄罗斯沙文主义。而在“两种民族主义”问题上，虽然后期犯了不少错误，但执政早期的斯大林也曾经做出过贡献。[②]

可见，“困难对话论”似有以偏概全之嫌，只是意识到经典作家对阶级学说的重视及对民族主义抹煞阶级关系的反对，未能认识到经典作家虽旗帜鲜明地反对民族主义，但并未否认、忽视民族主义在特定历史阶段中的合理性和进步性。可以说，经典作家关于民族主义“两重性”和“两种民族主义”的辩证论述，是马克思主义民族理论尤其是关于民族主义论述的重要内容。

五、经典作家从“工人没有祖国”到“祖国之歌唱起”的民族国家实践

经典作家的相关理论与实践经历了一个从“工人没有祖国”到“祖国之歌如何唱起”的民族国家实践过程，在科学社会主义道路上实现了国际主义与民族主义的互动，反映了经典作家对民族主义的认识和策略有个“与时俱进”的过程。

马克思、恩格斯在《共产党宣言》中提出了“工人没有祖国”的著名论断。这一论断至今仍被有些人断章取义地理解为要“取消祖国、取消民族”。问题恰恰在于这一论断正是为了反驳有人“责备共产党人，说他们要取消祖国，取消民族”的指责。马克思、恩格斯指出，“工人没有祖国。决不能剥夺他们所没有的东西。因为无产阶级首先必须取得政治统治，上升为民族的阶级，把自身组织成为民族，所以它本身还是民族的，虽然完全不是资产阶级所理解的那种意思。”[③]《共产党宣言》发表的时代，“资产阶级，由于开拓了世界市场，使一切国家的生产和消费都成为世界性的了”，在这种资产阶级居统治地位的时代，“资产阶级挖掉了工业脚下的民

① 列宁：《民族和殖民地问题委员会的报告》，《列宁全集》第39卷，人民出版社，1986年版，第231页。

② 详见张三南、杨波：《斯大林在论述民族主义方面的贡献——写在斯大林逝世60周年之际》，《甘肃社会科学》2013年第1期。需提醒的是，斯大林在民族主义问题方面“得失兼备，功过明显”本身就发人深思。

③ 马克思、恩格斯：《共产党宣言》，《马克思恩格斯文集》第2卷，人民出版社，2009年版，第50页。

族基础”,[①] 无产阶级倍受剥削和压迫，这样的“祖国”对无产阶级而言没有任何值得依恋的价值。可见，马克思恩格斯正是为应对出现的资产阶级世界主义即国际资产阶级的联合而提出了“工人没有祖国”论断，他们的着重点实际上在于无产阶级国际主义和世界革命，在于为“工人”找寻属于自己的“祖国”之路。

列宁为此专门指出：“《共产党宣言》指出，工人没有祖国。这是对的。但是，那里不仅仅指出这一点。那里还指出，在民族国家形成的时期，无产阶级的作用有些不同。如果只抓住第一个原理（工人没有祖国），而忘记了它同第二个原理（工人组织成为民族的阶级，不过这不是资产阶级所理解的那个意思）的联系，这将是天大的错误。”[②] 而且，“祖国这个政治的、文化的和社会的环境，是无产阶级阶级斗争中最强有力的因素”。[③] 从这个意义上说，无产阶级革命无论是在多国同时爆发，还是在一国首先爆发，都是为了实现无产阶级作为“民族的阶级”而首先取得各自的民族国家政权。所以，无产阶级革命的首要任务是取得民族国家的统治权，上升为“民族的阶级”，取得“民族的”地位。“工人没有祖国”不仅明示了无产阶级还没有取得民族国家的统治权，而且喻指了无产阶级国际主义的根本导向。这个根本导向并不是主张“取消祖国、取消民族”的民族虚无主义，而是强调无产阶级暂时还是民族的，需要“上升为民族的阶级”。同时，这种强调“上升为民族的阶级”的无产阶级革命同国际主义是紧密联系的，“革命思想的民族化并不排除与国际主义有某种持续的联系：事实上，正是马克思及其在国际工人协会（成立于1864年）的同事们的著作才促进了‘国际主义’这一术语在19世纪60年代晚期的出现”。[④]

19世纪前、中期，欧洲革命屡遭挫折，“神圣同盟”式的联手镇压笼罩整个欧洲。马克思和恩格斯基于对历史及资本主义现实世界体系的考察，得出了无产阶级世界革命“同时胜利论”和民族主义有悖于无产阶级国际主义的基本立场。这一立场的重心显然在于无产阶级国际主义。而列

① 马克思、恩格斯：《共产党宣言》，《马克思恩格斯文集》第2卷，人民出版社，2009年版，第35页。

② 列宁：《致伊·费·阿尔曼德》，《列宁专题文集·论马克思主义》，人民出版社，2009年版，第164页。

③ 列宁：《好战的军国主义和社会民主党反军国主义的策略》，《列宁全集》第17卷，人民出版社，1988年版，第170页。

④ ［英］弗·哈利迪著，张帆译：《革命与世界政治》，世界知识出版社，2006年版，第37页。

宁作为马克思主义的继承者、发展者以及社会主义国家的缔造者、实践者，则根据资本主义进入帝国主义阶段后经济政治发展不平衡的客观规律，创造性地提出了“一国胜利论”，和斯大林一道主要关注的是“上升为民族的阶级”的“祖国之歌如何唱起”问题。

列宁在研究欧洲民族问题中发现了发达资本主义国家与前资本主义国家的不同。在发达资本主义国家，“现代资本主义的要求，无疑会包括居民的民族成分要尽可能统一的这项要求，因为民族性、语言统一对于完全控制国内市场和经济流转的完全自由是一个重要因素”。[①] 这一过程已经完成，资产阶级民族主义已经取得对封建主义的胜利，“在西欧各国民族运动是早已过去的事情。在英、法、德等国，‘祖国’已经唱完自己的歌了，已经扮演过自己的历史角色了”，但在东欧等前资本主义国家则情形迥异，“这里还正在唤醒民众掌握本族语言和本族语言的出版物（而这是资本主义获得充分发展、交换彻底渗入最后一家农户的必要条件和伴随物）。在这里，‘祖国’还没有唱完自己的全部历史之歌”，[②] 建立民族国家的民族自决运动正在兴起，作为民族自决运动“代名词”的民族主义颇有市场。列宁考察了帝国主义阶段以及俄罗斯等东欧“多民族的国家”总体上尚处于前资本主义阶段的客观现实，思考了建立什么样的社会主义民族国家这一重要课题，论断出帝国主义阶段“经济和政治发展的不平衡是资本主义的绝对规律。由此就应得出结论：社会主义可能首先在少数甚至在单独一个资本主义国家内获得胜利”。[③] 十月革命的胜利证实了列宁的论断。

随着国内外形势的发展，列宁的世界革命思想逐渐适时发生了演变，逐渐把工作重心放在苏维埃政权的巩固上。在国内事务方面，列宁领导新政权采取了诸多措施，度过了艰难的五年过渡时期，迎来了苏联的成立。其中在处理民族主义问题这一重点问题时，列宁提出并贯彻了将“两种民族主义”区别开来的著名论断，为实现在各民族间“消除各种民族主义偏见”的目的，一方面“同大俄罗斯沙文主义决一死战”，另一方面对非主体民族采取了“让步与宽容”的政策。在国际关系方面，列宁同样围绕“祖国之歌如何唱起”这一核心问题，出色地解决了苏维埃政权的生存这一首要问题，初步蕴发了同资本主义国家和平共处的思想。

---

① 列宁：《关于民族问题的批评意见》，《列宁全集》第 24 卷，人民出版社，1990 年版，第 151 页。

② 列宁：《论面目全非的马克思主义和“帝国主义经济主义”》，《列宁全集》第 28 卷，人民出版社，1990 年版，第 129—130 页。

③ 列宁：《论欧洲联邦口号》，《列宁专题文集·论社会主义》，人民出版社，2009 年版，第 4 页。

国内民族主义问题同样是斯大林的重要关注点，并在继承列宁相关思想基础上做出了相应的贡献。一是总结了大俄罗斯沙文主义和地方民族主义的具体实质。如斯大林指出，大俄罗斯沙文主义“企图抹杀语言、文化和生活习惯方面的民族差别；企图准备撤消民族共和国和民族区；企图破坏民族平等权利原则，破坏党关于机关民族化与报刊、学校及其他国家组织和社会组织民族化的政策”，并认为“既然在社会主义胜利的条件下各民族应该融合成一体，而它们的民族语言则应该变成统一的共同语言，那么现在已经是消灭民族差别和放弃支持以前被压迫的各族人民发展民族文化的政策的时候了”。[①] 二是提出了“地方沙文主义”概念，并用形象的数量表述了“两种民族主义”的关系。在俄共（布）十二大报告提纲中，斯大林首次使用“地方沙文主义”一词，用以指代“地方民族主义”，与“大俄罗斯沙文主义”相对，指出“同在民族问题总体系中占3/4的大俄罗斯沙文主义比较起来”，占1/4的“地方沙文主义并不那么严重，但是，它对于当地的工作、当地的居民和各民族共和国本身的和平发展却有头等重要的意义”，“这种地方沙文主义倾向也是应当根除的”。[②] 三是通过区分“进攻性民族主义”“防御性民族主义”及论述民族主义的转化，强调了大俄罗斯主义与地方民族主义的危害以及反对“两种民族主义”的必要性和手段。

此外有研究表明，在国际共运中，斯大林的思想已不再是“工人没有祖国”的世界性无产阶级革命，而是要求全世界无产阶级把苏联当成祖国，进而“保卫苏联”。斯大林的这种思想虽含有国际主义的成分（由于苏联作为唯一社会主义国家具有世界意义），但不可否认体现了一种新的民族主义化的面貌。[③] 遗憾的是在斯大林执政后期，苏联大党、大国主义倾向越发明显，越发偏离了正常的维护民族国家利益的行为轨道。

随着十月革命的胜利及苏联这一人类历史上首个社会主义国家的成立，“一国胜利论”成功付诸实践，列宁、斯大林的理论与实践实现了对马克思主义的发展及对其“长远目标”的策略性转化。马、恩、列、斯之后的马克思主义在全球的传播，尤其是在中国的成功实践，同样呈现出典型的马克思主义“民族化”的特点（“民族化”后来在中国通常称为“中

---

① 斯大林：《联共（布）中央委员会向第十六次代表大会的政治报告》，中国社会科学院民族研究所编：《斯大林论民族问题》，民族出版社，1990年版，第410—411页。

② 斯大林：《俄共（布）第十二次代表大会》，中国社会科学院民族研究所编：《斯大林论民族问题》，民族出版社，1990年版，第238页。

③ 详见郭树勇：《从国际主义到新国际主义——马克思主义国际关系思想发展研究》，时事出版社，2006年版，第135页。

国化”）。[①] 在复杂的国际国内形势面前，中国共产党同样面对处理马克思主义与民族主义间关系这一所谓的“困难的对话”问题。在这一问题上，中国共产党成功实现了“从国际主义到新国际主义”的转型，成功实现了国际主义与爱国主义在中国语境的高度结合。[②] 这也从侧面说明了马克思主义经典作家关于民族主义的论述在新的历史发展阶段焕发了新的时代活力。

六、“困难对话论”缘由再审视：兼谈经典作家相关论述的当代意义

自从1844年马克思恩格斯在《神圣家族，或对批判的批判所做的批判》中首次论述“民族主义”到1953年斯大林辞世，马、恩、列、斯四位经典作家关于民族主义的论述贯穿百年，可谓是形成了独树一帜的马克思主义学派。人类历史进入当代轨道后，全球政治社会形态发生了翻天覆地的变化，诸多涉及“民族主义与国际社会”的问题时常萦绕于人们的头脑之中。[③] 尤其是在苏东剧变后，国际共运陷入低潮，各种版本的“历史终结论”“民族主义战胜共产主义”言论迭出，客观上使人们对经典作家相关论述的历史生命力和当代诠释力产生疑虑，“困难对话论”也因此获有大量拥趸。

百年来的历史与现实、理论与实践充分说明，作为人类两大文明成果，马克思主义与民族主义并非“困难的对话”，而是存在思想碰撞与交集。然而，对于“困难对话论”的现实存在，我们不能回避，唯有据理而析之。究其缘由，除了意识形态和政治立场导向因素之外，围绕马克思主义与民族主义产生的错位、误读、讳言及惯性认知现象同样不容忽视。

---

① 有意思的是，当前我们通常使用的马克思主义“中国化”的表述曾在早期使用过“民族化”和“民族形式”的类似表述。详见拙作：《论马克思主义民族理论中国化的历史发展——从经典作家民族理论到“中国模式”》，《民族研究》2010年第1期。

② 详见郭树勇：《从国际主义到新国际主义——马克思主义国际关系思想发展研究》，时事出版社，2006年版，第158页。

③ 譬如英国学者詹姆斯·梅奥尔（James Mayall）在《民族主义与国际社会》一书中提出了契合人们关切的几个较为浓缩和代表性的宏观性问题：国际社会指的是什么？国际社会这个观念建立在何种规范原则之上？民族主义理念（以及更广意义上的民族观念）是如何影响国际社会的演进的？详见［英］詹姆斯·梅奥尔著，王光忠译：《民族主义与国际社会》，中央编译出版社，2009年版，第1页。

一是两大理论体系的着眼点错位。[1] 作为两大理论体系，马克思主义与民族主义的着眼点不同。马克思主义以无产阶级国际主义和实现“人类解放”为根本导向，主要体现为是国际层级的世界历史观和世界革命思想。相比于马克思主义这一“长时段理论”和“大理论”体系，民族主义往往强调的是民族国家或族际层级的问题，关注是某一“民族”范围内的集团利益，远非马克思主义所关注的整个人类社会尤其是无产阶级的整体利益。而且，民族主义考量的是阶段性历史，即民族和民族主义存在的历史阶段，而马克思主义考量的是人类历史的所有阶段，体现的是大历史观。这种理论体系的着眼点错位相应造成了人们对马克思主义与民族主义“困难对话论”式的理解。

二是对经典作家某些论断的误读与讳言。对于经典作家的许多论断，后人的理解多有误读的现象。类似于对马克思恩格斯“工人没有祖国”这一论断似懂非懂的理解，有些人往往断章取义地理解经典作家诸如“马克思主义同民族主义是不能调和的”“无产阶级不能支持任何巩固民族主义的做法”和“反对一切民族主义”的提法，进而形成了马克思主义与民族主义似乎水火不容的印象和对经典作家相关论述讳言的现象。换言之，人们往往强调马克思主义在基本立场方面对民族主义的批判，未能意识到马克思主义在某些情势下对民族主义的“肯定”；或即使意识到了却受制于基本立场的判断，不能大大方方和正面地讨论这种“肯定”。

三是“标签化”的惯性认知。这主要体现为对民族主义“贬义化”[2]和“意识形态化”的“标签化”惯性认知。一方面，民族主义往往被人们贴上了“贬义化”的标签，进而形成惯性思维，马克思主义对民族主义批判的基本态度也强化了这种认知，相应对二者的差异强化了认知。另一方面，民族主义的相关定义长期存在“意识形态化”的表述，这一现象在中国内地尤为突出，这可从某些经典辞书中可窥一斑。1979 年版的《辞海》、1986 年版的《中国大百科全书·民族卷》和 2000 年版的《辞海》均如此，往往强调民族主义与地主、资产阶级、小资产阶级等关键词的联系，

---

① “错位”这一用词的使用，受到了朱伦先生所作《西方的“族体”概念系统——从“族群”概念在中国的应用错位说起》一文标题的启发。详见朱伦：《西方的“族体”概念系统——从“族群”概念在中国的应用错位说起》，《中国社会科学》2005 年第 4 期。

② 关于民族主义的“贬义化”现象与原因，详见张三南：《“民族主义”的贬义化倾向》，《国际论坛》2002 年第 2 期。一般来说，民族主义是中性的（详见周平：《民族政治学导论》，中国社会科学出版社，2001 年版，第 174 页），但民族主义的“贬义化”现象及人们对民族主义的“贬义化”感知却是一个实际且耐人寻味的存在。

“意识形态化”凸显的惯性持续多年，认为未能全面准确反映民族主义的时代发展，尤其是在当代的具体体现及其给人们的普遍印象，甚至有学者认为反映出了“很长时期内，我国几乎不存在对民族主义的研究，对民族主义的认识停留在很低的水平上……这种认识与民族主义的实际情况相差甚远”。[①] 这不免使马克思主义本身受到牵连，进而使人们对马克思主义关于民族主义的论述产生误解，因为这些“意识形态化”的表述往往被人们追溯到经典马克思主义的界定。甚至，由于这种表述偏离了近现代国际政治的实际，从而衍生了国际政治学界在介析民族主义时存在明显忽视马克思主义学派的现象。

诚然，正如马克思和恩格斯时期没有电视、列宁时期没有电脑、斯大林时期没有因特网一样，经典作家在微观上无法对后世诸如“网络民族主义”这种民族主义的新兴形式及其影响力做出准确细致的预言和论述，但实际上，马克思主义经典作家关于民族主义的论述是一个内容丰富的理论体系，既是宏观性“长时段理论”和“大理论”体系，又涉及众多微观性个案，在多个领域体现了马克思主义与民族主义的交集、对话，其基本思想在处理社会主义与民族主义的关系方面对中国等社会主义国家仍具有值得总结的当代意义。

一方面，社会主义国家应正确处理国家治理中的“两种民族主义”问题。社会主义国家的“两种民族主义”既是重要的理论议题，也是备受关注的重大现实问题。作为苏联的缔造者，列宁与早期的斯大林在“两种民族主义”问题上有着丰富的理论论述与实践贡献。苏联之后，全球共出现近20个社会主义国家，形成了“苏联模式”“南斯拉夫模式”和“中国模式”这三个具有代表性的处理民族问题的模式。在这三种模式中，前两者分别从不同的两个极端背离了经典作家相关论述的基本思想，未能正确处理大民族主义或地方民族主义问题，导致了联盟解体这一殊途同归的结果。而“中国模式”则在坚持经典作家基本思想基础上，结合实际，不断探索正确处理民族主义问题的成功经验。正反两方面的历史经验和教训说明，经典作家相关论述的思想精髓，尤其是关于“两种民族主义”问题的辩证思想，对社会主义国家处理民族主义问题意义甚大。

另一方面，社会主义国家应理性认识“国际”与“祖国”间关系问

---

① 详见［英］安东尼·D. 史密斯著，龚维斌、良警宇译：《全球化时代的民族与民族主义》，中央编译出版社，2002年版，代序言，第23页。

题，即国际共运与国际关系中的“国际主义与爱国主义（民族主义）[①]关系”问题。这一问题极其复杂，甚至讳莫如深。众所周知，马克思主义及其政党提倡的是“国际主义和爱国主义的统一”，但“如何统一”及“如何解决二者矛盾”均是难点。百年的历史实践证明，国际主义作为无产阶级革命事业的题中之义应是国际共运坚持的旗帜和方向，但立足于本国国情、利益、生存和发展应是社会主义国家理性思考和国家战略的首要因素。恩格斯曾言：“国际联合只能存在于国家之间，因而这些国家的存在，它们在内部事务上的自主和独立也就包括在国际主义这一概念本身之中。”[②] 列宁也曾指出：“真正的国际主义只有一种，就是进行忘我的工作来发展本国的革命运动和革命斗争，支持（用宣传、声援和物质来支持）无一例外的所有国家的同样的斗争、同样的路线，而且只支持这种斗争、这种路线。”[③] 因时代所限，马克思、恩格斯未有执政社会主义国家政权的实践，这种实践始于列宁、斯大林时期，后者在很大程度上侧重于苏维埃政权巩固和建设的“祖国之歌如何唱起”方面，并兼顾了国际共运的发展问题。经典作家相关论述及其实践转向应是准确理解社会主义与民族主义关系的有力注解，尤其是列宁、斯大林把工作重心从世界革命转到国家建设方面的原因和措施值得当代社会主义国家深思。

在社会主义国家政权的取得和建设过程中，中国共产党同样面对国际主义与爱国主义（民族主义）的关系处理问题。欣喜的是，中国共产党成功实现了“从国际主义到新国际主义”的转型，实现了国际主义与爱国主义在中国语境的高度结合。有研究表明，毛泽东既是一个国际主义者，又是一个民族主义者或爱国主义者；他的国际主义思想经历过“四次民族主义化”。[④] 经过国内外政策持续多年的阵痛后，改革开放后不久的1982年中共十二大政治报告中即出现了两个以往政治报告中鲜见的词汇——“爱

---

① 此处采用“爱国主义（民族主义）”的表述主要基于如下考虑：“民族主义是一种特殊形式的爱国主义”（详见［英］厄内斯特·盖尔纳著，韩红译：《民族与民族主义》，中央编译出版社，2002年版，第181页）。在很大程度上，“爱国主义”和“民族主义”实为一个硬币的两面，只是在人们的认知和使用上有“显性”“隐性”之别（因“爱国主义”和“民族主义”分别带有褒义和贬义化的色彩）；实际上，人们很可能过分强调了“民族主义”的贬义化色彩而忽视了其非贬义化的特性，令其在很大程度上被“污名化”。

② 恩格斯：《致劳拉·拉法格》，《马克思恩格斯全集》第39卷，人民出版社，1974年版，第84页。

③ 列宁：《无产阶级在我国革命的任务》，《列宁全集》第29卷，人民出版社，1985年版，第168页。

④ 这里所指“民族主义化”的含义，一是更加强调中国的国家利益，二是不再主要以意识形态作为对外政策的基本标准。详见郭树勇：《从国际主义到新国际主义——马克思主义国际关系思想发展研究》，时事出版社，2006年版，第169—179页。

国主义”和“中华民族”，寓意深远，“这意味着中国共产党准备重新高举爱国主义的大旗，在国际事务中放弃意识形态标准以及与之有密切联系的无产阶级国际主义至上的路线”。[①] 近年来，中国党和政府广泛倡导建立“社会主义核心价值体系”，其核心内容之一即是强调“以爱国主义为核心的民族精神”。2013 年 3 月 17 日，中国国家主席习近平指出，实现“中国梦”必须走中国道路，必须弘扬中国精神，必须凝聚中国力量，深刻指出了实现“中国梦”的前提条件。[②] 与时同时，社会主义中国汲取和避免了“斯大林模式”所附有的大党主义、大国民族主义的教训与缺陷，一个负责任大国的形象举世共睹，在国际事务中积极支持正义，勇于承担国际责任。几十年来，中国积极支持殖民地半殖民地的民族解放运动，推动国际政治经济新秩序的建立，强调和平与发展是当今世界的时代主题，提倡国际关系民主化，提出“和谐世界”理念，诠释“世界梦”，并向世界带去了“实现中国梦，给世界带来的将是和平、是发展、是合作，是更多机遇，而决不是什么威胁”[③] 的声音。可见，经典作家相关论述的基本思想及其当代意义，在马克思主义中国化与中国特色社会主义道路上得以继承、发展与体现。

此外，经典作家相关论述的当代意义还体现在其契合了世界政治文明的正义方向。如前所述，经典作家充分认识到并肯定了民族主义在资本主义上升时期相对于封建主义的历史进步性。在帝国主义时期，经典作家在批判了一般意义上的民族主义的消极性基础上，同样肯定了殖民地半殖民地所掀起的反对帝国主义和殖民统治的民族解放运动，而这些民族解放运动实际上带有强烈民族主义色彩。进入当代后，民族主义依然是影响最为深远的社会思潮之一，经久不息，附着在政治、经济、文化、宗教、网络等载体上衍生出各种形态。这些纷然杂陈的民族主义，有的体现为反对帝国主义、殖民主义、霸权主义的正义，合理的民族主义诉求及抗拒帝国主义、殖民主义、霸权主义的国家民族性反应，有的则表现为极端利己主义的形态。对此，经典作家相关论述的基本思想仍具有当代意义，简言之即“反帝”“反殖”“反霸”“反极端”，认同的是民族主义的进步性、合理性，反对的是民族主义的极端利己性。尤其是经典作家反对“极端有害

① 详见郭树勇：《从国际主义到新国际主义——马克思主义国际关系思想发展研究》，时事出版社，2006 年版，第 260 页。

② 详见习近平：《在第十二届全国人民代表大会第一次会议上的讲话》，《人民日报》2013 年 3 月 18 日，第 1 版。

③ 刘云山：《同舟共济 合作共赢 共创中欧美好未来——在第四届中欧政党高层论坛开幕式上的主旨讲话》，《人民日报》2013 年 4 月 23 日，第 3 版。

的”“大规模的利己主义［Wholesale selfishness］”的重要论述，[①] 对于我们今天反对各种排外倾向强烈的极端民族主义，具有显见的道义性和现实指导意义。

“困难对话论”缘由需要再审视，经典作家相关论述同样需要再认识。经典作家在一般意义上确实是对民族主义是持批判的基本立场，对此学界已有共识。只是尤需提醒的是，“基本”并非“全部”，“马克思主义这一科学是不能停滞不前的，——它是在发展着和完备着。马克思主义在自己的发展中不能不以新的经验、新的知识丰富起来，——因此，它的个别公式和结论不能不随着时间的推移而改变，不能不被适应于新的历史任务的新公式和新结论所代替。马克思主义不承认绝对适应于一切时代和时期的不变的结论和公式。马克思主义是一切教条主义的敌人”。[②] 我们理解马克思主义，既要在理论上清晰地掌握其“批判”“革命”“解放”的思想要义和宏观线索；[③] 更值得谨记的是，马克思主义在世界范围内的最大成功实践，一是列宁“一国胜利论”的成功实践，二是马克思主义中国化在中国革命和建设中的成功推进。无论是苏联这个世界上首个社会主义国家曾有的辉煌，还是中国这个当前最大的社会主义国家的日渐复兴，成功的经验均离不开对马克思主义的继承和发展，尤其是在民族国家构建方面。

100年前，列宁的“两个趋势”理论就世界形势做出了富有洞见的判断，在这样的判断及革命实践中对世界革命思想的调整基础上，列宁成功领导了十月革命，建立了苏联，进行了社会主义层面上的民族国家构建。[④] 170余年前鸦片战争的炮声震醒了中国，“争眼看世界”成为了众多志士精

---

① 恩格斯：《英国工人阶级状况》，中国社会科学院民族研究所编：《马克思恩格斯论民族问题》（上册），民族出版社，1987年版，第48页。

② 斯大林：《马克思主义和语言学问题》，中国社会科学院民族研究所编：《斯大林论民族问题》，民族出版社，1990年版，第454—455页。

③ 宏观而言，理解马克思主义及马克思本人或可从“批判”“革命”“解放”三个关键词角度着手（在此感谢笔者的同事吴勇教授的提醒）。这也是马克思的毕生追求和任务。“批判”指的是从各角度对资本主义的“批判”，“革命”指的是进行无产阶级革命的探索，“解放”指的是最终实现“人类解放”的最高理想。另一方面，尤需强调的是，对资本主义的“批判”绝非对资本主义在人类历史上所体现出来的进步性的完全否定；“革命”固然指的是无产阶级革命的探索，“解放”最终指出的是“人类解放”，但马克思主义也承认资本主义革命相对于封建主义的进步性、广大欠发达国家通过资产阶级革命构建民族国家尝试的合理性及实现“人类解放”之前的阶段性、局部性“解放”的必要性。同样，我们理解经典作家关于民族主义的论述也应该基于这样的理解，而不能囿于其某些结论性的判断。

④ “民族国家构建”和“全球化”是理解列宁“两个趋势”理论的关键词。列宁“两个趋势”理论不仅是针对整个资本主义世界而言，对具体国家同样富有概括性和预见性，并在很大程度上与其“一国胜利论”相互印证。笔者认为，在目前及今后的相当长时期里，“全球化”的确是一种趋势，但“民族国家构建”问题仍是目前大多数国家需要首先正视的现实问题。

英的自觉，并最终落脚在“救国图强”这一朴实的认同和诉求上，“民族主义”这一舶来品色彩浓厚的思潮也逐渐取代流传久远的“天下主义”，在中国思想界产生了深远的影响，为后来马克思主义在中国的传播和中国化的推进提供了“地气”支持。在民族国家构建中，如果说国家民族是国家力量打造的一枚硬币，那么它的一个面向是爱国主义（patriotism），一个面向是民族主义（nationalism）。前者唱响的是“祖国之歌”，后者表达的是“民族之情”。[①] 理解了这一点，我们就不应对“民族主义”与“爱国主义”做过于割裂化的解读，当然也不应对“民族主义”有“洪水猛兽”式的过度忌讳，也不应对民族主义进行过度的辩护。话语习惯、使用隐情之类尚属其次、或可理解，关键是不应该影响我们的认识与实践，妨碍我们对民族主义及经典作家关于民族主义的论述全面、科学的辩证态度，尤其是在民族国家仍是当今国际政治主要行为体的世界大背景之下。

马克思主义民族殖民地理论的形成与发展*

杨须爱

马克思主义民族殖民地理论是马克思主义民族理论的有机构成。目前学界对马克思主义民族理论的研究日渐深入，成果丰硕，但对马克思主义民族殖民地理论的研究却相对滞后。已有成果可以分为专门性研究和间接性研究两类：前者主要是对马克思、恩格斯、列宁、斯大林等“经典作家”的民族殖民地问题理论思想及影响的个案研究；[②] 后者主要包含在对马克思主义民族理论产生、形成与发展及影响的整体

① 郝时远：《类族辨物：“民族”与“族群”概念之中西对话》，中国社会科学出版社，2013 年版，第 313 页。

* 原载《民族研究》2014 年第 2 期，略有改动。

作者简介：杨须爱（1978—），男，甘肃陇南人，中共中央编译局博士后，副研究员，主要研究方向为民族理论与马克思主义民族理论传播史。

② 参见俞思念：《马克思关于民族殖民地理论的历史和现实意义》，《社科研究》1983 年第 1 期；陈安：《列宁对民族殖民地革命学说的重大发展》，生活·读书·新知三联书店，1981 年版；陈水林：《毛泽东对列宁的民族殖民地革命理论的运用和发展》，《浙江经专学报》1993 年第 1 期。

研究之中。[①] 而专门性的研究大多数都是20世纪的成果，间接性的研究比较分散。总体上看，已有研究在整体性、动态性方面明显不够。这与我国学界对马克思主义民族理论研究的整体进步状况很不相符。因此，本文拟在既有研究成果的基础上，结合社会历史条件的变化，对马克思主义民族殖民地理论的形成、传播与发展过程做一纵向的全面研究，以期对现有研究的不足有所弥补。

一、马克思、恩格斯关于民族殖民地问题的基本思想

马克思主义诞生的19世纪中期有两大历史特点：无产阶级已作为独立的政治力量登上历史舞台，以西欧各国为中心的工人运动蓬勃发展；世界各地的民族运动日渐高涨，欧洲的爱尔兰、波兰，亚洲的中国、印度等都出现了抗击殖民侵略和统治的斗争浪潮。这两大历史特点决定了马克思主义从一开始就蕴含了丰富的民族问题的内容。

马克思、恩格斯十分重视发生在欧洲的民族解放运动，其中对爱尔兰和波兰问题尤为关注。他们对爱尔兰问题做了深入研究，对爱尔兰独立运动给予了坚定的声援和支持，也为欧洲工人阶级支援爱尔兰民族运动制定了正确的政策。列宁曾讲："马克思和恩格斯在爱尔兰问题上的政策提供了各压迫民族的无产阶级应当怎样对待民族运动的伟大范例。"[②] 同时，他们利用各种途径和机会号召各国的工人阶级支援波兰人民的斗争。在他们的影响下，1864年国际工人协会（即"第一国际"）成立，而它的成立大会也正是欧洲工人代表在伦敦举行的支援波兰的集会。19世纪中叶，欧洲以外殖民地半殖民地的民族运动也引起了马克思和恩格斯的关注。仅亚洲问题，他们就撰写了一系列文章严厉谴责殖民主义在中国和印度的野蛮暴行，将中国人民对英国侵略者的抗击赞誉为"真正的革命战争""人民的战争"；认为"中国革命将把火星抛到现今工业体系这个火药装得足而又足的地雷上，把酝酿已久的普遍危机引爆"。[③] 这些论述蕴含着对殖民主义和民族革命问题的科学分析和深邃见解。

---

① 参见梁守德：《民族解放运动史》，北京大学出版社，1985年版；熊锡元：《民族理论基础》，民族出版社，1989年版；金炳镐：《民族理论通论》，中央民族大学出版社，1994年版；郝时远：《中国的民族与民族问题》，江西人民出版社，1996年版；王希恩：《民族过程与国家》，甘肃人民出版社，1997年版；青觉：《马克思主义民族观的形成与发展》，民族出版社，2004年版；胡昂：《经典马克思主义民族理论研究》，安徽大学2011年博士学位论文等。

② 列宁：《论民族自决权》，《列宁全集》第25卷，人民出版社，1988年版，第271页。

③ 马克思：《中国革命和欧洲革命》，《马克思恩格斯选集》第1卷，人民出版社，1995年版，第695页。

而马克思主义民族殖民地理论正是马克思、恩格斯在对19世纪欧洲和其他地区民族运动的高度关注和科学研究中产生的，这些思想可以归纳为如下几点：

指明了近代殖民主义产生、发展的根源及消灭途径。他们在对资产主义的批判中首先揭示了近代殖民主义产生的社会根源，认为“资本”的本性决定了“掠夺是一切资产阶级的生存原则”[①]。资本主义“不断扩大产品销路的需要，驱使资产阶级奔走于全球各地。它必须到处落户，到处创业，到处建立联系”。[②]“地理大发现”之后，罪恶的资本主义殖民侵略活动也扩展至全球。与此同时，广大殖民地半殖民地人民反殖民、反侵略的民族运动也随之产生。在殖民地问题上，虽然各国的资产阶级也有竞争和冲突，但在对付无产阶级上他们是一致的。无产阶级要战胜资产阶级，就要以国际主义原则团结起来。“无产阶级对资产阶级胜利的同时就是一切被压迫民族获得解放的信号。”[③] 资本主义制度灭亡后，殖民主义也必然会灭亡。

揭示了近代殖民主义是欧洲资本主义原始积累的主要来源。马克思和恩格斯却用大量的事实证明了近代殖民主义血淋淋的掠夺本性，指出欧洲资本主义的产生和发展除了采用掠夺教会地产、把封建财产变为现代私有财产等“各种田园诗式”的资本原始积累方法，主要就是靠对欧洲以外广大地区的殖民掠夺。近代殖民制度是以最残酷的暴力为基础的，“当我们把自己的目光从资产阶级文明的故乡转向殖民地的时候，资产阶级文明的极端伪善和它的野蛮本性就赤裸裸地呈现在我们面前，因为它在故乡还装出一副很有体面的样子，而一到殖民地它就丝毫不加掩饰了”。[④] 近代欧洲的形成与崛起，与欧洲人对整个世界的殖民化在时间上是同步的，“欧洲本身在更深的意义上来说是殖民主义的产物”。[⑤]

阐明了民族解放运动的性质、任务和意义。马克思、恩格斯认为，波兰的民族运动是为解决农民问题的资产阶级民主革命。波兰的运动“不仅

---

① 马克思：《致路德维希·库格曼》，《马克思恩格斯文集》第10卷，人民出版社，2009年版，第347页。

② 马克思、恩格斯：《共产党宣言》（单行本），人民出版社，1997年版，第31页。

③ 马克思、恩格斯：《关于波兰的演说》，《马克思恩格斯文集》第1卷，人民出版社，2009年版，第694页。

④ 马克思：《不列颠在印度统治的未来结果》，《马克思恩格斯全集》第12卷，人民出版社，1998年版，第250页。

⑤ ［美］阿里夫·德里克著，胡玉昆译：《殖民主义再思索：全球化、后殖民主义与民族》，《中国学术》总第13辑，商务印书馆，2003年版，第136页。

是民族运动，而且还直接为了解放农民和把土地转归农民所有”。[①] 在总结波兰1846年克拉科夫起义的意义时，他们说：“克拉科夫革命把民族问题和民主问题以及被压迫阶级的解放看作一回事，这就给整个欧洲做出了榜样。”[②] 实际上，他们对波兰民族运动的性质、任务和意义的总结，也成为其后世界大多数殖民地半殖民地国家民族解放运动的正确选择。

提出了民族解放运动中无产阶级国际主义的基本观点。也是在论述波兰问题时，恩格斯讲了这样一句名言：“一个民族当它还在压迫其他民族的时候，是不可能获得自由的。”[③] 列宁将这一论断评价为国际主义和社会主义的“根本原则”。事实上不论是对欧洲民族运动的声援，还是对亚洲人民反殖民反侵略斗争表示支持，马克思、恩格斯都充分表达了自己鲜明的无产阶级国际主义观点。

已有研究对马克思、恩格斯关于民族殖民地问题的基本思想的归纳包含在上述四点内容之中。[④] 但事实上这些归纳和总结并不全面，因为至少下述两点也应属于这一内容：

第一，区别了革命的民族运动和反动的民族运动。从本质上讲，民族运动属于民族主义的范畴，所以并不是所有的民族运动都具有进步性。马克思、恩格斯高度评价了波兰、爱尔兰的民族运动，认为其是革命的、进步的民族运动的代表。但认为在捷克和南方斯拉夫人中出现的以虚构的“民族特性”为幌子，鼓吹以俄罗斯人为中心建立一个强大的“斯拉夫民族”的“泛斯拉夫主义”思潮，是一种推行沙俄帝国霸权的反动民族运动。[⑤] 也正是从这里开始，马克思主义经典作家对民族主义的双重属性做了清晰的辨别，“对其消极性做了严厉鞭挞和批判，而将它的积极因素在实践上加以借助，在理论上吸纳改造，使其成为马克思主义民族理论的重要内容”[⑥]。这里需要指明的是：马克思、恩格斯对革命的与反动的民族运

---

① 恩格斯：《流亡者文献：波兰人的声明》，《马克思恩格斯选集》第3卷，人民出版社，1995年版，第241页。

② 马克思：《论波兰问题》，《马克思恩格斯选集》第1卷，人民出版社，1972年版，第293页。

③ 恩格斯：《关于波兰的演说》，《马克思恩格斯文集》第1卷，人民出版社，2009年版，第696页。

④ 俞思念：《马克思关于民族殖民地理论的历史和现实意义》，《社科研究》1983年第1期；朱新义：《马克思民族殖民地问题的思想与中国革命》，《襄樊学院学报》2003年第1期等。

⑤ 恩格斯：《致卡尔·考茨基（苏黎世）》，《马克思恩格斯全集》第35卷，人民出版社，1971年版，第263页。

⑥ 王希恩：《批判、借助和吸纳——对马克思主义经典作家关于民族主义论述的再认识》，《民族研究》2007年第5期。

动的区别，是建立在对社会主义革命总要求这个理解上的。[①]

第二，指出近代殖民主义不自觉地充当了民族殖民地社会变革和人民觉醒的历史工具。马克思说，英、法等殖民大国对中国的殖民掠夺，使得满清王朝的声威“扫地以尽，天朝帝国万世长存的迷信破了产”，但却使“闭关自守的、与文明世界隔绝的状态被打破，开始同外界发生联系”。[②]不列颠人的侵略虽然砸碎了印度的手织机、手纺机，把农业和手工业的结合彻底摧毁了，但结果是在“亚洲造成了一场前所未闻的最大的、老实说也是亚洲历来仅有的一次社会革命”。他进一步讲，英国在印度的殖民侵略造成社会革命完全是受极卑鄙的利益所驱使，但“问题不在这里。问题在于如果亚洲的社会状态没有一个根本的革命，人类能不能实现自己的命运？如果不能，那么英国不管干了多少罪行，它造成这个革命毕竟是充当了历史的不自觉的工具”。[③]

二、第二国际关于民族殖民地问题的理论斗争

国际共运史上的三个“国际”是马克思主义形成、传播和发展过程中具有里程碑意义的三个组织。同样，马克思主义民族殖民地理论也在三个“国际”存在期间经历了产生、形成、传播与发展的过程。“如何对待民族殖民地问题的讨论和研究，以及做出相应的决议，是第二国际及其各成员党活动的一个重要内容。”[④] 这形成了当时工人政党内部关于殖民地问题的激烈论争。争论主要发生在以伯恩斯坦为代表的“修正主义”派与列宁为代表的革命派之间。

（一）“修正主义”派在民族殖民地问题上的主要理论主张

第二国际内部对马克思、恩格斯关于民族殖民地问题基本思想的“修正”是从德国社会民主党开始的，以“右派”鼻祖伯恩斯坦、“中派”鼻祖考茨基为代表，其他重要人物还有荷兰的万·科尔、奥地利的伦纳和鲍威尔等人。他们打着社会主义的旗号，否认殖民地半殖民地民族解放运动的必然性和合理性。这些言论主要包括：

监护必要论。“右派”代表伯恩斯坦首先向马克思主义发起了挑战，

---

① ［澳大利亚］伊恩·卡明斯著，柯明译：《马克思恩格斯与民族运动》，湖北人民出版社，1983 年版，第 53 页。

② 马克思：《中国革命和欧洲革命》，《马克思恩格斯全集》第 12 卷，人民出版社，1998 年版，第 114 页。

③ 马克思：《不列颠在印度的统治》，《马克思恩格斯全集》第 12 卷，人民出版社，1998 年版，第 142、143 页。

④ 陈林：《第二国际时期关于民族问题的争论》，《国际共运史研究》1990 年第 3 期。

他否定了马克思主义对近代殖民主义的批判，鼓吹近代殖民主义政策的“进步性”，提出世界的民族有“高级文明者”（“开化民族”）和“低级文明者”（“未开化民族”）两类，认为“文明民族掠夺非文明民族”是“自己的历史权利”，“落后的原始文化的代表在较高文化的代表面前退却是必要的，并且从世界历史上来说是合理的”，文明民族对所谓非文明民族的“监护”是必要的，殖民统治是殖民地社会进步“最有力的杠杠之一”，因此应当在殖民地实行“明智和人道的”殖民政策。[1] 显然，这种主张完全是帝国主义者的论调。

社会主义殖民政策论。在1907年的斯图加特会议上，万·科尔、戴维等人公开提出“殖民政策在社会主义制度下是可以起传播文明作用的”“社会主义殖民政策是积极的、实用的政策”“社会主义胜利后，也需要殖民地，需要利用全世界的生产力，调节各国之间的经济关系”等论点，主张要“以社会主义的殖民政策来同资本主义的殖民政策对抗”。[2] 同时他们对各自国家的殖民政策也多加辩护。“中派”代表考茨基虽然口头上也反对“社会主义殖民政策论”，但他却认为此建议为“新思想”，有必要留待以后再详细讨论，从而模糊了“社会主义殖民政策论”者支持帝国主义的理论本质。

民族文化自治论。20世纪初，被压迫民族争取独立和解放的斗争蓬勃发展，尤其是亚洲的觉醒，标志着殖民地半殖民地民族解放运动的兴起。面对这种形势，第二国际内部存在着两种截然相反的路线主张和民族纲领。斗争的焦点是坚持马克思主义的民族自决权，还是奉行“民族文化自治”。“民族文化自治论”最先由奥地利社会民主党在1899年的布隆代表大会上提出，其后经伦纳和鲍威尔进一步发挥，成为第二国际后期广为流行的一种“社会主义”的民族纲领。此论认为：民族就是那些在共同命运的基础上结合成共同性格的人们的集合体，是自治的个人联盟，是与地域无关的文化共同体。多民族国家内的民族自治不应当建立在地域基础之上，而应是一种“文化自治”，由同一民族的成员选出自己的民族委员会行使权力，只管理本民族的文化事务，而不涉及政治问题。鲍威尔宣称，民族文化自治必然会“成为多民族国家中各族无产阶级的立宪纲领”，主

---

① 伯恩斯坦：《社会主义和殖民地问题》，《机会主义、修正主义资料选编》编译组：《第二国际修正主义者关于帝国主义的谬论》，生活·读书·新知三联书店，1976年版，第35页。

② 参见《国际共产主义运动史文献》编辑委员会编译：《第二国际第七次代表大会文件（1907年8月18—24日）》，中国人民大学出版社，2001年版，第242—247页。

张“各民族无产阶级都应当提出自己的民族自治要求”。[①] 这样，“民族文化自治论”就将民族文化、民族自治与政治问题分离了。

作为一种理论主张，“民族文化自治”在今天看来的确是一种富有想象力的见解。但对当时的被压迫民族而言，民族的“语言、宗教、地域、历史与文化等等”，“在政治的实际面上，这些因素之间到底哪一个比较重要，根本无足轻重”。[②] 因为没有殖民地民族在政治上的解放和自立，一切所谓的自治都是空谈。斯大林也曾指出，社会民主党人的根本错误在于“他们不了解民族问题和政权问题的不可分割的联系，力图把民族问题和政治分开并把它限制在文化教育问题范围之内，忘记了存在着帝国主义和被帝国主义奴役的殖民地这样的‘小事’”。[③] 这一评价是准确的。其实，社会民主党人鼓吹“民族文化自治论”的根本目的，是要用“民族文化自治”来替换殖民地的“民族自决”，其本质是要抹杀殖民地民族解放运动的历史进步性。而“民族文化自治论”的影响却延续至今，我国学界当今甚有影响的用“文化化”原则处理民族关系的理论主张，就与其有异曲同工之妙。事实上，“无论是在历史上，还是在现实中，无论在中国还是西班牙，在加拿大还是俄罗斯，或现代世界的其他地方，民族自治既是和区域自治联系在一起的，同时也包含了文化自治的内容，如语言文化的法律地位等”。[④] 进一步讲，其实民族殖民问题也属于广义的民族关系问题，而民族关系问题从来都是一个以民族利益为基础的、具有历史属性的社会政治问题。

兼并进步论。此论实际上是“社会主义殖民政策论”的附庸，鼓吹者主要有德国社会民主党右派中狂热的社会帝国主义论者亨利希·库诺、英国的一部分“费边社”[⑤] 分子等。其中亨利希·库诺认为，帝国主义是“前进了的、加强了的资本主义。……新的帝国主义的发展阶段同过去那些发展阶段，例如大的机械工业的形成一样，也是一个从资本主义的新

① 鲍威尔：《民族问题和社会民主党》，中央编译局资料室：《鲍威尔言论》，生活·读书·新知三联书店，1978 年版，第 3—12、29—31 页。

② ［英］埃里克·霍布斯鲍姆著，李金梅译：《民族与民族主义》，上海人民出版社，2000 年版，第 45 页。

③ 斯大林：《十月革命和民族问题》，中国社会科学院民族研究所编：《斯大林论民族问题》，民族出版社，1990 年版，第 133 页。

④ 王建娥：《族际政治：20 世纪的理论与实践》，社会科学文献出版社，2011 年版，第 193 页。

⑤ “费边社”即 Fabian Society，指“坚持极端机会主义观点的英国知识分子的冒牌社会主义组织”。参见列宁：《克蔡特金〈斯图加特国家社会党代表大会〉一文的注释》，《列宁全集》第 16 卷，人民出版社，1988 年版，第 78 页。

的、内部的、金融的生存条件中生长出来的发展时期，一个通向社会主义的必然的过渡阶段”。所以，帝国主义殖民政策是“一种社会历史的必然性”。[①] 由此他得出结论：反对帝国主义的一切斗争都是“荒谬的”，因为社会主义者反对殖民政策，就像手工业工人同机器大工业斗争一样“愚蠢”。除此主张之外，他们还攻击马克思主义的“民族自决原则”是“提倡民族闭关自守”，“闹分散主义”，是“主张资产阶级民族主义”[②]。

殖民地民族自决过分论。考茨基隐蔽地为帝国主义的殖民统治辩护，认为殖民政策“不是以帝国主义为根源的”，“帝国主义的武力政策，对于资本主义经济发展来说远远不是必不可缺的”，但“却是最有效的”扩张方法。资本主义经济的发展“可以采取比经济意义大得多的其他方法”。其认为扩张不是帝国主义的必然结果，而是一种“病态”。主张殖民地半殖民地可以同帝国主义建立和平、友善的关系，甚至可以通过经济合作实现“世界各平等民族的和平联盟”。而被压迫民族要求政治分离自由是“过分的”，只要实行“文化自决”和“民族自治”就够了。[③] 显然，考茨基从“超帝国主义论”得出的“殖民地民族自决过分论”，是对伯恩斯坦和鲍威尔等人前述理论主张的“巧妙”折中。

（二）列宁对“修正主义”派主要理论主张的驳斥

对“监护必要论”和“社会主义殖民政策论”，列宁指出，帝国主义殖民政策“是以直接奴役未开化的民族为基础的，资产阶级实际上在殖民地实行奴隶制度，使当地人遭受闻所未闻的侮辱和压迫，用提倡酗酒、散播梅毒向当地人‘传播文明’”[④]。修正主义者们赞成这样的殖民政策，“实际上等于直接向资产阶级政策倒退，向替殖民战争及野蛮行为辩护的资产阶级世界观倒退”。[⑤] 对“兼并进步论”，列宁批评说，亨利希·库诺的主张其实是一种笨拙而又无耻的推论：“帝国主义是现代资本主义；资本主义的发展是不可避免的和进步的，所以帝国主义也是进步的，所以必

---

① 亨利希·库诺：《党破产了吗？关于党内争论的一封公开信（1915 年）（摘录）》，《机会主义、修正主义资料选编》编译组：《第二国际修正主义者关于帝国主义的缪论》，生活·读书·新知三联书店，1976 年版，第 311—313 页。

② 梁守德等：《民族解放运动史（1775—1945）》，北京大学出版社，1985 年版，第 263 页。

③ 考茨基：《民族国家、帝国主义国家和国家联盟》（摘录），中央编译局资料室编：《考茨基言论》，生活·读书·新知三联书店，1966 年版，第 199—231 页。

④ 列宁：《斯图加特国际社会党人代表大会》，《列宁全集》第 16 卷，人民出版社，1988 年版，第 80 页。

⑤ 列宁：《斯图加特国际社会党人代表大会》，《列宁全集》第 16 卷，人民出版社，1988 年版，第 68 页。

须跪在帝国主义面前歌功颂德!"[①] 以鲍威尔为首的奥地利社会民主党分子主张的"民族文化自治"，其用意在于维护奥匈帝国的"完整"，乃至整个殖民帝国的统一。列宁认为"民族文化自治"这个纲领"主要的、根本的缺陷，就在于它竭力要实现最精致、最绝对、最彻底的民族主义"[②]，它并不能解决民族问题，而只能使民族问题更尖锐，并引起沙文主义的增长。为了彻底批判"民族文化自治论"，列宁依据资本主义社会发展规律，提出了著名的民族问题上的"两个历史趋向"，并指出，"这两个趋向都是资本主义的世界规律"[③]，而"民族文化自治"的要害就是要牢固地长久地隔离一切民族。"殖民地民族自决过分论"是第二国际社会民主党"左派"反对政治民主、民族自决权的产物，列宁称这种思潮为"帝国主义经济主义"，认为这是第二国际时期的一种"国际性"病症，并强调对殖民地半殖民地的民族解放和独立运动来说，民族自决权在政治上表现的独立权，就是在"政治上同压迫民族自由分离的权利"。[④]

列宁与第二国际"修正主义"派之间的论战，是他将马克思、恩格斯关于民族殖民地问题的基本思想发展为一个体系性理论的关键阶段，这对于理解列宁的民族殖民地问题理论至关重要，但已有研究似乎没有对此予以明示。事实上，"第二国际及其各党在民族与殖民地问题上的政治实践、理论建树及正反两方面的经验教训"[⑤]，对我们仍有重要的启发意义。

三、列宁的贡献与马克思主义民族殖民地理论的形成

在同第二国际"修正主义"派的论战和领导十月革命及其后的世界无产阶级革命中，列宁极大地丰富和发展了马克思、恩格斯民族殖民地理论的基本思想，最终使其成为了一个完整的学说。列宁的主要理论贡献可以归纳为如下几点：

将世界划分为压迫民族和被压迫民族。列宁明确地把民族问题和殖民地问题紧密联系起来，从世界范围内观察民族关系，指出"全世界已经划

① 列宁：《帝国主义是资本主义的最高阶段》，《列宁选集》第2卷，人民出版社，1995年版，第655页。

② 列宁：《关于民族问题的批判意见》，《列宁选集》第2卷，人民出版社，1995年版，第346页。

③ 列宁：《关于民族问题的批判意见》，《列宁选集》第2卷，人民出版社，1995年版，第340页。

④ 列宁：《社会主义革命和民族自决权》，《列宁选集》第2卷，人民出版社，1995年版，第564页。

⑤ 徐波、陈林：《全球化、现代化与民族主义：现实与悖论》，［英］安东尼·史密斯、龚维斌等译：《全球化时代的民族与民族主义》，中央编译出版社，2002年版，序言部分第21页。

分为两部分，一部分是为数众多的被压迫民族，另一部分是少数几个拥有巨量财富和强大军事实力的压迫民族”。① 全世界分成两大营垒，是帝国主义时代民族关系的基本特征。这一时期，民族问题已从局部的问题变成了全局性的问题，成为殖民地半殖民地被压迫民族摆脱帝国主义枷锁的世界性问题。这一论断，“成为国际无产阶级和世界革命群众考察和分析民族殖民地问题的基本出发点”②。

提出推翻帝国主义是解决民族殖民地问题的必然途径。列宁认为：“共产国际在民族和殖民地问题上的全部政策，主要应该是使各民族和各国的无产者和劳动群众为共同进行革命斗争、打倒地主和资产阶级而彼此接近起来。这是因为只有这种接近，才能保证战胜资本主义，如果没有这一胜利，便不能消灭民族压迫和不平等的现象。”③ 也就是说，在列宁看来，只有推翻帝国主义的统治，消灭资本主义制度，民族殖民地问题才能得到根本解决。

明确认定民族殖民地问题是国际无产阶级世界革命问题的一个组成部分。第一次世界大战期间，列宁曾提出民族解放运动“现在是一般社会主义”运动的一部分。十月革命后，他又强调说：“社会主义革命不会仅仅是或主要是每一个国家革命无产者反对本国资产阶级的斗争，……这个革命将是受帝国主义压迫的一切殖民地和国家，一切附属国反对帝国主义的斗争。”④ 并反复阐明：帝国主义是压迫民族的无产阶级和被压迫民族的共同的敌人，民族殖民地问题只有和无产阶级革命相联系并在无产阶级的基础上才能得到彻底解决。在此分析基础上，他提出了著名的“全世界无产者和被压迫民族联合起来”⑤ 的口号。这也是他为共产国际在民族殖民地问题上制定的总政策和发出的战斗号召。

为殖民地半殖民地的民主革命制定了基本路线和策略。列宁认为殖民地半殖民地的“任何民族运动都只能是资产阶级民主性质的，因为落后国家的主要居民群众是农民，而农民是资产阶级资本主义关系的体现者”。

---

① 列宁：《民族和殖民地问题委员会的报告》，《列宁选集》第4卷，人民出版社，1995年版，第275页。

② 陈安：《列宁对民族殖民地革命学说的重大发展》，生活·读书·新知三联书店，1981年版，第74页。

③ 列宁：《民族和殖民地问题提纲初稿》，《列宁选集》第4卷，人民出版社，1995年版，第217页。

④ 列宁：《在全俄东部各民族共产党组织第二次代表大会上的报告》，《列宁选集》第4卷，人民出版社，1995年版，第77页。

⑤ 列宁：《在俄共（布）莫斯科组织积极分子大会上关于租让的报告》，《列宁选集》第4卷，人民出版社，1995年版，第326页。

在被压迫民族实现社会主义革命的策略上，他认为“无产阶级政党（如果它一般地说能够在这类国家里产生的话）不同农民运动发生一定的关系，不在实际上支持农民运动，就能在这些落后国家里实行共产主义的策略和共产主义的政策，那就是空想”。[①] 这一看法表明：殖民地半殖民地民族解放运动的性质只能是反帝反封建的资产阶级民主革命，革命的任务首先是推翻帝国主义和封建主义的统治。

强调殖民地半殖民地的民族自决是民族解放运动和社会主义的重要原则。在列宁看来，民族自决权既是彻底反对帝国主义殖民压迫的表现，也是民族解放运动和社会主义的重要原则。他认为依据殖民地半殖民地民族运动的“历史—经济条件”，民族自决就是“民族脱离异族集体的国家分离，就是成立独立的民族国家”。“如果我们不提出和不宣传分离权的口号，那就不仅是帮助了压迫民族的资产阶级，而且是帮助了压迫民族的封建主和专制制度。”[②] 他进一步讲道：“在社会主义革命中，宣布和实现一切被压迫民族的自由（也就是它们的自决权）是非常迫切需要的，正如1848 年德国的或 1905 年俄国的资产阶级民主革命为获得胜利而迫切需要它一样。”[③]

在马克思主义经典作家中，列宁是对于民族殖民地问题论述最为宏富的一位。斯大林说，马克思、恩格斯提供了关于民族殖民地问题的基本的主要的思想，而列宁在这方面的新贡献在于：“（1）他把这些思想集合成为一个关于帝国主义时代民族殖民地革命学说的严整体系；（2）他把民族殖民地问题和推翻帝国主义的问题联系起来；（3）他宣布民族殖民地问题是总的国际无产阶级革命问题的一个组成部分。”[④] 这一概括和评价是客观的、准确的。但斯大林所说的列宁关于帝国主义时代民族殖民地革命学说的“严整体系”应该包含哪些内容，他并没有给出明确的答案，已有研究对此也关注不够。

本文认为，上述五点应是这一“严整体系”的基本内容。之所以这样说，是因为作为一种无产阶级反帝、反殖民统治的革命学说，这几点所构成的内容在逻辑体系上是完整的。而这五点应该是这样的一种逻辑关系：

---

① 列宁：《民族和殖民地问题委员会的报告》，《列宁选集》第 4 卷，人民出版社，1995 年版，第 276 页。

② 列宁：《论民族自决权》，《列宁选集》第 2 卷，人民出版社，1995 年版，第 371、386 页。

③ 列宁：《社会主义革命和民族自决权》，《列宁选集》第 2 卷，人民出版社，1995 年版，第 571 页。

④ 斯大林：《和第一个美国工人代表团的谈话》，《斯大林全集》第 10 卷，人民出版社，1954 年版，第 90 页。

将世界分为压迫民族和被压迫民族，是解决民族殖民地问题的立论基础；指出推翻帝国主义才能彻底解决民族殖民地问题是主导思想，也是革命目标；号召全世界无产者和被压迫民族联合起来进行无产阶级革命，是解决民族殖民地问题的核心内容，也是总政策；强调支持殖民地半殖民地的民族解放运动和坚持“民族自决”，是解决民族殖民地问题的基本原则；对不同革命的性质做出区分并予区别对待，是解决民族殖民地问题的基本策略。

除此之外，已有研究（包括斯大林的著述）对于何谓“马克思主义民族殖民地理论”也没有给予明确的界定。而对于一种理论的专门性、规范性研究，概念的界定似乎是必要的。综上，在概念上似可对这一理论做出这样的界定：马克思主义民族殖民地理论，是指马克思主义关于资本主义殖民地问题与民族解放运动的理论。其理论要点为：第一，该理论是遭受资本主义殖民统治的被压迫民族追求民族解放和独立的革命理论。这样，就把该理论与一般意义上的马克思主义民族问题理论区别开来了。第二，该理论是马克思主义民族理论的有机构成，其科学内容应服从于马克思主义民族观。这样，就把“修正主义”派在殖民地问题上的理论主张和斯大林的大国沙文主义思想剔除了。第三，该理论也是科学社会主义理论的有机构成，其理论精髓是随着科学社会主义理论与实践的发展而与时俱进的。

四、斯大林对马克思主义民族殖民地理论的发展与歪曲

列宁逝世以后，斯大林在同托洛茨基主义的论战中发挥了列宁关于民族殖民地问题的理论观点，从而发展了马克思主义的民族殖民地理论。但在如何协调苏联社会主义革命与世界社会主义革命的关系上，他将苏联的利益置于了无产阶级国际主义和其他国家利益之上，歪曲和损害了马克思主义民族殖民地理论。

斯大林对马克思主义民族殖民地理论的贡献可以归纳为如下几点：

区分了民族解放运动的三个历史时期。在论述现代民族运动的产生时，他将民族解放运动分成了“西方封建主义消灭和资本主义胜利的时期”“帝国主义在西方出现的时期”和“苏维埃时期”。他认为第一个时期“欧洲西部产生了没有民族压迫的纯粹民族的国家，而在东部则产生了多民族的国家”，在这种多民族国家的内部，有一个比较发达的民族居于领导地位，而其他民族都是服从这个民族统治的。“东欧的这些多民族国家便成了民族压迫的产生地，这种民族压迫产生了民族冲突、民族运动”；在第二个时期，西方旧有的民族国家英、法、意等国由于在殖民掠夺中得

到了新的领土，成为了“多民族的、殖民的国家”，它们对外实施民族压迫，导致民族殖民地的民族解放运动开始产生、发展；而第三个时期是“资本主义和民族压迫消灭”的时期，也是民族解放运动能获得彻底胜利，民族殖民地问题能得到根除的时期。①

充分阐发了殖民地半殖民地革命的世界意义。他认为殖民地半殖民地是国际帝国主义的基地和后方，但这些地方蕴藏着反帝国主义的巨大力量，这里人民的觉醒预示着国际帝国主义的末日。“这个后方的革命化不会不摧毁帝国主义，这不仅因为帝国主义将失去后方，而且因为东方的革命化必然会在促使西方革命危机尖锐化方面起决定性的作用。受到两方面——既从后方又从前线——攻击的帝国主义，必然会承认自己是注定要灭亡的。”②

强调只有无产阶级领导的民族解放运动才能根除民族压迫。他认为根据俄国革命的经验，只有无产阶级领导的民族解放运动才能彻底消灭民族压迫，因为“只有在资产阶级覆亡时，民族运动才会最终覆亡”。③ 他还指出，资本主义上升时期欧洲资产阶级领导的民族解放运动所产生的民族国家，如英、法等国，随着资本主义的发展，最后都走向了殖民侵略；另一类像奥匈帝国、沙皇俄国这样的国家，从一开始就对内、外实施着广泛的民族压迫。殖民地半殖民地国家的民族资产阶级领导的民族解放运动，可以摆脱帝国主义的殖民统治，获得民族独立，但这些争得独立的殖民地附属国一般来说都是多民族国家，在国内统治民族对弱小民族的压迫由于资本主义私有制的存在而不同程度地存在着。

阐明了各殖民地的无产阶级掌握民族民主革命领导权的重要性。他认为，随着东方各殖民地和附属国革命运动的发展，“民族资产阶级分裂成两部分，即革命部分（小资产阶级）和妥协部分（大资产阶级），前者继续进行革命斗争，后者则和帝国主义结成联盟”。而在这些国家中，无产阶级的领导权问题愈来愈有迫切的性质。他进一步讲，如果“不孤立妥协的民族资产阶级，不使革命的小资产阶级群众摆脱这个资产阶级的影响，不实行无产阶级领导权的政策，不把工人阶级中的先进分子组织成独立的

---

① 斯大林：《论党在民族问题方面的迫切任务》，张仲实译：《马克思主义与民族、殖民地问题》，人民出版社，1953 年版，第 145、146 页。

② 斯大林：《关于东方革命运动》，中国社会科学院民族研究所编：《斯大林论民族问题》，民族出版社，1990 年版，第 330 页。

③ 斯大林：《民族问题与列宁主义》，中国社会科学院民族研究所编：《斯大林论民族问题》，民族出版社，1990 年版，第 406 页。

共产党，革命就不可能向前推进”。[①] 因此，他认为殖民地半殖民地国家的无产阶级及其政党应当成为民族民主革命的倡导者和领导者，应当争夺民族民主革命的领导权。

对于如何才能实现无产阶级对民族民主革命的领导权问题，他认为这需要殖民地半殖民地国家的无产阶级及其政党成为一个团结一致、革命路线正确的组织，而且要加强与劳动人民的联系，掌握革命的武装力量，在统一战线中保持自己的独立性。他强调，“统一战线只有在这种情况下，只有在这种条件下才有革命的意义。”[②] 所以，只有无产阶级及其政党紧紧抓住革命的领导权，才能把民族民主革命引向胜利，并最终转变为社会主义革命。

实事求是地讲，在革命的策略问题上，斯大林的上述洞见相比马克思、恩格斯和列宁的思想，更为具体和有针对性。他强调的无产阶级掌握民族民主革命领导权的重要性、民族资产阶级的软弱性、武装斗争和统一战线的必要性，后来都被指导中国革命走向胜利的毛泽东思想所继承和发展。这一点，我们应该秉持客观的态度。

而斯大林对马克思主义民族殖民地理论歪曲的根本原因在于：在对待殖民地半殖民地国家的无产阶级革命问题上，他背离了马克思主义，颠倒了爱国主义与国际主义的关系，陷入了大国沙文主义和民族主义的泥淖。

马克思、恩格斯和列宁在论述民族殖民地问题时，都将民族平等和无产阶级的国际主义作为两个重要原则。1915 年，列宁根据资本主义经济和政治发展不平衡的规律提出了“社会主义可能首先在少数甚至单独一个资本主义国家内获得胜利”[③] 的著名论断，其后并领导十月革命取得胜利，而“一国社会主义”问题（即无产阶级在一个国家夺取政权后能否建成社会主义、如何建成社会主义的问题）也随即提上议事日程。列宁主张俄国必须首先单独建成社会主义，并领导俄共开始推行“新经济政策”来建设社会主义。事实上，在世界革命问题上，列宁晚年的思想发生了重大变化，尤其是 1921 年 3 月《里加条约》签订后，列宁“放弃了世界革命目标，开始专注于俄国一国的社会主义建设”，而且“不再把世界革命看成是苏联社会主义胜利的决定性条件”。[④] 列宁逝世后，俄国布尔什维克党内

---

① 斯大林：《论东方民族大学的政治任务》，中国社会科学院民族研究所编：《斯大林论民族问题》，民族出版社，1990 年版，第 310、311 页。

② 斯大林：《联共（布）中央委员会和中央监察委员会联系全会》，《斯大林全集》第 10 卷，人民出版社，1954 年版，第 16 页。

③ 列宁：《论欧洲联邦口号》，《列宁选集》第 2 卷，人民出版社，1995 年版，第 554 页。

④ 左凤荣：《斯大林的“一国社会主义”理论与实践》，《东欧中亚研究》1997 年第 5 期。

围绕“一国社会主义”问题爆发了论战，斯大林在同托洛茨基的论战中最终确立了自己的“一国社会主义理论”。但他在如何协调无产阶级国际主义与苏联社会主义革命的关系上并没有遵从列宁的“遗训”，即坚持列宁所强调的“民族平等和无产阶级的国际主义”这两个重要原则。

而且，斯大林一直是一个坚定的“革命输出派”，他认为只有无产阶级的世界革命才能保证苏维埃社会主义的“最后胜利”。十月革命只是世界革命的第一阶段，只是“为世界革命运动建立了一个强大的公开的中心。世界革命运动从来不曾有过这样的中心，现在它能团结在这个中心的周围，组织世界各国无产者和被压迫民族反对帝国主义的革命统一战线了”。[①] 最终，他将世界无产阶级革命、解放全世界无产者的任务与建设苏联社会主义的任务等同了起来。1927 年 8 月，在苏共中央委员会与中央监察委员会联席全会上，他公开宣称：“谁决心绝对地、毫不动摇地、无条件地捍卫苏联，谁就是国际主义者，……谁想撇开苏联、反对苏联而捍卫世界革命运动，谁就是反革命，谁就必然要滚到革命敌人的阵营里去。”[②] 这实质上就把苏联的利益置于了其他殖民地半殖民地国家的民族民主革命利益之上。

在此背景下，苏共自己充当了世界无产阶级革命的“旗手”，各国共产党必须紧跟苏联这个“旗手”，苏联的政策也就成了各国共产党的政策。例如，1939 年《苏德条约》签订后，一些国家的共产党也只好跟着放弃反法西斯主义的旗帜，结果在国内群众和政治生活中的地位丧失殆尽。而且，苏共为了“保护苏联”，不惜侵害其他殖民地国家无产阶级革命的利益。1935 年，苏联对在中华民国境内成立的伪满洲国的承认就是例证。而斯大林的“一国社会主义理论”在实践上最终也演变成了与大俄罗斯沙文主义同一性质的东西。对此，被称为西方民族主义研究“双父”之一的海斯在 1930 年就指出，俄国布尔什维克党人“开始的时候是经济和社会的改造者，高声反抗军国主义、帝国主义和民族主义，但他们和过去的法兰西革命者一样，不久便发现这个世界还没有完全准备好去接受他们的利他主义，所以结果在苏维埃社会联邦共和国中崇奉一种特殊的完整民族主义……在将来，当俄国布尔什维克党人的经济实验被遗忘了时，他们的极

① 斯大林：《十月革命的国际性质（摘录）》，中国社会科学院民族研究所编：《斯大林论民族问题》，民族出版社，1990 年版，第 392 页。

② 斯大林：《国际形势和保卫苏联》，《斯大林全集》第 10 卷，人民出版社，1954 年版，第 47 页。

端民族主义大约将留在人们的记忆里”。[①] 今天看来，海斯的这一评价和预言仍然不失公允的成分。斯大林所谓的“一国社会主义理论”其实质就是一种“完整民族主义”的理论，它留下的深刻教训永远值得警醒，也是应该从马克思主义民族殖民地理论中加以剔除的。

五、马克思主义民族殖民地理论在中国的传播与发展

十月革命后不久苏俄政府就向中国、朝鲜、伊朗、土耳其、阿富汗等国发布了一系列文告，向这些国家的民族解放运动表示了真诚的支持和声援，同时宣布取消沙俄时期强加于这些国家的一些不平等条约。很明显，民族解放运动与列宁领导的无产阶级革命结合的过程，就是马克思主义民族殖民地理论得以传播和发展的过程。然而，马克思主义民族殖民地理论只在为数不多的国家中得到了持续扩展并指导革命取得了最终的胜利。中国就是成功实践马克思主义民族殖民地理论的少数国家之一。

第三国际曾对中国的革命寄予特别的希望，认为中国革命势不可挡，因此重点给予支持和帮助。1919 年 3 月，第三国际成立的第一次代表大会，就邀请两名中国代表参加。从 1920 年开始就派人到中国与李大钊、陈独秀等接洽，直接帮助了中国共产党的建立。1921 年 7 月，中国共产党一大召开，第三国际代表马林和尼克尔斯基列席了会议。1922 年 5 月，中国共产党正式加入了第三国际，成为它的一个支部。这样的背景，决定了中国共产党从一开始就直接接触了经列宁发展了的马克思主义民族殖民地理论，因而其理论纲领中也当然地反映着这样的一种色彩。1922 年 7 月，中国共产党在二大上提出了反帝反封建的革命纲领，这在中国近代史上是破天荒的。1923 年 7 月，中国共产党三大决定同国民党建立国共合作关系。[②] 这表明中国共产党从一开始，不论是提出的革命纲领，还是制定的革命路线、策略等，都完全体现着马克思主义的民族殖民地理论。

但实际上，直到 1935 年的遵义会议，党的整个理论、路线和政策都处在一种探索的过程中，这期间也始终没有摆脱以陈独秀、瞿秋白和王明等为代表的各种“右”和“左”的错误路线的干扰，存在着列宁之后第三国际对于中国革命脱离实际的指导。毛泽东讲这第三国际两头好，中间差，其中就包括着对于第三国际对中国革命错误指导的批评。但是中国革命毕竟是殖民地半殖民地国家中最成功的革命，是马克思主义民族殖民地理论

① ［美］海斯著，帕米尔译：《现代民族主义演进史》，华东师范大学出版社，2011 年版，第 130 页。

② 胡绳主编：《中国共产党的七十年》，中共党史出版社，1991 年版，第 28、36 页。

成功实践的样板。它的成功之处不是对这一理论的完全照搬，而是将其与中国革命实践相结合，形成为指导中国革命走向胜利的毛泽东思想的重要组成部分。也可以说，毛泽东思想进一步发展和丰富了马克思主义民族殖民地理论。

毛泽东思想对马克思主义民族殖民地理论进一步发展和丰富的理论要点可以归纳为如下几个方面：

创立了中国革命的统一战线理论。早在1925年，毛泽东就提出“谁是我们的敌人？谁是我们的朋友？这个问题是革命的首要问题”。[①] 其后，他又指出，在半殖民地半封建主义的中国，无产阶级坚固的同盟者是农民。城市小资产阶级也是可靠的同盟者。而资产阶级有两部分，需要区别对待：一部分是买办性的大资产阶级，它是革命的对象；一部分是民族资产阶级，它虽有软弱、妥协的一面，但具有反帝反封建的革命要求。所以，无产阶级在革命中必须同民族资产阶级建立革命的统一战线，并且在特殊的条件下还可以把一部分大资产阶级包括在内。但强调这个“统一战线是实行武装斗争的统一战线”[②]。

科学地分析了中国社会的性质和主要矛盾。毛泽东指出，鸦片战争以后，帝国主义的侵略，一方面使中国的自然经济受到了很大破坏，封建社会变成了半封建社会；另一方面通过一系列不平等条约，帝国主义控制了中国的财政经济命脉和政治军事力量，破坏了中国的主权完整，使中国变成了半殖民地社会。半殖民地半封建社会是中国近代社会的特殊属性。指出“帝国主义与中华民族的矛盾，封建主义与人民大众的矛盾”，是中国近代社会的主要矛盾，而帝国主义和中华民族的矛盾，则是各种矛盾中最主要的矛盾。[③]

阐明了中国革命的双重任务和两个阶段。毛泽东指出中国革命包含着双重任务：“资产阶级民主主义性质的革命（新民主主义革命）和无产阶级社会主义性质的革命、现阶段的革命和将来阶段的革命。”[④] 中国的社会性质决定了中国革命必须分为两个步骤：“第一步，改变这个殖民地、半殖民地、半封建社会的形态，使之变成一个独立的民主主义的社会。第二

---

① 毛泽东：《中国社会各阶级的分析》，《毛泽东选集》第1卷，人民出版社，1991年版，第3页。

② 毛泽东：《〈共产党人〉发刊词》，《毛泽东选集》第2卷，人民出版社，1991年版，第613页。

③ 毛泽东：《中国革命和中国共产党》，《毛泽东选集》第2卷，人民出版社，1991年版，第626—631页。

④ 毛泽东：《中国革命和中国共产党》，《毛泽东选集》第2卷，人民出版社，1991年版，第651页。

步，使革命向前发展，建立一个社会主义的社会。”①

强调了无产阶级在中国民主革命中掌握领导权的重要性。毛泽东讲，无产阶级必须实行对中国革命的领导。这是因为十月革命以后，中国的民族解放运动已成为世界无产阶级社会主义革命的一部分。这种革命的性质决定了它只能由无产阶级来领导。新民主主义革命就是无产阶级通过自己的政党领导的，人民大众的反帝国主义、封建主义和官僚资本主义的革命。“新民主主义一方面是替资本主义扫清道路，但在另一方面又是替社会主义创造前提。”②

科学总结了中国革命运动的特点、规律和经验。毛泽东指出：“统一战线、武装斗争、党的建设，是中国共产党在中国革命中的三个基本问题”，也是“三个主要的法宝”。③ 中国的革命运动在第一阶段的性质和任务是反帝反封建的资产阶级民主革命，革命的基本动力是无产阶级、农民阶级和城市小资产阶级，民族资产阶级在一定时期、一定程度上也会参加革命阵营。革命的敌人——帝国主义和封建主义异常强大、残酷。在这样的敌人面前，中国革命的主要方法和形式不能是和平的，而必须是武装的。用武装的革命反对武装的反革命是中国革命的特点。在中国，离开了武装斗争，就没有无产阶级和共产党的地位，就没有中国革命的胜利。中国的革命道路只能是农村包围城市，武装夺取政权。这既是中国革命的特点，又是中国革命的规律。

以上所述清楚地表明，毛泽东思想对马克思主义民族殖民地理论的发挥有两个鲜明的特点：一是将民族殖民地理论与无产阶级革命理论紧密结合；二是中国特色。而这体现了中国共产党领导的中国民族解放运动的阶级属性和方向，也体现了中国共产党的理论深植于中国实际的优良品质。显然，正是这些特点，才使得马克思主义民族殖民地理论在中国得到了最有效的传播，也使得这一理论显示出了它应有的生命力。

六、余论

至20世纪90年代南非独立，资本主义殖民统治终于被世界进步和正义力量所清除。其间马克思主义民族殖民地理论在广大殖民地半殖民地国家的民族解放和独立运动中所发挥的积极影响是毋庸置疑的。然而，近代资本主义的殖民统治虽然消亡了，“但是殖民扩张和统治时代留给这个世

---

① 毛泽东：《新民主主义论》，《毛泽东选集》第2卷，人民出版社，1991年版，第666页。

② 宁骚：《民族与国家：民族关系与民族政策的国际比较》，北京大学出版社，1995年版，第182页。

③ 毛泽东：《〈共产党人〉发刊词》，《毛泽东选集》第2卷，人民出版社，1991年版，第603—606页。

界、留给大多数发展中国家的种族矛盾、民族冲突、宗教纷争和领土争端，却成为当今世界的一份纷繁复杂的‘历史遗产’。这份遗产的现代‘发酵’，成为冷战格局瓦解后世界民族问题此起彼伏的重要历史根源”。[①] 如今美洲和大洋洲的土著人问题、发达资本主义国家的移民与排外主义问题、非洲的跨界民族问题、世界范围内的泛民族主义问题和民族分离主义问题等世界的许多民族问题，都或多或少与旧时代的殖民统治有关。

具体来讲，例如缅甸正在面临的民族分离主义问题，其根源就是英国对缅甸殖民统治时实行的“以夷制夷”的政策，导致缅甸被人为地分割为缅族人居住的本部和少数民族集中的山区，使不同民族之间的隔阂和差距日益加深，最终导致缅族人和少数民族陷入民族纷争。再如非洲一些国家无穷无尽的大陆边界争端以及由此导致的部族冲突、民族分离主义问题（如苏丹国家的南北分裂）等，其根源就是西方近代殖民主义者用“几何图形”任意切割民族聚居地、国家自然边界，故意离间不同民族之间的关系造成的。而帝国主义殖民统治遗留给我国的民族问题（指分裂中国、分裂中华民族的问题）也尤为沉重，“西藏问题”、“东突”势力问题、“台独”问题等仍然威胁着国家的主权独立和领土完整，威胁着中华民族的伟大复兴与“中国梦”的实现。

如今，一些发达资本主义国家，仍然依托自己在经济、政治上的优势，推行霸权主义和新干涉主义，试图通过促使主权国家民族问题的国际化来实现对发展中国家经济、政治和文化的控制。而那些在马克思主义民族殖民地理论影响下完成民族解放和独立的发展中国家，许多如今也都面临着贫困和发展问题，其中也包括民族问题。然而，“巨大的财富和权力分配差距，帝国主义战争，得寸进尺的剥削，压迫性越来越强的国家……所有这些可以用来概括当今世界现状的重大问题，其实都是马克思主义两百年来一直不断思考并着力解决的”。[②] 因此，重温和深入研究马克思主义民族殖民地理论仍然具有当代意义。这有助于提升我们对当今世界民族运动现象的认识，促进马克思主义民族理论的发展。更为重要的是，民族殖民地理论作为马克思主义民族理论的一个有机构成，其产生、形成与发展的过程，以及对世界民族解放发挥积极影响的过程，为马克思主义与时俱进的理论品质做了最好的注解。而这一品质也正是我们在认识民族现象、处理民族问题的理论与实践中始终需要继承和发扬的。

---

① 郝时远：《中国共产党怎样解决民族问题》，江西人民出版社，2011 年版，第 9 页。

② ［英］特里·伊格尔顿著，李扬等译：《马克思为什么是对的》，新星出版社，2011 年版，第 17 页。

列宁关于民族主义论述的三个层次——基于列宁世界革命思想演变的分析[*]

张三南

在马克思主义发展史上，列宁无疑极具历史地位，他在马克思主义经典作家中起着承前启后的关键作用，在马克思主义民族理论发展史及经典作家关于民族主义的论述方面也同样如此。在经典作家关于民族主义的论述中，相对于马克思、恩格斯更多是从实现全世界“人类解放”的世界层面论及民族主义、斯大林更多关注的是国内层面的民族主义问题而言，列宁的论述更为全面与均衡。总体而言，列宁关于民族主义的论述体现为三个层次：一是世界层次，考量的基础是一般意义上的世界革命问题及“人类解放”的根本目标；二是国际层次，主要涉及的是帝国主义时代压迫民族、被压迫民族的民族主义和大、小民族的民族主义问题，包括在处理国际关系中对各国民族主义的考量；三是国内层次，“两种民族主义”问题成为了主要关注点。这三个层次呈现出了“世界—国际—国内”三者间紧密的逻辑关系，相互联系，互为映衬，全面阐释了列宁在民族主义问题上的政治主张和策略取向，成为了马克思主义民族理论的重要组成部分。

尤其值得注意的是，列宁关于民族主义论述的三个层次还充分契合了列宁世界革命思想在实践中的演变历程。作为马克思主义的重要继承者，列宁和马克思、恩格斯一样，世界革命思想曾长期占据了其思想的中心位置；作为马克思主义的重要发展者，列宁在实践中还发展了马克思主义世界革命观，在继承一般意义上的马克思主义世界革命观基本精神的基础上，在革命路径和策略等方面做了相应的调整，使其更加符合实际。可以说，列宁世界革命思想的演变，实际上是决定其关于民族主义论述的基本内容、观点和策略的主线性因素。明确了这一点，才能对列宁关于民族主义的论述有合乎基准的认识。

---

* 原载《民族研究》2012 年第 6 期，略有改动。

一、世界层次：围绕一般意义上的世界革命观

早在《论犹太人问题》一文中，马克思从犹太人的解放这一具体问题中发现了“一切人反对一切人”的市民社会的不合理状况，提出了“政治解放”与“人的解放”这两个核心概念，在肯定“政治解放当然是一大进步”的基础上，指出了“政治解放本身并不就是人的解放”，并通过论述“犹太人的解放，就其终极意义来说，就是人类从犹太精神中解放出来”，进而阐析了“人类解放”问题，实际上是把实现“人类解放”作为解决市民社会不合理状况的终极目标。① 为实现这个目标，马克思等经典作家创立了体系完备的理论和学说，其中包括他们对实现“人类解放”路径的探索，集中体现为《共产党宣言》向全世界呼吁的“全世界无产者，联合起来”② 这一口号。在宏观上，也可以说是从整个世界层面，马克思主义经典理论主张的是通过无产阶级国际主义的联合、最终通过世界革命的成功以实现“人类解放”这一最终目标。这也是一般意义上的马克思主义世界革命观的基本精神。

作为一位马克思主义者，列宁同样并首先认同和继承了马克思主义通过无产阶级国际主义的联合，通过世界革命实现“人类解放”的世界革命观。这在列宁对马克思主义信仰的形成之初即得以体现。列宁遗孀克鲁普斯卡娅曾回忆了列宁的这一思想历程：“他的心对全体劳动者，对全体被压迫者充满了热爱……这种感情使他热烈地、满怀激情地去探求下述问题的答案：能使劳动者获得解放的道路应该是怎样的？对自己的问题的答案，他是从马克思那里得到的。”③ 显然，这个“答案”不是当时盛行于俄国，把俄国“村社”制度理想化，反对阶级斗争和人民革命，甚至主张采取阴谋手段夺取政权的“民粹主义”，而是马克思、恩格斯在《共产党宣言》中提出的“全世界无产者，联合起来”进行无产阶级革命的世界革命观。正是在反对“民粹主义”思想的斗争中，列宁于 1894 年写了《什么是“人民之友”以及他们如何攻击社会民主党人？》这篇名作，为俄国工

① 马克思：《论犹太人问题》，《马克思主义恩格斯文集》第 1 卷，人民出版社，2009 年版，第 32、38、50 页。马克思所说的“犹太精神”，表面上谈及了犹太人在经商牟利活动中表现出的唯利是图的思想、习气，更深层次的含义指的是“一切人反对一切人”的市民社会时代的私有制及人的生活本身的异化。

② 马克思、恩格斯：《共产党宣言》，《马克思恩格斯文集》第 2 卷，人民出版社，2009 年版，第 66 页。

③ 上海外国语学院列宁著作翻译研究室译：《回忆列宁》第 1 卷，人民出版社，1982 年版，第 740 页。

人阶级指引了“率领一切民主分子去推翻专制制度，并引导俄国无产阶级（和全世界无产阶级并肩地）循着公开政治斗争的大道走向胜利的共产主义革命”[①] 的革命道路。列宁所指的革命道路，同马克思、恩格斯在《共产党宣言》中提出的无产阶级国际主义的世界革命观是相一致的，体现的正是一般意义上的马克思主义世界革命观。

“由于人类沿着横向线划分为阶级，又沿着纵向线划分为民族”，[②] 人类间的“压迫”问题往往同时在阶级问题和民族问题两个方面存在，因此以“人类解放”为己任的无产阶级世界革命就必须解决阶级问题和民族问题。只是在这点上，一般意义上的马克思主义世界革命总战略首先立足于阶级问题的解决，在马克思、恩格斯看来，“民族问题和‘工人问题’比较起来，只有从属的意义”，[③] “人对人的剥削一消灭，民族对民族的剥削就会随之消灭。民族内部的阶级对立一消失，民族之间的敌对关系就会随之消失”。[④]

在解决“工人问题”、实现“人类解放”的根本利益上，世界各民族的无产阶级是一致的，也是应该“联合起来”进行世界革命的。然而，实际情况并非那么简单。19 世纪的欧洲各国各民族的无产阶级大都尚未完全成熟，工人运动的领导成员成分复杂，加之各国各民族无产阶级民族的差别，尤其是压迫民族和被压迫民族无产阶级间民族偏见的客观存在，许多国家的无产阶级尚未具备高度的无产阶级国际主义自觉性，需要不断接受无产阶级国际主义教育，更需要抵御各种有悖于无产阶级革命的封建主义、资本主义、空想社会主义的思潮和流毒的侵蚀。

在影响各国各民族无产阶级国际主义意识和世界革命精神的各种思潮中，表现为多种类型的民族主义成为了“经典作家在宣传无产阶级国际主义时遇到的最强有力的对手”，经典作家从根本上也就对民族主义这个“最强有力的对手”持“否定、批判态度”。[⑤] 马克思、恩格斯曾多次对作为民族主义表现形式之一的资产阶级沙文主义进行了揭露和批判，指出“资产阶级的沙文主义只不过是最大的虚荣，它给资产阶级的种种横蛮要

---

① 列宁：《什么是“人民之友”以及他们如何攻击社会民主党人?》，《列宁选集》第 1 卷，人民出版社，1995 年版，第 81 页。

② ［澳大利亚］伊恩·卡明斯著，柯明译：《马克思恩格斯与民族运动》，湖北人民出版社，1983 年版，第 30 页。

③ 列宁：《论民族自决权》，《列宁全集》第 25 卷，人民出版社，1988 年版，第 265 页。

④ 马克思、恩格斯：《共产党宣言》，《马克思恩格斯文集》第 2 卷，人民出版社，2009 年版，第 50 页。

⑤ 陈玉屏：《关于阶级、民族与民族主义的思考》，《西南民族大学学报》（人文社科版）2006 年第 5 期。

求罩上一件民族的外衣。沙文主义是借助常备军来使国际斗争永久化的手段，是用挑拨本国的生产者反对另一国生产者弟兄的办法以压服本国生产者的手段，是阻挠工人阶级的国际合作的手段，而这种合作是工人阶级解放的首要条件”。[①] 列宁则和斯大林一道，论述和批判了“封建君主制的民族主义”和“资产阶级民族主义”、“黑帮民族主义”或“政府的民族主义”、“从属的”或“被压迫民族中的民族主义”、“自由派民族主义”、“社会民族主义”、“崩得民族主义”、“大俄罗斯民族主义（沙文主义）”和“地方民族主义”、“小资产阶级民族主义”等多种类型的民族主义，[②] 涉及了诸多具体个案及俄国当局、资产阶级、社会党“左派”、“崩得”、乌克兰等非主体民族等诸多政治行为体，对俄国当局、资产阶级等“反动势力”的民族主义及党内和无产阶级内部的民族主义倾向进行了批判。列宁还一针见血地指出了资产阶级民族主义的欺骗性，提醒“社会民主党应当竭力提醒各民族的无产阶级和劳动阶级，使他们不要被‘自己的’资产阶级的民族主义口号直接蒙蔽，因为资产阶级正在想方设法用关于‘祖国’的花言巧语来分裂无产阶级”。[③] 可见，经典作家对民族主义的批判，是基于无产阶级国际主义和世界革命的根本立场上的，也是对民族主义这个“最强有力的对手”以解决“民族问题”之名行欺骗各国无产阶级、干扰“工人问题”解决之实有清醒认识的。

围绕着无产阶级国际主义的世界革命观和阶级斗争理论，列宁继承并高度概括了马克思主义关于民族主义的基本立场：“资产阶级的民族主义和无产阶级的国际主义——这是两个不可调和的敌对口号，这两个同整个资本主义世界的两大阶级营垒相适应的口号，代表着民族问题上的两种政策（也是两种世界观）”，“马克思主义同民族主义是不能调和的，即使它是最‘公正的’、‘纯洁的’、精致的和文明的民族主义。马克思主义提出以国际主义代替一切民族主义”。[④] 列宁还鉴于“任何自由派资产阶级的民族主义，都会在工人中起严重的腐蚀作用，都会使自由的事业和无产阶级阶级斗争的事业遭受极大的损失”，[⑤] 提出工人运动必须“坚持各族工人团

---

① 马克思：《法兰西内战》，《马克思恩格斯文集》第 3 卷，人民出版社，2009 年版，第 210 页。

② 王希恩：《批判、借助和吸纳——对马克思主义经典作家关于民族主义论述的再认识》，《民族研究》2007 年第 5 期。

③ 列宁：《民族问题提纲》，《列宁全集》第 23 卷，人民出版社，1990 年版，第 331 页。

④ 列宁：《关于民族问题的批评意见》，《列宁全集》第 24 卷，人民出版社，1990 年版，第 128、136 页。

⑤ 列宁：《关于民族问题的批评意见》，《列宁全集》第 24 卷，人民出版社，1990 年版，第 124 页。

结一致反对一切民族资产阶级的民族主义”，[①] 揭露了“资产阶级和资产阶级民主派的民族主义，口头上承认民族平等，行动上则维护（常常暗中，背着人民）一个民族的某些特权，并且总是力图为‘自己的’民族（即为本民族的资产阶级）获得更大的利益”[②] 的极端利己性，鲜明地表达了反对民族主义的根本立场。需提醒的是，后人所熟知的马克思主义关于民族主义基本立场的最直接表述，应该归功于列宁上述这些总结和宣传。

列宁的这一态度还鲜明地体现在对第二国际的批判上。马克思、恩格斯逝世后，第二国际篡夺了欧洲工人运动的领导权，各种非马克思主义和民族主义思想甚嚣尘上，严重干扰了国际无产阶级革命事业。尤其是在世界大战阴霾笼罩欧洲之际，第二国际“口头上承认国际主义，而事实上在全部宣传、鼓动和实际工作中却用市侩民族主义与和平主义偷换国际主义”，[③] 诸多领导成员纷纷做出倒向本国政府、违背无产阶级国际主义的民族主义行径，列宁对此直言他们“不实行革命的策略，却实行了反动的策略，站到自己的政府和自己的资产阶级方面去了。这种背叛社会主义的行为意味着第二国际（1889—1914 年）的破产”。[④] 对于第一次世界大战，列宁在作于 1914 年 10 月的《关于无产阶级和战争的报告》中即指出：“当前的战争是帝国主义战争，这就是这场战争的基本性质”，并认为这场战争与过去的民族战争有根本的不同，“如果说 18 世纪和 19 世纪的民族战争曾标志着资本主义的开始，那么帝国主义战争则表明资本主义的终结”。[⑤] 列宁本来的设想是各国无产阶级不支持战争的任何一方政府，而利用战争已经爆发的形势发动无产阶级革命，变帝国主义战争为各国国内战争和无产阶级世界革命。然而，第二国际的民族主义行径破坏了列宁的设想，其所推行的“保卫祖国”口号“在当前这场战争中的真正含义，就是保卫大国的特权和优越地位，保卫大国资产阶级压迫其他民族的‘权利’，就是实行民族主义自由派的工人政策，就是一小部分工人同‘自己’国家

---

① 列宁：《精致的民族主义对工人的腐蚀》，《列宁全集》第 25 卷，人民出版社，1988 年版，第 153 页。

② 列宁：《再论按民族分学校》，《列宁全集》第 24 卷，人民出版社，1990 年版，第 247 页。

③ 列宁：《为共产国际第二次代表大会准备的文件》，《列宁全集》第 39 卷，人民出版社，1986 年版，第 163 页。

④ 列宁：《社会主义与战争》，《列宁全集》第 26 卷，人民出版社，1988 年版，第 333 页。

⑤ 列宁：《关于无产阶级和战争的报告》，《列宁全集》第 26 卷，人民出版社，1988 年版，第 34—35 页。

的资产阶级联合起来反对无产者和被剥削者群众”,[①] 严重干扰了无产阶级世界革命事业，列宁理所当然对其极为愤慨和批判。

二、国际层次：伴随着世界革命思想的调整

理解经典作家相关论述必须结合时代背景。马克思主义民族理论的第一代创立者马克思、恩格斯所处的时代是上升的资本主义时代，民族问题尚未如后继时代那样成为全球性现象。而列宁所处的时代已与马克思、恩格斯大有不同，20 世纪初的世界已进入帝国主义时代，各国政治经济发展不平衡的矛盾越来越明显，民族问题越发成为国际政治的重要因素，甚至民族主义还成为了第一次世界大战爆发的动因。[②] 虽然说这一时期世界革命思想仍然是列宁思想的主要方面，他也通过《战争和俄国社会民主党》《第二国际的破产》《论第三国际的任务》等多篇文章揭露和批判了第二国际的民族主义行径,[③] 并通过领导共产国际的成立彰显了世界革命的基本取义，但不可否认的是，列宁的世界革命思想逐渐经历了一个调整的过程。尤其是从第一次世界大战到五年过渡时期[④]期间，俄（苏）国内、国际形势剧烈变化，发生了第一次世界大战、十月革命、《布列斯特条约》签订、共产国际成立、苏波战争、苏联成立等诸多重大历史事件，复杂的形势促使列宁必须辩证、务实地思考诸多重大理论与实践问题，其中包括世界革命的路径与策略问题，也包括必须要面对和处理的国际层次的民族主义问题。在这方面，伴随着世界革命思想的调整及领导国家革命和主政国家事务的实践，列宁对国际层次的民族主义实际上采取了“区别对待”的策略。

列宁基于对帝国主义的科学分析，极具洞见地指出“经济和政治发展的不平衡是资本主义的绝对规律……社会主义可能首先在少数甚至在单独

---

① 列宁：《左派社会民主党人为国际社会党第一次代表会议准备的决议草案的一个草稿》,《列宁全集》第 26 卷，人民出版社，1988 年版，第 379 页。

② 第一次世界大战的爆发带有强烈的民族主义色彩：从必然性来看，它是列强从本国利益出发，追逐霸权而相互斗争的结果，也是政治学意义上的民族主义相互斗争的结果；从偶然性来看，作为一战导火索的“萨拉热窝的枪声”出自于塞尔维亚民族主义青年加弗里洛·普林西普之手。

③ 相关内容参见列宁：《战争和俄国社会民主党》,《列宁全集》第 26 卷，人民出版社，1988 年版，第 14 页；列宁：《第二国际的破产》,《列宁全集》第 26 卷，人民出版社，1988 年版，第 274 页；列宁：《论第三国际的任务》,《列宁全集》第 37 卷，人民出版社，1986 年版，第 93 页。

④ “五年过渡时期”指的是 1917 年十月革命到 1922 年苏联成立的五年间。这一时期列宁的思想、理论与实践活动极为活跃与丰富，世界革命思想也有所调整。

一个资本主义国家内获得胜利”,[①] 提出了著名的“一国胜利论”，发展了马克思主义的世界革命观。由于是“一国首先胜利”，出于对革命后必有强大外来干涉的预期，更是出于对“一国胜利”后出现世界革命高潮、实现“必须解决国际任务，必须唤起国际革命，必须从我们仅仅一国的革命转变成世界革命”[②] 这个“最大的历史课题”的希冀，作为革命领导人的列宁面临着在国际关系中分清“敌”“友”的现实问题。因此，在国际关系中分清“敌”“友”，尤其是寻找到潜在的能起到破坏旧有秩序、牵制帝国主义、呼应苏俄革命力量作用的“同盟力量”，就成为了列宁区分各种民族主义倾向的动因，“区分”相应也就主要体现为对压迫民族、被压迫民族的民族主义及大、小民族的民族主义的区分。

在帝国主义时代，“全世界已经划分为两部分，一部分是为数众多的被压迫民族，另一部分是少数几个拥有巨量财富和强大军事实力的压迫民族”,[③] 整个世界形成了西方列强所主导的殖民体系，世界上大大小小的民族分化成了地位各异的民族，实力强大的少数大民族成为了统治和压迫民族，而大量的小民族沦为被压迫民族，依附于一个或多个大民族。在这样的世界体系中，国际层次的各种民族主义倾向全面呈现在世人面前，体现为各种类型的立足“本民族”的利益诉求。列宁正是洞察了时代的变化，提出了“抽象地提民族主义问题是极不恰当的。必须把压迫民族的民族主义和被压迫民族的民族主义，大民族的民族主义和小民族的民族主义区别开来”[④] 的著名论断，出于分清“敌”“友”、服务革命、巩固革命的需要，对国际层次的各种民族主义进行了区分，并随之在实践中分别采取了“借助”“斗争”“共处”三种不同的后续策略。

其一，提出殖民地半殖民地民族解放运动的理论，借助民族主义服务于世界革命。

列宁鉴于帝国主义时代“全世界已经分成被压迫民族和统治民族”,[⑤] “反对帝国主义大国的民族战争不仅是可能的和可能性很大，而且是不可

---

① 列宁:《论欧洲联邦口号》,《列宁全集》第 26 卷，人民出版社，1988 年版，第 367 页。

② 列宁:《俄共（布）第七次（紧急）代表大会文献》,《列宁全集》第 34 卷，人民出版社，1985 年版，第 6 页。

③ 列宁:《共产国际第二次代表大会文献》,《列宁全集》第 39 卷，人民出版社，1986 年版，第 229 页。

④ 列宁:《关于民族或“自治化”问题》,《列宁全集》第 43 卷，人民出版社，1987 年版，第 352 页。需注意的是，列宁的区分包含有两个层次的含义：一是国际层次，二是国内层次。此处涉及的是前一层次，后一层次下文将讨论。

⑤ 列宁:《在俄共（布）莫斯科组织积极分子大会上关于租让的报告》,《列宁全集》第 40 卷，人民出版社，1986 年版，第 73 页。

避免的、进步的、革命的”,[1] 将世界革命的范畴扩展至所有殖民地和被压迫国家反对帝国主义的斗争，开创性地把殖民地问题同无产阶级世界革命总问题紧密联系起来，在《共产党宣言》提出的“全世界无产者，联合起来”的基础上肯定了共产国际提出的“全世界无产者和被压迫民族联合起来”口号。[2] 列宁尤其是从新的世界革命格局的高度，赋予东方革命很高的历史地位，指出：“正是由于第一次帝国主义大战，东方已经最终加入了革命运动，最终卷入了全世界革命运动的总漩涡”,[3] “没有各被压迫殖民地民族劳动群众的援助，首先是东方各民族劳动群众的援助……是不能取得胜利的”。[4] 实际上，正如列宁所指出的那样，“必须借助于正在这些民族中间产生出来并且必然要产生出来的资产阶级民族主义，这种民族主义的产生是有其历史根据的”,[5] “历史的辩证法是这样的：小民族在反帝斗争中无力成为独立的因素，却起到了一种酵母、霉菌的作用，帮助反帝的真正力量即社会主义无产阶级登上舞台”[6]，列宁充分认识到了表现为资产阶级民族主义形式的小民族的民族主义的历史作用，并力图“借助”这种民族主义服务于无产阶级革命。当然，列宁对民族主义的区分与“借助”是有前提的，是从无产阶级革命力量的根本利益出发的。为此，列宁指出：共产党人不是支持殖民地国家一般的“资产阶级民主运动”，而是支持真正具有革命性质的“民族革命运动”，“只有在殖民地国家的资产阶级解放运动真正具有革命性质的时候，在这种运动的代表人物不阻碍我们用革命精神去教育、组织农民和广大被剥削群众的时候，我们共产党人才应当支持并且一定支持这种运动”。[7]

---

① 列宁：《论尤尼乌斯的小册子》，《列宁全集》第 28 卷，人民出版社，1990 年版，第 8 页。

② 列宁：《在俄共（布）莫斯科组织积极分子大会上关于租让的报告》，《列宁全集》第 40 卷，人民出版社，1986 年版，第 73—74 页。

③ 列宁：《宁肯少些，但要好些》，《列宁全集》第 43 卷，人民出版社，1987 年版，第 390 页。

④ 列宁：《在全俄东部各民族共产党组织第二次代表大会上的报告》，中国社会科学院民族研究所编：《列宁论民族问题》（下册），民族出版社，1987 年版，第 774 页。

⑤ 列宁：《在全俄东部各民族共产党组织第二次代表大会上的报告》，中国社会科学院民族研究所编：《列宁论民族问题》（下册），民族出版社，1987 年版，第 774 页。关于对民族主义的“借助”问题，参见王希恩：《批判、借助和吸纳——对马克思主义经典作家关于民族主义论述的再认识》，《民族研究》2007 年第 5 期。

⑥ 列宁：《关于自决问题的争论总结》，《列宁全集》第 28 卷，人民出版社，1990 年版，第 54 页。

⑦ 列宁：《共产国际第二次代表大会文献》，《列宁全集》第 39 卷，人民出版社，1986 年版，第 231 页。

其二，对压迫民族、大民族的民族主义及外国干涉俄国革命的民族主义行径进行斗争。

相对于马克思、恩格斯重点关注“工人问题”，列宁在继承他们“民族问题从属于‘工人问题’”有关思想基础上，结合时代变化，给予了民族问题以更多的关注，把解决民族层面的压迫问题提高到更为显著的位置，尤其是对国际层次上各种压迫型、干涉型的民族主义行径进行了充分的论述和坚决的斗争。这主要体现在如下几个方面：

1. 反对国际关系中压迫其他民族国家的各种压迫民族、大民族的民族主义。列宁将民族问题同无产阶级世界革命总问题联系起来，对“一小撮‘大国’‘奴役’各民族，‘奴役’全世界所有民族”[①]的帝国主义旧秩序深恶痛绝，对体现为帝国主义、军国主义、沙文主义等形式的各种压迫民族、大民族的民族主义广为批判。譬如，早在《好战的军国主义和社会民主党反军国主义的策略》一文中，列宁即一针见血地指出：“军国主义是资产阶级实行阶级统治和在政治上压制工人阶级的主要工具。民族主义的偏见也助长了战争”[②]，分析了军国主义和压迫民族、大民族发动战争，追逐本民族私利的本质。

2. 反对处在压迫民族、大民族国家之列的无产阶级所具有的民族主义倾向。如果说前面所述的压迫民族、大民族的民族主义更多是因为体现为西方列强的“野蛮”国家行为而受到谴责的话，那么对这些国家中的无产阶级所具有的大民族主义倾向进行批判则具有特殊的意义，因为它关系到无产阶级的纯洁性及至无产阶级世界革命总问题。为此，列宁意味深长地指出：“‘压迫其他民族的民族是不能获得解放的’。（马克思和恩格斯语）无产阶级如果容许‘本’民族对其他民族采取一点点暴力行为，它就不成其为社会主义的无产阶级。”[③]

3. 对外国武装干涉俄国革命的民族主义行径进行坚决斗争。十月革命后，英、法、美、日等国纠合了十几个国家的力量武装干涉俄国革命，并联合俄国境内的反革命势力迫使刚刚退出第一次世界大战的苏俄政权被迫进行了一场反对外国武装干涉和国内反革命势力的战争。西方列强策动的这场战争表面上体现了西方列强对苏维埃政权的恐惧和仇恨及资产阶级的整体利益，实际上的根源是西方各国追逐本国私利的民族主义取向。在

① 列宁：《致国际社会党委员会（I. S. K）》，《列宁全集》第27卷，人民出版社，1990年版，第38页。

② 列宁：《好战的军国主义和社会民主党反军国主义的策略》，《列宁全集》第17卷，人民出版社，1988年版，第168页。

③ 列宁：《社会主义与战争》，《列宁全集》第26卷，人民出版社，1988年版，第341页。

“俄罗斯社会主义联邦苏维埃共和国的存亡问题，俄国社会主义革命问题，完全归结为战争问题”[①] 的关键时期，列宁领导党和人民进行了艰苦卓绝的斗争，在政治、经济、军事等方面采取了一系列的措施，最终取得了反抗外国武装干涉和国内反革命势力的胜利，保卫了十月革命的胜利果实。这期间，列宁还在《给美国工人的信》中揭露了帝国主义列强“出色地‘保卫了祖国’”，“为了‘自己的’事业，就是说，为了夺取世界霸权”[②] 的民族主义本质，促进了美国等国外无产阶级反对武装干涉苏俄之抗议运动的开展。

其三，产生了处理国际关系的和平共处思想。

十月革命后初期，面对国内外反动势力对苏维埃政权的反扑，列宁等领导人首先从意识形态出发，认为在帝国主义和苏俄之间“能够存在下去的只有一方，要么是获得了胜利的帝国主义，要么是苏维埃政权，中间道路是没有的”，[③] 消灭帝国主义是苏俄长治久安的根本保障，只有唤起世界革命，俄国革命才能取得最后成功。与此同时，第一次世界大战结束前后欧洲等地曾出现了一定规模的工人运动和民族独立运动，列宁等人据此做出了“工人的阶级意识也日益明显地表现出来……证明世界革命事业的胜利就要到来”[④] 的判断，这充分体现了列宁在处理同资本主义国家关系时仍深受世界革命思想的影响，试图将革命推进到整个资本主义世界。

随着事态发展，列宁在实践中逐渐意识到自己对形势的估计存在错误，并果断调整了相关策略，逐渐产生了处理国际关系的和平共处思想。需强调的是，这是列宁在认识上对国际层次的民族主义问题所产生的一个重大的变化，也体现了列宁有关民族主义的务实态度和策略选择。

这种变化主要由如下因素使然。第一，苏波战争的教训。苏俄政权在苏波战争第二阶段曾试图把防卫战争变成积极的阶级进攻战争，“用刺刀试探一下波兰无产阶级的社会革命是否已经成熟”，[⑤] 帮助波兰建立苏维埃政权，进而激起欧洲革命和世界革命。然而这种努力最终失败，这使列宁强烈地意识到了民族主义的强大力量，认识到了首先取得革命胜利的无产

---

① 列宁：《在全俄中央执行委员会、莫斯科苏维埃、工厂委员会和工会联席会议上的讲话》，《列宁全集》第 35 卷，人民出版社，1985 年版，第 13 页。

② 列宁：《给美国工人的信》，《列宁全集》第 35 卷，人民出版社，1985 年版，第 51、53 页。

③ 列宁：《在向弗·伊·列宁致敬的大会上的讲话》，《列宁全集》第 35 卷，人民出版社，1985 年版，第 195 页。

④ 列宁：《在原米歇尔逊工厂群众大会上的讲话》，《列宁全集》第 35 卷，人民出版社，1985 年版，第 86 页。

⑤ 左凤荣：《评列宁世界革命的理论与实践》，《当代世界社会主义问题》2001 年第 3 期。

阶级（苏俄）的军队为了另一个国家的无产阶级（波兰）而战并出现在该国土地上的战争并不能获得后者多数民众的理解和接受，革命难以输出。第二，欧洲革命运动的昙花一现。第一次世界大战结束前后，中东欧国家曾多次发生革命，但存续的时间普遍短暂，并未出现列宁期待的世界革命高潮，因而未能形成对十月革命的有效响应。世界革命高潮并未出现的现实促使列宁不得不重新思考新生的苏维埃政权在没有革命外援情况下的生存和发展问题。第三，“一国胜利”后形成的均势状态。十月革命后，苏俄政权和西方国家均尝试了各自的进攻策略，前者试图发动世界革命并曾向波兰进军，后者企图扼杀新生的苏维埃政权并进行了武装干涉。经过几年的较量，双方最终形成了某种程度的均势状态。一方面苏俄政权成功得以巩固，成为了“一国胜利”后新的世界政治版图的重要组成部分，另一方面“民族国家是资本主义的通例”① 的状态仍得以稳定地延续，以民族国家为本位的民族主义自然成为处理国际关系时必须要面对的现实问题。在此背景下，同资本主义各国的民族主义寻求“共处”成为了务实的策略选择。苏俄相关政策随之发生了一系列深刻变化，对外调整与资本主义国家的关系，对内实行新经济政策，并在俄共（布）八大将“俄罗斯社会主义联邦苏维埃共和国希望同各国人民和平相处”② 列入决议草案，逐渐确立了与资本主义国家和平共处的方针。

三、国内层次：“两种民族主义”问题成为了世界革命思想调整后的主要关注点

随着国内外形势的演变、革命实践的推进及在此基础上世界革命思想的调整，列宁的工作重心逐渐转向了苏维埃政权的巩固和国家结构的构建方面。在先前相关论述的基础上，列宁对国内层次的民族主义问题进行了丰富的论述，“两种民族主义”问题相应成为了其世界革命思想调整后的主要关注点。

如前所述，苏联（俄罗斯）存在着各式各样的民族主义。十月革命前，这些民族主义大体可归为两类：压迫民族的民族主义（大俄罗斯主义）和被压迫民族的民族主义。前者的反动性毋庸置疑，对其列宁曾尖锐地指出：大俄罗斯主义“即认为除了大俄罗斯民族以外俄国的其他民族都

① 列宁：《论民族自决权》，《列宁全集》第25卷，人民出版社，1988年版，第228页。

② 列宁：《俄共（布）第八次全国代表会议文献》，《列宁全集》第37卷，人民出版社，1986年版，第354页。

是大俄罗斯人的某种私有财产或世袭领地……‘理应’受大俄罗斯支配”。[①] 至于后者，其反对民族压迫的斗争是有进步意义的，但其腐蚀工人运动、危害无产阶级革命团结的消极性也是显而易见的，因为工人中“谁采取了民族主义立场，他自然就会希望在本民族、在本民族工人运动的周围筑起一道万里长城，甚至明知城墙就得分别筑在每个城镇和村庄的周围，明知他的分崩离析的策略会把关于让一切民族、一切种族、操各种语言的无产者接近和团结起来的伟大遗训化为乌有，也并不感到不安”。[②] 因此，列宁对这种民族主义倾向同样持反对态度，号召“谁想为无产阶级服务，谁就应当联合各民族工人，不屈不挠地同‘自己的’和别人的资产阶级民族主义作斗争”，[③] 并要求“无产阶级的政党不能容许向民族主义情绪让步，即使对以这种隐蔽形式出现的民族主义情绪也一样”，[④] “马克思主义者永远不能让民族主义口号搞昏自己的头脑，不管这种民族主义口号是大俄罗斯的、波兰的、犹太的、乌克兰的还是其他民族的”。[⑤]

十月革命后，“两种民族主义”的思想残余仍不同程度地存在，分别成为了前压迫民族的民族主义和前被压迫民族的民族主义，同样不利于革命成果的巩固。这时，列宁对“两种民族主义”的态度有所变化，变“无一例外反对”为“区别反对”，提出“抽象地提民族主义问题是极不恰当的。必须把压迫民族的民族主义和被压迫民族的民族主义、大民族的民族主义和小民族的民族主义区别开来”。至于如何区别开来，列宁的思想方案集中体现为“消除各种民族主义偏见”“同大俄罗斯沙文主义决一死战”“让步与宽容”三者的有机结合。在这个思想方案中，“消除各种民族主义偏见”是目的，而“同大俄罗斯沙文主义决一死战”“让步与宽容”是实现这一目的的两条相辅相成的路径。

“消除各种民族主义偏见”含有同时反对“两种民族主义”之意，体现了列宁关于国内民族主义问题的基本观点。1919 年 12 月列宁在《为战胜邓尼金告乌克兰工农书》一文中，分析了俄罗斯、乌克兰党和工农的思

① 列宁：《无产阶级在我国革命中的任务（无产阶级政党的行动纲领草案）》，《列宁全集》第 29 卷，人民出版社，1985 年版，第 158 页。

② 列宁：《崩得民族主义的顶峰》，《列宁全集》第 7 卷，人民出版社，1986 年版，第 305 页。

③ 列宁：《关于民族问题的批评意见》，《列宁全集》第 24 卷，人民出版社，1990 年版，第 127 页。

④ 列宁：《有党的工作者参加的俄国社会民主工党中央委员会克拉科夫会议的通报和决议》，《列宁全集》第 22 卷，人民出版社，1988 年版，第 280—281 页。

⑤ 列宁：《立宪民主党人论乌克兰问题》，《列宁全集》第 23 卷，人民出版社，1990 年版，第 355 页。

想状况，并希望“俄罗斯共产党人和乌克兰共产党人能够耐心地、坚定地、顽强地共同奋斗，粉碎任何资产阶级的民族主义阴谋，消除各种民族主义偏见，给全世界劳动者做出榜样”。[①] 作为苏俄最大的主体民族和非主体民族，俄罗斯人和乌克兰人中存在的民族主义偏见最具有代表性，列宁此文因而也极具针对性，文中强调的“消除各种民族主义偏见”，正是体现了列宁同时反对以大俄罗斯沙文主义和乌克兰地方民族主义为代表的“两种民族主义”的基本态度。

“同大俄罗斯沙文主义决一死战”体现了列宁重点反对大俄罗斯沙文主义（俄罗斯大民族主义）的决心。对于“两种民族主义”，列宁认为从现实中的民族主义倾向看，大俄罗斯主义表现最多，危害最严重，“刮一刮某个共产党员，你就会发现他是大俄罗斯沙文主义者”。[②] 正因为如此，列宁尤其强调要反对大俄罗斯沙文主义，并告诫苏联共产党人尤其是党的领导人，要“特别坚决地反对‘俄罗斯’共产党人的大俄罗斯帝国主义和沙文主义的（有时是不自觉的）残余”，[③] 对他们当中“产生的一点点大俄罗斯民族主义的表现，都应当极其严格地加以追究”。[④] 列宁反对大俄罗斯主义最典型的例子发生在1922年。是年，在成立苏联和格鲁吉亚事件问题上，斯大林提出要求各民族共和国以自治共和国的形式加入俄罗斯联邦的“自治化”计划，暴露出明显的大俄罗斯主义倾向。列宁获悉后，对斯大林等人进行了严厉的批评，宣布“要同大俄罗斯沙文主义决一死战……要用满口好牙吃掉它”，[⑤] 并斥责斯大林是“粗暴的大俄罗斯的杰尔席莫尔达”。[⑥] 在列宁的批评教育下，斯大林有所改正，各加盟共和国也得以平等身份组成了苏维埃社会主义共和国联盟。

“让步与宽容”体现了列宁对地方民族主义审慎对待的策略。应该说，列宁对地方民族主义问题是较为关注的，充分注意到了地方民族主义的广

---

① 列宁：《为战胜邓尼金告乌克兰工农书》，《列宁全集》第38卷，人民出版社，1986年版，第50页。

② 列宁：《俄共（布）第八次代表会议文献》，《列宁全集》第36卷，人民出版社，1985年版，第166页。

③ 列宁：《立宪会议选举和无产阶级专政》，《列宁全集》第38卷，人民出版社，1986年版，第20页。

④ 列宁：《为战胜邓尼金告乌克兰工农书》，《列宁全集》第38卷，人民出版社，1986年版，第49页。

⑤ 列宁：《就反对大俄罗斯沙文主义给列·波·加米涅夫的便条》，《列宁全集》第43卷，人民出版社，1987年版，第216页。

⑥ 列宁：《关于民族或“自治化”问题》，《列宁全集》第43卷，人民出版社，1987年版，第353页。

泛存在，如他曾指出“长期遭受压迫使乌克兰落后群众具有民族主义倾向”。[①] 只是列宁对地方民族主义采取了审慎对待的策略，即提出了“让步与宽容”策略。列宁认为，从历史上看，地方民族主义是大俄罗斯民族给其他民族施加了无数暴力和侮辱而造成的，“我们大民族的人在历史的实践中几乎从来都是有过错的，我们施行了无数暴力，甚至施行了无数暴力和侮辱”，“没有什么比民族问题上的不公正态度更能阻碍无产阶级阶级团结的发展和巩固了，因为‘受欺侮’民族的人没有比对平等感，对破坏这种平等更敏感的了，哪怕是自己的无产者同志出于无心或由于开玩笑而破坏这种平等。因此，在这种情况下，在对少数民族让步和宽容这方面做得过些比做得不够要好”。[②] 为了消除前被压迫民族族对俄罗斯人的不信任心理，促进民族团结，巩固各族革命力量的联合，比如针对“长期遭受压迫使乌克兰落后群众具有民族主义倾向”这一具有代表性的现象，列宁推动俄共（布）中央在有关决议中明确要求“俄国共产党党员必须极其耐心、极其慎重地对待他们，必须用同志的态度向他们说明乌克兰和俄罗斯劳动群众的利益是一致的”，[③] 并采取诸多措施在政策上、法律上充分保障少数民族的权益，支持少数民族地区的经济文化建设。1922 年 10 月，列宁在答英国记者 M. 法尔布曼提问时曾经总结了五年来苏俄这样一个“举世罕见的多民族国家里解决民族问题的经验”，即“对待民族利益唯一正确的态度就是予以最大限度的满足，创造条件来排除由此引起冲突的一切可能”，并认为“只有对各个民族的利益极其关心，才能消除冲突的根源，才能消除互不信任，才能消除对某种阴谋的担心，才能建立语言不同的人们，特别是工人农民的互相信任”。[④] 这实际上是从经验总结的高度彰显了“让步与宽容”策略的重要意义。

与时同时，随着革命实践的推进，列宁在民族自决权、联邦制等重大问题上进行了理论完善和策略调整，这实际上同列宁处理“两种民族主义”问题的理论与实践具有密切的联系，也充分体现了列宁考量与应对民族主义挑战的意识和信心。

---

① 列宁：《俄共（布）中央关于乌克兰苏维埃政权的决议》，《列宁全集》第 37 卷，人民出版社，1986 年版，第 328 页。

② 列宁：《关于民族或“自治化”问题》，《列宁全集》第 43 卷，人民出版社，1987 年版，第 352—353 页。

③ 列宁：《俄共（布）中央关于乌克兰苏维埃政权的决议》，《列宁全集》第 37 卷，人民出版社，1986 年版，第 328—329 页。

④ 列宁：《答〈观察家报〉和〈曼彻斯特卫报〉记者 M. 法尔布曼问》，《列宁全集》第 43 卷，人民出版社，1987 年版，第 239 页。

民族自决理论是列宁民族理论的重要组成部分，同其关于民族主义的论述密切相关。列宁认为“为了同一切形式的民族主义祸害进行斗争，宣传民族自决权的意义非常重大”，[①] 并指出俄国无产阶级对此负有双重的，更确切地说是两方面的任务：“一方面要反对一切民族主义，首先是反对大俄罗斯民族主义；不仅要一般地承认各民族完全平等，而且要承认在建立国家方面的平等，即承认民族自决权、民族分离权；另一方面，正是为了同一切民族的各种民族主义进行有成效的斗争，必须坚持无产阶级斗争和无产阶级组织的统一，不管资产阶级如何力求造成民族隔绝，必须使各无产阶级组织极紧密地结成一个跨民族的共同体。”[②] 可见，列宁这里倡导的民族自决是同反对民族主义、维护无产阶级革命利益的根本立场紧密联系在一起的，是无产阶级的民族自决，其目的在于消除“两种民族主义”影响并最终实现俄罗斯与各族无产阶级的联合。十月革命后，列宁领导的俄（共）中央承认了芬兰等异族地区的独立，兑现了列宁关于民族自决权的承诺，客观上削弱了大俄罗斯民族主义。1922 年 12 月，各加盟共和国自愿组成苏维埃社会主义共和国联盟，更是实现了列宁组成紧密的“跨民族的共同体”的夙愿，也充分体现了列宁民族自决理论中强调无产阶级联合、坚决同民族主义做斗争这一基本思想的强大影响力。

列宁在十月革命前是反对联邦制的，认为“联邦制在理论上只能用民族主义思想来进行论证”，[③] 在党的建设方面有悖于民主集中制这一领导原则，在国家构建方面比不上经济联系密切和集中制的大国更有利于无产阶级广泛开展反对资产阶级的革命斗争。但十月革命后，沙俄帝国的解体、西方帝国主义的干涉、资产阶级民族主义的嚣张、封建宗法制度的恢复等一系列严峻的问题，不仅对新生的苏维埃政权构成了挑战，而且使建立越大越好的社会主义国家的理想几乎无法实现。在这种形势下，鼓励并发动各民族的无产阶级力量和人民群众实行自决，并在独立建国的基础上实现无产阶级民族国家的联合成为必然的选择。[④] 最终列宁选择了联邦制作为走向集中统一国家形式的一种过渡形式，并希冀通过“保留和巩固社会主

---

① 列宁：《立宪民主党人和“民族自决权”》，《列宁全集》第 24 卷，人民出版社，1990 年版，第 219 页。

② 列宁：《论民族自决权》，《列宁全集》第 25 卷，人民出版社，1988 年版，第 284—285 页。

③ 列宁：《最高的无耻和最低的逻辑》，《列宁全集》第 8 卷，人民出版社，1986 年版，第 27 页。

④ 郝时远：《重读斯大林民族（нация）定义——读书笔记之二：苏联民族国家体系的构建与斯大林对民族定义的再阐发》，《世界民族》2003 年第 5 期。

义共和国联盟”为世界做出榜样，因为“全世界共产主义无产阶级需要它来同世界资产阶级做斗争，来防备世界资产阶级的阴谋”。① 列宁的这种选择，是他对国内外形势、国际共运与世界革命以及民族（主义）问题综合考量的结果，也是其世界革命思想调整后重视国内问题的重要体现。然而，列宁不久即辞世，未能如愿进一步思考和解决国家构建方面的诸多问题，几十年后苏联的民族问题更是积重难返，大俄罗斯主义盛行并相应导致地方民族主义离心力聚集，民族主义成为了苏联解体的强大推力。这不能不说是列宁遗愿未得以实现、相关论述未得以认真贯彻、相关设想未得以进一步完善的遗憾。

四、结束语

作为一个具有世界眼光和历史洞察力的马克思主义经典作家，列宁对帝国主义时代以降的人类历史发展的看法可归纳为“政治经济发展不平衡—矛盾、危机、战争—（世界）革命—社会主义—人类解放、永久和平”这条主线。这条主线基本与马克思、恩格斯所创立的一般意义上的世界革命观的基本理念相吻合，只是在“（世界）革命”和“社会主义”两个节点上有所调整。而这两个节点恰恰又是无产阶级和共产党人在革命实践中必然要面对的两大难题，即“如何取得革命胜利”和“如何建设社会主义”这两大核心问题。马克思主义不是教条，马克思主义也没有现成的答案，马克思主义要求的是在实践中探索到解决问题的途径。在这方面，尤其是在论述和处理民族主义问题方面，列宁的理论与实践给予我们很多的启示，仍具有显见的当代意义：从世界层次来看，列宁相关论述有利于我们坚持马克思主义的大历史观，坚持历史唯物主义的社会发展观；从国际层次来看，启迪了我们正确认识民族主义及其强大力量在当代的客观存在，并在国际关系中正确处理与世界各国的关系；从国内层次来看，对于我们正确处理“两种民族主义”问题，维护民族团结、社会稳定和国家进步同样大有裨益。尤为重要的是，列宁整个相关思想和策略的演变本身，即“为什么演变、如何演变、演变后的策略”，更是对我们全面认识有关民族主义及经典作家关于民族主义论述的诸多重大问题具有值得深究的启迪意义。

---

① 列宁：《关于民族或“自治化”问题》，《列宁全集》第43卷，人民出版社，1987年版，第354页。

斯大林在论述民族主义方面曾有的贡献*

张三南　杨　波

斯大林是苏联的重要领导人，经历了沙俄、苏俄、苏联多个重要的历史阶段，是马克思主义经典作家的重要代表，在国际共运史上具有重要的历史地位。然而，他在学术界尤其是民族理论界却颇具争议。不少人对他持批判态度，认为他违背了列宁遗愿，他主导的“斯大林模式”造成苏联民族问题积重难返，并成为苏联解体的推力；而有的人则认为他是马克思主义民族理论的重要继承者、发展者和实践者，尤其是其关于“民族是人们在历史上形成的一个有共同语言、共同地域、共同经济生活以及表现在共同文化上的共同心理素质的稳定的共同体”的定义堪称经典。在民族主义问题方面，斯大林的理论与实践同样充满争议。对此，笔者认为，评价斯大林应该坚持辩证唯物主义的二分法，既不能否认斯大林的错误，也不能抹杀他的历史贡献。

笔者通过研读马克思主义经典作家关于民族主义的论述发现：斯大林关于民族主义的论述是较为丰富的，这可从《斯大林全集》（全13卷）中约有210次直接使用了“民族主义”一词，多于《马克思恩格斯全集》（中文第1版，全50卷）中“民族主义”直接出现的次数（约49次），仅次于《列宁全集》（中文第2版，全60卷）中直接出现“民族主义”的次数（约844次）的比较中窥一斑。如果加上诸如“大俄罗斯（沙文）主义”这样的民族主义同义词，斯大林相关论述中涉及民族主义的内容更为可观，可以印证我国民族理论学界著名学者王希恩先生的一个观点：“民族主义”在列宁、斯大林涉及民族问题的相关论述中“属于使用频率最高的关键词之一”；可以说，列宁、斯大林的民族理论正是在对民族主义的论争和批判中建立起来的，马克思主义经典作家关于民族主义的基本观点

---

* 原文以《斯大林在论述民族主义方面的贡献——写在斯大林逝世60周年之际》为题载于《甘肃社会科学》2013年第1期，作者张三南、杨波，略有改动。

作者简介：张三南，简介见前文；杨波（1987—），男，河北昌黎人，燕山大学文法学院2012级国际关系专业硕士研究生，主要研究方向为国际关系。

主要也因此得以确立。[①] 斯大林涉及民族主义问题的论著较多，主要有《社会民主党怎样理解民族问题?》《在走向民族主义的道路上》《马克思主义和民族问题》《民族问题和列宁主义》《联共（布）中央委员会向第十六次代表大会的政治报告》《在党的第十七次代表大会上关于联共（布）中央工作的总结报告》。时值斯大林逝世60周年到来之际，笔者就其在论述民族主义方面曾有的贡献做一梳理与总结，以记念这位民族理论界的著名历史人物。

一、洞悉和剖析了民族问题和民族主义的阶级实质

斯大林很早就敏锐地洞察了民族问题的阶级实质，迸发出了革命的思想火花。1901 年，刚刚 22 岁的斯大林在宣传马克思列宁主义、开展建党活动和领导工人运动等革命实践中就有了杰出的表现，被正式选为俄国社会民主工党第比利斯委员会委员。在革命的理论和实践工作中，斯大林逐渐对民族问题的实质有了深刻的认识。1904 年，25 岁的斯大林在《无产阶级斗争报》上发表《社会民主党怎样理解民族问题?》一文，这是斯大林专门论述民族问题的第一篇文章。在文章中斯大林提出了“不同时期不同阶级对民族问题有不同的理解”这一著名观点，指出：“民族问题”跟随着社会生活的变化而在变化，由于各个不同阶级在各个不同时期出现在斗争舞台上，而且各个阶级都依照自身观点来理解“民族问题”，因此“‘民族问题’在各个不同时期服务于各种不同的利益，并具有各种不同的色彩，这要看它是由哪一个阶级提出和在什么时候提出而定”。[②] 斯大林在文中重点分析了民族主义在格鲁吉亚剥削阶级中从“封建君主制的‘民族主义’”到“资产阶级民族主义”的演化情况。斯大林首先分析了格鲁吉亚较早时期民族主义的有关状况，指出：在格鲁吉亚被俄国归并之后，格鲁吉亚贵族感到他们原先在归并之前的格鲁吉亚国王统治时代所享有的各种特权与势力丧失之后的事态对于他们非常不利，认为“充当‘庶民’有伤自己的尊严，所以想要‘解放格鲁吉亚’”，想“使格鲁吉亚国王和贵族担当‘格鲁吉亚’的领导者，从而把格鲁吉亚人民的命运交给他们!”[③] 在此，斯大林提出了一个关于民族主义的重要概念，这就是“封建君主制的‘民族主义’”，用以指代格鲁吉亚没落剥削阶级的民族主义。需强调的是，

---

① 王希恩：《批判、借助和吸纳——对马克思主义经典作家关于民族主义论述的再认识》，《民族研究》2007 年第 5 期。

② 中国社会科学院民族研究所编：《斯大林论民族问题》，民族出版社，1990 年版，第 3 页。

③ 中国社会科学院民族研究所编：《斯大林论民族问题》，民族出版社，1990 年版，第 4 页。

马克思主义经典作家曾经有过诸如古代民族主义、“封建君主制的民族主义”、“资产阶级民族主义”、“社会民族主义”、“自由派民族主义”、“崩得民族主义”、“大俄罗斯民族主义（沙文主义）”、“地方民族主义”、“小资产阶级民族主义”、“黑帮民族主义”或“政府的民族主义”、“从属的”或“被压迫民族中的民族主义”等有关民族主义形形色色的分类，① 而其中“封建君主制的‘民族主义’”正是由斯大林正式提出的，这可谓是斯大林在理论上关于民族主义的重要贡献。

斯大林随后指出：商品生产的发展、农奴制度的废除、乡村贫民运动的加强等等，都给格鲁吉亚贵族与“封建君主制的民族主义”以致命的打击，格鲁吉亚贵族于是分裂成为两派，其中一派“抛弃了任何‘民族主义’而向俄国专制制度伸出手来，想从那里换得高官厚禄、低息贷款和农具，要政府保障他们不受农村‘暴动者’的威胁等等”，而格鲁吉亚贵族中更软弱的另一派，则“同格鲁吉亚的主教和大司祭串通一气，从而把受实际生活驱逐的‘民族主义’置于教权主义卵翼之下……这样，封建君主制的民族主义在奄奄一息的时候，就采取了教权主义的形式”；而“当年轻的格鲁吉亚资产阶级感到自己很难和‘外国’资本家进行自由竞争时”，他们于是“通过格鲁吉亚民族民主主义者开始嘟囔起什么独立的格鲁吉亚来了……想用关税壁垒保护格鲁吉亚市场，用强力把‘外国’资产阶级从格鲁吉亚市场赶出去，用人为的方法提高物价，并用这种‘爱国的’手腕在发财的角逐场上求得成功。格鲁吉亚资产阶级民族主义的目的过去是这样，现在还是这样”。② 在这里，斯大林以一名格鲁吉亚人的身份和视角，深刻揭露了格鲁吉亚“封建君主制的‘民族主义’”和“资产阶级民族主义”的反动和腐朽本质。

斯大林这种思想火花跟其艰苦的早年经历密切相关。作为一名沙皇俄国境内格鲁吉亚籍的“异”族青年，斯大林在艰难的经历中亲身感受到了在沙皇政府及其制度压迫下“呻吟叫苦的不仅仅是工人阶级。呻吟叫苦的有因经常挨饿而浮肿的俄国农民……呻吟叫苦的有俄国境内被压迫的各民族和异教徒，其中包括那些被逐出乡土而其神圣情感蒙受伤害的波兰人和芬兰人……呻吟叫苦的有经常受迫害受侮辱的犹太人……呻吟叫苦的有格鲁吉亚人、亚美尼亚人以及其他民族……呻吟叫苦的有俄国千百万教派信徒……呻吟叫苦的还有……但一切受俄国专制制度压迫摧残的人是举不胜

---

① 王希恩：《批判、借助和吸纳——对马克思主义经典作家关于民族主义论述的再认识》，《民族研究》2007 年第 5 期。

② 中国社会科学院民族研究所编：《斯大林论民族问题》，民族出版社，1990 年版，第 4 页。

举的”。[①] 在这些富有感情色彩的描写中，斯大林提到了波兰人、芬兰人、格鲁古亚人、亚美尼亚人等被压迫的各民族和异教徒，并将他们同工人阶级所受到的压迫并列在一起，矛头直指居统治地位的沙皇政府及其制度，揭示了在沙俄这个“民族大监狱”中广为存在的民族压迫问题的阶级实质。

后来，斯大林延续了这一思想火花，进一步剖析了资产阶级民族主义的阶级实质。斯大林认为资产阶级民族主义导致了民族压迫，指出的民族压迫是在现有一切压迫形式中“最精巧最危险的一种形式”，因为它会“便于掩盖资产阶级的强盗面目”而之所以精巧，因为它“挑起民族冲突来巧妙地使资产阶级免受打击”而之所以危险，譬如过去欧洲的掠夺者之所以能够把工人抛到世界的屠场上去互相残杀，并且至今还能够使这种屠杀继续下去，其原因之一就是“资产阶级民族主义的力量还没有枯竭”，还在“麻醉欧洲工人头脑”，因此“民族主义——这是资产阶级最后的阵地；要彻底战胜资产阶级，就必须把它打出这个阵地”。[②] 据此，斯大林认为民族主义是资产阶级的精神武器，从而明确指出了资产阶级民族主义思想的阶级实质。

二、坚持维护国际主义、反对民族主义的鲜明立场

十月革命前，斯大林较少直接论述民族主义问题，主要关注的是国际主义问题。在对革命斗争和革命理论的阐述中，斯大林通过多种形式坚持维护国际主义、反对民族主义的鲜明立场。

一是批判“取消派”。1905 年 12 月俄国革命失败后，孟什维克派里的一些人企图取消俄国社会民主工党组织，主张取消无产阶级的革命秘密党，而代之以一种绝对在合法范围内的活动，“取消派”因而得名。取消派就其阶级实质来说是自由资产阶级在党内的代理人，是一种公开反党的机会主义派别，是一个不惜公然放弃党的纲领、策略和传统的涣散的团体。取消派的代表人物有马尔托夫·托洛茨基、唐恩等。1905 年革命失败后，革命陷入低潮，反动势力猖獗，俄国社会民主工党面临诸多严峻困难。党内许多小资产阶级出身的人，尤其是知识分子均因意志不坚定、心生胆怯而相继脱党，俄国社会民主工党党员的数量大为减少。在此背景下，以列宁为代表的布尔什维克和孟什维克在诸多问题上持截然不同的态

---

① 《斯大林选集》（上卷），人民出版社，1979 年版，第 8—9 页。

② 中国社会科学院民族研究所编：《斯大林论民族问题》，民族出版社，1990 年版，第 125 页。

度。列宁等布尔什维克认为革命虽处于低潮，但深信革命高潮在几年内即将到来，党必须领导群众去迎接这一高潮。而孟什维克在沙皇政府反动势力的淫威面前仓惶退却，不相信革命有重新高涨的可能，可耻地背弃了党纲的要求和党的基本口号、方针，企图把无产阶级的革命秘密党取消，甚至消灭掉。自从取消派这一机会主义派别出现后，列宁等布尔什维克对其多次进行了坚决的批判和斗争，并于1912年俄国社会民主工党第六次全俄代表大会上将其清除出党。斯大林也多次批判取消派，认为其相关思想、决议与国际主义原则相违背，如斯大林曾指出："高加索取消派的活动今后将由被黩武的民族主义所吓倒的库泰依斯农民来支配。高加索的取消派挡不住民族主义的浪潮，他们已经失掉久经考验的国际主义的旗帜，而且……去'随着'民族主义的'浪潮'起伏，并把最后的财富扔到海里……"①

二是批判"民族文化自治"，认为民族自决权应当服从社会主义原则。"民族文化自治"又称"超地域民族自治"，主要代表人物有施普林格和奥托·鲍威尔。"民族文化自治"纲领认为：民族与地域并无本质的联系；民族是自治的个人联盟；主张用公民登记的办法，把散居各地的民族成分编入一个法定的民族；规定在文化事务方面实行自治，在政治方面由资产阶级国会管理。② 斯大林和列宁一道对"民族文化自治"的错误进行了批判，直言"施普林格和鲍威尔的民族文化自治是一种精致的民族主义"。③在民族自决权问题上，斯大林在多个场合重复了这样的观点：民族自决权的行使要符合无产阶级的整体利益，必须把自决权解释为该民族劳动群众的自决权而不仅仅是资产阶级的自决权，"自决原则应当是争取社会主义的手段，应当服从社会主义的原则"。④

三是认为民族文化应该服从社会主义利益和国际主义原则。在民族文化这一问题上，斯大林在强调发展各民族语言文化必要性的同时，强调了民族文化服从社会主义利益和国际主义原则的重要性，强调要使苏联各民族文化的发展"符合于社会主义的利益和要求"、"符合于苏联一切民族劳动人民的利益和要求"，认为苏维埃政权所发展的苏联各民族的民族文化

---

① 中国社会科学院民族研究所编：《斯大林论民族问题》，民族出版社，1990年版，第23页。

② 陈永龄主编：《民族词典》，上海辞书出版社，1987年版，第355页。

③ 中国社会科学院民族研究所编：《斯大林论民族问题》，民族出版社，1990年版，第52页。

④ 中国社会科学院民族研究所编：《斯大林论民族问题》，民族出版社，1990年版，第105页。

按其内容来说“应当是一切劳动者共同的文化，即社会主义的文化”，并指出“正因为我们在无产阶级取得政权以后一直遵循着这条道路前进，所以我们能建立起世界上前所未有的被称为苏维埃社会主义共和国联盟的国际主义大厦”。[①] 也就是说，斯大林认为：在社会主义时期，民族文化的形式应是民族的而其内容应当是社会主义的。而且，斯大林还在对社会主义民族与资本主义民族进行区别时，指出了社会主义民族的特点之一就是用国际主义精神反对民族主义。[②]

十月革命后，斯大林还多次论及维护国际主义、反对民族主义的重要性。如在1921年2月，斯大林在《论党在民族问题方面的当前任务》一文中指出：如不铲除党的队伍中民族主义和殖民主义的残余，就不可能在国际主义基础上把边疆地区居民中的无产阶级分子“团结在自己队伍中的坚强的、联系群众的、真正的共产党组织”，因此“消除共产主义中的民族主义的、首先是殖民主义的动摇，是党在边疆地区最重要的任务之一”。[③] 同年7月，斯大林在《关于共产主义在格鲁吉亚和南高加索的当前任务》一文中更是要求共产党员要同民族主义做无情斗争，“消灭民族主义这条九头蛇，造成国际主义的健康气氛”。[④]

直到在联共（布）十七大总结报告中，斯大林仍然提到了民族主义与国际主义根本对立的观点。他在报告中指出：“民族主义倾向就是使工人阶级的国际主义政策迁就资产阶级的民族主义政策。民族主义倾向反映出‘自己的’、‘民族的’资产阶级企图破坏苏维埃制度而恢复资本主义……根源就是离开列宁的国际主义。”[⑤] 应该说，斯大林从其所处的社会历史条件及肩负的历史使命出发，在理论上多次强调了维护国际主义、反对民族主义的鲜明立场，无疑具有重要指导意义。

三、多次强调和论述了反对“两种民族主义”的重要性

斯大林和任党政领导人初期，虽在思想、路线和行动上曾经有些偏

① 中国社会科学院民族研究所编：《斯大林论民族问题》，民族出版社，1990年版，第381—382页。

② 曹红：《试析斯大林有关反对民族主义问题的论述》，《新疆师范大学学报》（哲学社会科学版）1990年第4期。

③ 中国社会科学院民族研究所编：《斯大林论民族问题》，民族出版社，1990年版，第179页。

④ 中国社会科学院民族研究所编：《斯大林论民族问题》，民族出版社，1990年版，第200—201页。

⑤ 中国社会科学院民族研究所编：《斯大林论民族问题》，民族出版社，1990年版，第423页。

差，但基本上还是继承了列宁关于反对“两种民族主义”尤其是大俄罗斯沙文主义的思想观点，并多次进行了相关论述。

斯大林多次表述过大俄罗斯沙文主义的具体表现形式，认为其集中体现在有意识地强调俄罗斯各方面成就、贡献的存在，而竭力排斥和忽视一切非俄罗斯民族的东西。尤其在联共（布）十六大报告中，斯大林对大俄罗斯沙文主义的实质进行了详细论述，即“企图抹杀语言、文化和生活习惯方面的民族差别，企图准备撤销民族共和国和民族区；企图破坏民族平等权利原则，破坏党关于机关民族化与报刊、学校及其他国家组织和社会组织民族化的政策”。①

其实早在1921年，作为一个非俄罗斯族籍的党的领导人，斯大林在俄共（布）第十次代表大会上就批评了当时俄罗斯共产党员中存在的大俄罗斯沙文主义现象，指出：俄罗斯民族过去曾经是统治民族的地位“甚至在俄罗斯共产党员中间也留下了一些影响”，在实际工作中这些俄罗斯共产党员不善于或不愿意去“接近当地居民中的劳动群众”、去“了解他们的需要并帮助他们摆脱落后和不文明”，在工作中忽视边疆地区人民群众的生活习惯与文化的特点，“有时表现出俄罗斯大国沙文主义的倾向”。② 在此之前他还在提交十大讨论并经党中央批准的提纲中论述了“党在民族问题方面的当前任务”，指出了发展边疆地区共产党组织的某些特殊条件“阻碍了党在这些地区的正常成长”，批评了在这些地区工作的俄罗斯共产党员由于“是在‘统治’民族存在的条件下成长起来的”且不知道何为民族压迫，往往在党的工作中缩小重视民族特点的意义或完全不重视民族特点，因而在实际工作中不考虑某一边疆民族所具有的阶级结构、文化与生活习惯及过去历史的特点，以至于“把党在民族问题方面的政策庸俗化和歪曲了”，“脱离共产主义而倾向于大国主义、殖民主义、大俄罗斯沙文主义”。③ 斯大林还在俄共（布）第十次代表大会上重点强调：在实行苏维埃政权的经济政策时，一定要注意到边疆地区的“经济状况、阶级结构和过去历史方面的一切特点”，并举了“吉尔吉斯伊斯兰教居民从来不养猪，而粮食人民委员会部却按摊派方式要他们交猪”的例子，批评“有些人是多么不愿意注意初到那里去的人一眼就可以看出的生活习惯的特点”，强

---

① 中国社会科学院民族研究所编：《斯大林论民族问题》，民族出版社，1990年版，第410页。

② 中国社会科学院民族研究所编：《斯大林论民族问题》，民族出版社，1990年版，第184页。

③ 中国社会科学院民族研究所编：《斯大林论民族问题》，民族出版社，1990年版，第178页。

调“有些荒唐的事情是必须消除的”。[①] 斯大林还明确驳斥了那些断言白俄罗斯民族、乌克兰民族是人为臆造出来的谬论，指出“这是大俄罗斯沙文主义的一大表现——否认非俄罗斯民族的客观存在”。[②]

在两年后提交给党的十二大讨论的《党和国家建设中的民族问题》报告提纲中，斯大林把同大俄罗斯沙文主义做斗争作为党的“当前第一项任务”提了出来，指出“大国沙文主义是大俄罗斯人过去的特权地位的反映”，而且这种残余仍然“存在于我们中央和地方的苏维埃工作人员头脑中，盘踞在我们中央和地方的国家机关里”，强调只有在苏维埃国家机关的实际工作中“毅然决然地消灭这种残余，多民族的苏维埃国家才能成为真正巩固的国家，各民族的合作才能成为真正兄弟般的合作”，并因此得出“同大俄罗斯沙文主义残余作坚决斗争是我们党当前的第一项任务”的结论。[③]

此后的几年中，斯大林在理论上基本坚持了这一观点。比如在1930年联共（布）十六大上，斯大林仍曾说大俄罗斯沙文主义是一种“最精致因而也是最危险”的民族主义，是党在民族问题上的主要危险，并分析和揭露了其“戴上国际主义假面具并以列宁的名字做掩护”的实质。[④] 对此，詹真荣先生进行了总结：斯大林在思考和参与民族事务工作及执政之初，基本上能同列宁主要反对大俄罗斯沙文主义倾向的立场和观点保持一致，并对大俄罗斯沙文主义是主要危险的理论观点做了理论上的阐述，认为大俄罗斯沙文主义是多民族社会主义联盟国家构建、建设和巩固的障碍，是产生地方民族主义的主要根源，会对工农联盟和国家政权建设产生破坏作用，因而反对大俄罗斯沙文主义是顺利推行新经济政策等国家政策的需要，消除了大俄罗斯沙文主义，也就完成了反对国内民族主义的主要任务。[⑤]

对于地方民族主义，斯大林在党的十六大政治报告中对其倾向的实质进行了总结：“地方民族主义倾向的实质是：力图独树一帜并在本民族的

---

① 中国社会科学院民族研究所编：《斯大林论民族问题》，民族出版社，1990年版，第185页。

② 华辛芝、陈东恩：《斯大林与民族问题》，中央民族大学出版社，2002年版，第172—173页。

③ 中国社会科学院民族研究所编：《斯大林论民族问题》，民族出版社，1990年版，第223页。

④ 中国社会科学院民族研究所编：《斯大林论民族问题》，民族出版社，1990年版，第411页。

⑤ 詹真荣：《杰出的贡献 严重的失误——论斯大林在民族理论上的得失》，《民族研究》2000年第2期。

狭隘范围内闭关自守，力图抹杀本民族内部的阶级矛盾，力图用脱离社会主义建设总流的方法防御大俄罗斯沙文主义，力图漠视那些使苏联各民族劳动群众接近和联合的东西，而只看到那些能使他们彼此疏远的东西”，“地方民族主义倾向反映了过去被压迫民族中的垂死阶级对无产阶级专政制度的不满，反映了它们想单独成立自己的资产阶级民族国家并在那里确立自己的阶级统治的企图”，“这种倾向的危险在于它培植资产阶级民族主义，削弱苏联各族劳动人民的团结并帮助干涉者”。[①] 斯大林从理论上阐述了地方民族主义产生的历史原因，认为它的产生从意识形态领域来看是一种旧社会遗留下来的遗产和习惯的思维方式，并指出了“党的任务在于同这种倾向做坚决斗争，保证对苏联各族劳动群众进行国际主义教育所必需的条件”。[②]

在此之前的十二大报告提纲中，斯大林还首次使用了“地方沙文主义”一词，用以指代地方民族主义，与大俄罗斯沙文主义相对应。斯大林指出，地方沙文主义就其力量看，没有大俄罗斯沙文主义危险，与在民族问题体系中占 3/4 的大俄罗斯沙文主义比较而言，“地方沙文主义并不那么严重”，但它对于各民族共和国本身的和平发展及当地的工作和居民却“有头等重要的意义”，“这种地方沙文主义倾向也是应当根除的”。[③] 在报告中，斯大林用了一个形象的数量关系来表述，认为大俄罗斯沙文主义和地方沙文主义分别占 3/4、1/4，并以此强调在反对“两种民族主义”的同时首先要反对大俄罗斯沙文主义。斯大林这种数量关系的表述无疑是科学和合乎实际的。在十二大报告的结论部分，斯大林针对拉柯夫斯基、布哈林等人“用不着为地方沙文主义这样的蛆虫操心，因为我们有大俄罗斯沙文主义这样的‘歌利亚’”的发言，尤其是后者“建议删去关于地方沙文主义危害性”的观点，强调“不得不进行两条战线的斗争”的重要性，认为只有进行两条战线的斗争，即同时跟大俄罗斯沙文主义和地方沙文主义做斗争“才能取得胜利”，明确提出要反对“两种民族主义”的观点。[④]

斯大林还通过区分“进攻性民族主义”“防御性民族主义”以及论述

---

① 中国社会科学院民族研究所编：《斯大林论民族问题》，民族出版社，1990 年版，第 416 页。

② 中国社会科学院民族研究所编：《斯大林论民族问题》，民族出版社，1990 年版，第 417 页。

③ 中国社会科学院民族研究所编：《斯大林论民族问题》，民族出版社，1990 年版，第 238 页。

④ 中国社会科学院民族研究所编：《斯大林论民族问题》，民族出版社，1990 年版，第 249 页。

民族主义的转化，强调了大俄罗斯沙文主义与地方民族主义的危害及反对“两种民族主义”的必要性和手段。一方面，斯大林指出地方民族主义的滋长是由于国内普遍存在的大俄罗斯沙文主义，这种民族主义“归根到底是大俄罗斯民族主义的反应，是对它的答复，是一种防御”。[①] 并认为“既然民族主义残余是反对大俄罗斯沙文主义的一种特殊防御形式，那么同大俄罗斯沙文主义作坚决斗争就是铲除民族主义残余的最可靠的手段”,[②] 强调了通过首先反对大俄罗斯沙文主义取得历史上被压迫民族的信任，从而实现各民族的团结的重要性。另一方面，斯大林认为：在某些具有几个民族的民族共和国内，“这种防御性的民族主义往往变成进攻性的民族主义，变成这些共和国内较强大的民族反对弱小民族的顽固的沙文主义”，这样的民族主义对民族共和国本身是非常有害的，因此“既然这种残余在变成反对各个共和国的弱小民族集团的地方沙文主义，那么同这种残余做直接斗争就是党员的义务”。[③] 在十二大报告的提纲中，斯大林把同“这种残余的沙文主义”即地方民族主义作斗争定为党当前的第三项任务。

四、结语

总体而言，在成为无产阶级革命者及重要领导人的历程中，斯大林通过一系列理论论述，逐渐形成了革命的民族理论及关于民族主义的系统性论述。这些理论和论述正确揭示了包括民族主义问题在内的民族问题的阶级本质，揭示了民族压迫问题的阶级属性，强调了坚持维护国际主义、反对民族主义尤其是“两种民族主义”等无产阶级认识和处理民族问题的基本原则和政策的重要性，成为斯大林思想体系和马克思主义经典作家民族理论及关于民族主义论述的重要组成部分。遗憾的是，由于国内、国际方面的种种因素，执政中晚期的斯大林渐渐偏离了在民族问题尤其是民族主义问题上的正确轨道，在理论与实践方面犯了不少错误，最终导致苏联民族问题的积重难返及联盟国家的最终解体。对于斯大林的这些错误，学界已有广泛的研究和论述，甚至产生了诸多质疑斯大林在民族理论界和“经典作家”中的历史地位的看法，当然也有较为中肯的评价。譬如，王希恩先生对此曾有过专门注释：“由于斯大林的错误，目前斯大林一般不再被

---

① 中国社会科学院民族研究所编：《斯大林论民族问题》，民族出版社，1990 年版，第 237 页。

② 中国社会科学院民族研究所编：《斯大林论民族问题》，民族出版社，1990 年版，第 224 页。

③ 中国社会科学院民族研究所编：《斯大林论民族问题》，民族出版社，1990 年版，第 224 页。

列入‘马克思主义经典作家’之列，但由于他在马克思主义民族理论上的贡献和巨大影响，民族理论界一般仍将他作为‘经典作家’看待。”① 应该说，如果考虑到斯大林的诸多错误，对斯大林的质疑甚至批判是可以理解的；只是如果我们能够基于唯物辩证法角度，全面审视斯大林有关理论与实践，相信会对其在民族理论界和“经典作家”中的历史地位尤其是其在论述民族主义问题上曾有的贡献有一个更有全面和清晰的认识。因此，我们对斯大林的评价应该采取实事求是的态度，汲其教训，求其经验。总之，我们在质疑和批判斯大林之时同样不容忘记的是：斯大林在论述民族主义方面曾有的贡献是显见的，值得总结。

斯大林处理民族主义问题的失误及其动因*

张三南　张建平

1991年曾经创造无数辉煌的苏联轰然解体，令世人惊愕不已。多年来，人们在反思和总结其解体的原因时，总是不免联想到积重难返的“苏联模式”及斯大林这位模式缔造者的诸多过失。斯大林作为经历沙俄、苏俄、苏联多个重要历史阶段和执政时间最长的苏联领导人，给学界留下了诸多值得深入讨论的议题，包括其在处理民族主义问题上的理论与实践及其对苏联解体的潜在影响。有鉴于此，本文力图在苏联解体20周年之际，对斯大林处理民族主义问题的失误及其动因进行回顾与分析。

一、斯大林在“两种民族主义”问题上的错误认识

“两种民族主义”问题是苏联民族问题的重要内容，长期存在于处于主导地位的俄罗斯族和其他非主导地位的民族之中，集中体现为各种形式的大俄罗斯主义和地方民族主义。“两种民族主义”对苏联革命和建设造成了极大的危害，列宁对此曾有精辟的论述，主张在无产阶级革命斗争中

---

① 王希恩：《也谈在我国民族问题上的“反思”和“实事求是”——与马戎教授的几点商榷》，《西南民族大学学报》（人文社科版）2009年第1期。

* 原载《东疆学刊》2012年第2期，作者张三南、张建平，略有改动。

作者简介：张三南，简介见前文；张建平（1974—），男，江西赣州人，江西理工大学外语外贸学院副教授，主要研究方向为翻译研究。

无一例外地反对“两种民族主义”，尤其是大俄罗斯主义，要“特别坚决地反对‘俄罗斯’共产党人的大俄罗斯帝国主义和沙文主义的（有时是不自觉的）残余……”① 斯大林作为苏联党和国家领导人，其政治生涯大致可分为三个阶段：十月革命前阶段、十月革命胜利后至列宁逝世的过渡阶段、列宁逝世后的执政阶段。在这三个阶段中，斯大林虽在处理“两种民族主义”问题上做出了一定的贡献，但在这一问题上也存在不少错误认识。

第一阶段，即十月革命前阶段。在这一阶段中，斯大林长期忽视大俄罗斯主义的存在。据笔者对这一时期斯大林所著论述的梳理和研究，可见其字里行间几乎未提及俄罗斯族的民族主义即大俄罗斯主义问题。他在论述和抨击各类民族主义时，目标所指一般是非俄罗斯族的民族主义，而非大俄罗斯主义。例如，他在 1913 年完成的《马克思主义和民族问题》这篇成名作中，强调要“给民族主义一个反击，使群众同普遍的‘时疫’隔离……用久经考验的国际主义武器，用统一而不可分的阶级斗争去对抗民族主义。民族主义的浪潮来势愈汹涌，社会民主党争取俄国各民族无产者友爱团结的呼声就应当愈响亮”，并举例论述了一系列民族主义的类型，指出“这种民族主义有时变成粗暴的沙文主义。犹太人中锡安主义的加强，波兰的沙文主义的增长，鞑靼人中的大伊斯兰主义，亚美尼亚人、格鲁吉亚人、乌克兰人中民族主义的加强，没有教养的人反犹太主义的共同倾向，——这一切都是人所共知的事实”，但唯独回避了大俄罗斯主义这一客观存在的民族主义类型。②

第二阶段，即十月革命胜利后至列宁逝世的过渡阶段。在这一阶段，斯大林的错误认识体现在两个方面：一是仍一度否认和忽视大俄罗斯主义的存在及主要危险，二是认为不能交叉反对“两种民族主义”。

1921 年 1 月，斯大林《在俄罗斯苏维埃联邦社会主义共和国突厥语系民族共产党员会议上的开幕词》中提出：“所有的俄罗斯人，其中包括俄罗斯共产党员，过去都是统治民族，他们没有经受过民族压迫，除了某些‘大国沙文主义’的情绪外，一般说来，他们中间没有发生过民族主义倾向，因此他们用不着，或者几乎用不着去克服这种倾向”，反之“突厥语系民族的共产党员是经历过民族压迫阶段的被压迫民族的儿女，他们与此

① 中国社会科学院民族研究所编：《列宁论民族问题》，民族出版社，1987 年版，第 785—786 页。

② 中国社会科学院民族研究所编：《斯大林论民族问题》，民族出版社，1990 年版，第 24—25 页。

不同，他们中间过去和现在都存在民族主义倾向和民族主义残余，因此克服这种倾向和铲除这些残余是突厥语系民族共产党的当前任务”。[①] 斯大林在这里错误地把“大国沙文主义”情绪排除在“民族主义”之外，实为欲盖弥彰，因为在概念上前者显然为后者的一种表现类型。两个月后，斯大林在党的十大正式报告中仍未提及大俄罗斯主义的存在及主要危险。可见，斯大林这一时期强调的只是反对非俄罗斯族的民族主义即地方民族主义，而非大俄罗斯主义。然而事实并非如此，俄罗斯作为历史上的统治民族，大俄罗斯主义情绪和优越感在沙皇政府民族政策的推动下长期得到培植，这种情绪和优越感在十月革命后的许多俄罗斯人甚至共产党员中仍广泛存在。对此，列宁曾一针见血地指出：“刮一刮某个共产党员，你就会发现他是大俄罗斯沙文主义者。”[②]

在列宁的批评下，斯大林一度接受了大俄罗斯主义是主要危险的观点，但在如何反对大俄罗斯主义和地方民族主义这“两种民族主义”问题上，却又错误地认为不能交叉反对。他在俄共（布）十二大报告中论述了这一看法，认为：如果从事反对俄罗斯沙文主义的不是俄罗斯的共产党员而是土耳其斯坦或格鲁吉亚的共产党员，那么这种斗争就会被认为是反俄罗斯的沙文主义了；这会把全部事情弄糟，并且会使大俄罗斯沙文主义变本加厉；只有俄罗斯的共产党员才能从事反对大俄罗斯沙文主义的斗争。虽然斯大林在论述反对民族主义的方法时注意到了民族感情因素，这值得肯定，但他在理论上没有把反对“两种民族主义”作为全体共产党员的义务提出来，这在实践中必然不利于彻底打击“两种民族主义”尤其是大俄罗斯主义，客观上阻碍了非俄罗斯党员积极主动地反对大俄罗斯主义，造成对大俄罗斯主义的变相庇护。

第三阶段，即列宁逝世后的执政阶段。在1924—1953年间的斯大林执政时期，斯大林又逐渐回归到忽视大俄罗斯主义并为其辩护的轨道上来。在这期间，斯大林有关对地方民族主义进行批判的言论远远胜过对大俄罗斯主义的指责。尤其是20世纪30年代中期后，斯大林已完全忘记了列宁的忠告，彻底偏离了后者着重反对大俄罗斯主义的思想路线。在联共（布）十七大报告中，斯大林强调：“有人在争论哪一种倾向是主要危险，大俄罗斯民族主义倾向还是地方民族主义倾向？在目前条件下，这是一种表面的因而也是空泛的争论。”他还把矛头直接指向非俄罗斯族的民族主

① 中国社会科学院民族研究所编：《斯大林论民族问题》，民族出版社，1990年版，第168—169页。

② 中国社会科学院民族研究所编：《列宁论民族问题》，民族出版社，1987年版，第756页。

义，认为“（乌克兰民族主义）这种倾向就成了主要危险”。[①] 此后，随着国内、国际形势的变化，斯大林再未提过大俄罗斯主义是主要危险这一观点，后来积重难返、民族问题频发的“斯大林模式”也最终在这时期产生和定型。

二、斯大林在实践工作中的过失

错误的认识必然带来错误的实践。斯大林不仅在认识上长期忽视大俄罗斯主义作为主要危险的存在，而且在处理党内外事务、民族关系和国际关系等实践工作中存在不少过失。

首先，在处理党内外事务中对“两种民族主义”厚此薄彼、态度迥异。列宁曾经指出要毫不例外地反对一切形式的民族主义，后来又强调要特别注意反对大俄罗斯主义。斯大林虽然一度赞成和执行了列宁的观点，但随着时间的推移，他在实践中对“两种民族主义”厚此薄彼、态度迥异甚至违背列宁基本观点的倾向越发明显。如在党的十二大上，按列宁的设想，主题本是集中力量清算大俄罗斯主义。但斯大林的报告反而用了大量篇幅批判地方民族主义，并错误地点名批判了格鲁吉亚事件中涉及到的一些党员干部，却未对负有领导责任的奥尔忠尼启泽、捷尔任斯基及斯大林本人进行批评。斯大林的做法，脱离了打击大俄罗斯主义的主题任务，反而事实上把打击的主要矛头指向了地方民族主义，因而遭到一些代表的批评。乌克兰代表尼·斯克雷尼克把斯大林这一做法称为“骑墙态度”，这个说法不无道理。[②] 一个多月后，斯大林在主持召开有各民族共和国和民族地区负责工作人员参加的俄共（布）中央第四次会议上强调：“各边疆地区、各共和国和各地区的共产党组织只有把民族主义铲除掉，才能发展和站稳脚跟。”[③] 但他只要求铲除边疆地区和各共和国的民族主义，却未提及铲除大俄罗斯主义。

此外，斯大林还动辄扣之以“地方民族主义”“资产阶级民族主义”等帽子打击党内外人士。众所周知，斯大林在执政期间对党内外人士的“无情打击”日后一直饱受非议，其中即包括了对不少党内外人士以“资产阶级民族主义”等名义加以打击的事例，仅 20 世纪 20 年代即有阿塞拜疆领导人罕布达戈夫、乌克兰作家赫维列沃依、乌克兰教育部长舒姆斯基

---

① 中国社会科学院民族研究所编：《斯大林论民族问题》，民族出版社，1990 年版，第 423—424 页。

② 白坚：《论列宁、斯大林反对两种民族主义的不同取向》，《陕西师范大学学报》（哲社版）1989 年第 1 期。

③ 《斯大林全集》第 5 卷，人民出版社，1957 年版，第 252 页。

等多位著名人士受到打击。30 年代中期以后这种情况愈加突出，尤其在肃反运动中，许多人因“资产阶级民族主义者”等罪名被清洗。如在格鲁吉亚，1937 年 5 月召开的党的十大共有 644 名代表，不久以后即有 425 人被逮捕、流放或被枪决。[①] 在哈萨克，1937—1939 年间就有 18 名党政负责人员被处死刑。[②]

其次，在处理民族关系中奉行大民族主义政策，对有些民族实行不公正的对待措施。在斯大林执政期间，不少民族整体上受到了不公正对待，犹太人的遭遇即是典型的例子。斯大林的反犹排犹倾向早在其担任民族事务委员期间即有之，当时他就曾对犹太人和犹太教采取了限制措施。卫国战争期间，由于犹太人本身的突出贡献及反对纳粹德国的政策需要，苏联给予了犹太人较好的政治待遇。可战后不久，斯大林的反犹排犹倾向就死灰复燃，而且越发明显。仅 1948 年底至 1949 年初，苏联报纸上点名批判的知识分子中大部分是犹太人，他们在作家、艺术家中占 70%，在经济和体育工作者中达 85%。[③] 1952 年，处于晚年的斯大林听信他人的诬告，制造了所谓的“医生谋杀案”，众多犹太人专家、犹太人撰写的书籍甚至犹太人研制的药品受到牵连。这一案件虽然后来被平反，但充分反映了斯大林的反犹排犹倾向。

伴随着大俄罗斯主义的膨胀，斯大林不仅打击少数民族干部和知识分子，还做出了强制迁移十几个少数民族的决定，理由无非是莫须有的一些罪名，如“背叛祖国”“同德国法西斯合作”，或者是冠冕堂皇的以“国家任务”的名义。据苏联人 Н·Ф·布加伊统计，被迁移的民族有波兰人、日耳曼人、朝鲜人、印克什人、车臣人、卡尔梅克人、巴尔卡尔人、卡巴尔达人、鞑靼人、保加利亚人、亚美尼亚人、希腊人、卡拉伊姆人、赫姆希德人、土耳其人、库尔德人、卡拉恰伊人等，人数最多的有数百万人之多。[④] 这些人背井离乡，受到了难以忍受的不公正待遇。与此同时，斯大林还在撤销或重新划分行政区域方面偏袒俄罗斯族，忽视其他小民族和散居民族的权益。斯大林的粗暴做法在许多少数民族中产生了积怨，为后来

---

① ［苏］罗·亚·麦德维杰夫著，赵洵、林英译：《让历史来审判：斯大林主义的起源及其后果》，人民出版社，1981 年版，第 324 页。

② ［美］泽夫·卡茨著，费孝通译：《苏联主要民族手册》，人民出版社，1982 年版，第 295 页。

③ Benjamin Pinkus. *The Soviet Government and the Jews 1948 - 1967*, Cambridge University, 1984, p. 159.

④ ［苏］Н·Ф·布加伊：《论 30—40 年代苏联驱逐民族出境问题》，《民族译丛》1990 年第 4 期。

的苏联解体埋下了隐患。

最后，在国际关系中实行大国民族主义和大党主义，进行对外扩张。斯大林具有浓厚的帝俄情结，进行了不少大国民族主义的扩张，对此莫洛托夫曾经直言不讳地承认："作为外交部长，我认为自己的任务是尽量扩大我们祖国的版图。看起来，这个任务我和斯大林完成得并不坏。"① 斯大林领导下的苏联在波兰、芬兰、波罗的海三国和罗马尼亚进行了多起民族利己主义的扩张行为，扮演了一个扩张者的角色，仅在苏德战争爆发前的短短一年间即扩张领土约 47 万平方公里。

斯大林的大国民族主义和大党主义还体现在以下几个方面：（1）二战后竭力控制东欧国家，打击异己，突出的表现如"共产党及工人党情报局事件"；（2）在对华关系和同中国共产党的关系上奉行大国主义和大党主义，譬如在外蒙古等涉华问题上牺牲中国，在中国国内战争问题上也一度试图左右中国共产党的某些决策；（3）在共产国际问题上，斯大林也有一些践踏国际共产主义运动宗旨和纪律的行为。"在对外国共产党和外国的关系上，他推行大党主义和大国主义。如二战前对波兰等共产党领导人进行清洗和镇压，发动苏芬战争，同希特勒签订瓜分波兰的密约，进兵波罗的海三国；二战中同西方划分战后势力范围；二战后对南斯拉夫进行压制打击，对东欧国家党的领导进行清洗，怀疑毛泽东是中国的铁托"② 等行为，一定程度上损害了斯大林作为苏联和国际共运领导人的形象。

三、造成斯大林处理民族主义问题失误的动因

动因是考察问题之源的重要路径。斯大林在处理民族主义问题上的失误集中体现为他在认识上长期忽视大俄罗斯主义的存在及实践工作中实际存在的大民族主义（大俄罗斯主义）的行事风格。问题在于：作为一个曾经提出经典"民族"定义和对民族问题进行长期考察、论述的民族理论家及有着丰富政治经历的领导人，斯大林为何会在列宁等人的多次批评下仍长期忽视大俄罗斯主义的存在与主要危险？作为一名曾经历过列宁所言"各民族人民大监狱"的沙俄时代的格鲁吉亚人，斯大林为何反而热衷于大民族主义（大俄罗斯主义）行事风格？对此，笔者认为：斯大林不是不清楚大俄罗斯主义的存在，而是在俄罗斯传统集权思想、国内外形势和政权巩固的现实需要影响下，力图建立高度统一的

---

① ［苏］费·丘耶夫著，王南枝等译：《同莫洛托夫的 140 次谈话》，新华出版社，1992 年版，第 15 页。

② 宫达非：《中国著名学者苏联剧变新探》，世界知识出版社，1998 年版，第 14 页。

"苏联民族"框架下的民族—国家体制；其处理民族主义问题的理论与实践从某种意义上说是一种立场、策略的选择。这可从以下几个方面得以管窥。

第一，斯大林受俄罗斯传统集权主义影响较深，有较浓厚的帝俄意识和帝俄情结。从历史来看，自伊凡四世加冕沙皇以来，俄罗斯具有较浓厚的集权主义传统，如彼得、叶卡捷琳娜等大帝均以集权著称。斯大林虽出身格鲁吉亚，但从小受到的是东正教会学校的教育，长期生活在俄罗斯，受俄罗斯集权主义传统影响笃深。其建立的"斯大林模式"即是这种历史传统影响下的产物，集权色彩浓厚。英国人艾·多依彻在所著《斯大林政治传记》一书中描绘斯大林的画像，"从正面看是列宁的子孙，从侧面看却是伊凡雷帝的子孙"。[①] 这种描述不无道理，不仅反映出斯大林受俄罗斯传统集权主义影响较深，有较浓厚的帝俄意识和帝俄情结，也反映了他继承列宁等革命导师思想的不彻底性。在这方面，斯大林甚至不惜反对恩格斯的有关论述，为沙皇和大俄罗斯沙文主义辩护。1934 年 7 月，斯大林在《论恩格斯的"俄国沙皇政府的对外政策"》一文中即对恩格斯进行了错误的评述，目的在于为沙皇政府的对外扩张和大俄罗斯沙文主义进行辩护，为掩饰其帝俄意识和帝俄情结做舆论上的准备。

第二，斯大林考量了国内外形势的演变和政权巩固的现实需要。斯大林执政的大部分时间里，苏联作为世界上唯一的社会主义国家长期处于资本主义列强的包围之中，甚至受到了外敌的武力威胁、干涉和入侵。同时，斯大林在领导地位确立和巩固的过程中受到了一些阻力，如列宁等人的批评、托洛斯基等政敌的竞争等。这些国内外因素使得斯大林长期存有一种危机感。在此背景下，斯大林综合考量了国内外形势和政权巩固的现实需要，做出了理论上忽视大俄罗斯主义、现实中偏袒大俄罗斯主义的立场、策略选择。在他看来，俄罗斯族是"最杰出民族"和"领导力量"，[②] 在国内外政治舞台上苏联需要树立和倚重俄罗斯族这个具有辉煌历史、伟大功绩的现实榜样。当然，斯大林的这种认识同大俄罗斯民族主义倾向的顽固性与普遍性关系甚大。如在 1923 年党的十二大上，当提到反对地方民族主义时，会场上掌声如雷；而谈到反对大俄罗

---

① 华辛芝、陈东恩：《斯大林与民族问题》，中央民族大学出版社，2002 年版，第 188 页。

② 《斯大林文选（1934—1952）》，人民出版社，1962 年版，第 428 页。

斯主义时，“只举起一个孤零零的指头”。[①]

相对应的是，斯大林认为地方民族主义有损于苏维埃政权的巩固和国家利益，并把打击的主要矛头指向地方民族主义。为此，斯大林甚至迁责于新经济政策，在列宁逝世后不久即改变了列宁生前领导实施的新经济政策。斯大林认为：新经济政策“培植地方沙文主义”，推动了私营经济的发展，一些相对先进的民族（如格鲁吉亚、阿塞拜疆、亚美尼亚）也产生了地方民族主义，并且对共和国内的后进民族、小民族的利益不予重视，同类的问题也出现在布哈拉和花剌子模这样的共和国内。[②]斯大林将地方民族主义的滋长归结为新经济政策的实施，不仅反映出他在发展苏联经济方面同列宁的思想分歧，而且也表现出他在推进苏联社会主义民族国家联盟建设方面的唯意志论倾向。[③]

第三，斯大林从其“民族”定义出发，力图塑造一个国家层面的民族（нация/nation）即“苏联民族”。众所周知，斯大林关于“民族是人们在历史上形成的一个有共同语言、共同地域、共同经济生活以及表现在共同文化上的共同心理素质的稳定的共同体”[④] 的经典定义所论证的民族（нация），是民族国家形成后体现在国家层面的民族（nation）。不仅如此，斯大林还努力从理论上论证统一的“苏联民族”的存在，力图在共同的语言（俄语）、共同的地域（苏联领土）、共同的经济生活、共同的经济联系（全苏统一的经济体制和地区分工）、共同的心理素质（伟大的苏联人意识）进行“苏联民族”及民族—国家构建方面的尝试。在这一点上，斯大林在面对苏联内部同时存在的“两种民族主义”问题时，必然需要做出立场、策略的选择。遗憾的是，斯大林未能坚持列宁所倡导的反对“两种民族主义”尤其是大俄罗斯主义的观点，而选择了实际上忽视、迁就甚至纵容大俄罗斯主义的立场和策略，其根本目的在于以俄罗斯族为样板塑造“苏联民族”。

斯大林的这一思想早有端倪。早在1922年在苏联成立和格鲁吉亚事件问题上，斯大林即提出要各民族共和国以自治共和国的形式加入俄罗

---

① ［苏］伊凡·麦斯特连柯著，林钢译：《苏共各个时期的民族政策》，人民出版社，1983年版，第96页。

② 中国社会科学院民族研究所编：《斯大林论民族问题》，民族出版社，1990年版，第230—238页。

③ 郝时远：《重读斯大林民族（нация）定义——读书笔记之二：苏联民族国家体系的构建与斯大林对民族定义的再阐发》，《世界民族》2003年第5期。

④ 中国社会科学院民族研究所编：《斯大林论民族问题》，民族出版社，1990年版，第28—29页。

斯联邦的“自治化”计划，支持和袒护奥尔忠尼启泽打击对这一计划持异议的格鲁吉亚党员干部。斯大林的这种大俄罗斯主义倾向受到了列宁的严厉批评，列宁随即宣布要“同大国沙文主义进行决死战”，斥责斯大林是“大国主义的杰尔治摩尔达”，并要他和捷尔任斯基对这一事件负政治责任。[①] 然而，列宁逝世后，斯大林这种实质上将苏联“俄罗斯化”的立场、策略选择未能及时得到纠正，甚至在斯大林之后得以了延续，并造成了事与愿违的结果。对此，郝时远先生认为：斯大林主导的具有“空前未有的实验”意义的多民族的民族—国家实践没有造就出一个“苏联民族”，但是却一直在试图以俄罗斯民族为样板造就一个“苏联人民”，其结果不但没有消除苏联的民族主义问题，反而导致了以大俄罗斯民族主义压制非俄罗斯民族主义的恶性循环，因为非俄罗斯民族主义是对大俄罗斯民族主义的反应，也是对大俄罗斯民族主义的防御形式；斯大林背离了列宁首先反对大俄罗斯民族主义的基本原则及其所包含的消除“两种民族主义”的辩证思想，结果造成非俄罗斯民族主义在高压下的积蓄和浓缩，最终在戈尔巴乔夫的“改革”环境下爆发出来，并表现出民族主义的极端性，成为了苏联解体重要动因，造成了世纪性的悲剧。[②]

斯大林处理民族主义问题的失误，是违背离马克思主义民族理论基本原则的结果，尤其是违背了列宁关于反对“两种民族主义”的论述，背离了二者之间的辩证关系。更为遗憾的，肇始于斯大林时期的这种失误并没有及时、彻底地得到纠正，反而积重于后斯大林时代各苏联领导人主政的历史阶段并形成难返之势，最终在戈尔巴乔夫时期爆发，使苏联步入联盟解体、“苏联模式”失败的历史死胡同。

---

① 中国社会科学院民族研究所编：《列宁论民族问题》，民族出版社，1987 年版，第 863—869 页。

② 郝时远：《重读斯大林民族（нация）定义——读书笔记之三：苏联多民族国家模式中的国家与民族（нация）》，《世界民族》2003 年第 6 期。

“过程”分解

关于“民族过程”的两个问题*

王希恩

“民族过程”一词在我国近年来的民族研究文章中多有出现，但对这个特定术语和与之相关的理论本身尚缺研究。本文愿就此谈两个问题。

一、“民族过程”的使用和借鉴意义

“民族过程”是来自苏联的一个学术概念，其俄文是 зтнические процессы 或 национальные процессы。但后者确指“现代民族过程”或“现代民族发展过程”，外延小于前者。故不论是苏联学术界还是包括我国在内的其他国家的学术界，一般地论及“民族过程”是指 зтнические процессы，它的英文对应词是 Ethnic Process。这即是说，作为学术概念的“民族过程”，一般指泛义“民族”意义上的民族过程。

民族过程理论在苏联学术界出现的历史并不太久，但不论是在基础理论研究方面，还是对当代世界和苏联民族状况的具体研究方面，苏联学术界都表现得十分活跃，以致 20 世纪 80 年代的民族学研究几乎就是围绕民族过程理论而展开。由苏联科学院民族研究所牵头实施的苏联民族学研究第十二个五年计划研究项目共七项，它们是：（1）人类民族历史研究的理论和方法论问题；（2）民族共同体产生问题和原始社会的民族过程；（3）资本主义以前的阶级社会的民族过程；（4）资产阶级民族的形成和近代资本主义国家的民族过程；（5）现代发达的资本主义国家的民族过程；（6）现代发展中国家的民族过程；（7）社会主义社会的民族过程①。看得出，这个计划项目全部为民族过程研究。苏联民族学界对民族过程研究的重视可见一斑。

尽管由于学术传统、理论体系及意识形态的差异等原因，西方民族学理论不可能过分注重民族过程理论，但由于苏联民族学较高整体水平的影

---

* 原载《宁夏社会科学》1997 年第 3 期，略有改动。

① 《民族历史和当代的民族过程》，《民族译丛》1998 年第 4 期，汤正方译自苏联《历史问题》1987 年第 9 期。

响，一些西方学者也还是把民族过程理论纳入了自己的研究视野。如1983年8月在加拿大召开的第十一届国际人类学与民族学大会上，对民族过程的分析就已占有重要地位。美国学者里格森还在大会上作了题为《民族过程的概念与术语》的报告，对民族过程的基本概念做了详细评述①。

我国对民族过程概念的引进和使用是在改革开放以后。可相当一段时间以内，人们对这一理论并没有多大关注，甚至对这一术语能否在汉语中通行都持有异议，认为照直译而来的"民族过程"语法不通，根本不能接受，即使勉强算通过也绝不会有生命力。但经过讨论，人们一般还是接受了这一术语，认为这个词在汉语中还是可用的。因为它忠实原意，并有类似词语的先例，如："历史过程""运动过程"等。更主要的是它作为专门术语，有高度的概括性和明确的含义②。为此，一些学者对苏联有关民族过程的著作和文章做了翻译、介绍和评述，认为民族过程理论值得我们参考、借鉴，建议开展这方面的专题研究，"创立一个中国的民族过程理论"。③ 然而平心而论，除了这些翻译、介绍和建议之外，多年来我国学术界对民族过程理论的研究并不热烈，专门论述这一理论的文章和著作尚未见到，间接论及的也仅限于概念的借用或转述，这与我国民族学理论的整体进步是不相适应的。

无庸置疑，我国民族学理论需要创立自己的体系。创立离不开吸纳，而吸纳必须是全方位的。苏联的解体及民族矛盾的加剧昭示着其民族政策的失败，但这种失败既有理论指导上的，更有实际操作上的。因此，作为理论指导基础的苏联民族学研究不是其民族政策失败的全部原因；苏联几十年来发展起来的民族学理论成果也不全是无用之物。相反，他们得益于社会主义制度的优越和其国内民族工作的丰富实践，其民族学理论研究较之西方更为系统和完备。因此，在创建发展我国的民族学理论体系中吸纳苏联民族学的研究成果同样是必要的，而对于一度成为苏联民族学理论核心的民族过程理论更应如此。杨堃先生在向笔者谈及这一点时也明确表示："民族过程这个概念来自前苏联。苏联虽然倒台了，但这个概念不应随之消失。科学是不会因国家政权的变动而改变的。"

苏联民族过程理论的内容大致有以下几点：（1）民族是一个稳定而又变动着的体系，这个体系在时间上的变化即是民族过程。（2）民族过程分

---

① ［苏］勃罗姆列伊、季什科夫著，贺国安译：《关于第十一届国际人类学与民族学大会》，《民族译丛》1984年第5期。

② 修世华：《"民族过程"一词在汉语中行得通吗?》，《民族译丛》1988年第2期。

③ 易明：《苏联民族过程理论评述》，《中央民族学院学报》1998年第2期。

为两种基本形式：一是民族变异过程，它导致该族成员民族自我意识的改变，从一种民族状态转变为另一种民族状态；二是民族进化过程，表现为某些民族特点的转变，但不引起民族自我意识的转变，不造成族属的变化。(3) 民族共同体有两种存在形式：一是纯粹的民族，一是民族社会机体。由此，民族过程也分为纯粹的民族过程和民族社会过程。纯粹的民族过程表现为民族本身（语言、文化和民族自我意识等）的变化，民族社会过程表现为民族社会共同体的变化（首先是经济因素的变化）。(4) 纯粹的民族过程也区分为两种基本形式：民族分化过程和民族联合过程。后者又表现为聚合、同化和一体化三种过程。(5) 制约和影响民族过程的因素是多方面的，包括语言、文化、心理、地域、人口、地理环境、物质生产、经济联系、阶级和国家等①。从这些内容来看，民族过程理论对我国民族学理论的建设至少在下述两点是有借鉴意义的。

其一，使民族现象的纵向研究更具概括性。我国学者普遍承认民族是一种社会历史现象，认为它有产生、发展、消亡的特有历史规律，也十分重视对民族作历时性研究。但对民族的这些历时运动如何表述，似缺乏统一、准确的词语认同。"民族过程"一词的使用尽管使人感到不甚习惯，但它的确准确地反映了民族的历时性特征，把对民族纵向发展和变化的一切现象包揽无余，具有极大的概括性。

其二，使民族纵向研究中的渐变或量变过程得以凸现。民族过程理论的一个突出特点是把历史上民族共同体的所有变化都纳入研究视野。勃罗姆列伊把广义的民族过程就解释为"民族某个成分的任何变化"②。尽管把这种"任何变化"都注意起来是不可能的，但它毕竟提醒人们重视民族发展过程中的渐变和量变，而不能把目光仅局限在具有"重大意义"的飞跃或突变上。这一点倒是和西方学者重视对文化变迁细微分析的传统相一致，而这又是我国学术传统所欠缺的。

此外，民族过程理论体现出的动感和重视民族与外部环境的关系等内容也无疑会增加民族研究的深度和广度。

二、民族过程理论的两点修正

既有的民族过程理论不仅缺乏与国家问题有关的正面论述，而且表述

---

① ［苏］Ю·В·勃罗姆列伊著，李振锡、刘宇端译：《民族与民族学》第七章《民族过程》，内蒙古人民出版社，1985年版；Ю·В·勃罗姆列伊、Г·Е·马尔科夫主编，赵俊智译：《民族学基础》（绪论），中国社会科学出版社，1988年版。

② ［苏］Ю·В·勃罗姆列伊著，李振锡、刘宇端译：《民族与民族学》，内蒙古人民出版社，1985年版，第188页。

问题的立场、角度和内容等囿于苏联理论体系的局限，也难以完全为我国学术界所适用。所以，为我所用先需一个改造、修正的过程。在民族过程理论中，民族过程的定义和内容划分占有基础地位，也与本文论题密切相关，因此需首先予以修正。

（一）关于定义的修正

苏联学者把民族过程定义为民族体系在时间上的变化[①]。这个定义与这个理论所含内容不甚贴切，且从语义上看也是含混的。顾名思义，民族过程即是民族产生、发展和消亡的全部历程。这是一个相当宽泛的定义，一切历时的民族现象和民族运动都被纳入其中了。但这又正是民族过程这一概念所应具有的题中之义。人类自形成民族以来，便都分属于不同的民族，因而此后人类的历史又都分解于不同的民族过程之中，民族过程也就是那时以来世界历史的发展过程。但民族过程相对于人类历史既是同一的，又是特殊的。这种特殊性除了时段上的不同（民族过程只能存在于民族存在的历史时期）以外，还在于它不同的社会内容、运行方式和运行规律。它是以人类社会的一种特殊组合形式——民族的生灭兴衰、分合演进反映人类历史进程的。因此，民族过程同一于社会历史进程，同时也制约和受制于社会历史进程，是社会历史进程的一个独立构成。这正是民族过程这一概念能够成立的原因，也是本文能够将民族过程与国家并列考察的原因。

（二）关于内容划分的修正

苏联学者将民族划分为“纯粹的民族”和“民族社会机体”，据此又把民族过程划为“纯粹的民族过程”和“民族社会过程”。这是一个需要套入他们的理论体系方可晓喻的内容划分。实际上，民族和社会是分不开的，或者说，民族就是社会存在的一种特殊形式。因此，任何民族都应被作为一种社会看待，这个社会有它特定的群体，也有它藉以生存的经济基础和社会组织管理。民族过程也应包括族体形态过程、民族经济过程和民族政治过程三种内容划分。

“族体形态过程”即民族表征形态的演进变化过程。构成族体形态的因素有三种：（1）血统因素。任何民族都有一定的种族血缘特征，而且这种特征历史越早越鲜明。血统因素不是民族区分的必要条件，但却是民族先天俱带的自然因素。民族的发展变化包含着族体生物构成上的变化。所谓血缘民族向地缘民族的转化即指民族生物构成上的变化；所谓民族融

---

① ［苏］Ю·В·勃罗姆列伊著，李振锡、刘宇端译：《民族与民族学》，内蒙古人民出版社，1985年版，第188页。

合、同化也总是在民族的血缘构成和文化构成上同时发生的。(2) 文化因素。民族特征主要在文化因素上表现出来。族体形态过程的发展也主要在文化特征的变化中显现出来。需说明的是，这里的“文化”是泛义的，也包括着常被苏联学者特别划出的语言和民族意识等内容。文化因素的变迁直接导致民族的“变异”或“进化”。(3) 规模因素。作为一种共同体，民族总是具有或大或小的规模形态。民族在其发展历程中，兴则规模趋大，衰则规模萎缩趋小。民族规模的变迁常可视为民族兴衰的晴雨表。族体形态过程大体相当于苏联学者所谓的“纯粹的民族过程”，它是全部民族过程的核心内容。但其中的生物因素和规模因素在苏联的民族过程理论中未被提及。

“民族经济过程”即支撑民族存在和发展的经济的演进变化。这一过程被苏联学者纳入“民族社会过程”，但未被特别列出。历史唯物论把物质资料的生产当作社会发展的终极原因。马克思主义民族学理论历来强调社会经济在民族发展中的决定作用，并根据社会经济形态对民族做出不同性质的划分。民族经济过程在民族过程中的重要地位是不言而喻的。

“民族政治过程”即保证民族存在和发展的社会组织及其管理形态的演进过程。这里的“政治”取广义，不局限于阶级社会的国家事务。民族自产生之日起便有社会组织及其管理，因而民族与政治与生俱来。与民族经济过程具有不同的发展形态一样，民族政治过程也经历着不同的发展形态。氏族、部落、部落联盟等即是这些过程的不同历史类型。民族政治过程也属于苏联民族过程理论中的“民族社会过程”，但它却未被提及。

由于政治仅是上层建筑的一部分，而不是它的全部，故民族经济过程和政治过程不是依照经济基础和上层建筑的严格划分，但族体形态过程中所包含的部分文化内容，如意识形态部分等又正是民族上层建筑的补充。因此，民族过程三个部分的划分既是合理的又是全面的。当然，这里所说全面是在民族过程的横断面上而言的，至于它的纵断面，苏联学者以“变异”和“演进”来加以概括，这是比较精当的。“变异”和“演进”实际是民族过程中的质变和量变，二者没有绝然的界限，却又相互转化，民族过程正是在这种转化中向前推进的。值得指出的是，苏联学者虽然论述了变异和演进，但却忽略了民族生长发育和总体过程阶段性的标示，这为民族过程具体和宏观的纵向考察留下了缺憾。对此，笔者试以潜民族、自在民族和自觉民族的划分来予以弥补，这在另外的文章中将专门叙述。

民族过程中的民族区域自治权利*

张淑娟

我国是一个统一的多民族国家，如何把这些发展阶段相差悬殊、文化各异的众多民族包容在一个统一的国家制度框架之内，成为历代统治者的历史难题。中国共产党成功地解决了这个巨大的历史课题，在国家结构安排上采取单一制的前提下，结合我国多民族的实际，在少数民族聚居地区选择了民族区域自治制度，其实质是一种单一制国家内的局部分权体制，是地方自治制度。需要说明的是，中华人民共和国的建立为国内所有民族集体权利的恢复提供了条件，我国的主体民族——汉族集体权利的恢复问题在一般的制度框架内得到了解决，而少数民族集体权利的恢复则要借助特殊的政策来解决，民族区域自治制度就是基于此而实施的，为了改变由于历史原因造成的少数民族落后状况，在制度安排上给予少数民族和民族地区更大的权利空间。我国学术界对民族区域自治制度产生的现实必然性和巨大的时代意义已从各个角度进行了研究。本文试从民族族体自身发展过程与国家之间关系的纵向角度，分析民族区域自治权利的性质。同时简单说明此次权利恢复造成巨大政治资源真空的历史原因。

一、族体权利的丧失

对民族的产生时间，在学术界主要有三种观点。第一种观点认为民族形成于蒙昧时代高级阶段（旧石器时代晚期）或野蛮时代中级阶段；甚至有学者认为具有民族特征的民族在旧石器时代的中期（早期智人时期）就已经形成了。[①] 第二种观点认为民族是在阶级和国家产生之

---

* 原载《大连民族学院学报》2010 年第 2 期，略有改动。

作者简介：张淑娟（1976—），女，内蒙古赤峰人，辽宁工程技术大学马克思主义学院副教授，博士，主要研究方向为民族理论与民族政策、民族主义理论。

① 王希恩：《民族过程与国家》，甘肃人民出版社，1998 年版，第 20—27、42—59 页。

后形成的[①]。第三种观点则认为民族产生和形成于资本主义时代，这种观点在当前是占主导地位的。[②]

本文的逻辑起点是第一种观点，即民族产生于前国家社会的某个适当的时期。在人类进入国家社会之前，民族个体经历了漫长的自然发展过程。也就是前国家社会的人类各种组织形式，如氏族、部落、部落联盟都是民族的不同形态。“在古代，构成民族（polulus）的有氏族、胞族、部落以及部落联盟，它们是顺序相承的几个阶段”[③]，从历史的角度来看，根据这种观点进行考察，能较容易地观察民族发展的长期过程，从而对民族的产生和发展形成连续的印象。即使在国家出现后形成的民族，也并不是对以往的人类共同体存在状态的否定，公共权力的出现不过是对已经存在的经济现象的认定和巩固。刚刚诞生的国家还没有能力对民族进行整合，还要利用以氏族为基本核心的部落或部落联盟形成的组织进行统治。“联盟是趋向民族形成过程中的一个阶段，因为就在这种民族组织下产生了民族性。这个过程的最后一个阶段是合并阶段。四个雅典部落就在阿提卡合并成为一个民族，其所以能合并，是由于这四个部落杂居于同一地域，它们彼此之间的地域界限已逐渐消失。部落的名称和组织仍如以往一样地富有生命力，但独立领土的基础已不复存在。当政治社会一旦在乡区的基础上建立起来以后，乡区所有的居民便成为一个政治团体，不拘其属于哪个氏族或部落，合并过程至此逐臻于完成”，[④] 国家的形成只是加速了从部落联盟向民族的合并与整合过程，同时也开始逐渐剥夺民族管理职能，从此民族在与国家的较量中处于附属地位。下面我们将进行简要分析。

---

① 马克思和恩格斯坚持这种观点，“从部落发展成了民族和国家。”（恩格斯：《自然辩证法》，《马克思恩格斯选集》第3卷，人民出版社，1972年版，第515页。）“部落联盟是与民族最近似的东西。”（马克思：《摩尔根“古代社会”一书摘要》，人民出版社，1965年版，第96页；或参见［美］路易斯·亨利·摩尔根著，杨东莼、马雍、马巨译：《古代社会》，商务印书馆，1977年版，第102页。）可参见熊锡元著：《民族理论基础》，民族出版社，1989年版，第30—35页。

② 列宁、斯大林认为民族产生于资本主义时代。“民族是社会发展的资产阶级时代的必然产物。”（《列宁选集》第2卷，人民出版社，1972年版，第600页。可参见熊锡元：《民族理论基础》，民族出版社，1989年版，第35—38页。）民族主义理论的主流派别“现代主义”（Modernism）学派也持此观点，可参见叶江：《当代西方的两种民族理论——兼论安东尼·史密斯的民族理论》，《中国社会科学》2002年第1期；［英］厄内斯特·盖尔纳著，韩红译：《民族与民族主义》，中央编译出版社，2002年版；霍布斯鲍姆著，李金梅译：《1780年以来的民族与民族主义》，上海人民出版社，2000年版等著作。

③ ［美］路易斯·亨利·摩尔根著，杨东莼、马雍、马巨译：《古代社会》，商务印书馆，1977年版，第6页。

④ ［美］路易斯·亨利·摩尔根著，杨东莼、马雍、马巨译：《古代社会》，商务印书馆，1977年版，第131—132页。

原始民族民主权利的存在是不容质疑的。在前国家社会，民族过程的两个方面：民族的族体过程与民族的社会过程，由于生产力极低，人口组织规模小，文化基础薄弱，社会过程无法独立于民族族体过程之外并对其构成影响，民族的族体过程与民族的社会过程是合一的。这种落后的现实状况为原始民族的直接民主的出现提供了天然条件。[①] 无论是氏族还是处于阶级入口的部落联盟，那时的共同体都是以血缘为界限管理着本组织内部的一切事务，管理机构的职位设置和人员的确定来自于人们长期的摸索和实际的需要。管理的权力来自于组织之中成员的认可，管理者同时也是被管理者，组织者地位和权威的获得不是因为拥有财产而是因为具有出众的才能和智慧，后者的非继承性保证了领导权掌握在被认为是最适合的人手里。加之组织规模相对较很小，内部的重大事件由组织内部的成年成员共同决定，所有的人又都是决策者。[②] “民主原则乃是氏族社会的基本要素。”[③] 即使发展到野蛮阶段的部落联盟时，具有代议制民主性质地方自治得到发展，[④] 在这里所说的自治与我们现在所讲的一般意义上对自治的理解不同：第一，这里的自治是完全意义上自我管理，因为没有一个高于部落的具有绝对主权的权威，部落联盟并不具有主权性，对各个部落没有绝对的权威。现在我们讲的地方自治是在国家主权统辖下的自治，自治有一定的限度，必须是服从国家主权前提下的自治，有统一的权威存在于自治之上。第二，从以上可推知，部落联盟的自治拥有比现在地方自治更大的自主权，能处理的事情范围更广。第三，自治方式不同。随着治理水平和社会生活领域的不断扩大，现在地方自治的方式多样化，而这是前国家社会中的自治无法企及的。第四，部落自治没有严格区分公域和私域，这里所说的自治所处理的问题常常包括私人范围内的问题；现代地方自治都严格区分公域和私域问题，在公域中，可以对公共事务充分自治，但在私域中，私人事务是由个人自主决定的，并不需要通过自治这样一种公共权力的运行方式来解决，因而自治是有边界的。另外这里的自治在处理问题时

---

① 对于原始文化可通过《金枝精要——巫术与宗教之研究》（［英］詹弗雷泽著，徐育新等译：《金枝精要——巫术与宗教之研究》，上海文艺出版社，2001 年版）和《忧郁的热带》（［法］列维—斯特劳斯著，王志明译：《忧郁的热带》，三联书店，2000 年版）进行了解。原始民族规模很小，为直接民主创造了最为基本的条件。

② 这种民主可能是人类发展到今天所能见到的最好的“民主”，比古希腊雅典城的“广场政治”来得更彻底，后者把奴隶和妇女排除在外。

③ ［美］路易斯·亨利·摩尔根著，杨东莼、马雍、马巨译：《古代社会》，商务印书馆，1977 年版，第 139 页。

④ ［美］路易斯·亨利·摩尔根著，杨东莼、马雍、马巨译：《古代社会》，商务印书馆，1977 年版，第 125 页。

没有特别专门化的公共机构，而现代地方自治高度职业化和部门化。在前国家社会，氏族组织的公共机构的自治制度是机构本身长期有效运行的结果，也是个人权利在当时的生产力水平上充分发展的产物，因此，这种自治权是体现和代表，同时也是保障氏族成员最大利益的，是在生产力极其落后的情况下行之效的制度。但是这种自治的制度却因为生产的发展及剩余产品的出现而很快就结束了。

随着剩余产品的出现，私人占有成为可能，财产的可继承性及血缘的巨大作用，使财产的私人占有成为必然①。同时物质财富的可分割、可度量又为社会阶层的分化提供了标尺，阶级分化就在人们有意无意的私欲中形成。国家这种暴力工具就成为有产者维持自己私产的副产品，成为有产者维持自己既得利益和扩大实力的有力工具，随之出现的是由前国家社会各族体全体成员掌控的管理权开始上移，国家因为以地域进行统治和管理，逐渐完全把民族族体内部的管理权剥离出来。集体参与的权利从此慢慢淡出了普通人的生活，原来的民族管理权也迅速蜕变成国家政治统治权。民族的社会过程也开始与民族族体发展过程相分离。

丧失了管理权的人类共同体——民族从此基本上演变成文化概念，受到国家这个越来越强有力的机器的整合和塑造，国家通过各种各样的民族政策规定着民族的走向和命运。当然，在这个过程中，各民族的自然演进也在一定程度上使民族的发展出现了常态化的发展趋势。但是无论怎样，因为强大的文化纽带的韧性和顽强的生命力，与国家成为并列的历史内容的民族族体不会因为与国家的分离而比国家更早地消失。

在我国几千年阶级社会的发展过程中，民族共同体经历了复杂的历史变迁，许多民族只有在历史典籍里才能找到它们的影子，而又有些民族因为自然条件和历史机遇曾建立了全国性的政权，蒙古族和满族两个民族都曾经进行了几百年的统治。面对中原先进的汉文化和国家政治框架的双重影响，民族作为号召力和身份象征的作用慢慢被洗涤殆尽，在超越民族的强势文化巨大凝聚力的作用下，各个民族的发展在保留原有文化的同时接受了统一的文化，为中华民族的最终形成提供了文化基础。

---

① 对于财产的继承的发展也经历了一个漫长财产从少到多的发展时期。在原始阶段，氏族成员死后，其遗产由本氏族成员继承（低级野蛮社会和整个蒙昧阶段）；后来改为由死者的同宗亲属继承（萌芽于低级野蛮阶段，大致到中级野蛮阶段建立起来）；最后转变为由其子女继承（高级野蛮阶段才形成规则）。这些改变看上去无关紧要，实际上却蕴涵着社会状况的重大变化，同时也表现了长足的进步。可参见［美］路易斯·亨利·摩尔根著，杨东莼、马雍、马巨译：《古代社会》，商务印书馆，1977年版，第63、73页。

二、少数民族族体权利的恢复

在“制度王国”的背后隐蔽着“观念王国”。一种制度之所以能在历史上长期存在下来，一定是因为它筛选、积淀和凝聚了人类某种集体的愿望、共同的理念和智慧。[①] 在“夷夏之辨”和“君临万邦，四夷宾服”的华夏“天下”之中心的理念支配下，长达2000多年以汉族统治占主体的封建制度的统治者视少数民族族体是“输诚向化”的“朝贡国”，在这种理念支配下形成的封建制度，以及各种自然条件的束缚，还有少数民族自身条件等原因，造成了我国少数民族与汉族比较相对落后的局面。而伴随着西方国家步入资本主义制度的脚步和入侵的铁蹄，这种落后状况更加严重了。中国的近代史就是我国各民族承受双重压迫的历史，也是仁人志士探求中国民族独立和解放的历史，最后我国各民族在中国共产党的领导下取得了国家的独立，建立了以汉族为主体民族的多民族的社会主义国家，为少数民族集体权利的恢复提供了政治前提。

如果说各民族在中国共产党的领导下进行新民主主义革命使少数民族集体权利的恢复成为可能，那么社会主义制度的建立使少数民族权利的全面恢复成为必然。中国共产党在长期的革命实践中，把马克思主义的民族理论与我国具体的实际相结合，积累了处理民族问题的丰富经验。这些经验的最集中成果就是1947年5月内蒙古自治区的成立，这是我国处理民族问题的里程碑，也是民族集体权利恢复最重要的开端，从此各民族在中国共产党的领导下拉开了自身解放的序幕。在新中国诞生前的中国民族政治协商会议第一次会议召开前夕，周恩来给与会代表作的报告中就中国是否要根据列宁的关于“民族自决”的精神实行民族联邦制，在分析了我国的具体国情后，他指出：“这里主要的问题是在于民族政策是以自治为目标，还是超出自治范围。我们主张民族自治，但一定要防止帝国主义利用民族问题来挑拨离间中国的统一。……我们国家的名称叫中华人民共和国，而不叫联邦。……我们虽然不是联邦，但却主张民族区域自治，行使民族自治的权力。”[②] 1949年9月29日召开的中国人民政治协商会议通过的《共同纲领》，以根本法的形式肯定了在少数民族聚居区实行民族区域自治的制度。接下来我们又相继建立了四个自治区。并且根据我国的行政区划，

① 张星久：《帝制中国的两种基本“公”“私”观及其制度表现——一种从制度回溯观念的尝试》，《武汉大学学报》2006年第6期。

② 周恩来：《关于人民政协的几个问题》，《民族问题文献汇编》第1267页，转引自郝时远：《中国的民族与民族问题——论中国共产党解决民族问题的理论与实践》，江西人民出版社，1996年版，第91页。

我国的民族区域自治地方的行政地位分为三级：自治区、自治州和自治县。"文化大革命"结束后，在拨乱反正的基础上，1984年5月31日第六届全国人民代表大会第二次会议通过了《中华人民共和国民族区域自治法》，从政治、经济、文化和社会生活各个方面对民族自治地方的建立、自治机关的组成以及根据实际、依据宪法制定自治条例和单行条例等进行了规定。这部基本法的颁布，从法律上保证了我国少数民族的民族平等权利和区域自治的权利。随着我国经济建设和社会发展的实际情况，根据需要于2001年2月完成了对《民族区域自治法》的修改，有力地保障了少数民族在社会主义市场经济条件下根据民族地区的实际充分行使自己的权利。

从民族区域自治地区的建立和《宪法》及《民族区域自治法》规定的初衷看，自治权是赋予了自治机关的集体权利。所以民族自治权是公共权力，它所代表的意志和利益是少数民族共同体或区域共同体的共同意志和利益，因为"在民族自治的体制下，自治权的性质是一种单纯地自主管理本民族内部事务的权利，不具有国家权力的性质，其权力的外延是民族共同体的边缘，超出这个边缘就无效了。当它是区域自治（地方自治）体制时，自治权是一种管理地方的自主权，它的外延不是以民族共同体而是以地区的行政边缘来界定，即自治权是在一定空间内行使的自主权利。由于我国实行的是民族自治与区域自治的有机结合。因此，自治权的性质具有双重性，既有自主地管理本民族内部事务的权力，又有管理本地方事务的权力，是民族自治权力与地方国家权力的叠加"。① 这种被赋予的权力作为国家主权的管理权的组成部分，在民族区域范围内获得了最高的权威。

进入到国家社会后逐渐丧失的各项权利，在社会主义制度建立后，在中央政府坚持民族平等原则的基础上，我国少数民族又重新获得了参与国家事务和自主管理本民族内部事务的权利。这是少数民族权利的恢复或更确切说是重新认定，这种恢复不再像前国家社会那样，当然也不是交于出现阶级分化后的少数民族的上层，而是彻底消灭阶级压迫之后，而把这种公共权力直接交于民族公共机构，交给少数民族群众民主选出的本民族代表通过公共机关对本民族事务进行有效管理。由少数民族的优秀分子组成的自治机关是社会主义国家继承和总结人类政治文明的成果，为少数民族建立起来的管理民族内部及区域内部事务的工具。这些自治机关同时还是国家的地方权力机关，少数民族干部也可以通过这些地方机关参与国家事务的管理。

---

① 张文山：《自治权法论》，广西人民出版社，1999年版，第58页。

为了保障少数民族群众的自治权力的行使，党和政府把培养少数民族干部作为一项战略任务来抓。干部培养的正规化和规模化培养始于1950年11月的《培养少数民族干部实行方案》，接着在北京设立了中央民族学院，在西北、西南、中南、云南、贵州、广西等地成立民族学院，并在相关省份成立民族干部学校，在实践中加强对少数民族干部的培养。同时有计划地加强少数民族中、小学教育设施的建设和发展。①

通过以上的分析，我们可以看出这种权利的恢复和原始状态下的民主权利是有明显不同的。如果称当时的民族族体内部自然成长起来的管理方式是一种“民主”的话，那也是一种理想型的或纯粹的民主，“理想类型”或“纯粹类型”的民主，应该是排除任何中间传送带的“直接民主”。②即使在前国家社会的后期，随着部落和部落联盟的出现，出现了代议制的影子。“可以得到的自治强度同所要求的自治广度成反比。”③ 而在这里我们所讲的少数民族的自治权利，是在人类社会经历了漫长的文明变迁之后，由于人口规模的迅速膨胀及各个民族的分化重组和居住地区的分散等原因，权利在被重新赋予少数民族群众的同时，少数民族群众把自己的愿望和要求通过本民族的优秀代表——民族干部运用在自治机关这个工具上，从而得以实现自己的权利。

三、可利用政治资源与有效利用政治资源之间存在巨大空间

在少数民族聚居地区，我们采取了民族区域自治制度，并且从宪法上保障少数民族的各项权利。民族自治地方不仅是我国的地方行政区域，还是自治区域。自治地方不仅拥有与其他地方行政区域一样的政治地位，同时，又可以依据民族区域自治法，获得更大的自治权利。民族事务和区域事务是自治的基本要素，单纯强调地方事务的管理，就会把民族自治地方的自治权等同于一般国家地方权力机关的职权；单纯强调民族事务管理，

① 王希恩主编：《当代中国民族问题解析》，民族出版社，2002年版，第47—50页；郝时远：《中国的民族与民族问题——论中国共产党解决民族问题的理论与实践》，江西人民出版社，1998年版，第94页。

② ［美］乔万尼·萨托利著，冯克利、阎克文译：《民主新论》，东方出版社，1997年版，第118—119页。

③ ［美］乔万尼·萨托利著，冯克利、阎克文译：《民主新论》，东方出版社，1997年版，第69页。

就会使民族自治地方的权力削减一半。[①] 这从法理和国家的政策设计初衷上，为少数民族和民族地区提供了丰富的政治资源。少数民族和民族地区能有更大的自主活动的空间，来发展本民族和地区的经济、文化和教育事业等等，从而促进民族发展[②]。

但是，现实情况是，这种法律的外在的赋予造成了丰富的法定资源和相对较低的实际能运用资源能力之间巨大的真空。形成这个巨大真空的原因可以从少数民族过程的发展中找到答案。

首先，从这种权利的来源来看。如果说在前国家社会，各种民族族体形态在它们的发展过程中形成的各项个人权利是由每个族体在自身发展过程中，根据实际情况自发形成的话，那么这种“内生性”或“原发性”的本质是在当时的民族族体的发展过程中，随着生产的发展自然发生的，这种建立在坚实物质的基础之上的权利运用，能使其成员的社会化过程真实、平稳和有序。另外，在当时的社会条件下，每个民族都基本与世隔绝，他们的生产生活技术和组织结构也很大程度上避免了外来力量的冲击和影响，他们的每一个进步都要靠自身心智的成熟和努力来完成。而建国后，很多少数民族权利的恢复或是几千年缺失或是剥夺之后的突然赋予，这种权利是首先以保障集体权利的形式赋予自治机关的，而相对少数民族个体来说是超前的。[③] 抛开经济发展等条件不说，由于缺乏政治社会化过程的基本训练，以及没有几千年来权利运用经验的积累，仅仅是这种心理的不适也是一个需要我们思考的问题。让他们在很短的时间内适应从氏族或部落成员向国家国民的转变，至少是从解放前的“习惯权利”向建国后到1978年前的“公民权利”，甚至到2004年《宪法》修

---

① 杨淑萍：《我国民族区域自治地方“自治”与“发展”问题思考》，《山西高等学校社会科学学报》2006年10期。

② 对于什么是民族发展，目前较有代表性的看法是：在民族自身因素、民族所处的自然因素、社会因素的综合协调作用下，民族自身的整个内部结构，素质和诸种外在特征以及民族之间社会关系不断调整更新、协调适应，推动民族纵向质的演进和横向量的扩展，综合实现民族的民族性发展、社会性发展、人的发展过程，本质上是民族存在和演进的质和量的提高。参见金炳镐：《民族理论通论》，中央民族大学出版社，1994年版，第148页。

③ 对于这个问题，可以通过对“自由”的理解得到说明，自由一般是指每个个人在社会中的行为已经尽免于外在的干扰和阻碍。然而，在获得了外在的自由制度与秩序的保障之后，如果一个人的内在意识被怨恨、恐惧与无知所占据，他仍然是没有自由的。一个人只有在他对人生的意义有清楚的自觉，对生命的资源有清楚的自知的时候，才能享有自由。根据这些资源，在人生中能以自由意志获得道德的尊严。那么个人权利的行使也不例外，同样面临着所拥有权利与实际应用能力的巨大反差。参见林毓生：《中国传统的创造性转化》，生活·读书·新知三联书店，1988年版，第289页。

订的“人权”[1] 的历史性跨越，正常的人类社会演进需要上千年，而要求少数民族在几十年内完成，是不现实也是不可能的。

其次，从现实中权利产生的物质基础看。这里面包含了两个因素：一个是社会主义因素，一个是全局因素。就前一个因素而言，建国后我国经过社会主义革命和社会主义改造，社会主义制度在我国基本确立起来，保障人民当家作主是我们的既定目标。作为保障少数民族平等权利的民族区域自治制度，为少数民族的政治参与提供了制度保障。随着我国经济建设的发展和社会的进步，《民族区域自治法》在法律上进一步落实了少数民族和民族区域的权利。从这个角度来看，社会主义原则会在民族区域自治的制度设计和民族区域自治法的制定中都体现出来，因此一些体现社会主义理想的原则性规定就不会是少数。而后一个因素，现实是我国是一个正处于社会主义初级阶段的国家，即使这样，少数民族和民族地区的经济和社会发展水平却处于“初级阶段的更低层次”，并且各民族和地区发展不平衡。[2] 很多少数民族是在建国后跨越了几个社会形态直接进入社会主义的。如前所述，全局观念是指导我们制定政策的前提，也会使处于“初级阶段更低层次”的民族地区的政策和法律倾向于全国水平，法律的规定和政策里有很多体现了社会主义原则的美好愿望，却忽略了少数民族和民族地区的实际状况。而真实的情况是，少数民族地区的经济和社会虽在建国后取得了巨大的成就，但是和发达的东部地区比，还远远落后于这些地区。“真正贫穷的人由于太穷而不能参政，也无法起而反抗，这时，单纯的贫困论题也就难以成立。贫困潦倒者遇事无动于衷，漠然处之，而且缺乏对传播媒介和其他刺激因素的接触，而这些本来是会激发他们的欲望，以致趋使他们投入政治活动的。”[3] 这种落后的物质基础和法律原则性规定之间的差距是造成这种资源真空的最根本原因。

再次，少数民族和民族地区的原有落后文化的干扰。少数民族在其自身的发展过程中形成了独特的民族文化，这些文化塑造了少数民族独特的民族心理和行为方式，很多习惯和信仰是他们的精神支柱。对于符合现代政治理念的文化模式采取抵制甚至敌对态度，“在没有唤起多数人自觉的政治积极性之前，人们的政治参与往往是听从个别领袖的动员性参与。因此，一方面形成以个人迷信为主要内容的臣民文化，另一个方面又形成了

① 王勇：《跨越式发展——西北少数民族地区公民权利的生成与演进》，《西北师范大学学报》2006 年第 4 期。

② 王希恩主编：《当代中国民族问题解析》，民族出版社，2002 年版，第 3 页。

③ ［美］塞缪尔·亨廷顿著，张岱云等译：《变动社会的政治秩序》，上海译文出版社，1989 年，第 51 页。

人们盲目的政治参与”。[①] 而这种盲目的政治参与却成为在传统价值与现代价值的激烈冲突中的必然选择。如何解决可能引起的暴力和冲突，[②] 这个跨越时空的外在进步，需要若干代民族工作者的文化启蒙，去唤起少数民族群众的文化自觉。

由于历史和现实原因，无论从政治、经济还是文化上，虽然国家从法律上给予了各种优惠政策，我国少数民族群众在心理及实际操作上还缺乏充分行使自己权利的能力。但同时民族区域自治地区的自治机关作为国家地方一级的政府部门，它们被赋予了公共权力，并且在《宪法》和《民族区域自治法》的保障下获得了比一般性地方部门更多的自主权。权力的强制性、可交换性、自我膨胀倾向等特点决定了要对其进行制约。对权力的制约除了权力之间的制衡外，“以权利制约权力”就成为最有效的手段。

以上种种情况造成的直接问题就是权利的悬空和权利对权力监督的弱化，这种法律的赋予和实际运用能力之间的差距，是造成权利和权力之间巨大真空的重要原因。另外，这种自治权的公权性质使《宪法》和《民族区域自治法》的权利赋予基本停留在这个层面，由个体享有的这种私权无法和自治机关掌控的公权相对抗，或者说无法形成权利对权力的有效监督，那么权力的滥用和膨胀就不可避免，对权利的压制和侵蚀也不可避免。如果这个问题得不到根本重视，那么会使从法律上对少数民族群众权利的保护失去意义，少数民族群众的政治参与就更难实现，这给民族自治地方的政策制定和制度安排留下隐患。如何合理利用民族区域自治地区的巨大政治资源，是一个需要我们下大力气解决的问题。

结语

当然，就目前我国的民族区域自治制度而言，制度本身还存在诸多细节化的问题，比如，民族区域自治法规与其他政策法规的冲突问题，非自治地方少数民族权利的保障问题等等，但如何实现少数民族根据自身条件发展现代政治意识和国家赋予他们的政治权利的完美对接，同时保障少数

---

① 李元书：《现代政治学概论》，黑龙江教育出版社，1993 年版，第 310 页。

② 在任何社会中解决价值冲突的方法都是很有限的，一种方法是地理分离，如果冲突的个人或相互敌视的文化几乎没有联系或者没有直接联系，那么他们肯定能够共存；另一种更为积极的方法是退出（exit）。不能与其对象生活在一起的个人或集体只要分离开或者离开就可以，就像离婚一样。解决个人和文化差异的第三种方法就是对话。这样的价值冲突在原则上可以发挥积极的作用——它可以成为最高共同理解和自我理解的手段。对他人的理解可以更好地带来对自我或自己文化的更深刻的理解，相应带来了更深入的彼此理解。最后，可以通过使用武力或暴力解决价值冲突。参见［英］安东尼·吉登斯著，李惠斌、杨雪冬译：《超越左与右——激进政治的未来》，社会科学文献出版社，2000 年版，第 18—19 页。

民族群众对自治权的有效监督，是上至国家的决策者、下至民族区域自治地区干部要攻克的历史课题，也是民族理论工作者努力的一个方向。

马克思主义经典作家民族国家观三题*

张三南　谢丽萍

民族国家（nation state）是近现代最为普遍的国家形态，是国际政治的基本单元。随着全球化与民族主义的折冲与张扬、国际关系与族际政治研究的不断深化，民族国家议题备受关注，马克思主义经典作家民族国家观的相关内容也进一步引起学界的重视。“民族国家”是马克思主义民族理论和国家学说的基本概念和重要内容，马、恩、列、斯四位经典作家对民族国家有着丰富且具有历史穿透力的重要论述，许多内容值得深入研究。本文选取了其中三个议题进行了分析，并试图总结其中国视角下的当代意义。

一、如何理解民族国家形态的始续

“民族”形态、国家形态、社会形态是马克思主义理论体系中三个关联性很强的理论范畴。普遍认为，“民族”形态也即民族共同体形式，经历了氏族、部落、部落联盟、民族的演变过程。国家形态则经历了城邦国家、帝国、民族君主国、民族国家的发展历程。至于社会形态，早在《〈政治经济学批判〉序言》中，马克思就总结了“亚细亚的、古希腊罗马的、封建的和现代资产阶级”这几种资本主义以前的社会形态，[②] 加之列宁、斯大林后来广为论述的社会主义及共产主义社会，经典作家所论述的社会形态可归纳为原始社会、奴隶社会、封建社会、资本主义社会、社会主义社会、共产主义社会这几种人们所熟知的发展阶段。经典作家关于这三大“形态”有许多重要论述，这些论述中也有一些备受关注但仍需进

---

* 原载《兰州学刊》2014 年第 10 期，作者张三南、谢丽萍，略有改动。

作者简介：张三南，简介见前文；谢丽萍（1977—），女，江西赣州人，燕山大学马克思主义学院副教授，主要研究方向为思想政治教育。

② 马克思：《〈政治经济学批判〉序言》，《马克思恩格斯文集》第 2 卷，人民出版社，2009 年版，第 592 页。

一步厘清的问题，其中即包括如何理解民族国家形态的始续问题。

经典作家所论述的民族国家，普遍认为始于中世纪末期与资本主义初起时期。正如恩格斯所言，“日益明显日益自觉地建立民族国家［nationale Staaten］的趋向，成为中世纪进步的最重要杠杆之一”，[①] 中世纪的进步为资本主义的发展与民族国家的产生提供了基础。而且，民族国家的形成与民族的形成是相伴相随的。斯大林在《马克思主义和民族问题》一文中曾论述道：“民族不是普通的历史范畴，而是一定时代即资本主义上升时代的历史范畴。封建制度消灭和资本主义发展的过程同时就是人们形成为民族的过程。”“西欧各民族形成的过程同时就是它们变为独立的民族国家的过程。英吉利、法兰西等民族同时就是英吉利等国家。”[②] 恩格斯也提到：“西班牙、法国、英国在15世纪末都已结合为形成了的民族国家。”[③]

在资本主义战胜封建主义、资产阶级政权取代王权并对民族国家进行资本主义改造过程中，最为深层次的因素是经济因素。马克思、恩格斯不仅强调了民族国家的兴起是资本主义彻底战胜封建主义的产物，还论述了随着资本主义的发展，资产阶级日甚一日地消灭生产资料、财产和人口的分散状态，由此必然产生的后果就是政治的集中即中央集权的资产阶级民族国家的建立，“各自独立的、几乎只有同盟关系的、各有不同利益、不同法律、不同政府、不同关税的各个地区，现在已经结合为一个拥有统一的政府、统一的法律、统一的民族阶级利益和统一的关税的统一的民族”。[④] 列宁也指出：“资本主义彻底战胜封建主义的时代是同民族运动联系在一起的。这种运动的经济基础就是：为了使商品生产获得完全胜利，资产阶级必须夺得国内市场，必须使操同一种语言的人所居住的地域用国家形式统一起来，同时清除阻碍这种语言发展和阻碍把这种语言用文字固定下来的一切障碍。”[⑤]

经典作家认为，民族国家出现后，逐渐成为了资本主义的通例和趋势。列宁指出：“建立最能满足现代资本主义这些要求的民族国家，是一切民族运动的趋势（趋向）。最深刻的经济因素推动人们来实现这一点，

---

① 恩格斯：《论封建制度的瓦解和民族国家的产生》，《马克思恩格斯文集》第4卷，人民出版社，2009年版，第219页。

② 斯大林：《马克思主义和民族问题》，中国社会科学院民族研究所编：《斯大林论民族问题》，民族出版社，1990年版，第33—34页。

③ 恩格斯：《关于德国的札记》，《马克思恩格斯全集》第18卷，人民出版社，1964年版，第647页。

④ 马克思、恩格斯：《共产党宣言》，《马克思恩格斯文集》第2卷，人民出版社，2009年版，第36页。

⑤ 列宁：《论民族自决权》，《列宁全集》第25卷，人民出版社，1988年版，第224页。

因此民族国家对于整个西欧，甚至对于整个文明世界，都是资本主义时期典型的正常的国家形式。”① 并强调：“民族国家是资本主义的通例和‘常规’，而民族复杂的国家是一种落后状态或者是一种例外。从民族关系方面来看，民族国家无疑是保证资本主义发展的最好的条件……马克思主义者不能忽视那些产生建立民族国家趋向的强大的经济因素。”②

在此基础上，列宁还提出了著名的“两个趋势”理论：“发展中的资本主义在民族问题上有两种历史趋势。民族生活和民族运动的觉醒，反对一切民族压迫的斗争，民族国家的建立，这是其一。各民族彼此间各种交往的发展和日益频繁，民族隔阂的消除，资本、一般经济生活、政治、科学等等的国际统一的形成，这是其二。这两种趋势都是资本主义的世界性规律。第一种趋势在资本主义发展初期是占主导地位的，第二种趋势标志着资本主义已经成熟，正在向社会主义社会转化。”③ 斯大林后来也有类似的论述：“……民族问题上的两个方面，即两个趋向：一个趋向是在帝国主义压迫和殖民地剥削的基础上产生的，它力求在政治上摆脱帝国主义束缚而成立独立的民族国家；另一个趋向是因世界市场和世界经济的形成而产生的，它力求使各民族在经济上彼此接近。”④

和列宁、斯大林认为资本主义民族国家的建立及其成熟将要“向社会主义社会转化”一样，更早时期的马克思、恩格斯从无产阶级革命爆发的必然性和社会主义取代资本主义的预见性出发，对 1848 年欧洲大革命形势持肯定和赞赏的态度，认为“1848 年革命虽然不是社会主义革命，但它毕竟为社会主义革命扫清了道路，为这个革命准备了基础”。⑤ 这一基础，就是指资产阶级建立的民族国家对社会生产力发展的极大推动和必然造就的“掘墓人”——无产阶级。因为无产阶级革命只有在独立建国的民族中才能爆发并形成国际的联合。因此，无产阶级革命在民族国家时代必须顺应形成民族（nation）和取得“民族的”领导地位、上升为民族国家统治阶级的规律。

可见，在资本主义民族国家成为历史趋势之后，这种趋势实际上只是第一个，而且是为第二个趋势打下基础，即“标志着资本主义已经成熟，

① 列宁：《论民族自决权》，《列宁全集》第 25 卷，人民出版社，1988 年版，第 225 页。

② 列宁：《论民族自决权》，《列宁全集》第 25 卷，人民出版社，1988 年版，第 228 页。

③ 列宁：《关于民族问题的批评意见》，《列宁全集》第 24 卷，人民出版社，1990 年版，第 129 页。

④ 斯大林：《论列宁主义基础》，《斯大林选集》（上），人民出版社，1979 年版，第 242 页。

⑤ 恩格斯：《共产党宣言·1893 年意大利文版序言》，《马克思恩格斯文集》第 2 卷，人民出版社，2009 年版，第 26 页。

正在向社会主义社会转化”。当然，这种转化需要无产阶级自身的努力，即通过无产阶级革命，“首先必须取得政治统治，上升为民族的领导阶级，把自身组成为民族，所以它本身还是民族的”。[①] 尤其值得强调的是，马克思、恩格斯在《共产党宣言》中的这段重要论断还表达一个重要的观点，即无产阶级“上升为民族的领导阶级”之后，无产阶级推翻资产阶级统治后建立的政权是社会主义国家政权，由于“本身还是民族的”，这种国家政权实际上是取代了资本主义民族国家的社会主义民族国家政权。这也意味着经典作家所论述的民族国家在存续时段上并不仅限于资本主义民族国家，实际上还存在一个社会主义民族国家的阶段。这也是同经典作家的国家理论、关于“社会主义民族”的论述，尤其是列宁、斯大林构建苏联这个社会主义民族国家的理论与实践相契合的。

二、如何理解“多民族国家”与“民族国家”提法的同用

在经典作家的论述中，“多民族国家”和“民族国家”的提法同时存在。但由于翻译及中文语境下的“民族”概念有着不同解读等因素，我国学界在引用和理解经典作家的论述时存在较为常见的“模糊化”和“选择性”现象。这种现象导致的结果是：在涉及民族成分较为单一的国家（如西欧国家）时会普遍使用“民族国家”去指称，但在涉及民族成分较为复杂的国家（如前东欧、俄罗斯、中国）时却更多使用“多民族国家”去指称。这种做法本无可多非议，但客观上助推了问题的长期存在：由于“多民族国家”概念更为普遍的使用，人们往往忽视了“民族国家”尤其是经典作家“民族国家”概念的准确含义。换个角度而言，这反映了我们需要对经典作家民族国家观在国家结构形式方面的具体含义有一个全面、准确地理解和认识。

和其他许多理论流派的学者一样，马克思、恩格斯等经典作家对民族国家的界定最初通常是指民族成分单一的国家。如马克思曾在《俄法同盟》一文中指出：“在一切可能的地方，都应该促成单一的民族国家的建立，这种国家的使命，是把具有共同的思想和意向的居民吸收和集中到一个强大的统一体里。”[②] 列宁曾在安·潘涅库克《阶级斗争和民族》（1912年赖兴贝格版）一书中“民族国家同时既是国家又是民族”及其注释——

---

① 马克思、恩格斯：《共产党宣言》，《马克思恩格斯文集》第2卷，人民出版社，2009年版，第50页。

② 马克思：《俄法同盟》，《马克思恩格斯全集》第15卷，人民出版社，1963年版，第122页。

"因此在西欧，'国家'和'民族'这两个概念是一样的。'国家的职责'称为'民族的职责'，而国家共同体的利益总是意味着'民族的利益'"中加上了"注意"两字的批注，[①] 这说明安·潘涅库克认为"民族国家同时既是国家又是民族"的观点得到了列宁的重视。不仅如此，列宁还提到："在西欧大陆上，资产阶级民主革命时代所包括的是一段相当确定的时期，大致是从1789年到1871年。这个时代恰恰是民族运动以及建立民族国家的时代。这个时代结束后，西欧便形成了资产阶级国家的体系，这些国家通常都是单一民族国家。"[②]

然而，民族成分单一的情况终究罕见，西欧以外的世界其他地区的民族分布形态更为复杂。为此，恩格斯曾指出："欧洲没有一个国家不是不同的民族处于同一个政府管辖之下……没有一条国家分界线是与民族的自然分界线，即语言的分界线相吻合的。"[③] 列宁也意识到现实的民族分布形态等方面的状况十分复杂，民族成分单一的那种"民族国家"类型只是民族国家类型中的一种，并指出"人们往往忘记了这种类型在人类整个资本主义发展过程中的历史相对性和暂时性"，即使在巴尔干的那些民族国家小国，"异族居民也占5%—10%"。[④]

而且，经典作家所倡导的无产阶级革命的实践恰恰发生在俄罗斯、东欧这些民族成分复杂的国家。对于这些国家，我们不仅要熟知列宁、斯大林在多数情况下称之为"多民族国家"，也要充分注意到两位经典作家实际上也称这些国家为"民族国家"。譬如，列宁曾在《论民族自权权》一文中写道："俄国是以一个民族即以大俄罗斯民族为中心的国家。大俄罗斯人占据着广袤的连片地区，人口约有7000万。这个民族国家的特点是：第一，'异族人'（总计占全国人口多数，即57%）恰恰是住在边疆地区……"[⑤] 在此文中，列宁既称俄国为"一个民族即以大俄罗斯民族为中心的国家"，更在后面谈到了"这个民族国家的特点"，明确地指出俄罗斯是一个"民族国家"。又如，斯大林在1921年俄共（布）第十次代表大会上论述了"民族问题发展三个历史时期"，其中谈到："第一个时期是西方

① 列宁：《在安·潘涅库克〈阶级斗争和民族〉（1912年赖兴贝格版）上作的批注》，《列宁全集》第59卷，人民出版社，1990年版，第360页。

② 列宁：《论民族自决权》，《列宁全集》第25卷，人民出版社，1988年版，第234页。

③ 恩格斯：《工人阶级同波兰有什么关系?》，《马克思恩格斯全集》第21卷，人民出版社，2003年版，第224—225页。

④ 列宁：《统计学和社会学》，《列宁全集》第28卷，人民出版社，1990年版，第368—369页。

⑤ 列宁：《论民族自决权》，《列宁全集》第25卷，人民出版社，1988年版，第236页。

封建主义消灭和资本主义胜利的时期……第一个时期的特征就是在资本主义初期出现了民族（нации），并且在西欧产生了没有民族压迫的纯粹的民族国家，在东欧则产生了多民族国家。在这些多民族国家里，有一个比较发达的民族居于统治地位，其余不大发达的民族则在政治上以至后来在经济上都受统治民族支配。东欧的这些民族国家成了民族压迫的发源地，而民族压迫产生了民族冲突、民族运动、民族问题和解决这一问题的各种方式。"[①] 从斯大林的论述中同样可以看出，他实际上直接称呼东欧这些多民族国家为"民族国家"。

因此，可以认为：经典作家使用"多民族国家"的提法几无争议，指的是民族成分复杂的国家，这里的"民族"往往是指族体（nationality）意义上的"民族"；而经典作家使用"民族国家"概念时，这里的"民族"可理解为"国族"（state - nation）意义上的"民族"，初期指的是西欧民族成分较为单一的民族国家，后来也指民族成分较为复杂的"多民族国家"。经典作家对"多民族国家"与"民族国家"概念的同用在理论与实践上均可行得通，关键是我们应该不要拘泥于"民族成分单一"的"民族国家"界定，应多从"国族"意义上去理解"多民族国家"的"民族国家"实质。对此，我们可参考《布莱克维尔政治学百科全书》对"民族国家"词条的解释。《布莱克维尔政治学百科全书》认为：民族国家是"两种不同的结构和原则的融合，一种是政治的和领土的，另一种是历史的和文化的。'国家'这一要素在此是指现代理性国家，它形成于西方现代初期，是一种自立于其他制度之外的、独特的、集权的社会制度，并且在已经界定和得到承认的领土内拥有强制和获取的垄断权力。民族，可以界定为一种名义上的人类共同体；它有着一个共同的祖先、历史传统和划一的大众文化……"，"绝大多数所谓的民族国家是一种多民族的混合体，将它们称为国家民族可能更为贴切"，"在今天，种族同一的民族国家仍然是一个强有力的政治理想，但已经不再具有普遍意义"。[②] 可见，认可多民族国家属于民族国家的一种类型应是一种务实、理性的认知，也是经典作家民族国家观理论价值和现实意义的彰显。

三、如何理解无产阶级必须取得和巩固民族国家的政权

马克思、恩格斯在《共产党宣言》中提出了"工人没有祖国"的著名

---

① 斯大林：《俄共（布）第十次代表大会》，中国社会科学院民族研究所编：《斯大林论民族问题》，民族出版社，1990 年版，第 181 页。

② 邓正来主编：《布莱克维尔百科全书》（中译本），中国政法大学出版社，2002 年版，第 528 页。

论断，这是无产阶级革命和国际主义的战斗口号。欧洲反动阶级对此非常忌惮，纷纷攻击和诬蔑无产阶级和共产党人“不要祖国”“背叛祖国”，企图达到孤立和陷害无产阶级和共产党人的目的。

问题恰恰在于这一论断正是为了反驳那些“责备共产党人，说他们要取消祖国，取消民族”的指责。马克思、恩格斯指出：“工人没有祖国。决不能剥夺他们所没有的东西。因为无产阶级首先必须取得政治统治，上升为民族的阶级，把自身组织成为民族，所以它本身还是民族的，虽然完全不是资产阶级所理解的那种意思。”① 对此，我们必须结合时代背景来理解。《共产党宣言》发表的时代，资产阶级“由于开拓了世界市场，使一切国家的生产和消费都成为世界性的了”，在这种资产阶级居统治地位的时代，“资产阶级挖掉了工业脚下的民族基础”，② 无产阶级倍受剥削和压迫，这样的“祖国”对无产阶级而言没有任何值得依恋的价值。换言之，在工业大发展的时代，在各发达的资本主义国家内，阶级对抗代替了民族对抗，国家被资产阶级所把持，国家的、祖国的利益实际上是资产阶级利益的代名词。从这个意义上说，祖国已不属于工人，故“工人没有祖国”。各发达资本主义国家的工人，只有不分国家和民族，实行“联合行动”，才是“无产阶级获得解放的首要条件之一”。这和马克思、恩格斯在《共产党宣言》提出的“全世界无产者，联合起来！”口号是一脉相承的。这个无产阶级革命的战斗口号告诉全世界无产阶级，在共产主义运动中，各国的无产阶级必须高举国际主义旗帜，摒弃国家、民族的界限，联合起来，才能战胜资产阶级，取得革命运动的胜利。可见，马克思、恩格斯正是为应对已出现的资产阶级世界主义即国际资产阶级的联合而提出了“工人没有祖国”论断，他们的着重点实际上在于无产阶级国际主义和世界革命，在于为“工人”找寻属于自己的“祖国”之路。

《共产党宣言》阐述了工人没有祖国与工人不取消祖国、不取消民族的辩证关系。实际上，工人本质上是需要祖国的，并不是要取消国家和民族，因为工人阶级必须生存于一定的国家和民族之中，工人阶级如果不是“在民族范围内构成起来”，如果不是“民族的”，就不能巩固、成长和形成。而且，无产阶级争取解放，“首先必须取得政治统治，上升为民族的领导阶级，把自身组成为民族，所以它本身还是民族的”。列宁为此专门

---

① 马克思、恩格斯：《共产党宣言》，《马克思恩格斯文集》第2卷，人民出版社，2009年版，第50页。

② 马克思、恩格斯：《共产党宣言》，《马克思恩格斯文集》第2卷，人民出版社，2009年版，第35页。

指出："《共产党宣言》指出，工人没有祖国。这是对的。但是，那里不仅仅指出这一点。那里还指出，在民族国家形成的时期，无产阶级的作用有些不同。如果只抓住第一个原理（工人没有祖国），而忘记了它同第二个原理（工人组织成为民族的阶级，不过这不是资产阶级所理解的那个意思）的联系，这将是天大的错误。"① 这表明工人阶级既不是民族虚无主义者，也不能甘愿同资产阶级的"世界主义"混流，委身于资产阶级民族国家的统治之下。虽然这里之所以说"暂时还是民族的"，可能是因为马克思、恩格斯力推无产阶级世界革命而未充分考虑到"民族"这种人类形态和世界社会主义革命存在长期性的缘故，但足以说明在马克思、恩格斯看来，推翻资产阶级统治之后，有一个"取得政治统治，上升为民族的领导阶级，把自身组成为民族"即在资本主义民族国家基础上构建社会主义"祖国"的过程。可见，这个"本身还是"应该被认为是必经的一个阶段。

经典作家对于"祖国"有着旗帜鲜明的理解、立场和态度。列宁曾指出："祖国这个概念要历史地看待。在为推翻民族压迫而斗争的时代，或者确切些说，在这样的时期，祖国是一回事；在民族运动早已结束的时期，祖国则是另一回事。关于祖国和保卫祖国的原理不可能对'三种类型的国家'（我们关于自决的提纲第6条）都同样适用，在一切条件下都同样适用。"② 列宁所提到的"三种类型的国家"指的是：第一，西欧的先进资本主义国家和美国；第二，欧洲东部：奥地利、巴尔干，特别是俄国；第二，中国、波斯、土耳其等半殖民地国家和所有殖民地。③

从列宁的论述中，我们可以清楚地看到经典作家关于"祖国"和"保卫祖国"的立场、观点，即应针对不同类型的国家加以区别对待。具体而言，有如下三种情况：第一，对于欧美发达国家和正在进行侵略战争的国家的工人阶级而言，"工人没有祖国"，"祖国"只不过是资产阶级的统治工具。但这样的国家往往处在为社会主义创造和积累巨大物质基础，同时也造就其"掘墓人"——无产阶级的阶段，此时无产阶级革命的首要任务是取得民族国家的统治权，上升为"民族的阶级"，取得"民族的"地位。第二，对于本民族遭受外来侵略和其他民族剥削和压迫的工人阶级而言，

① 列宁：《致伊·费·阿尔曼德》，《列宁全集》第47卷，人民出版社，1990年版，第465页。

② 列宁：《致伊·费·阿尔曼德》，《列宁全集》第47卷，人民出版社，1990年版，第464—465页。

③ 列宁：《社会主义革命和民族自决权》，《列宁全集》第27卷，人民出版社，1990年版，第262—263页。

应“毫不犹豫地为保卫民族独立而去尽自己的职责”。[①] 换言之，被侵略国家和被压迫民族的工人阶级，应为保卫祖国而战，起来反抗异族侵略和外来压迫。因此，包括印度和中国这些“还没有形成为民族国家”的国家中的“觉悟的无产者也只能走民族的道路”，尤其是在遭受外来侵略和压迫的情况下，必须起来反抗并努力建立自己的“祖国”。[②] 第三，工人阶级取得政权后，此时的工人阶级才真正有了自己的“祖国”，应巩固和建设好社会主义政权。这是工人阶级神圣的职责。只有这样，才能更好地把忠实于本民族根本利益和发扬国际主义精神结合起来，实现爱国主义和国际主义的统一。综观经典作家的立场、观点可见，经典作家十分重视无产阶级取得和巩固好民族国家的政权，拥有自己的“祖国”的历史重要性。

四、结语

总结而言，经典作家的民族国家观可做如下延伸性解读：民族国家是人类历史走向共产主义所需经历的国家形态，既是资本主义的通例，也将经历“向社会主义社会转化”的历史过程，将会有一个社会主义民族国家的存续时段，在整个民族国家历史阶段经济因素尤为重要；从“国族”意义上而言，社会主义多民族国家也可称作为社会主义民族国家；无产阶级要取得和巩固民族国家的政权，更有建设好社会主义民族国家的历史使命。

经典作家民族国家观对于当代中国仍具有显见的理论与现实意义。早在1939年，毛泽东同志在《中国革命和中国共产党》一文中就指出中国“是一个伟大的民族国家”。[③] 几十年来，党和全国各族人民一直在为构建和建设好这个“伟大的民族国家”而奋斗。2012年11月，习近平总书记进一步提出要为实现“中国梦”而努力奋斗，并此后多次谈到“中国梦”的基本内涵和实现路径，强调实现“中国梦”就是要实现中华民族的伟大复兴。时值今日，如果我们结合经典作家民族国家观的基本内涵来理解“中国梦”的基本精神，不难发现：“中国梦”的提出正是马克思主义民族国家观意涵在当代中国的集中体现，是建设好中国这个“伟大的民族国家”的内在要求，充分彰显了在社会主义阶段建设好社会主义民族国家、

---

① 恩格斯：《致沙尔·博尼埃》，《马克思恩格斯全集》第38卷，人民出版社，1972年版，第498页。

② 列宁：《关于无产阶级和战争的报告》，《列宁全集》第26卷，人民出版社，1988年版，第35页。

③ 毛泽东：《中国革命和中国共产党》，《毛泽东选集》第2卷，人民出版社，1991年版，第623页。

实现中华民族伟大复兴的伟大历史使命。明确了这点，对于我国社会主义现代化建设具有重要的理论价值和实践意义。

关于民族国家的几点思考*

张淑娟

人类社会不是固定不变的客体，也不是上帝或者别的超自然力量展现在人类面前的东西，而是由人类建构起来的。作为民族理论研究者，我们的思想既被一套既定的理论所建构，同时我们又用这些理论去解释当下的社会，这样，我们既是被建构者又是建构者，这两种身份的重合往往致使我们对民族主义及相关理论丧失批判性。当今世界基本是由被我们称作"民族国家"① 的单元所构成，同时，因为民族主义在民族国家建构过程中发挥巨大的作用，它在现代社会成为一种支配性力量，成为一种语式（discourse），所以我们对民族主义和民族国家基本处于不反思状态，甚至与之共谋。实际上，民族主义运动本身并不能蕴含国家建设的全部内容，在民族主义运动和成熟的民族国家之间的道路漫长而艰难，在民族主义运动结束后还需借助相关的政治理念来建构民族国家的基本制度框架，使其趋于成熟。

一、对民族国家形成时间及扩展过程的诸多观点

笔者对民族国家问题的关注首先来自于一个个案，即德国，学术界对德国民族国家的形成时间存在着诸多看法，较有代表性的大致有以下几种：首先，平森认为，就国家政治生活应由整个民族共同参与这一意义来说，1871 年组成的国家（德国——引者）并不是一个真正的民族国家。在这个国家基本是普鲁士的扩大版，把其他所有加入的邦包括进去，普鲁士的军队和官僚机构的统治扩大到了这一更大的区域。1871 年宪法却把税收、铁路和贸易等写入其中，但是对个人权利、基本保证和抽象

* 原载《广西民族研究》2009 年第 4 期，略有改动。

① 在本文中还沿用传统称谓，把当今世界上的近 200 个主权国家都暂且称为"民族国家"。

原则却只字未提。[①] 这个与众不同的宪法铸就了德国后来别样的道路。其次，与这种对民族国家内部民主政治框架的追求相反，奥古斯特·温克勒却反映了学术界占主导地位的观点，他认为德国是到19世纪70年代才最终成为民族国家。直到1871年俾斯麦武装了德意志帝国以后，德国人才获得了认同感的政治框架。[②] 另外，有的学者甚至把德国民族国家权利的充分享有推到2001年，在“9·11”事件后，以联邦国防军参加国际反恐战争为标志，才真正发展成为一个正常的民族国家，即拥有内政和外交完全自主权的、统一的、既在客观上也在主观上获得国际平等的民族国家。[③] 对一国的同一问题为什么众说纷纭？那么，对这一课题还又存在哪些观点呢？学者们根据自己的研究所得对民族国家的形成时间提出了不同的意见，下面对学术界对民族国家形成时间的几种主要观点进行简单介绍。

一种观点认为民族国家的形成始于12世纪和13世纪，甚至可以推到1066年诺曼底公爵创立君主政体，认为从那时起国家就有了明确的地理边界，国家对内维持社会秩序，对外抵抗他国入侵。并且开始结束封建时期的地方分裂状况，出现了国家权力的集中，这样的国家以成文法以基础，允许越来越多的民众参与管理，税收为国家机器的正常运行提供了基本保障。同时，开始清理由罗马教皇统领的宗教势力的种种特权：英王1164年颁布了《克莱林顿宪法》，宪法宣称神职人员要受当地法律风俗的制约，禁止将国王的决定提请罗马教皇，禁止在没有得到国王同意的情况下把皇室的臣属和政府官员逐出教会，并且颁布命令要求对教会法庭证明有罪的神职人员应交由皇家法院惩罚。[④] 于此同时，在文化上从13世纪开始出现了一种势头，由但丁等文学家发起了使用民族语言来代替拉丁语的写作热潮，但丁本人就成为意大利语的开创者，打破了拉丁语的垄断地位，这一举动实际上为后来以民族为单位进行思考创造了条件。

第二种较有代表性的观点认为，15世纪下半叶的欧洲国家已经开启了民族国家时代的序幕。语族的划分、罗马法的重新发现、军事上的进步以

---

① ［美］科佩尔·平森著，范德一译：《德国近现代史——它的历史和文化》（上），商务印书馆，1987年版，第220、221页。

② 李北方：《一个后经典民族国家的诞生——德国历史学家温克勒访谈》，《南风窗》2006年第8期（下）。

③ 连玉如：《“迟到的民族国家”与“超前的民族国家”——“新德国问题”前景探索》，《德国研究》2003年第1期。

④ ［美］安妮·弗里门特著，刘毅译：《信仰时代》，中国言实出版社，2004年版，第141—144页。

及印刷术的推广等都为王权战胜封建制度和罗马教廷提供了条件。[①] 而在当时绝对君主形式是孕育民族国家的最好土壤，是民族国家建构的第一步。这个意义上的民族国家是从国家获得了独立的政治外壳和框架来讲的，“统一的集权国家的建立，只是造就了民族国家的初步状态”。[②] 这时并没有成熟的民族国家内容，这些内容需要经过进一步的经济发展和政治变革才能最终获得。

第三种观点则把民族国家建立的时间确定在法国大革命时代。“随着拿破仑战争，开始了国家外交政策和国家战争的时期，也就是说，一国的广大公民开始关心国家权力和国家政策，而不再同帝王的利益配合一致。”[③] “在西欧大陆上，资产阶级民主革命时代包括的是一段相当确定的时期，大约从 1789 年起，到 1871 年止。这个时代恰恰是民族运动和民族国家建立的时代。这个时代结束后，西欧便形成了资产阶级国家体系。”[④] “因此，建立最能满足现代资本主义这些要求的民族国家，是一切民族运动的趋势。”[⑤] 在近 100 年的时间里，资产阶级民主革命、民族运动和民族国家建构交织在一起。民族国家的建立是资产阶级民主革命的重要内容，这也是第一次民族主义浪潮[⑥]的显著特点，以民族国家为边界的民族特性给这个阶段的历史传统、语言文字等文化资源赋予了特殊的内涵，为民族国家的建立和巩固提供了精神纽带，而这些恰好满足了资产阶级的要求。正是这批最早建立的民族国家为以后的民族国家的建构提供了样板。

同样，对于民族国家在世界范围内的扩展过程也有很多不同的看法，按照时间等因素进行划分，大致有：原生形态的欧洲民族国家；衍生形态的民族国家，主要由欧洲移民组成的民族国家；传统社会根基深厚，在摆脱殖民统治后建立起的民族国家。[⑦] 宁骚教授从两个角度来探讨民族国家的扩展过程，而从历时的角度来看民族国家可分为：欧洲民族国家的形

---

① 《马克思恩格斯全集》第 21 卷，人民出版社，1965 年版，第 451—458 页。

② 王希恩：《民族过程与国家》，甘肃人民出版社，1998 年版，第 177 页。

③ ［美］汉斯·摩根索著，杨岐鸣等译：《国家间政治——为权力与和平而斗争》，商务印书馆，1993 年版，第 144 页。

④ 列宁：《论民族自决权》，《列宁选集》第 2 卷，人民出版社，1960 年版，第 517 页。

⑤ 列宁：《论民族自决权》，《列宁选集》第 2 卷，人民出版社，1960 年版，第 509 页。

⑥ 到目前为止的民族主义浪潮的发展，大致分为三次：第一次是西欧民族国家的建立，始于 17 世纪英国和尼德兰的资产阶级革命，终于意大利和德国的统一；第二次是始于美国独立战争的民族解放运动，终于 20 世纪 90 年代南非新政府的产生；第三次则始于冷战后，在已经获得独立的国家内部，即民族单元的自觉过程。参见王希恩：《民族过程与国家》，甘肃人民出版社，1998 年版，第 168—204、214—234 页。

⑦ 贾英健：《全球化背景下的民族国家研究》，中国社会科学出版社，2005 年版，第 80、81 页。

成，这批民族国家兴起于13世纪中叶到15世纪下半叶的西欧，而到17世纪上半叶它们最终得到了巩固。并从17世纪中叶开始了它的第二个发展阶段：美洲民族国家的形成；三大帝国解体后的民族国家的形成；亚非民族国家的形成；欧亚民族联邦制国家的解体与民族国家的形成。[①] 王希恩研究员则从民族建设的角度，对各国的民族建设进行了分类，分为巩固完善型、移植更新型、恢复重建型、新生构建型和国家联盟型，[②] 这是从另外一个角度对民族国家扩展和增生过程的理解。

研究者出于不同的研究需要对民族国家产生的时间和扩展过程得出不同的结论。民族国家的形成需要宏大的历史背景和国际环境，同时又与各个国家具体的历史进程紧密相关。另外一个更重要的问题是，民族国家形成的时间和民族国家成熟的标志并不是一回事，对两者进行区分，有利于我们对民族国家问题的深入分析。

二、对欧洲民族国家形成条件与标志的几点补充

对于欧洲民族国家形成的条件和标志，前边已经进行了简单的梳理，如结束地方割据建立绝对君主制度，民族语言的产生，改革宗教，君主利益向国家利益转变等等。有学者也提出民族国家产生的前提条件：资本主义生产方式和市民阶级、市场经济、理性主义传统、宗教改革运动等。[③] 在这里仅做几点补充。

首先，国家利益观念的发展和确立。国家利益观念的发展和确立为民族主义运动的发展和民族国家的形成提供了动力。国家利益是一个近代才真正形成的概念，是伴随民族国家的形成和王朝利益的衰落而发展和确立的。在国际交往中开始以国家利益为核心思考问题成为民族国家逐步形成的重要标志。实际上，国家利益本身就充满争议，既有主观的一面又有客观的一面。“国家利益是国家行为的基本原则，是国家意向的第一法则，它告诉政治家他的行为必须要保存国家的兴旺和强大。国家是一种有机结构，它的全部力量仅仅通过允许它在某种方式下使之不断增长才能够被保存，国家利益则指明了这种增长的道路和目标。”[④] 国家利益观念的兴起使

---

① 宁骚：《民族与国家——民族关系与民族政策的国际比较》，北京大学出版社，1995年版，第281—317页。

② 王希恩：《论“民族建设”》，《中国社会科学院研究生院学报》2004年第3期。

③ 贾英健：《全球化背景下的民族国家研究》，中国社会科学出版社，2005年版，第58—64页。

④ ［德］弗里德里希·迈内克著，时殷弘译：《马基雅维利主义——国家利益的学说和它在近代历史中的地位》，商务印书馆，2008年版，第1页。

前面提到的绝对君主制作为过渡形态逐渐淡出历史，即绝对主义国家在完成结束地方割据、改革宗教等的历史使命后，开始向真正的民族国家过渡。当然，对公民的所有权的强调是对国家利益强调的基础和前提。国家通过国家机器保障公民的自由和权利，特别是对物质上的所有权的积极肯定，来换取公民对国家的热爱和忠诚，从而代替绝对主义时代臣民对国王的忠诚。这样的国家才能形成国家利益而不是王朝利益的代表。对国家利益的强调和肯定无疑有力地支持了民族主义运动的发展，也为民族国家的形成提供了重要动力。

伴随着国家利益观念的发展，掌握在绝对君主手中的权力也逐步开始向代议机关转移，这种权力转移不是从左手转移到右手，而是为民族国家多元政治的发展敞开了大门，也为公民权利的获得提供了可能。

其次，国家领土疆域的划定。不仅要拥有领土，民族国家建立之初的标志还有国家领土的普遍划定，领土成为切实的国家利益。领土对于生活其上的民族不仅有生物学上的意义，而对其所追求的民族国家具有政治意义。民族国家之前的国家的“边陲”和民族国家的“国界”具有显著的差异，前者一般指某国的边远地区，并不必然与另外一个国家毗邻，小规模的土地侵略也不具有政治意义。而后者却是把各个国家区分开来的得到各国肯定的分界线，尽管边界地区可能出现相近的文化、经济和政治特征，但是对于各自的归属却十分明确。同样，国家对其领土也显示出明显不同的姿态，前民族国家可能给远嫁的公主划分部分疆域，民族国家则寸土必争。国家的疆界划定后，其他方面的各项任务随着国家建设的展开而逐步开始，这个国家的行为也主要在这块土地上发生，领土为国家主权对内的行使提供了保护屏障。同时，也为国家主权的对外行使提供了坚实后盾。另外，虽然自国家产生以来，就以地域作为划分人群的标准，居民成为一定地域上的附属物，但是生活在领土上的人群因其民族特性又赋予脚下的土地一定的文化内容，使其鲜活起来。民族情感、民族文化和领土往往交织在一起，领土获得了政治上和文化上的双重意义，为民族国家的形成提供了最基本的物质前提。

最后，外交官地位的稳固与确立。外交官是民族国家对外宣示自己存在的标志。但是，“这些统治者手下的军人与外交官则把自己视为他们的雇员。他们之所以从事自己的职业，或者是因为他们的出身血统关系（但并不总是由于对君主的个人效忠而得到加强），或者是因为这种服务能够给他们带来薪酬、势力和荣耀。物质占有欲尤其给这个贵族社会提供了一种共同的纽带，其牢固性超过对王朝和国家的效忠感”。[①] 这是汉斯·摩根索对民族国家建立前外交官们心里和行为的描述。那么我们是否可以把外交官地位的稳定和确立作为衡量一个民族国家建立的标准呢？正如摩根索所指出的，在民族国家普遍建立起来之前，外交官的国家荣誉感并没有建立起来，他们的心里还没有确立起国家利益的概念，他们可以为了个人利益游走于任何国家，也不会仅仅效忠于自己的祖国。当然，他们的行为也不会因叛国而遭到审判，同样不会在意别人的指责和唾弃，因为在当时看来，这仅仅是个人行为，外交官不代表国家利益，国家也没有赋予他们这样的使命和荣誉。到了民族国家时代，国家利益才成为国家国际行为的最高追求，使国家利益最大化成为衡量外交官道德的最高标准，个人道德和荣誉在与国家利益的较量中黯然失色。外交官如果再出现上述行为就要被国家判罪，受到严厉的惩罚，并且会遭到国际和国内舆论的谴责，即使在道义上也很难得到谅解和宽恕。外交官地位的固定和确立无疑为民族国家的形成在外部确立了一个较好的标准。

民族国家形成的最重要前提是以国家为边界的内部的聚合及外部的竞争，而这种聚合和竞争的内在动力就是资本主义生产方式的发展，为民族国家的形成提供了根本动力。而民族国家反过来又促进了资本主义经济在内部的发展和在外部的扩张。“世界体系内全球层次和区域性层次的竞争性生存逻辑，导致基本政治单位的趋同，即民族国家的扩散和增生。”[②] 而随着西方资本主义的殖民扩张，随之而来的是，资产阶级现代国家和政权组织形式也逐渐向全球扩散和发展。这就使民族国家这一原来仅仅局限于欧洲地域的民族政治经验获得了普世性的价值。[③] 这样看来，如同民族国家体制的世界性传播一样，民族国家建构和成熟也会因各国的国情不同而经历一个漫长的过程，民族国家特征的获得过程也异常曲折。所以，在一个由 192 个主权国家组成的世界里，谈论民族国家的特征也应该是十分谨慎的。

三、关于民族国家建构的两点认识

民族国家的建构从欧洲开始，并且真正开始于笼罩欧洲的基督教神权统治的瓦解。正如皮埃尔·肖尼指出的，“欧洲的运气在于他的分裂，因

---

① ［美］汉斯·摩根索著，杨岐鸣等译：《国家间政治——为权力与和平而斗争》，商务印书馆，1993 年版，第 316 页。

② 时殷弘：《民族主义与国家增生的类型及伦理道德思考》，《战略与管理》1994 年第 5 期。

③ 贾英健：《全球化与民族国家》，湖南人民出版社，2003 年版，第 85、86 页。

为这是产生各国之间互相竞争以超过对方的因素。”① 欧洲的分裂为民族国家的形成提供了前提和可能。分裂后的欧洲因为宗教、内部领地、王位继承等不断发生战争。特别是“地理大发现”后，欧洲各国就把触角伸向这些新发现的大陆，战争更加持续不断。这些战争增强了各个国家的民族感。同时诸列强之间通过“均势体系”的形成又为当时各国民族国家的建构和版图的确定在客观上创造了条件。在西欧各个国家之间的边界基本划定之后，他们对土地和财富的渴求只能通过向外部世界的扩张来实现。这种欧洲国家之间的争夺战成为各国获得国民的效忠的最方便的工具。所有这些因素都是民族国家首先在欧洲建立起来的原因。民族国家的建立无疑是符合资产阶级的利益和原则的，在资本主义占主导地位的世界秩序中，民族国家成为当前最重要的国际行为体。

综合以上谈到的对民族国家形成时间及扩展过程的诸种观点及欧洲民族国家形成条件与标志争论，在这里谈两点关于民族国家的看法。

第一点，民族国家是现代欧洲的特有发明，但是它在全球增生的过程却极其复杂。那么，如果根据欧洲民族国家产生的条件分析，所得出的民族国家的特征是否具有普遍性？退一步讲，如果用前面提到的条件来衡量现有的国家，它们连建立民族国家的条件都不具备，那么我们又如何称呼这些国际政治主体？现在我们频繁称它们为民族国家的理由又何在呢？

仔细研读上面关于民族国家产生时间和条件的种种观点，会发现就因为民族国家是现代欧洲的特有发明，所以谈到民族国家的产生条件，学者们基本上都是走西方路线，要么用西方民族国家产生的逻辑代替对后发民族国家建构条件的分析，要么用民族国家的增生历程简单代替对后发民族国家复杂的建构过程的探讨，但是抽象的论说永远不能代替具体的分析，对后发民族国家的建构条件和过程同样需要关注。

首先，在民族国家的建立过程中民族主义发挥了重要作用，它为民族国家的建立提供了基本的文化框架和理论支持。但是我们在重视民族主义内涵的同时，不得不看到不同的民族主义所承载的任务是不同的，主要是因为不同国家建立的背景大相径庭。第一次和第二次民族主义浪潮中，民族国家形成的时间并不一致，并且存在某种前后相继的关系。第一次民族主义运动后建立的国家，基本上可以称其为民族国家，也比较符合前面我们所提到的民族国家的条件。他们在西方社会的发展中，基本经过了前国

---

① ［法］皮埃尔·热尔贝著，丁一凡等译：《欧洲统一的历史与现实》，中国社会科学出版社，1989 年版，第 7 页。

家社会、封建制度、等级制度和绝对君主制国家，然后基本过渡到民族国家。[①] 后发国家是被拖入西方国家已经完成的国际关系格局中来的，它们是在一个由许多较为成熟的民族国家已经构成的国际社会中诞生的，该结构把民族国家的身份赋予了这些后发国家。“主权学说在现代历史阶段一直保持了它的重要性，在民众主权的概念中，它为民族民主国家提供了强有力的武器。”[②] 仅能从国家疆界和国家主权的角度讲，民族独立后存在着某种准民族国家结构形式，那时的国家只获得了民族国家的某些特征，虽然它们绝大多数在进行民族解放运动的同时也进行着社会革命，但民族独立仅仅是民族国家建构的开始，正如有学者指出的，“而另一些国家虽在战后获得了主权独立，却沿袭了一整套殖民地时期的旧制度结构，因而常被划归‘民族主义政权’的类型中。它们包括印度、中东、热带非洲、拉丁美洲。民族主义在这些国家里只与政权和疆土相联系，并不包括一套规定制度信仰的价值体系。”[③] 这些民族国家在内容上相当空洞。作为研究者，却恰恰在这个问题上忽略了这些民族国家之间的明显不同，虚构了某些民族国家的特征，而这种差别才是我们研究的重点。

其次，即使发展到今天，特别是西方发达国家基本上已经是较为成熟的民族国家，但是如何实现与国家边界相一致的民族建设也是困扰这些国家领导者的重大课题。民族国家是民族和国家两个不同事物的结合体，是两种不同原则和结构的融合：一种是政治的和领土的，另一种则是历史的和文化的，两种原则之间出现矛盾和张力的情况并不在少数。[④] 在民族国家建立之初，特别是在第一次民族主义浪潮中，基本是以一个主体民族为核心建立起了民族国家。可能只有在高喊革命口号进行民族革命时，国家和民族之间才能暂时达到高度的一致。但是，国家和民族都是确确实实存在的，随着社会的发展和民族意识增强，民族与国家之间的矛盾和不一致就凸显出来，比如俄罗斯的车臣问题、加拿大的魁北克问题、英国的北爱尔兰问题、法国的科西嘉问题等等。正如吉登斯所指出的：“尽管民族主义情感时常同国家内部人口的实际分布对应起来，尽管现代国家的统治者

① ［美］贾恩弗兰科·波齐著，沈汉译：《近代国家的发展——社会学导论》，商务印书馆，1997 年版。但是作者在整个论述中尽量避免使用“民族”概念，而称经过中世纪三种国家类型后的国家为近代国家或者立宪国家。

② ［美］汉斯·摩根索著，杨岐鸣等译：《国家间政治——为权力与和平而斗争》，商务印书馆，1993 年版，第 393 页。

③ 李世涛主编：《知识分子立场——民族主义与转型期中国的命运》，时代文艺出版社，2000 年版，第 128 页。

④ ［英］戴维·米勒、［英］韦农·波格丹诺编，中国问题研究所等译：《布莱克维尔政治学百科全书》，中国政法大学出版社，1992 年版，第 490 页。

们只要有可能就会致力于激发民族主义情感，但民族主义情感和人们的实际分布显然绝不会总是步调一致。"① 民族国家领土上的人群都隶属于一定的民族，而民族的文化纽带不是笔直的国界线能切断的。发达的民族国家尚且如此，后发的民族国家的情况就更加复杂，民族分离倾向就更严重，因为一个国家内部有多个民族，一个民族跨国而居是当今世界普遍存在的现象。国家的行政命令和边界线上荷枪实弹的士兵都无法阻止民族情感这条隐形的纽带。这样，民族矛盾、民族冲突，甚至走向民族分裂都是经常发生的情况，民族主义就成为当代民族国家的最大挑战者。这种挑战使看似牢不可破的民族国家受到自产生以来最为严峻的考验。无论是较为发达的西方民族国家还是其他欠发达的民族国家，国家民族的建构道路更加崎岖。

另外，在民族主义运动结束之后，必须剔除民族主义运动中不适合民族国家建构的因素。与个体享有自由为出发点的内生性的现代西方民族国家的建构不同，后发国家民族主义运动承载的任务更加复杂，多数革命领袖在革命运动中树立起了极高的个人威信，特别是在一个相对落后的农业社会中，这种威信会使民族主义运动具有强大的号召力。但是领袖人物的个人魅力总会在其辞世后迅速消失，这就会引起巨大的社会震荡和混乱，而完善的制度设计中的政治运作程序则保证整个社会不会产生大的动荡，即使是领导人的突然变更。所以，民族运动结束后，特别是在民族国家建立后，要随着从革命到建设任务的转变进行理性的思考，进行国家根本制度建设，使国家机器形成良好的运作机制。其次，民族主义是以共同语言、领土和文化传统作为号召基础的，必然要求成员对民族的认同和效忠，把民族置于至高的地位，强调民族整体的独立和统一，特别是在强大的外在压力下。成员个体的自由和权利就处在被压抑和被遮蔽状态，而这却是与现代民族国家民主政治所追求的公民的权利和自由完全相悖的，民族主义中的这个因素就此成为民族国家走向专制的重要变量，如何克服民族主义的这些不利因素也是民族国家建构的重要内容。另外，随着民族革命胜利号角的吹响和外在压力的消失，民族主义此前得以号召的基础迅速瓦解，这时伴着凯歌前行的革命群众不得不面对比革命复杂得多的国家建设，各种社会矛盾会迅速出现，如党派纷争、阶级分化、物价飞涨等等。那么，如何释放高涨的革命热情所残留下来的能量，以及如何把已经习惯了用阶级斗争的方法进行工作的群众引导到国家建设上来，所有这些都需要长时间的磨合，也需要科学的方法和正确的理念。

---

① ［英］安东尼·吉登斯著，胡宗泽、赵力涛译：《民族——国家与暴力》，生活·读书·新知三联书店，1998 年版，第 141 页。

第二点，宁骚教授在《民族与国家》一书中谈到民族国家首要的和基本的特征有：民族的独立和民族的统一；中央集权制；主权人民化；国民文化的同质性；统一的民族市场。① 如果按照宁骚教授所说的民族国家的共同特征为标准来衡量目前世界上的民族国家，第一次民族主义浪潮后所建立的国家是不是民族国家还值得商榷，而在第二次民族主义浪潮中获得独立的民族，它们所建立的国家“虚构”的成分就更大，可是多数研究者却默认这些国家具备了民族国家的上述特征，推定它们获得了我们一般认为的民族国家的基本结构和理念，而使我们失去了反思和深入思考的机会。民族国家的建构需要借助民族主义的一些东西，但是仅有这些还不够。要“缝合”初建的民族国家与成熟的民族国家之间的巨大“空隙”，需要十几代人甚至几十代人的努力和智慧。这里仅从三个方面对民族国家特征的获得过程进行简要说明。

首先，文化上的统一性。民族国家的存在和发展是以境内统一的民族文化为前提的，当然这种文化的形成不是一蹴而就的，既需要时间耐心培养，也需要领导的智慧引导。“一个富有成效的国家行为者应当在客观标准看来显示出同一国界内高度的文化统一性，在主观标准看来大多数人民对其政治体系保持信任。”② 欧洲民族国家的形成过程就是欧洲各族形成的过程，同时，这个民族过程也是对公民权利追求的过程。资本主义经济的发展以及对经济自由发展的渴望和追求，为个人政治权利的获取提供了可能，对个人权利和自由的主张和持有无疑有力地保护了国民的个人权利，并且明确划分了公权和私权的界限，为公共文化的形成提供了较为清晰的路径和基础，有利地支持了公共文化的形成和发展。那么在第二次民族主义浪潮中的情况就存在很大差异，首先这些国家的经济发展一般都由于殖民国家的掠夺而相对落后，资本主义经济不发达，传统文化深厚，虽然在与专制统治进行斗争的时候也需要提出自由、平等的口号，但是在民族危亡的关键时刻，在救亡图存的强势话语下，这种思想和主张还是基本上被无情地遮蔽了。虽然有识之士也看到了这种单一性认识的巨大弊端，但是在巨大的历史事实面前，这种强调总是显得软弱无力。这些国家的传统文化由于封建性和地方性很难形成统一的符合商品经济发展的民族文化。所以，在国家取得独立后的建设中，建构统一的民族文化的任务就显得异常

---

① 宁骚：《民族与国家——民族关系与民族政策的国际比较》，北京大学出版社，1995 年版，第 270—281 页。

② ［美］西奥多·哥伦比斯、沃尔夫著，白希译：《权力与正义：国际关系学导论》，华夏出版社，1990 年版，第 58 页。

复杂和艰巨，到目前为止，很难说这些国家已经建立起了同质性的文化。

其次，健全的政治运行模式。民族国家的运作需要巨大的官僚机构和常备军为其保驾护航。这是民族国家能正常运转的基础和前提，由于各国的民族运动大多数都辅以武装和暴力，所以民族国家建立后其正常运转所需的官僚机构和常备军也就成为学术界最容易忽略的问题。而我们在谈论民族主义运动和民族国家时，却经常忽略两者之间在转变过程中的复杂关系。从民族运动的基本发展趋势来看，最终极的目标是要建立民族国家。那么民族运动本身的发展过程基本要经过动员群众广泛参与。然而，一个彻底的革命还包括第二个阶段：建立新的政治秩序，并使其制度化。比较成功的革命应该是把迅速的政治动员，激发其革命热情参加到革命中来和迅速的政治制度化和法律化结合在一起。[①] 显然在实际运作中绝大多数民族运动结束后都不能迅速建立起新的民族国家框架，民族国家的建立不仅仅需要高超的领导艺术，还需要成熟的政治经验和一个缓慢的政治社会化的过程。"衡量一场革命的革命性程度的标准，是政治参与扩张的速度和范围。但衡量一场革命成功与否的尺度，是革命所创立的制度的权威性与稳定性。"[②] 那么，从革命性的标准来看，第二次民族主义浪潮因为身负多重任务，革命性可能更强，但是就革命成功程度的角度来说，第一次浪潮无疑相对第二次浪潮更成功，政治运行模式建立得也更完善，能推进资本主义经济的发展。从现代行政管理发展的模式来讲，民主政治的制度安排，比如普选制度、政党制度、议会制度和法律制度等等，都是沟通国家和公民社会的渠道，通过这些渠道，公民进行利益协调和表达，而国家也通过这些渠道回应这些要求，从而使国家与公民之间形成良性互动：一方面是政府取得长久的合法性并夯实这个基础，另一方面是社会的持久进步，使民众得到基本的政治训练。如果用这样的标准来衡量，现在相当多的国家还没有建立符合现代需要的政治发展模式。

再次，主权在民。作为第一次民族主义浪潮的结果，建立了民族国家，无论是其代表机构的代表性还是公民参与国家事务的深度和广度都是一个逐步扩大的过程。"在许多欧洲国家，新的统治制度的发展是以政治革命为标志的；但是，这不应当导致我们过高的估计处于绝对主义制度和紧随它发生的制度之间的'断裂'。……在革命前和革命后的政治制度中

① ［美］塞缪尔·亨廷顿著，李盛平、杨玉生等译：《变革社会中的政治秩序》，华夏出版社，1988 年版，第 260 页。

② ［美］塞缪尔·亨廷顿著，李盛平、杨玉生等译：《变革社会中的政治秩序》，华夏出版社，1988 年版，第 260 页。

存在着众多的有意义的连续性成分。”“不过这些发展（从绝对主义旧制度到资本主义制度）的两个方面值得提及：第一，非常重要的民族观念和国家主权的观念；两个原因保持着两个阶段的连续性：一个原因是内部的，一个原因是外部的。一方面，国家之间的权力关系的意义不只是要坚持民族性的观念，而且要通过欧洲从世界其他地方竭力搜寻市场和资源的方法来加强它。在另一个方面，市民社会自身的复杂性在加强，因而它的阶级冲突也变得激烈了。把这两个方面都考虑到，保持或者甚至加强国家对于社会的指导，对于捍卫国家疆界、缓和和抑制冲突这样一些在数世纪中一直构成国家统治机制的潜势，都是合乎资产阶级利益的。……处于同样的原因，资产阶级在提出并实现其政治纲领时，不得不反对实施诸如人民主权和公民平等这样一些具有民主民粹主义潜势的观念。”① 实践也证明，多元政治的发展和公民权利的扩大经历了从资本主义国家建立到现在的漫长过程，还要继续延续下去。第二次民族主义运动后所建立起来的国家就更加复杂和落后。“导致一个国家出现的实际的历史进程始终有其特有的被拖长、不确定和迂回的特点，并且表现为计划和结果之间广泛的不一致。”② 在很多时候，民众参与民族解放运动可能仅仅是出于情感上和利益上的共鸣，从这个意义上说，民族国家仅仅是副产品。那么这些国家的民族政治和公民权利的扩大道路就更充满艰辛。

由此可见，成熟的民族国家的特征应该是宁骚教授所讲的民族国家共同特征的建设终点和努力方向。成功的民族主义运动并不等同于成功的民族国家的建设，民族国家的建立和发展不仅仅需要民族热情，还需要各种主客观条件。

民族主义在革命和建设中的尴尬处境更需要对民族主义情绪和民族国家建设之间的关系进行冷静的思考。所以，民族国家得以长久的合法性基础应该是追求国内经济的发展和政治制度的完善，民族主义运动不能包含国家建设的全部内容，而国家建设过程中遇到的问题也不能一味地从民族运动的热情中去寻找答案和出路，民族主义运动的一些理念不能延伸到民族国家建设中去，成熟的民族国家的特征需要各国通过实践逐步获得。

综上可见，民族国家可以理解为近代初期以来获得独立主权，并在已经确定和获得承认的领土范围内取得最高统治权的国家，民族主义原则为整个

---

① ［美］贾恩弗兰科·波齐著，沈汉译：《近代国家的发展——社会学导论》，商务印书馆，1997 年版，第 85 页。

② ［美］贾恩弗兰科·波齐著，沈汉译：《近代国家的发展——社会学导论》，商务印书馆，1997 年版，第 98 页。

国家的建立提供了合法性基础，民族认同也在一定程度上弥补了由于国家阶级性所造成的与民众的分离，并为国家持续建构不断提供新的传统与解释。民族国家会随着经济的发展和社会的进步不断被解释和建构而趋于成熟。

结语

国内很多学者也注意到民族主义与民族国家建构的关系问题。① 但是把什么都贴上民族主义的标签无疑是不恰当的，也容易使对相关问题的研究泛化。既要承认在民族国家建构中对民族主义情绪的利用和渲染，民族主义不会在民族国家建立时戛然止步，它是伴随民族国家始终的一种意识，② 同时又要看到国家建构本身的复杂性和丰富性，民族主义运动本身不能完全承担起国家建设的全部历史任务，民族国家的特征的完善需要在经济的发展和社会的进步中逐步获得。亨廷顿在《第三波》一书中曾用三次民主化浪潮来描述现代国家的民主化进程，如果让我们来描述世界各国民族国家建构的复杂过程，恐怕不是“三”这个数字就能解决得了的。现在所谓的“今天的世界由192个民族国家组成”实在很难概括民族国家建构的丰富内容。对于这个与民族主义关系密切又有极其丰富内涵的概念的理解，需要更多的理性思考，也要采取一种历史的视角。

论民族问题的结构分析与过程分析*

侯发兵

人们在对社会问题的认识和理解过程中，往往需要借助一定的方法或模式作为研究探索的工具。结构分析和过程分析是社会科学研究中阐释和

① 翁贺凯：《民族主义、民族建国与中国近代史研究——“西方学理”与“中国问题”》，郑大华、邹小站主编《中国近代史上的民族主义》，社会科学文献出版社，2007年版，第26—41页。在文中，作者概述了近年来我国学者关于民族主义与国家建构密切相关的主要著作。

② 关于民族主义对建立不久或刚刚建立的民族国家的持续影响，可参见［英］安东尼·史密斯著，叶江译：《民族主义：理论，意识形态，历史》，上海世纪出版集团、上海人民出版社，2011年版，第10、11页。

* 原载《西北民族大学学报》（哲学社会科学版）2013年第3期，略有改动。

作者简介：侯发兵（1984—），男，四川三台人，西华师范大学政治与行政学院讲师，博士，主要研究方向为民族理论与民族政策、政治学理论。

说明各种社会现象，帮助人们理解包括民族问题在内的各类社会问题的重要理论工具。

一、结构分析和过程分析

结构分析是社会科学研究中被广为运用的思维方法，它主要指对事物或系统的各组成部分或要素及其彼此间的关系，包括空间分布、时间序列和数量对比等关系进行分析，并在此基础上说明事物或系统之所以表现出一定特征的内在逻辑。[①] 在社会科学领域，结构分析侧重从构成关系的角度来观察、分析和解释各种社会现象，例如经济领域对农业、工业、服务业等三大产业的分类以及对它们所占比重变化规律的分析等等都是典型的结构分析。

一般而言，结构分析被认为是一种静态分析，因为各种社会现象背后的结构性因素（如经济结构、阶级力量对比、人口构成等）是相对稳定的，即系统内各组成部分之间的关系以及部分和整体之间的关系在一个既定的时期内通常是不会发生大的变化的。尽管如此，这并不意味着结构就是绝对不变的。在经济领域，随着时间的推移某些国家的产业结构、居民的消费构成等由于经济快速发展可能在二三十年中发生明显的改变。相对于经济领域，国际政治格局中大国力量对比、民族问题领域一国中各民族人口的比重等结构性因素的变迁往往慢了很多，对于特定时点的某些具体国际问题或者民族问题而言，无论是大国力量对比还是民族人口数量的对比都是给定的，因此人们一般在研究中将这类因素视为静态的、稳定的。

过程分析一般也被称为事件—过程分析，相对于结构分析对法定制度和正式结构的重视，它强调通过描述和研究特定事件或问题发生、发展、升级、结束的全过程，在社会事件的动态演进过程中去把握影响事件和问题的各种因素，并形成对它的逻辑解释。在政治学研究领域，美国学者阿瑟·本特利在《政治过程——一项关于社会压力集团的研究》中，首次从集团的角度对美国的政治过程进行了动态分析并引起极大的关注。随着20世纪五六十年代行为主义在社会科学领域的高歌猛进，过程分析的研究方法在政治学、社会学等学科中得到广泛的推广。根据孙立平等学者的观点，事件过程本身也可以作为结构因素之外的一个相对独立的解释变量。[②] 相对于结构分析在社会科学领域的广泛运用，过程分析一般被用在对中微

---

① 刘道兴：《运用结构分析思想方法的一般模式》，《中州学刊》2000年第1期。

② 孙立平：《“过程—事件分析”与对当代中国农村社会生活的洞察》；王汉生、杨善华：《农村基层政权运行与村民自治》，中国社会科学出版社，2001年版。

观事件的分析上，因为就宏观问题而言，它涵盖了广阔的范围和很长的历史跨度，涉及许多变量，仅仅要准确严谨地描述事件过程本身都比较困难。而就许多具体的微观事件来说，过程分析的解释力相对于结构分析更强，因为静态的结构在某一特定问题和事件中往往是不可见的，它虽然构成问题发生的大背景，但是具体事件中不同因素之间的关联，以及各种出乎意料的变化和转折都不存在于结构之中，而是通过过程表现出来。

二、民族问题的结构分析

（一）结构分析的功能

结构分析强调从宏观的结构方面来考察和分析社会现象，它有利于揭示现象和问题背后长期的、内在的、稳定的影响因素。当代世界是一个由民族国家组成的世界，而不是一个单一民族国家的世界，全世界近70亿人口都生活在不同类型的国家中，世界上近200个主权国家几乎都是多民族共存的状态，即使那些传统上人们所理解的单一民族国家，如爱尔兰、韩国、朝鲜、日本等也都有少数民族群体的存在，也就是说，这种"多元一体"的民族格局在世界上具有相当的普遍性。各民族共存于一个稳定的政治实体中，这一深刻的民族格局构成了当代民族问题发生的大背景，它持续而稳定地塑造着一国之内各民族围绕着资源、权力等稀缺要素展开的关系，只要这种格局存在，民族之间的合作、竞争、冲突和纷争就永远存在。

结构分析可以说明多民族国家在民族问题上内在的结构性张力。尽管随着多元文化主义等理论的发展，种族、文化等方面的多样性逐渐被视为一种"财富"而非"负担"，但是抛开"政治正确"的话语，菲利克斯·格罗斯等许多学者的研究表明，不同种族、文化上相互遭遇时，差异本身都可能是冲突性的因素。[①] 在已经实现民主政治，有着深厚权利文化基础的西方多民族（族群）国家，在权力分配、政策走向等重大问题上，往往都是通过公民投票的方式来决定的，因此民族构成对于投票结果有重大影响，占人口多数的民族可能运用自己的人口数量优势在重大问题上淹没少数民族的声音，通过合法但不见得合理的途径使他们的权利受到侵害。威尔·金里卡曾经就这类投票问题指出，"如果少数群体占了总人口的40%，那么他们应该可以赢得40%的选票，而他们每次都以40：60的得票率败

---

① ［美］菲利克斯·格罗斯著，王建娥、魏强译：《公民与国家——民族、部族和族属身份》，新华出版社，2003年版。

北”，这种符合法律程序要求的“多数人的暴政”实际上是“很不公平的”。[①]

相对于早已接受民主、平等观念，承认、尊重并保障少数民族各种权利的西方发达国家而言，在后发的非西方发展中国家中，占人口多数的民族凭借自身在政治、经济、文化方面的优势地位否定甚至肆意侵犯少数民族的正当权利和利益的情况不仅在历史上屡见不鲜，即使在当代这样一个尊重民族多样性已发展成为一种普适性的文化观、文明观，保护和弘扬多样性文化已成为人类文明的一项重大推进的时代，[②] 但一些国家仍然制定和实施了不少照顾多数民族、歧视少数民族的政策和措施。

由于人口比例占少数从而在重大问题上不能决定涉及本民族生存与发展的政策，少数民族担心自己的声音被多数群体淹没进而要求改变国家现行政策，甚至寻求自治或独立是导致许多国家民族问题的一个重要原因。这一问题根植于当代国家内部不同民族的构成，只要多民族共存于一国，就一定有多数民族与少数民族的区分，它作为一种结构性因素决定了多民族国家民族问题的长期性和普遍性，因此正如沙伯力（Barry Sautman）所言，几乎世界上所有的多民族国家都面临着某种形式的民族冲突。[③]

结构分析强调结构、制度等因素对行为体的“刺激、激励、指引和限定”，在当代国家多民族共存的情况下，“多元一体”的民族格局总是在一定程度上限定和塑造了各民族争取和维护自身利益的行为，它也使得多民族国家的民族问题表现出很强的共同性。通过结构分析我们可以发现，多民族国家“多元一体”的民族格局本身就包含着一系列可能导致不稳定或者说冲突、纷争的因素。

当代一些多民族国家始终未能彻底有效地解决民族问题，甚至一些沉淀多年的冲突和危机重复出现或者以其他形式表现出来，这都表明多民族国家的民族结构中有着内在的张力。以我国为例，自秦王朝成为我国历史上第一个统一的多民族国家以来，历代政权经历了无数次更迭，进入近现代以来，中国的经济基础、社会制度、统治阶级、国民意识都发生了很大变化，但是多民族的结构一直没有改变，“多元一体”的民族格局始终维持了下来。新中国成立以来60多年的经济基础、社会制度、意识形态的彻

---

① ［加］威尔·金里卡著，应奇、葛水林译：《自由主义、社群与文化》，上海世纪出版集团、上海译文出版社，2005年版，第174页。

② 王希恩：《全球化中的民族过程》，社会科学文献出版社，2009年版，第134页。

③ 沙伯力：《以国际视角看民族自治》，《民族区域自治国际学术研讨会论文集》，2001年版，第14页。

底革新仍然没有根本解决历史遗留的民族问题，这表明我国多元一体的民族结构是我国民族问题的一个重要的根源性因素。

（二）结构分析的问题

"多元一体"的结构孕育着冲突性的因素，按照结构分析的思路，在这种格局下要从根本上解决民族问题很自然地就要求消除多元格局，构造单一化、同质性的民族国家。从古至今，人类的社会生活中始终存在着种族差异和文化多样的现实，但同时人们又不得不承认，各种试图消除差异，包括用强制方法排斥民族方面的差异，力图构造单一同质人类群体的做法也一直存在。历史上处于支配地位的民族和由他们所统治的国家总是力图消泯或同化异族文化以巩固自己的地位，这种肆意抹杀和否定民族差异性和多样性的思想和做法，在沙俄、美国、澳大利亚等国家都有很长的历史。

除了通过强制同化的方法从文化上将异质群体打造为同质人群以外，历史上还存在通过屠杀或者驱逐的办法从人口构成上根本改变一国的民族结构。第二次世界大战之前的波兰是一个有着庞大少数民族群体的国家，犹太人和德意志人是当时波兰两个最大的少数民族，其中犹太人有大约350万，占波兰总人口比例超过10%，是当时仅次于美国的世界第二大犹太人聚居区。[①] 二战期间由于德国法西斯的疯狂屠杀以及犹太人向其他国家逃亡，波兰犹太人到1944年只剩大约6万—8万人。随着二战末期波兰的解放，不少苏联犹太人开始返回波兰，这才使得波兰犹太人的总数在战后达到25万左右。[②] 社会主义波兰共和国建立后，虽然官方宣称实施马克思主义民族政策，坚持以民族平等和民族团结的方式解决波兰民族问题，但实际上历届波兰政府总体上一直实行的是打压犹太人的政策，在这种政策的影响下，波兰犹太人几次大规模移民外迁，到20世纪70年代初在波兰的犹太人只剩下6000—10000人，并在70年代后继续减少到作为一个有影响的民族实体几乎消失的地步。[③]

和犹太人一样，历史上德意志人也很早就生活在波兰。第二次世界大战中波兰被占领后，希特勒政府进一步将大约100万德国人迁到波兰生活，根据波兰官方1946年人口调查统计，在波兰当时的2393万总人口中有

---

① 泓文：《波兰的犹太人问题》，《中国民族》2005年第3期。

② 杨友孙：《社会主义波兰的犹太民族政策初探》，《当代世界社会主义问题》2008年第3期。

③ Charles Hoffman. the Gray Dawn：the Jews of Eastern Europe in the Post - Communist Era，Harper Collins Publishers，1992，p. 256.

228.83 万德意志人，大约占总人口的 9.6%。① 第二次世界大战后波兰领土在美、英、苏等大国势力的干预下整体西移，波兰政府随后将原波兰境内以及西部新取得的国土上数以百万计的德国人几乎全部强制驱逐。

这些屠杀、驱逐和强制移民政策措施的实施对波兰的民族结构产生了极大的影响，使波兰从一个德意志人、犹太人等少数民族有重大影响的多民族国家转变为一个几乎是单一民族的国家，据统计，到 1962 年的时候波兰所有少数民族已减少到大约 45 万人的程度。今天的波兰民族成分高度单一，民族问题早已不再是波兰国内政治的重要议题。

试图通过屠杀、驱逐或“人口交换”的方式彻底改变一国的民族构成，从而“一劳永逸”地解决民族问题，这种情况在世界许多地方都曾发生过。二战后的波兰、匈牙利、罗马尼亚，西方殖民体系瓦解后的印度、巴基斯坦，以及更早的希腊和土耳其帝国，它们之间为此都曾有相当数量的“人口交换”。

不过，随着时代的发展，封建社会和帝国时代“强权即公理”的现象在当代民族政治中虽然在一定程度上仍然存在，但早已丧失了合法性，过去民族之间那种赤裸裸、毫不掩饰的歧视、剥削、屠杀和驱逐不再被人们当作理所当然的事实接受。人类理性和文明的发展提出了价值的要求，人类社会进步的表现之一就在于约束和限制了种种罔顾道德、单纯追求权力和利益、无视甚至不惜牺牲他人正当要求恶劣行径。随着历史的脚步推进到现当代，公平、正义等价值要求的越来越高，罗尔斯甚至提出正义是社会制度的首要品质，是衡量政策措施的依据。②

全世界有 3000 多个民族实体，而截至目前世界上主权国家不到 200 个，无论是从理论角度还是从现实角度来看，都不可能使每一个民族都建立自己的国家，因此绝大多数民族都必然要与其他民族一起在一个国家中共同生活，“多元一体”的民族格局可以说是必然的、普遍性的、长期性的社会现象，因此民族问题也必然是普遍的、长期存在的。

总之，无论是从价值的角度还是现实的角度看，试图通过改变多元民族构成的办法解决民族问题在当代世界完全是不可能的，因此结构分析可以说尽管能较好地阐释民族问题产生的原因，却无法提出解决民族问题的有效方案，它对民族问题的分析往往得出一种“宿命论”般的无解结论。

---

① ［俄］甘茨卡娅著，吴扎拉译：《波兰国家政治中的少数民族问题（1945—1997 年）》，《世界民族》2001 年第 5 期。

② ［加］威尔·金里卡著，刘莘译：《当代政治哲学》，上海三联书店，2004 年版，第 307 页。

此外，结构分析虽然有利于从宏观上把握民族问题形成的原因、形成的规律性认识，但是这种大视野的分析手法在对具体问题解释上失之准确，它能够说明多数民族是如何拥有优势的并利用这种数量上的优势可能对少数民族权利造成的伤害，却无法较好地解释无论是在西方民主国家还是在亚非拉发展中国家都存在的众多与“多数压迫少数”严重不符的反例。以美国犹太人为例，尽管他们占美国总人口的比例大约只有1%，但在各个方面的影响力却远远超过了其所占人口的比例。在美国康涅狄格州的斯坦福市和哈特福德市，与人们的传统认识相反，黑人享有相当强劲的政治地位，他们在人口数量上占斯坦福市选民的14%，但却占该市城市议会代表的18%，并在财政、警务和教育等部门占有重要位置；[①] 而在哈特福德市黑人的人口比例为37%，但却占城市议会代表比例的44%。[②] 至于非西方国家中某一少数群体长期操纵国家政治、在资源和权力分配过程中占有主导地位的例子更是不胜枚举。这些例子都说明数量上的少数民族与权力上的少数民族并不是一种简单的对应关系。

三、民族问题的过程分析

实际上，人口数量上的少数并不一定就意味着是政治、经济、文化权力意义上的少数，美国学者皮特·伯恩斯的研究表明，当少数群体形成有效的选举联盟时，他们的利益将会受到很高的关注并在政府中得到充分的表达。[③] 因此仅从数量结构上来分析哪一个民族是占统治地位的多数，哪一个民族又是处于被统治的少数，这种从构成比例上粗略地区分少数与多数的做法无疑将民主国家的投票问题过于简单化了，并且严重低估了民族政治，尤其是非民主国家民族政治的复杂性。

少数民族面对人口占多数的民族如何组织动员，如何采取有效的措施形成联盟并取得政治、经济、文化等方面的优势地位，即如何使本民族从数量上的少数民族成为权力意义上的非少数民族，这是结构分析难以说明的。要理解数量上的少数民族是如何成为权力上的多数民族的，离不开对这一过程的客观观察和描述，并在对过程的分析中注意到结构之外的因素，例如外部因素的冲击、不同文化的塑造、历史交往等等。

---

① ［美］皮特·F. 伯恩斯著，任国忠译：《仅有选举政治是不够的——少数群体利益表达与政治回应》，中央编译出版社，2011年版，第45页。

② ［美］皮特·F. 伯恩斯著，任国忠译：《仅有选举政治是不够的——少数群体利益表达与政治回应》，中央编译出版社，2011年版，第52—53页。

③ ［美］皮特·F. 伯恩斯著，任国忠译：《仅有选举政治是不够的——少数群体利益表达与政治回应》，中央编译出版社，2011年版，第10页。

以东非国家卢旺达为例，胡图族和图西族是该国最主要的两个民族，历史上胡图族大约在公元初就自非洲大湖地区西部沿着赤道雨林北沿进入卢旺达定居，并以农耕生产作为基本的生活方式。此后大约1000年，即公元10世纪左右，图西族从埃塞俄比亚高原南部和苏丹东南部进入今天的卢旺达地区。虽然图西族在人口数量上只是少数，但却“后来居上”，凭借自己军事、文化等优势建立了图西族王国，在政治、经济等各方面居于统治地位。在近代西方列强瓜分非洲的浪潮中，卢旺达被纳入德国的势力范围，第一次世界大战德国失败后又被比利时委托管辖。在德、比统治时期，殖民者都采取了分而治之的手段，利用人口数量占少数的图西族贵族来控制占人口绝大多数的胡图族。由于图西族人在历史上处于优势地位，并且与殖民者联系紧密，因而在1962年卢旺达独立前一直处于掌权地位。据统计，独立前卢旺达全国执行委员会的33名成员中有31人是图西族，地方执行委员会中图西族也占到了83%，此外在酋长辖区中除了两个空缺，43位大酋长均为图西族人。①

就卢旺达国内的民族矛盾而言，通过结构分析可以发现不同民族之间权力分配不平等是该国民族问题的根本原因。尽管如此，它却无法解释为什么卢旺达独立后，民主选举制度下图西族仍然一直在政治上占有优势地位，也无法解释为什么积累多年的结构性问题会在1996年哈比亚利马纳总统遇刺后这一特定时点以种族大屠杀的形式大爆发，而之前在民族间权力分配甚至更不平等的时候却保持了相对稳定。

对于这类结构分析难以说明的问题，过程分析相对来讲可以较好地解释和说明。在我国，台湾学者王明珂就曾提出以“长程历史观点”来研究华夏认同，即通过对历史文献叙事（作为社会记忆）所反映或隐含的社会本相及其变迁的综合考察与分析，去探究人类生存资源的分享、分配与竞争关系所塑造的华夏认同与区分体系。② 在这一过程分析中，包括气候变迁、经济形态、朝代政权更替的影响都在华夏边缘人群的认同变迁中表现了出来。

当代政治学、社会学等研究领域的过程分析一般放弃了那种对从古至今“大历史过程”的分析，而将对过程的关注放在相对微观或者中观的具体事件上。例如对于1996年的卢旺达种族屠杀这样的历史事件，过程分析将它看作一个酝酿、产生、发展升级和结束的动态过程，在过程中既考察历史上不

---

① 葛公尚：《当代国际政治与跨界民族研究》，民族出版社，2006年版，第272页。

② 王明珂：《反思性研究与当代中国民族认同》，《南京大学学报》（哲学·人文科学·社会科学版）2008年第1期。

同民族的政治地位和经济、文化发展差异等背景性原因，也考察像哈比亚利马纳总统遇刺这类具有很大偶然性事件对不同群体内部动员的影响，还考察以法国为代表的国际因素的反应对种族屠杀持续和结束的影响。

苏联解体是当代世界历史中的又一重大事件，也是民族问题研究中的一个重要事件，从不同角度对这一历史事件的观察可能会有不同的解读。我国许多学者对它的理解是，虽然苏联一直在理论宣传上强调民族平等、民族团结，并制定通过了一系列法律规范试图来保障它们，但实际上由于俄罗斯族在政治、经济、文化和人口等众多领域的优势，大俄罗斯主义在俄罗斯人中的影响从沙皇帝国时代一直延续了下来，虽然在列宁时期有所遏制却并没有根本消除，随着时代的发展它在斯大林以来的历届苏联领导人统治时期影响不断加强，并导致了在语言、文化等各个方面出现了许多表面宣称平等实质上是推行大俄罗斯主义的政策措施，其极端发展使得其他民族和加盟共和国的离心倾向不断增强，最终导致了苏联的解体。①

与对民族问题的结构分析不同，过程分析强调任何民族问题（具体的民族问题）都是一种社会现象，这种社会现象可以通过描述的方式将其产生、发展、解决的过程表述出来，这一过程是动态的、流动的而非静止的。在具体的过程中，除了结构性因素作为“情境”和“场景”外，不同主体之间的互动和系统外部因素的冲击都具有偶然性和随机性的特点。过程分析关注不同主体间的关系在现实生活中是如何运作的，它可以将这些随机性、偶然性的因素凸显出来，因而它对事实的说明也更准确生动。例如，在某一民族事件中，不同民族内部的社会动员程度、民族精英的领导能力和鼓动技巧、传统风俗习惯的影响，甚至当地特殊的自然地理条件的影响都可以显现出来，通过全面准确地呈现事件过程中不同主体的互动，主体本身的能动性也通过随机性因素的影响体现出来，过程分析法对民族问题的分析摆脱了结构分析那种类似于“宿命”的阐释。

相对于结构分析对俄罗斯族人在苏联人口中的优势比例，以及他们在资源、权力、发展机会方面享有主导地位等结构性因素的强调，过程分析更强调对苏联解体过程的分析。仔细考察可以发现，与强调权力结构失衡下少数民族和加盟共和国离心倾向的分析不同，苏联经济危机、共产党内部精英集团的分裂、叶利钦和戈尔巴乔夫个人对苏联的态度以及美国等西方大国的反应在苏联解体过程中有着重要的作用，而其他加盟共和国更多地扮演着跟随者的角色，这些都说明苏联解体具有一定的偶然性，而这种

① 王建娥、陈建樾：《族际政治与现代民族国家》，社会科学文献出版社，2004 年版，第 126—129 页。

偶然性是结构分析难以阐释的。

四、思考与结语

就结构分析和过程分析这两种分析方法本身而言，它们作为研究民族问题的工具各有特点，虽然在我国民族理论研究中很少有人专门对它们进行阐释和说明，但是在实际研究过程中许多学者都在不同程度上自觉地运用。不过长期以来在我国占主流地位的研究框架都是结构分析取向的，例如阶级斗争范式、结构功能主义、社会协调运行理论、社会系统论等等，在这种理论框架的规范和指引下我国民族理论与民族政策研究在过去取得了丰硕的成果，但是同时也存在着一些问题，例如过分强调阶级结构、民族结构等长期性、普遍性、稳定性因素的影响，而对具体事件中的随机性、偶然性、能动性因素重视不够或者说无法较好地阐释。

实际上在民族问题研究中结构分析和过程分析并不是互相排斥的，作为分析社会现象、社会问题的手段它们之间不存在优劣高下之分，只存在如何运用才更准确更合适的问题。结构分析着重社会结构、社会制度的因素对不同民族主体的约束和塑造，过程分析通常凸显了这之外的随机性、偶然性因素的意义，以丰富的、具体的、动态的过程描述和分析侧重了各类主体的能动性对问题发展的影响。① 近些年来，非结构取向的研究框架，如理性选择理论、社会交换理论等过程分析框架在社会科学研究领域得到越来越多的关注和讨论，这实际上也丰富和扩展了我国民族问题研究的工具和分析视角。

我国是一个历史悠久的多民族国家，民族问题在长期以来一直是困扰历代政权的大问题，从未能够从根本上得到解决。新中国成立后，我国社会从所有制基础到意识形态、权力基础都有了根本性的变化，但历史上的民族问题仍然沿续了下来，虽然相比封建时代、中华民国时期有了根本好转，但是改革开放以来随着各族群众民族意识的普遍提升和世界民族问题内在规律的作用，使我国个别民族问题在近年来显得更加频繁，冲突程度也有所增强。这使得创新民族理论、深化对民族问题的认识的要求更为迫切，许多学者为此也提出要探求破解当前民族问题研究困境的新路径。在此情况下借鉴在社会学等其他领域已经取得丰硕成果的研究方法，强化对结构分析和过程分析的结合应用可以说是创新中国民族理论研究的应有之义。

---

① 谢立中：《结构—制度分析还是过程—事件分析》，《中国农业大学学报》（社会科学版）2007 年第 12 期。

“族性”问道

族性及族性张扬——当代世界民族现象和民族过程试解*

王希恩

“经济全球化”“政治多极化”和“文化多元化”等是人们依据不同的视角对当代世界做出的特征性说明，但作为人类社会一个方面的民族现象、民族过程属于怎样一种状态，无疑也需一个适当的概括。为此，本文拟从对“族性”的认识入手，以“族性张扬”作一尝试。

一、关于“族性”

“族性”是个外来语，来自“ethnicity”。“ethnicity”是个新词，20世纪50年代才有人使用，但60年代以后已成为西方人类学、民族学和社会学等领域中最流行的术语之一。① 据研究，“第一次在学术意义上提出并使用ethnicity这个词”的是美国学者内森·格拉泽（Nathan Glazer）和莫伊尼汉（D. P. Moynihan）。1962年，在一本名为*Beyond the Melting Pot*（《远离熔炉》）的书中他们提出了这个概念，用于描述“族裔集团的性质和特点”。② 但像其他有争议的术语一样，西方学者对“ethnicity”的解说并非都认同格拉泽和莫伊尼汉的说法，而是各执一词、颇有分歧；国内学者也根据自己的理解有多种译法，或为“民族关系”，或为“民族”“族群”，或为“民族现象”，“族性”只是其中一种，与其相近的则有“民族性”“族群性”等。

其实，对“ethnicity”怎么译完全应看该词在具体语境中的涵义，原作者怎样使用就该怎样传达，不能将自己的见解强加于原作者，或者说，我们完全可以把它作为一个多义词，不必为谁是谁非去争执。我们所要解决的问题是，应赋予已在汉语中使用的“族性”一种明确的涵义，因为它

---

* 原载《世界民族》2005年第4期，略有改动。

① Thomas Hylland Eriksen: *Ethnicity and Nationalism*: Anthropological perspectives, London, Pluto press, 1993, http//folk, uio. no/geirthe/Ehnicity. html.

② 东来：《Ethnicity（族性）：从国内政治到国际政治》，《读书》1996年第8期。

虽然来自外语，但现在已是一个汉语词汇，在汉语文献中正得到广泛的运用，涵义不明确势必有碍学术的交流和发展。我的理解，所谓“族性”应该是指能够构成各种族类群体的基本要素，包括血统、语言、传统文化、祖籍地、宗教、种族等。这样说有两点理由：其一，这里说的“族”指的是我们作为民族学研究对象的“族”，它们既包括所谓“狭义”的民族，如汉族、藏族、朝鲜族等，又包括“泛义”的诸如氏族、部落、部族等处于不同历史时期的各类族体，乃至包括诸如中华民族、俄罗斯民族和阿拉伯民族等这样带有政治和区域色彩的民族，而语言、血统、传统文化等都是构成这些族体的基本要件，或者说，是这些“族”得以凝聚或存在的必要属性。其二，“族性”得以源出的“ethnicity”不论指一种“关系”、一种“群体”抑或一种“现象”，都与它的词根“ethnos”所指涉的族类或族体有关。“ethnos”为一古老的希腊语，早在荷马时代即被使用，用于表达“一群”“一窝”等区分人类群体的含义，也指同宗、同血缘的群体。在拉丁化并引人其他欧洲语言后，“本质上都是指那些在血缘、体貌、族体、宗教等方面的‘异己’群体”。①而自20世纪20年代以来，各国学术界又逐渐将其视为泛义上的“民族”作为民族学和人类学的研究对象。所以，将“族性”确立为构成族体或族类的基本要素也有其词源学上的根据。

族性能够作为族类群体构成要素的根本点在于它的“原生性”，即族体成员天然的与生俱来的自然和文化属性。在上述诸项要素中，血统、种族都是人的自然性状，不可更移，尽管在我们的“民族”定义中一般没有血统和种族的成分，但“血缘关系”“共同祖先”和“同宗同种”等在任何族体中都是最具凝聚力的因素。地缘或祖籍地是人的“根”的意识得以寄托的地理空间，它赋予了人之最初的文化特征甚至体貌特征，“故乡”“祖国”由此成为人们最具思念和依恋价值的“镜像”。语言和传统文化都是民族的常备“特征”。许多情形下，语言是一种无形的“名片”，它忠实地反映着人的文化或民族属性；传统文化是可以作多重分解的族性成分，礼仪、服饰、艺术、建筑、器物乃至制度等都是反映一个群体历史和传统的特定“符号”。人自出生开始的社会化过程就是接受语言和传统文化塑造自己的过程。宗教是一种特殊文化。在相当多的人类群体中，人们所信奉的教义、上帝、教主和偶像等具有至高无上的地位，宗教由此规定着人们的价值取向、文化模式和社会结构。其所具有的神圣性及对社会影响的

① 郝时远：《Ethnos（民族）和Ethnic group（族群）的早期含义与应用》，《民族研究》2002年第4期。

深刻性使其对人类群体的凝聚作用不亚于其他任何因素。"原生性"在民族学和人类学的研究中占有突出地位，当代西方民族理论的主要流派之一就是所谓的"原生主义"（primordialism）。传统意义上的"原生主义"既注重民族的原生形式，强调民族的文化、血缘、地域和语言等属性，① 而作为原生主义变种的"新浪漫主义"（Neo - romanticism）仍突出的是民族群体的"族性符号"（ethnic - symbolism）。他们为"民族"（nation）所做的定义就是"一个具有名称的特定人群，他们居住于一个历史上既已存在的疆域，具有共同的神话、记忆、独特的大众文化和为全体成员所享有的共同权利和责任"。② 而这里"历史上既已存在的疆域""神话、历史记忆和大众文化"就是祖籍地、血统、传统文化或为其所分解的具体的原生要素。族性的原生性是它具有强大内聚力的根本原因。族性所涉群体之所以为"族"或"民族"实际都缘于它们含有的各种原生要素，而这些要素正是民族学所称的"族"与其他人类群体的根本区别点。

明确族性概念的直接意义是可以简化对于某些相关概念的理解。比如"民族"和"族群"，本质上都是基于族性要素的群体，人们对它们定义的不同也即对于这些群体中的族性要素选择的不同。你可以把"语言""地域""血缘""传统文化"作为民族的必需特征，他又可以将"血缘"抛开，将"传统文化"中的"历史记忆""神话"等作为要素加以补充。然而相对而言，"民族"在本义上总是一种族性要素最为集中、进而原生性质最为鲜明的群体。我们说汉族、藏族是民族，是讲它们都有各自的语言、地域、文化和历史渊源，这些族性因素都非常鲜明、完整。其他我们认定的民族也莫不如此。"族群"在汉语中已有不断被泛化的趋势，只要高兴，一个社区、一群校友、一个年龄段的人群甚或一群动物都可以被冠以"族群"之称；但如果仍然把它限制在民族学人类学的范畴之内，无论从学理上讲还是从政策实践上看都不应等同于"民族"。民族学人类学范畴之内的"族群"实际上仍是由某些族性要素联系起来的群体。它不要求"民族"所需的族性要素的齐备和集中，但却不能没有，或语言，或种族，或地域，或某种文化。由于族性本身就有很大的弹性，所以在实践中人们界定族群也有很大的随意性和模糊性。在美国，亚洲人都可被纳入"亚裔"族群的范畴，而"亚裔"之内的中国人、日本人、印度人也都各自属

① Philip Spencer, Howard Wollman: *Nationalism—A critical introduction*, Sage publications, London, 2002, p. 27.

② Anthony D · Smith: *Dating the Nation*, Daniele Conversi: *Ethnonationalism in the Contemporary World*, Routledge, London, 2002, p. 65.

于“华裔”“日裔”和“印裔”族群。族性不完全等同于民族特征。民族特征可以是上述的族性要素，也可以是与这些要素有所偏离或由它们所派生出来的特征，如斯大林定义中的“共同地域”和“共同经济生活”，西方学者定义中的“历史记忆”和“神话”等。

明确族性概念的更重要的意义在于能更准确地理解和描述纷繁复杂的民族现象。当代世界民族现象的突显已是一种无可置疑的事实，民族主义浪潮的高涨、民族意识的抬升、民族文化的大力弘扬等都足以说明这一点。但这里的问题是，我们所讲的民族现象只能是一种泛义的理解。譬如世界性的“寻根热”“文化热”，向来也被纳入为“民族认同”的表现，但这里的“根”“文化”，有的维系于民族，有的则寄托于地域、血统或国家；人们因某些因素形成“族群”，因文化、血统、地缘等作为构建要素而具有“族”的属性，但却并不是“民族”。因此，用“族性”而不是用明确的“民族”来表述当前的民族现象，更符合实际。“族性”包含着“民族”的成分，但又超出了它的范围；与各种文化现象都有联系，但又始终不离“族”这个核心，这种若即若离的模糊性正是我们对现今的民族现象进行概括所需要的。基于此，我们有理由把当代世界民族现象的突显描述为“族性张扬”。

二、当代世界的族性张扬

族性张扬，即族性影响的扩展、延伸和蔓延。当代世界的族性张扬大致有以下几种现象：

以族性为中心的阵营组合和竞争加剧。早在冷战和两大意识形态对峙仍十分尖锐的20世纪80年代初就有人认为，当今最强烈的国际团结正向族性方面集中，而不是阶级和表面上的意识形态。[①] 90年代S. 亨廷顿提出：“在后冷战的世界中，人民之间最重要的区别不是意识形态的、政治的或经济的，而是文化的区别。……他们认同于部落、种族集团、宗教社团、民族、以及在最广泛层面上认同文明。”[②] 到了21世纪他进一步认为，当今世界已陷入“全球认同危机”，“现代化、经济发展、城市化和全球化使得人们重新思考自己的特性/身份，……人们认同于那些最像他们自己的人，那些被认为有着共同的民族属性、宗教信仰和传统以及传说的共同

---

① Joseph Rothschild: *Ethnopolitics——A Conceptual Framework*, Columbia University Press, New York, 1981, p. 173.

② ［美］塞缪尔·亨廷顿著，周琪等译：《文明的冲突与世界秩序的重建》，新华出版社，1999年版，第6页。

祖先和共同历史的人。"他由此而为美国的未来担忧，怀疑2025年时的美国是否会"成了另一个国家或几个国家"。[①] 这些论点有明显的不实之处，因为与经济、政治及其意识形态相比，文化上的认同总是处于从属地位，但是我们也必须承认，用文化或族性来确立认同、构建阵营并参与竞争的确是当代世界的一个突出现象。民族主义强调人的民族属性，以追求民族单位与政治单位（国家）的一致性，无条件地追逐民族利益为宗旨，是以族性构建阵营和伸张利益的高级形式。民族主义的高涨以至于成为第二次世界大战以来的另一次"浪潮"已成为20世纪90年代以来人们反复述及的一个事实。这一浪潮瓦解了苏联的社会主义大厦，肢解了南斯拉夫的民族联盟，也鼓舞和引发了更大范围内以"民族独立"或"统一"为目标的"民族运动"。90年代以来，以"民族"为单元的新国家的创生速度直逼非殖民化运动高潮时期的20世纪60年代。同属民族主义浪潮中的"民族统一"运动已使东西德国、南北越南和也门完成了它们的民族团聚，也使分裂长达半个世纪的朝鲜和韩国不得不坐到谋求统一的谈判桌前。当然，在正当、合理的民族运动的另一面，那些以追逐非分利益为目的的民族主义也相伴而行。当今世界热点的制造者，多民族国家统一局面的破坏者，或多或少都与民族主义以及与之相连的宗教极端主义和恐怖主义有关。从旷日持久的巴以冲突、西班牙"埃塔"的恐怖袭击，到俄罗斯车臣极端分子的武装分裂和东南亚分离组织的爆炸和绑架，都可以找到民族主义罪恶的身影。

"泛民族主义"（pan－nationalism），或"宏观民族主义"（macro－nationalism），不是严格意义上的民族主义，但它以唤起"民族"感情为基础，主张在文化、历史、语言、宗教和地域等方面接近的民族的联合，[②] 是族性在国家层次之外的一种宏观构建。泛民族主义的梦想可以溯及中世纪的欧洲，而近现代历史上的"泛斯拉夫主义""泛日尔曼主义"等也都给历史留下了深刻印象。冷战后，随民族主义浪潮而来的泛民族主义再度盛行。"泛突厥主义"试图借机苏联倒台在中亚填补"真空"，尽管因不符合有关国家的利益而被先后抛弃，但其在文化和政治领域内的时隐时现仍让人们感受到它的存在。"伊斯兰原教旨主义"因以极端手段对抗西方文明而遭到了世界各国的普遍反对，但与此有关的"泛伊斯兰主义"则在伊

① ［美］塞缪尔·亨廷顿著，程克雄译：《我们是谁？——美国国家特性面临的挑战》，新华出版社，2005年版，第10、12页。

② Louis L·Snyder：*Macro－Nationalisms－A History of the Pan－Movements*，London，1984，p. 5.

斯兰世界有着广泛的影响。此外，诸如“泛非主义”“泛欧主义”“泛索马里主义”“泛大阿尔巴尼亚主义”“大高丽主义”以及“大蒙古主义”等也都给世界以不同程度的震荡。这些泛民族主义超越国家，以民族、文化、宗教等为基础的族性构建不足以改变以民族国家为主角，以经济、政治为基础的既有的世界格局，但却深刻地影响着这个格局。

少数民族和其他在语言、宗教和种族人口中占据少数或处于非主导地位的群体的认同和利益伸张，属族性张扬的另一典型表现。少数人群体因其人口或社会地位上的弱势容易被主流社会所排斥和忽视，而这部分人在对抗外界压迫方面最容易的方式便是利用族性的团聚。当代世界各国的少数人群体大多都有着强烈的族性认同，而随之对于自身利益和文化的维护也都是各国社会政治生活中的大事。美国黑人反抗种族歧视的斗争自20世纪60年代延续至今，不但有效地改善了自身的社会处境，也成为世界反对民（种）族压迫的重要推动力量；而南非黑人同类性质的斗争则对世界上最后的种族隔离制度划了句号。土著民族，或称“原住民”是一种特殊的少数人群体。一般而言，他们大都有着遭受驱赶、剿杀和同化的悲惨经历，也有着比其他群体更多的“原生性”，这被主流社会往往视为更为落后，但也因此而使得他们的族性认同更为鲜明，为不平而抗争的自觉性更为强烈。土著人为争取自己应有的权利和地位进行了长期的努力。20世纪后半期以来，美洲各国的印第安人、北极圈一带的爱斯基摩人（“因纽特人”）、北欧的萨米人以及澳洲的土著部落等都以不同形式的斗争赢得了世人的关注。他们普遍建立了自己的组织，不仅要求享有在自然资源和文化方面的权利，而且要求参与国家事务，在政治上“自治”或独立。他们也多次召开国际会议，推动国际社会关心原住民问题。从1993年以来，有关国际机构先后开展了“世界土著人国际年”“世界土著人国际十年”和“国际土著人日”等活动，在加强国际合作，帮助各国土著人解决在环境保护、经济发展、教育和医疗等方面的问题上取得了一定的成效。① 其实，土著人的问题只是少数人群体问题的一个方面，面对包括土著人在内的所有少数人群体问题的突出，国际社会也在更大层面上对于他们的利益给予了维护。1966年联合国通过的《公民权利和政治权利国际盟约》设立专门条款对少数人权利做出规定，1992年联合国又发表了《在民族或族裔、宗教和语言上属于少数群体的人的权利宣言》，许多国家也通过不同的法律和政策做出了相应的承诺。

移民是造就族性认同最便捷的一种社会力量。新的环境、陌生的文化

① 《世界土著人国际年和国际土著人日》，http：//online. cri. com. cn。

和强大的竞争压力迫使他们将来源地、种族、语言和宗教等族性因素作为凝聚群体、感受亲情的最常用手段，而他们带给移居地的就业、资源和环境等方面的压力和文化冲突也成为引发矛盾的常见诱因。全球化带来的经济发展不平衡和交通的便利，自然灾害和战乱的频仍都使国际间的移民现象越发普遍，而由此带来的族性认同和对外来移民的排拒也成为当代民族问题的一个重要方面。近几年来欧洲出现的所谓“海德尔现象”“勒庞现象”都是这些矛盾在政坛上的激烈反映。对外来移民及其文化的排拒曾被斥为“种族主义”和“新法西斯主义”，而现在有人将其称为“文化原教旨主义”。[①] 这种修正温和了许多，但丝毫不能减弱它所引发的社会震荡。当然移民也并不仅仅发生在国家之间，随着各国现代化的推进，不同地区之间的人口流动也呈越来越多的趋势，由此而带来的不同群体之间的文化和利益冲撞也在频繁发生。冲突各方的社会聚合、心理认同和排拒都使族性越发为人们所看重。

保护和弘扬传统文化的自觉性日渐强烈。传统文化是族性的基本要素，也是民族存在的外在表征。正由于这一点，族性张扬在当代世界最重要的表现之一便是各国各民族对自身传统文化的重视和弘扬。一份有较大代表性的国际社会调查资料表明，各国民众都把包括自身历史和艺术文学在内的“文化的成就”看作是产生民族自豪感的最重要的理由，而不是人们想象中的政治、经济和军事上的成就。[②] 目前人们议论较多的“文化民族主义”说到底就是注重从文化上界定“民族”和“民族利益”，而这正是以追求民族与国家相统一的政治民族主义之外最活跃的民族现象。随着一大批经济上得到飞跃的发展中国家的崛起，努力从文化上树立自己的民族认同，抗拒处于霸权地位的西方文化也由此成为文化民族主义的主要内容。S. 亨廷顿借用别人的话说：当今“西方的价值观遭到不同方式的反对”，由西方意识形态主宰的时代已经结束，世界“正在跨入一个多种不同文明相互影响、相互竞争、和平共处、相互适应的时代”。[③] 这个判断透露着一种“无可奈何花落去”的忧虑，但却是对客观存在的一种认可。

---

① 这种观点认为，文化原教旨主义有别于传统的种族主义，是一种原始身份特征的强化意识。它不是以杂然相处的态度看待各种文化，而是把各个文化从地理上加以划分，隔绝起来，因此它会采取一套反对外国人、陌生人和侨民的态度。种族主义经第二次世界大战后名声扫地，而文化原教旨主义则可以成为人们所接受的立场。参见联合国教科文组织编，关世杰等译：《世界文化报告——文化的多样性、冲突与多元共存》，北京大学出版社，2002 年版，第 29 页。

② 联合国教科文组织编，关世杰等译：《世界文化报告——文化的多样性、冲突与多元共存》，北京大学出版社，2002 年版，第 217 页。

③ ［美］塞缪尔·亨廷顿著，周琪等译：《文明的冲突与世界秩序的重建》，新华出版社，1999 年版，第 92 页。

少数民族文化身处主流文化的包围圈，最易为主流文化所淹没，因此这些族体对自身文化的处境更为敏感，极力予以张扬的自觉性也更高，在他们提出的争取平等权利的各项要求当中，语言和传统文化的保护和尊重总是主要内容之一。跨居挪威、芬兰和瑞典等国的萨米人为维护自身的权利，首先要求在宪法中承认他们为少数民族，其后的就是要求萨米语和萨米文能获得官方语言的地位。① 长期以来，人们在印第安民族和他们的语言能否存在下去的看法上甚为悲观，但如今美洲印第安人不但人口增长，而且他们的语言和文学艺术也得到了复兴，仅墨西哥使用印第安语言的民族就不下78个。用印第安语言写作、反映他们民族生活的印第安文学十分繁盛。② 类似这样的事例在当今世界已是俯拾皆是。

历史上处于支配地位的民族和由他们所统治的国家总是力图通过消泯或同化异族文化来巩固自己的地位，但现代文明已宣告了这种行为的非正义性。以中国为代表的社会主义国家的民族政策早已把民族平等团结确立为原则，而从20世纪六七十年代开始，“多元文化主义”也已成为西方国家和许多发展中国家民族政策的主流。如今，多样性、多种民族、多种文化已不再被看作是一种负担，而是被普遍视为一种建设性的力量。从各国的民族政策、文化政策到国际社会的有关法律条文，都体现出了对处于弱势地位的少数民族文化的充分尊重。保护和弘扬多样性文化已成为人类文明的一项重大推进。

族性和政治结合的“政治族性化”日渐盛行。政治和族性不属同一范畴，但在一定的社会条件下二者却有着相互依附的强烈倾向。西方民族政治学中的一个核心概念是“族性政治化”（politicization of ethnicity），其意思是在急剧变化的现代条件下，国家已经变成了有决定意义的政治媒介物和竞技场。为了保护和清楚地表达自己的社会、文化和经济利益，表明自己的主张、渴望和追求，各个民族（ethnic groups），不管是占据主导地位的还是处于从属地位的，都会力争进入国家的政治舞台，从而成为具有政治属性的群体。③“族性政治化”的确反映了现代社会的一个显著现象。在相当多的国家和地区，政党的民族色彩超过了阶级和阶层色彩，或者说掩盖了其阶级和阶层性。当代非洲国家的各政党大都有民族背景，因而这些国家的政党竞争和斗争也便成为民族斗争的集中反映。20世纪八九十年代

---

① 高原：《斯堪的纳维亚半岛的跨界民族——萨米人》，《世界民族》1997年第2期。

② 乌同康：《印第安语言、文学的复兴》，《世界民族》1996年第2期。

③ Joseph Rothschild: *Ethnopolitics - A Conceptual Framework*, Columbia University Press, New York, 1981, p. 233.

在西方鼓动下发生的所谓"多党民主"热潮因各国政党的部族化而大大加剧了非洲的动荡，一些国家至今仍陷在部族内战之中。在阿富汗和伊拉克的重建过程中，各部族也都通过自己的政党和其他组织明争暗斗，努力在新的国家政坛中争得更大的地盘。而在民族矛盾突出的西方国家的政治纷争中，各党派和其他政治组织的民族背景也时时可见。美国社会的"多元化"发展使得各族群的特有意识明显增强，政治参与也随之更为积极。美国"对种族问题的优先考虑已上升为影响对外政策的主要因素"，而犹太人、古巴人、希腊人和亚美尼亚人正在成为最活跃、对美国政策，尤其是对外政策影响力最大的集团。"在美国国会里，这种倾向已十分明显。各特殊种族利益集团已能够轻车熟路地向国会提出决议案，并促使立法机关通过修正条款来限制美国的全球政策……众议员和参议员成为某些种族利益集团的代言人乃至工具的现象比比皆是。"①

其实，比"族性政治化"影响更大的是"政治族性化"。早期民族主义将人们争取自由和政治地位的希求涂上"民族"色彩，是政治族性化的古典形式，而民族主义在当今的兴盛使这种形式的政治族性化继续得到了扩张。由民族主义理想延续而来的"民族建设"（nation - building）以"民族"的模式来塑造国民，是政治族性化的宏伟工程。尽管民族建设因体现了"同化"原则而遭到"多元文化主义"和"多样性"的严重挑战，但国家统一和稳定性的固有要求迫使国家总是要将这种建设放在事实上的突出地位。欧美等西方国家在推行多元文化政策的同时，强调"一体性"、弘扬主流文化的努力从来没有放弃；而克服内部纷争，将四分五裂的各个部族努力聚合成新的"国家民族"，"实际上也就构成了独立后众多非洲国家政治和社会发展的核心主题"。② 所以，民族建设是民族国家维护和张扬自身族性的自觉行为，是族性张扬的国家形态。地区民族主义是在西欧比较突出但在其他地方也普遍存在的国家内部的一种"民族主义"。它的存在主要在于地区发展不平衡，造成各地的经济政治利益分配不平衡。而它之所以被冠之于"民族主义"也是由于这类运动有着"民族"色彩。正像有的学者所指出的：在当今世界，任何地方的分离主义都要依靠民族自决（ethnic self - determination）的标准原则才能使自己合法化，仅仅是一种经济或行政上的地方不满而没有族性的参与，不会被承认是一种有理由的分离主义。"如果表达的只是地缘上的不满并不会得到民众的支持。在这一

---

① ［美］兹比格涅夫·布热津斯基著，王振西主译：《大抉择——美国站在十字路口》，新华出版社，2005 年版，第 218—219 页。

② 刘鸿武等：《从部族社会到民族国家》，云南大学出版社，2000 年版，第 8 页。

点上，一个委屈的地区甚至必须要发明一种族性认同或补缀一个老的民族认同，也便证明它的主张的合理性。”① 在民族运动史上，对族性或对“民族”名义的假借早已是一种普遍现象，从美国的独立战争到亚非拉国家的民族解放运动，争取解放的殖民地人民打出的从来都是“民族”这面旗帜，而今这一现象在国内各个阶层、各个地方的利益纷争中得到了深化。这就难怪在对“族性”概念的解说中，有人将其定性为一种“群体政治策略”。② 而在对于民族认同的研究中，“工具论”（instrumentalism）也始终支撑着这一领域的半壁江山。

原生族体的普遍“碎片化”及大范围扩散。所谓“原生族体”指的是具有完整形态和特征的民族，包括现在所称的基本民族以及带有较多血缘痕迹的氏族和部落等。这种族体较少分化，较少走出世代所居的地域环境，属于民族的原生形态。事实上，民族总是处在不断的交往过程中，民族之间的人员流动和相互渗融也从来没有停止过，民族存在的原生形态都是相对的。现在需要提出的是，随着现代化和全球化的急速推进，大规模和大范围的民族之间的掺杂交融使得民族原生形态的分化大大加快了。20世纪60年代以后，从西方社会蔓延开来的“族群”现象实际上是这种族体分化的典型反映。“族群”是民族因流动和移居被打破之后，在新的社会环境中形成的承载着某一或某些原生要素的族性的再生体。它可以是我们从前常讲的“族支”，可以是一个种族群体，也可以是来自同一个母国、同一个出生地、同一种语言或同一种宗教的群体。统计族群的数量是徒劳的，因为组织形态不是它的必备特征，其边缘模糊并可以游移，但在全球化进程日益加速的今天，族群现象的普遍化则是我们都可感受到的。我们的同胞走出国门，在新的国度中相互依恋，同以中华子孙自居，成为外国人眼中的“华人”或“亚裔”族群；外国人在我们这里定居就业，因语言、国籍或宗教而自成一体，也成为我们身边的外裔族群。族群的大量出现将原本完整的族体分割开来、扩散开来，它所强调的族性认同又使族性因素得到广泛流散、扩张。族性因素成为当代西方社会中所谓“新认同政治”的一个重要内容，③ 也成为我们中国人类学和民族理论密切关注的一种现象。近几年国内民族学、人类学对于族群概念及其相关问题的讨论，其实质乃是学术界对新的民族现象的理论反映。

---

① Joseph Rothschild: *Ethnopolitics——A Conceptual Framework*, Columbia University Press, New York, 1981, p. 4.

② G · Carter Bentley: *Ethnicity and Nationality*, University of Washington Press, Seattle and London, 1981, p. 25.

③ 杨雪冬：《全球化：西方理论前沿》，社会科学文献出版社，2002年版，第77页。

上述族性的张扬在中国同样有着充分的显现。民族理论界普遍认为，改革开放以来国内各民族，尤其是少数民族的民族意识呈增强的趋势。基于这种增强，以民族为单元的利益纷争和文化纷争在增加，从前不为人们所注意的一些社会现象现在则很容易成为民族矛盾的触发点。各个民族关注自己的政治和经济权益，注重保护和弘扬自身的传统文化。同样，地区发展差距问题也因与民族分布具有的对应性而彰显出了相当的族性色彩，而各类分裂主义也借助族性加大了民族分裂活动的步伐。中国正前所未有地与世界融为一体，世界发生的族性张扬也当然地要在中国表现出来。

应当说，世界民族现象的这些变化已被学者们所感受并已做过一定分析，但西方学者大多把当今民族问题的各种表现说成是民族主义的"复兴"（revival）。这主要是针对民族主义在19世纪欧洲的勃兴和20世纪中期民族解放运动高潮之后的再次兴盛而言的，但从当今各类民族主义的深入程度和与此相关的其他族性因素影响的广泛性来看，用"复兴"是远不如用"张扬"来的恰当。

三、族性张扬与全球化

世界性的族性张扬开始于20世纪90年代。冷战结束之后的民族主义浪潮大大抬升了族性因素在政治生活中的地位，人们对民族问题、文化问题的关注也突然加大起来。这种感觉有道理，但是放眼整个20世纪的历史，我们当说，世界性的族性张扬其实早在这个世纪的六七十年代就已开始了。20世纪60年代是民族解放运动的高潮期，联合国的推进和社会主义国家的支援大大加快了世界的非殖民化进程。与此同时，西方国家也开始经受激烈的民族或种族问题冲击。美国的民权运动不但改变了黑人的人权状况，也带动了整个社会族性因素的增长。最早产生民族主义运动的其他西方国家以及前苏联阵营国家也在这时遭受到各种民族问题的困扰。美国学者本特利（G. Carter Bentley）在其编辑出版的一本关于族性问题研究的书目汇编的前言中写到："对于族性和族群的研究在过去的20年中以日益增长的速率激增。在美国，族性的政治意义已使它成为公众和学术界共同感兴趣的话题。电视广告节目中赞美着大部分美国人的移民遗产；政治运动已不大可能脱离民族意识的控制，个人的主张要成为公众注意的焦点，要么作为新的民族意识的代言人，要么成为这种民族意识的解说者。对于族性的新的兴趣也大大超出了美国的范围，这是一个世界范围的现象在加拿大，魁北克分离主义仍然是一个很有生命力的问题，赞成限制移民进入的意见正在上升。在英国，'种族'（race）作为一个政治问题出现在伊诺克·鲍威尔（Enoch Powell）的民族主义运动中，它反对淹没它的感情的企图。在法国，分离主义的民族运动已经出现，或重新出现在布列塔尼、诺曼底和其他地方。比利时、意大利、西班牙和瑞士近年来也都经历了民族运动（ethnic movements）的复活。在东欧，南斯拉夫的完整可能会由于铁托总统的离世和民族排他性的复活而受到威胁。同样的情况在世界其他地方也可能在经历。当前的国际事件常常包含着族性因素。例如，在伊朗出现的族性差异和革命后政府的不稳定，苏联中亚地区的民族主义，印度支那的部落民和难民问题等等。"[①] 本书出版于1981年，本特利所反映的"过去的20年中"的情形，正是20世纪60年代以后的族性状况，其"张扬"程度与90年代一脉相承。我们没有注意到这一点的确是被当时两大阵营的冷战和意识形态斗争所遮掩了。所以，我们不能凭就近的感受说族性张扬始自90年代，只能说90年代因冷战结束引发的民族分离主义的连锁反映形成了这种张扬的高潮。作为一个明显的世界性的现象，应是从六七十年代开始的。

在全球化问题的研究中，20世纪六七十年代和90年代都是具有标志性的年代，相当一部分研究者分别将它们视为"全球化时代"的开端。他们的理由各有说道，但至少都承认这两个时间段已聚居了相当的"全球性"特征，足以影响整个世界了。因此，族性张扬与这两个时间段相重合已明确地昭示出二者具有的联系。笔者曾就此做过初步论述，大意是：全球化带来的移民社会的扩大造就和强化了族性因素，全球化带来的发展差距问题引发了各类族性因素的增长，全球化中的文化碰撞强化了族性因素，民族观念和民族主义随信息的全球化在世界的扩散、现代技术的飞速进步和冷战铁幕的拆除促进了族性认同的建立和传布。[②] 这些论点主要是要说明全球化与当今族性认同普遍发生的因果联系，但也同样可以说明它与族性张扬的密切关系，因为族性认同是族性张扬的心理基础，也是其基本表现形态。此外，全球化对族性张扬的影响还有两点是值得说明的。

其一，全球化的产业结构和社会变化有利于弱化阶级认同、强化族性认同。族性认同的增强和张扬主要是相对于以往阶级认同和意识形态斗争的减弱而言的。农耕时代和依附于大机器的工业时代曾使社会的阶级结构十分鲜明，农民和地主、工人和资本家的身份及相互之间的利益冲突都是既明确又难以弥和的。而在全球化时代，以往的产业结构有了大范围的调整，产业之间既分化又交融，相互之间的界限不再那么清晰，社会成员的

---

① G. Carter Bentley: *Ethnicity and Nationality*, University of Washington Press, Seattle and London, 1981, p. xi.

② 王希恩：《全球化与族性认同》，《西北师范大学学报》2002年第5期。

地位身份和阶级属性也由此不再那么巩固，不同阶级和阶层成员之间相互转易的可能性大大增加，才干和机遇赋予了每个人改变命运的可能。与此同时，随着社会分工的细密和新的社会领域的不断出现，一些社会成员的阶级属性也具有了多重性和模糊性。经纪人和部门经理是工人还是资本家？富可敌国的知识巨人和球星影星属于哪个阶级阵营？类似这样的问题都为人们的阶级认同增添了不确定性。而与此不同的是，人们的血缘、祖籍地、宗教和传统文化等族性因素在可以想见的时间内都是不可更移的。族性是一种最具稳定性的社会属性，因为它有着无可选择的“天定”的成分。不管你愿意还是不愿意，你是一个中国人，就必然是黄皮肤、黑头发，遵从的是几千年传袭下来的中华文化；而你是一个英国人，高鼻金发白肤和浸透着基督色彩的英伦文化也必然要伴随着你的人生。所以，全球化时代在阶级认同受到弱化的条件下，即便没有其他因素的作用，既有的族性认同也是会凸现出来的，何况还有上述诸多因素的诱发。然而我们必须明确，当今的全球化对阶级认同的弱化和对族性的激发都是相对的，马克思主义的阶级观点和阶级分析方法仍是我们需要坚持的原则。我们可以看到，尽管全球化在很大程度上模糊着阶级阵营，激发着世界性的族性张扬，但阶级分野和阶级斗争仍是一种不以人的意志为转移的客观存在。20世纪末，发端于西方发达国家的“反全球化”运动同时也被称之为“反资本主义”运动，参与这个运动的尽管有环保主义者、生态主义者、女权主义者和一些“白领”阶层等，但其主要部分还是身受资本主义压迫的社会群体。① 国际共产主义运动的受挫和各国共产党组织的涣散使得当今世界的反资本主义运动失去了阶级阵营的清晰性，但阶级斗争并没有失去它的社会意义。

其二，全球化带来各民族的价值趋同同样会引发利益冲突。一般来讲，民族间交往的增多会导致共性的增多，共性的增多有利于民族团结乃至融合；然而事实上还存在着问题的另一面，即共性增多，尤其是价值的趋同也容易导致冲突的发生。有学者曾举欧洲的例子说，中世纪时，城市里的犹太人和乡村中的基督徒农民相互联系很少，共有的东西和相互之间可比的东西很少，这样他们也几乎没有什么冲突；而犹太人和城市中的基督徒在对资产的价值认识上是有共同点的，因而在资源的争夺上就导致了他们之间长期的摩擦和经常性的冲突。② 这类现象在当今更是不乏其例。

---

① 周穗明：《西方全球化理论与反全球化思潮》，庞中英主编：《全球化、反全球化与中国》，上海人民出版社，2002 年版，第 187 页。

② Joseph Rothschild: *Ethnopolitics - A Conceptual Framework*, p. 83.

以往你遵释迦佛典、遁世求安，我奉基督圣训、归义向善，二者各居其地、各修正果，可以相安共处。现今全球化在将地域空间急遽压缩的同时，也使人们在文化、观念上的共性前所未有地增多起来。你认为有价值的东西也被我认可，我所追求的东西他也极力在谋取。这些价值的同一性集中在政治、经济和社会其他领域有限的资源上必然导致冲突的发生。所以，在全球化进程中不但产生的差异会引发矛盾，它所造就的共性仍然可以成为冲突的根源。这也成为全球化时代族性矛盾和冲突增多的原因之一。

四、宏观民族过程中的族性张扬

民族是一种社会组合形式。所谓“民族过程”即是民族产生、发展和消亡的全部历程。这一概念的科学之处就在于它承认民族存在和发展相对于整个人类历史既是同一的，又是特殊的；它以民族的生灭兴衰、分合演进反映历史进程，有着自身的社会内容、运行方式和规律。全球化对族性的影响是持续的、长期的，因而当今世界的族性张扬决不是一种偶然和短暂的现象，而是与经济全球化、政治多极化一样同为时代的特征。族性涉及的群体首先是民族，除此之外，还包括族群、“泛民族”、种族、宗教、语言和国家等多种共同体，但这些共同体要么本身就属于泛义的民族范畴，要么也与民族有着属性上的相当重合。所以，族性张扬本质上是一种民族现象，它所反映的也是民族过程的一种阶段性内容。这些内容呈现出的是三个特点。

第一，民族自觉深入至普遍化。民族在其发展进程中都会经历从“自在”到“自觉”的演变。这里的“自在”，是民族先于其成员对族体自我感知或认同的客观存在。存在决定意识，存在也先于意识；把民族意识或认同笼统地看作是民族存在标志的看法是先验论的。从自在到自觉，具体民族发展有这个过程，宏观民族过程也有这个过程。从历史上看，宏观民族过程的自觉阶段是与资本主义的发生处于同一个始点的。从哥伦布远航开始的地理大发现、欧洲各地随资本主义生产关系的产生而要求的民族统一市场的形成，为欧洲最早的民族自觉提供了社会条件，而至18世纪后期，法国大革命和美国的独立战争在成功进行资产阶级革命的同时也将现代民族观念和民族主义推向了历史舞台。最早完成资产阶级民主革命的国家成为第一轮实现民族自觉的国家。然而受资本所驱动，这些率先完成自己统一和解放的民族又以大规模的殖民侵略将世界分化为“压迫民族”和“被压迫民族”两大阵营。于是，压迫民族的压迫连同他们的“民族”理念一同赋予了被压迫者，民族主义的狂飚由西欧、北美吹向中南欧和拉美，继而又从欧美吹向亚洲、非洲乃至整个世界。至20世纪后半期，主要由民族解放运动表现出的第二轮民族自觉最终冲决了殖民主义体系，为世界营造了“民族国家”的国际新格局。一般而言，在民族自觉引发的前两轮民族运动中，面对外来压迫的共同敌人和民族独立的共同目标，参与者较少表现出基本民族层次的利益追求；然而，在解放和独立的共同目标实现之后，基本民族层次的自觉便或早或晚地在民族国家内部发生开来。[①]当今族性张扬中的大多数内容都与这第三轮民族自觉有着直接和间接的关系。不论是积极意义的争取民族正当权益的斗争，还是消极意义的试图分裂国家的非份之想，都有相应的民族自觉作支撑。民族自觉向基本民族层次的深入有它自然发生的客观规律性：民族只要形成，随着自身的发展和与其他民族的不断交往，自我认同和对自身利益的感悟必然会发生。与这种内在的觉悟相对应的是，近代以来民族观念和民族主义理想已随着前两轮民族自觉深刻地渗透在世界各种意识形态当中。“民族利益”“民族命运”已成为最具动员力的口号和旗帜。当然，民族自觉的这种深入也与其他社会因素的激发分不开，诸如社会发展不平衡造成的差距和族际关系的不平等，国家在处理民族关系上制度和政策的失当，尤其是体现剥削阶级意志的对弱势民族的压迫和歧视政策的实行，以及人类总体文明水平的推进对正义民族运动的支持等。如果说，前两轮民族运动主要是在主体民族和国家层次上发生的民族自觉，那么，当代的族性张扬又主要是发生在弱势民族和国家层次之外的民族自觉。这是宏观民族过程中民族自觉普遍化的标志。

第二，民族发展及其影响达到至高点。前国家社会的原生性决定了这个时期的社会和民族单元几乎是重合的。队群（band）、氏族、胞族、部落、部落联盟和酋邦等要么是独立的族体，要么是族体的构成单位。所以这一时期社会的任何发展都是具体民族的发展。但生产力的低下决定了这种民族发展水平的低下。进入国家社会以后，尽管以民族为界的同质社会还有不同程度的存在，但大多数社会都是民族混杂，按地域来划分社会单位成为常态。国家社会数千年来民族的地位和作用总体上呈下滑趋势。然而近代以来随资本主义的发生发展民族的地位再次抬升。一方面民族主义运动造就了一定数量的“纯粹”的单一民族国家；另一方面几乎所有的现代国家也都以“民族国家”自居，以一个“民族”的姿态来发展自己、建设自己。所谓“民族建设”就是在建立民族国家之后各国按照民族主义的

---

① 关于民族自觉及其在世界民族运动史上的作用、意义和影响等可参见王希恩：《民族过程与国家》第五、六两章，甘肃人民出版社，1998 年版。

原则努力塑造以国家为单元的民族的过程。于是，当今以民族国家为单元的世界的发展也就是民族的发展。作为族性张扬重要内容的民族国家数量的增多和地位的巩固是民族过程发展阶段的突出成就。同样具有重要意义的是，国家层次之下的民族随着自觉的深入也努力重视自己的发展和利益追求。凡是能在地理行政和经济构成上自成一体的民族都在不遗余力地动员社会、发展自己，与国家层次的民族发展或形成一种掣肘力量，或相互协调形成发展的有益合力。当代世界任何一种经济、科技和文化成就都很自然地被理解为某一具体民族的荣耀。与民族的发展相对应的是，不论是国家层次的民族还是其他形态的民族，也不论是主体民族抑或少数民族，都前所未有地重视自身的政治权利、经济利益和文化尊严。从国际舞台上广大发展中国家力量的不断增大，到遍及世界各国的反对种族歧视、倡导多元文化的强大呼声，都昭示着人类社会维护民族平等，提倡共同发展的强烈愿望。民族具有的强大魅力使得借助族性的“政治族性化”和“泛民族主义”有着普遍的号召力，而各类分裂主义也总是要披上“民族自决”的外衣。

至此可以说，“民族”从来没有获得过如此高的发展成就和如此大的影响力。不但如此，全球化进程正在对民族的地域间隔和血缘间隔形成前所未有的冲击，尽管在相当长的时间内这种冲击尚不足以改变民族和国家的历史地位，但经济因素对国家边界和民族边界的渗溶将最终瓦解各类民族的存在基础。民族的发展和影响力将随着全球化的深入而止步。

第三，民族形态开始发生大范围族群化“变异”。在族性张扬的各种现象中，“族群”的出现可能最有象征意义。作为“族支”意义上的族群自古有之，但依据某一或某些族性因素发生认同而形成族群，则主要是现代条件下全球化因素作用的结果。在技术落后交通不发达的社会，人口的流动频率不高、规模不大，流散的人口在新的环境中因认同而形成族群不属于普遍现象，对民族过程的整体状况没有直接影响。但当今的族群生成已十分广泛，而且社会发达程度越高、全球化进程越深入，这种族体的形成越普遍。族群不是对原有民族的取代，而是全球化条件下民族形态的一种“变异”。全球化造就的社会高度开放，人口的大规模持续流动，使得任何民族都不可能保全自己的完整，族体的不断分解、原生要素的不断流散和重组都使原生意义上的民族逐步族群化。这种变化反映了民族共同体面对社会变化具有的强大适应性和生命力，但也意味着民族的一种衰变：族群在将民族母体中的族性张扬开来的同时，也溶进了多元的血缘和文化，从而浸蚀了自身的原生性。族群是一种淡化了族性的族体。从民族到族群似乎显示了族性的一种逐步消散的过程。

习惯上人们讨论民族过程总是把它笼统地划为形成、发展、消亡三大阶段，依此，当代世界的族性张扬无疑属于“发展”阶段。因为，从民族自觉的普遍发生，民族影响的至为重大，到民族形态的适应性变异，无不显示着民族的发展成就和蓬勃生机。然而，正如前面已经谈到的，民族的发展已是到了至高点，它形态上的变化已经预示着一种衰变在其中。盛极而衰，发展阶段之后便是消亡，这是规律。但即便这样，现在也大可不必为民族的命运而担忧。其实，从前述民族即是由族性构建的群体的观点来看，所谓民族消亡只是按族性来构建社会群体的现象不再存在。这将是一个相当遥远的前景。因为像语言、血统、祖籍地等这类族性要素被消解至完全消失是要有极高的社会化条件。在这之前，只要这些族性因素存在，由这些因素作为认同对象的社会组合就不会消失，甚至，即便这些族性要素已不存在，各种利益集团也要利用族性的巨大影响假借族性来构建认同。安德森把民族描述为“想象的共同体”其实对族群这类代表未来的族体形态更有适用意义。

民族过程是社会整体发展的一个侧面，也与这种发展相辅相成。人类依族性的组合比阶级的组合具有更久远的历史。但自阶级出现以来，阶级分化及其斗争对人类社会的影响超越了族性，而在近代资本主义产生至20世纪冷战结束这一期间，阶级分化的剧烈和社会主义与资本主义两大阵营的对峙更把阶级因素的影响推至极端。这是历史发展的常态，是马克思主义历史唯物论揭示的生产方式决定社会存在的必然反映。当今世界族性的张扬似乎是对阶级因素主导社会的反动，但本质上则是全球化背景下社会变革的一种曲折表达。应该认识到，当今族性张扬的主流是人类摆脱帝国霸权、社会压迫和不公正，追求自主平等、个性独立和全面发展在民族过程中的反映。发展中国家、处于弱势地位的社会群体都把族性认同作为它们动员民众、凝聚力量，争取自身合法权益的主要选择，而各民族优秀文化的弘扬和对各种文化霸权的抗拒也是对人类多样性文明的光大。族性的张扬在此成为当今世界进步的重要推动力量。然而，从族性的大河中流淌出来的不仅仅是正义的清流，那些将自己与恐怖主义和极端主义溶为一身的民族分裂主义，那些借族性谋取私利的政治投机行为，以及那些出于无知的民族自大和偏见，都为族性张扬注入了颠覆正义、污染世风的浊水。但族性张扬毕竟已是一种客观存在，族性与其他认同相比，在唤起和参与个人感情方面最强烈、最深刻，当代世界很少有人能对其产生免疫力。[①]因此，因势利导是唯一的选择。怎样利用和发挥族性的积极因素，采取怎

① Joseph Rothschild: *Ethnopolitics——A Conceptual Framework*, p. 61.

样的对策防范消极因素，国家和社会都必须做出有效的工作。

民族主义在近代西方的缘起和蜕变*

宋新伟

民族古已有之，民族主义则是伴随18世纪近代西方民族国家建立的产物，是一种“现代现象”。“民族主义”一词，最早见于15世纪的德国，1836年首次被列入《牛津词典》①。19世纪中叶开始被频繁使用。美国著名历史学家斯塔夫里阿诺斯指出，“民族主义是近代欧洲历史上的一种现象。……直到18世纪西欧资产阶级开始分享或获得全部权力时，才呈现其近代的形式。”② 目前，很多学者比较认可英国学者厄内斯特·盖尔纳的民族主义定义。他认为：“民族主义首先是一条政治原则，它认为政治的和民族的单位应该是一致的。”“民族主义作为一种情绪或者一种运动，可以用这个原则作最恰当的界定。民族主义情绪是这一原则被违反时引起的愤怒感，或者是实现这一原则带来的满足感。民族主义运动，是这种情绪推动的一场运动。”③

一、近代西方民族主义产生的条件

“人们谈及民族主义和民族国家，很多都是直接从18世纪的法国大革命开始，而不是从它的更远的中世纪源头开始的。”④ 它的形成经历了一个在历史中孕育的过程。在这一过程中，日益壮大的资本主义商品经济的发展为其提供了最初的动力；伴随经济发展而来的是思想的解放，文艺复兴运动使人们摆脱神权，追求人权，为民族主义的产生准备了思想武器；当

---

* 原载《中国社会科学院研究生院学报》2007年第1期，略有改动。

作者简介：宋新伟（1974—），女，河南西平人，新疆师范大学马克思主义学院教授，博士生导师，主要研究方向为马克思主义民族宗教理论与教育。

① 李晔、耿昕：《论东亚民族主义的类型与特征》，《东北师大学报》2001年第5期。

② ［美］斯塔夫里阿诺斯著，吴象婴、梁赤民译：《全球通史：1500年以后的世界》，上海社会科学院出版社，1996年版，第354页。

③ ［英］厄内斯特·盖尔纳著，韩红译：《民族与民族主义》，中央编译出版社，2002年版，第1页。

④ 王希恩：《民族过程与国家》，甘肃人民出版社，1998年版，第178页。

经济与政治条件都具备后，以法国大革命为标志建立的民族国家催生了最初的民族主义。

（一）资本主义经济的发展为民族主义的产生奠定了经济基础

欧洲的民族主义是在封建社会的母胎中孕育而生的，是工业革命与资本主义发展合乎逻辑的产物。它产生的根本原因在于社会产生方式发生了深刻变化，资本主义因素萌芽、壮大，进而民族主义的理论与实践也孕育而生。资本主义经济的发展为民族主义的产生奠定了物质基础，它要求建立统一的市场。马克思、恩格斯说："现代大工业以这种集中的力量到处破坏民族的藩篱，逐渐消除生产、社会关系、各个民族的民族性方面的地方性特点。"[①] 封建经济条件下原有的地方的和民族的自给自足和闭关自守的状态逐渐被打破，取而代之的是各民族的互相往来和各方面的相互依赖。1847 年，马克思在《共产党宣言》中写道："不断扩大产品销路的需要，驱使资产阶级奔走于世界各地。它必须到处立户，到处创业，到处建立联系。""资产阶级，由于开拓了世界市场，使一切国家的生产和消费都成为世界性的了。"[②] 经济联系的日益紧密和对外竞争、扩张的逐步展开，迫切需要获得相应区域范围政治力量的保护，以实现社会秩序的稳定和经济的正常运转，这些都日渐增强了人们共同民族意识的形成。

（二）文艺复兴和宗教改革运动是民族主义产生的思想动力

物质的生产打破了地域的限制，精神的生产也将如影随行。在相互交往的过程中，人们突破方言的限制，形成了共同的民族语言，共同语言的形成为人们的交流提供了极大的方便。在此基础上的共同的民族意识开始确立。民族意识的觉醒是民族主义产生的思想条件。在此之前，人们"只知道一种意识形态，即宗教和神学"[③]。由于不存在各自独立的国家，广大民众毫无民族情感而言，他们只忠诚于封建领主或地方集团，对基督教顶礼膜拜。"基督教把整个封建的西欧联合为一个大的政治体系"。[④] 西欧社会主导观念的地方主义阻挡着民族情感、民族意识的产生。自由的驱使要求人们打破神权，争取人权。由文艺复兴和宗教改革所开始的"人的解放"拉开了近代民族主义诞生的序幕。

欧洲 18 世纪的启蒙运动，是近代资产阶级革命的真正思想先导，它彻底冲破了中世纪留下的、阻碍资本主义发展的一切精神桎梏，使人类第一

---

① 《马克思恩格斯全集》第 7 卷，人民出版社，1959 年版，第 503 页。
② 《马克思恩格斯选集》第 1 卷，人民出版社，1995 年版，第 276 页。
③ 《马克思恩格斯选集》第 4 卷，人民出版社，1972 年版，第 231 页。
④ 《马克思恩格斯选集》第 3 卷，人民出版社，1972 年版，第 390 页。

次摆脱了中世纪神学专制主义所造成的思想蒙昧状态，进一步认识到了思想自由对人类文明发展的极端重要性。思想启蒙运动把人的思想——理性活动提高到了支配一切的地位。恩格斯对“文艺复兴”在历史上的进步作用高度评价道：“这是一次人类从来没有经历过的最伟大的、进步的变革，是一个需要巨人而且产生了巨人——在思维能力、热情和性格方面，在多才多艺和学识渊博方面的巨人的时代。”① 文艺复兴和宗教改革使人发现了自己，认识到了自身的价值。这样，他们的忠诚就由神圣的天国转移到了世俗的人间，开始认识、发现生存于其中的民族共同体，民族情感更为增长。

（三）王朝国家向民族国家的转变是民族主义产生的关键

随着西欧社会的发展，逐渐产生了资本主义生产关系的最初代表市民阶级。这个阶级为了确保与扩大自身的经济利益，开始与有着同样要求反对封建割据，摆脱教会控制，加强中央集权的王权势力结盟。16—17世纪，在西欧建立了以王权为中心的君主专制国家，如英吉利、法兰西和西班牙等国。“国王的政权依靠市民打垮了封建贵族的权力，建立了巨大的、实质上以民族为基础的君主国”。② 此时的王权体现着历史的进步，促进着民族国家的形成。“在这种普遍的混乱状态中，王权是进步的因素……王权在混乱中代表着秩序，代表着正在形成的民族（nation）而与分裂成叛乱的各附庸国的状态对抗。”③ 以王权为中心，形成了国家主权和国家利益等近代民族国家观念，民众的民族情感在不断加深。

之后，由于在这个国家中，君主的出发点仍然是服务和确保自己的王朝利益。于是王朝国家逐渐成为构建近代民族国家的障碍。17世纪，法国思想家拉·布吕耶尔曾响亮地提出：“专制之下无祖国”；约翰·洛克提出了“天赋人权”。人们以“主权在民”粉碎了“君权神授”。启蒙思想家从自然法和社会契约理论入手，认为祖国是所有公民为着共同利益组成的结合体，公民的自由和幸福是建立民族国家的基石和终极目标。对王朝国家的批判在18世纪启蒙思想家那里达到了高潮。于是，由市民阶级发展而来的资产阶级由王权的支持者成为反对者。他们要求获得人权、自由、平等和幸福，提出将民族主义和民主主义相结合，构建服务于资本主义生产方式的近代民族国家。最终，他们在革命中打倒了王权，推翻了专制，获得了自由、平等和人权，从前的臣民变成了公民，国家利益取代了王朝利

① 《马克思恩格斯选集》第3卷，人民出版社，1972年版，第445页。

② 《马克思恩格斯选集》第3卷，人民出版社，1972年版，第444页。

③ 《马克思恩格斯全集》第21卷，人民出版社，1965年版，第453页。

益。所以，在同国王对立的批判封建王朝国家的斗争中，人们产生了民族国家即“祖国”意识，表达出对民族国家的热爱与忠诚。正是伴随着宗教信徒—王朝臣民—祖国公民，教皇利益—王朝利益—国家利益（也即民族利益），宗教神权—王朝王权—人民主权这样一个转变过程，产生了近代民族主义。①

近代民族主义是在构建民族国家的过程中产生的，它是与民族国家观念相关的情感，同时，也是人民对祖国热爱与效忠的表达，还是一种理性的政治观念，它要为民族国家的构建提供一种政治理想、价值、观念和符号。民族主义要真正发生作用还必须走出思想领域，进入社会运动的层面。

（四）法国大革命是民族主义产生的标志

作为一种思想和运动，18 世纪末的法国大革命是一场比较彻底的资产阶级革命。新兴的资产阶级以“全民族”代表自居，他们不但主张个人的自由权利，而且主张民族的独立和权利。法国大革命在自由、平等、民主、共和的口号下，高举全民族利益的旗帜，在彻底的反封建革命进程中把民主主义同民族主义紧密结合，成为法国启蒙思想家在民族主义理论建树上的突出特征。法国革命后通过的《人权宣言》以“天赋人权”“主权在民”为武器，从根本上铲除了王朝国家的社会法律基础，奠定了以人权、自由、平等重新构建民族国家的原则。“法国大革命不仅把民族主义的表达推向了高潮，而且更为重要的是，在具体的革命进程中把民主主义与民族主义紧密结合，充分展示了近代民族主义的深刻内涵。就此意义而言，法国大革命则标志着近代民族主义的形成。”②

在此之前，1775—1783 年北美人民推翻英国殖民统治的独立战争也具有相当的影响。美国革命首开从旧帝国的体制内另行创立新国家的先例，法国革命对现代民族主义运动从理论到动员方式上都产生了更直接的影响。二者是近代民族主义形成的关键阶段。这两次革命不仅是反封建的早期资产阶级革命，而且是近代民族主义形成时期的典型的资产阶级民族运动。一方面他们同时兼有资产阶级民主民族运动的性质：打击封建主义，建立资产阶级民族国家；另一方面他们更是各有侧重地反映了近代民族主义的两大形式：前者主要是反对外来异族压迫，争取民族独立；后者主要

① 李宏图：《西欧近代民族主义思潮研究——从启蒙运动到拿破仑时代》，上海社会科学出版社，1997 年版，第 10 页。

② 李宏图：《西欧近代民族主义思潮研究——从启蒙运动到拿破仑时代》，上海社会科学出版社，1997 年版，第 149 页。

是反对本国封建压迫，争取民族发展。此外，在这两次革命中，民族主义思潮和民族主义运动紧密联系、互相作用，终于由原先“一种模糊情绪发展为一种真正的信仰”。①

二、民族主义在近代西方的发展演变

在英、法、美等国的资产阶级革命影响下，随着资本主义世界体系的建立，民族及民族国家的观念传遍欧洲，并随着欧洲国家的殖民扩张而传播到世界，民族主义由此获得了广泛的影响，具备了全球性的意义。

（一）民族主义向欧洲其他地区的扩张

法国大革命撒下了近代民族主义的种子，而后的拿破仑战争加速了民族主义的发展。法国在大革命后进行了一系列对外侵略和扩张。拿破仑将大革命的成果以战争的形式向外输出，即“争取民族的伟大，争取使每个民族有权把自己的统治扩张到相似的民族或有关的民族中去，而不管后者是否同意”②。这一行为造成了两个结果：一是加速了封建社会的解体，催生了那里的资本主义；二是使其他国家普遍感受到异族统治所带来的屈辱。这就很自然地唤起了欧洲其他国家和人民的民族主义意识，一大批民族国家在欧洲应运而生。

1848 年，革命席卷了欧洲各个角落，民族主义表现为遍及欧洲各民族的民族主义运动，此时，民族主义已经具有了全欧洲的意义。拿破仑的征服和他在欧洲遭到的强烈反抗，在整个欧洲强化并传播了民族自治和民族统一的公民观念。在民族主义运动之初，它打破了束缚人的传统社会秩序，使人们产生了尊严感和自主意识。意大利和德意志于 1871 年的统一是民族主义原则在 19 世纪中期革命基础上取得的最大成果。此时，除中、东欧之外的部分地区，民族主义已经在欧洲取得了决定性的胜利。

当西欧在 19 世纪中叶已经基本完成民族国家体系建立的时候，中、东欧地区各民族却仍处于封建的哈布斯堡王朝、沙皇帝国和奥斯曼帝国统治下。西欧民族主义运动的成功，唤醒了中欧和东欧被压迫民族的民族意识，鼓舞了他们的反抗斗争。1914 年，第一次世界大战的爆发使得中、东欧的所有帝国——德意志帝国、奥匈帝国、沙俄帝国、土耳其帝国等均遭瓦解，而在民族主义的旗帜下，波兰、捷克斯洛伐克、南斯拉夫和阿尔巴

---

① ［美］爱德华·麦克诺尔·伯恩斯（Burns E. M.）、菲·拉尔夫（Ralph.）著，罗经国等译：《世界文明史》第 3 卷，商务印书馆，1987 年版，第 137 页。

② ［美］爱德华·麦克诺尔·伯恩斯（Burns E. M.）著，曾炳钧译：《当代世界政治理论》，商务印书馆，1983 年版，第 424 页。

尼亚等国获得独立，建立了民族国家。随着第一次世界大战的结束，民族主义在欧洲获得了全胜。

值得注意的是，当西欧朝着建立民族国家的方向运动时，中欧、东欧和阿拉伯地区却沿着相反的方向运动。民族主义在西欧建立的是单一民族国家，而在东欧建立的则是多民族国家。在第三世界多数地区，把"各个国家称作民族国家仅仅是徒有其名"①。从"一族一国"的概念出发，西方学者曾经有一个著名论断，"即民族主义运动在西方创造的是民族国家（Nation – State），而在东方创造的是国家民族（State – Nation），也就是先有国家政府而后再由所统辖的范围内具有不同种族、文化背景的人组成一个新民族。"② 关于这一现象，朱伦先生是这样说明的："与西欧毗邻的中东欧地区，……各族人民之间的历史关系和政治进程与西欧大不相同，他们当时都处在沙皇帝国或哈布斯堡王朝帝国的统治或影响之下，很难独立建国。鉴于源自西欧的'国族'概念是与独立国家相连的，这两个帝国便创造了'民族'一词指称境内各族人民。"③ 由此可见，"国族"先于"民族"概念而产生。该论说恰如其分地印证了"民族主义"的真正主体应该是"国家民族"这一正确理解民族主义概念的关键。

（二）民族主义向亚非国家的传播

相对于整个19世纪的全球殖民地和半殖民地世界，非西方民族主义发展要缓慢得多。亚非广大地区尚处于各种前资本主义社会状态，即使少数国家如中国、印度、埃及已产生微弱的资本主义萌芽，却也遭到西方列强的殖民掠夺和本国封建专制统治的双重扼制。直到19世纪下半叶，亚洲才出现早期的民族资产阶级和民族主义，非洲民族主义更是要到第一次世界大战前后才缓慢萌生。20世纪才是民族主义在全球范围内掀起浪潮，反复重构国际格局的时代。此时，民族主义思想和原则在地球的各个角落传播，并表现为实际行动。有学者称"20世纪是有史以来整个人类接受同一政治观念即民族主义观念的第一个时期"。④ 在这一阶段，第一次世界大战时期和其后的民族主义思想又唤醒了欧洲国家海外殖民地内的各民族，并

---

① James Mayall，1990，p. 112. 转引自尹保云：《论民族主义的发展》，李世涛主编：《知识分子立场》，时代文艺出版社，2002年版，第410页。

② 张晓刚：《民族主义、文化民族主义、第三世界民族主义》，李世涛主编：《知识分子立场》，时代文艺出版社，2002年版，第107页。

③ 朱伦：《西方的"族体"概念系统——从"族群"概念在中国的应用错位说起》，《中国社会科学》2005年第4期。

④［美］斯塔夫里阿诺斯著，吴象婴、梁赤民译：《全球通史——1500年以后的世界》，上海社科院出版社，1992年版，第358页。

使之诉诸行动。民族主义思想和原则在亚、非、拉等地区各民族中迅速传播，民族主义运动也随之开始蓬勃发展。世界上压迫民族与被压迫民族两大营垒日益分明。后者强烈要求摆脱外来资本的剥削和压迫，实现民族解放。

在非西方国家，民族主义的产生和发展因各国历史、文化的差异而表现出复杂多样的形态。至20世纪50年代，亚洲国家基本上摆脱了殖民统治。1956—1965年间，非洲新建34个国家，到1980年，非洲有50个国家宣布了独立。进入20世纪90年代以后，以苏联、东欧社会主义国家的解体为主要标志的新一轮民族主义浪潮在全球兴起。这是在全球化的新形势下兴起的民族主义，具有鲜明的时代特色，有人称之为“新民族主义”。

三、近代西方民族主义的蜕变及其原因

（一）近代西方民族主义的蜕变

民族主义是随着资本主义经济的发展，资产阶级反对宗教神权、封建专制、追求民主、自由和平等，以建立主权独立的民族国家的面目而出现的。同时，民族主义的危害性，特别是民族主义与暴力和侵略战争的联系，早在民族主义的初始阶段即已显露。当时，一种民族优越感和民族扩张的野心已在革命的法国开始出现。对自由主义原则的背离和对本民族利益的过分夸大，把自己的价值观和政治体制强加于其他民族而无视他们意愿和权利的趋向滋长起来。拿破仑在鼓励和推进被征服地区的民族主义观念的同时，也把法兰西的民族沙文主义和扩张主义推向了顶峰。即便是19世纪中后期符合历史潮流和人民意愿的意大利和德国的民族统一也是以武力征服的形式实现的。这表明民族主义已经与武力结合在一起，预示着欧洲列强在将要到来的帝国主义时期的民族利益纷争中所采取的政策。

最早建立民族国家的欧洲地区特别是西欧逐渐成为世界的“中心”，其他地区则成了“外围”。于是，所谓的“文明”民族开始以自身的优越地位对“野蛮”民族履行“义务”：通过对其他民族的领土扩张、征服和瓜分，“开化”处于蛮荒状态的其他民族。此时，西方列强旗帜上的口号不再是自由主义的民族主义，而是在这种意识形态的辩护下，使疯狂掠夺、殖民统治变得合情合理，不仅推销鸦片成了正当营生，像贩卖牲口一样贩卖非洲黑人也变得心安理得。伴随着欧洲民族主义从自由民族主义向民族沙文主义的蜕变，掀起了瓜分世界的殖民狂潮。到19世纪末20世纪初，世界性的帝国主义殖民体系业已形成，全球有近70%的土地和人口处于殖民帝国的统治下，亚非拉许多国家和地区沦为殖民地和半殖民地。有学者说“当西欧民族国家建成之后，民族主义就转化成为一种带有侵略性

的殖民侵略和扩张的学说"[①]。民族主义逐渐蜕变为欧美列强对外扩张、争夺霸权的理论根据和精神动力。

（二）近代西方民族主义蜕变的原因

第一，民族主义性质的变化是由它的"操纵者"所决定的。

对于这种变化，美国历史学家斯塔夫里阿诺斯描述到："随着19世纪的过去，民族主义的性质起了变化。它起初是一种人道的、宽容的信条，这种信条不是建立在各种民族主义运动相竞争的基础上，而且建立在手足之情这一概念的基础上。但是，在19世纪后半世纪，它变得愈来愈沙文主义和军国主义，其原因在于社会达尔文主义的影响，在于俾斯麦用马基雅维里式的外交手腕和他所称的'铁血'战争成功地统一了德国。"[②] 民族主义无固定属性，它可以和任何一种思想意识相结合并"寄生"于他者，通过自身显示他者的属性。它可以同时显示矛盾的属性。在现代国际关系中，民族主义向不同方向发展的表现主要有两种：一是民族主义在西欧各国由最初的资产阶级反对封建主义的压迫和剥削，建立资产阶级民族国家的诉求，转变为资产阶级国家维护现有统治秩序的保守思潮，推行殖民主义和帝国主义，实施民族压迫的工具，因此也成了国际冲突根源；二是帝国主义的向外扩张与掠夺，促醒了遭受殖民掠夺和侵略的国家的民族意识，民族主义又表现为民族解放运动和民族革命。

民族主义与不同的思想意识相结合。"在欧洲，民族国家和民族主义本身就是民主革命（或改革）和民主主义的产物。"[③] 当"民族主义同自由主义的联姻，也决定了人类发展的趋势不是种族主义或宗教主义"。[④] 到19世纪后半期，随着资产阶级从进步走向反动，西方主要国家由自由资本主义走向帝国主义，曾与自由主义相辅相成的民族主义，在这些国家也走过了同样的历程，开始了与帝国主义的联姻，并进而成为欧洲列强帝国主义外交政策背后持久而深刻的根源，构成了世纪之交国际冲突和动荡的主要原因之一。20世纪上半期的法西斯主义更是将极端民族主义推向顶峰，给世界带来更大的灾难。两次世界大战与战后世界各地民族主义现象中的消极因素，正是导致许多人对民族主义持否定态度的主要原因。

---

① 李宏图：《西欧近代民族主义思潮研究——从启蒙运动到拿破仑时代》，上海社会科学出版社，1997年版，第15页。

② ［美］斯塔夫里阿诺斯著，吴象婴、梁赤民译：《全球通史——1500年以后的世界》，上海社科院出版社，1992年版，第356页。

③ 何家栋：《中国问题语境下的主义之争——就"中国民族主义"与王小东商榷》，《战略与管理》2000年第6期。

④ 尹保云：《论民族主义的发展》，《战略与管理》1996年第1期。

第二，资本的扩张性是民族主义发生蜕变的根本原因。

资本不是物，而是体现在物上的生产关系。在资本主义条件下，资产阶级片面追求剩余价值，使得它到处建立联系。在资本主义发展的几百年中，资本的扩张性使得资本家的脚步遍布全世界。资产阶级政治家托马斯·杰弗逊说："商人无祖国，商人对于其出生和生活所在地国家的感情，比不上对使其获利的国家的感情。"① 资本扩张的本质，成了今天全球化形成的历史动因。所以有学者说"民族主义的真正线索其实是全球化"。② 虽然人们对全球化并没有形成一致的看法，"但其基本含义不外是指人类文化、制度、经济形式、产品及人口等突破地区或国家界限在世界范围内扩散的过程。"③ 这就为我们今天理解全球化条件下的民族主义提供了思路。

资本主义的发展经历了不同的历史阶段④，民族主义的蜕变和资本主义的发展密不可分。"当资本的竞争发展到无法用资本自身的力量解决的时候，它就会借助政治和军事的力量。"⑤ 20 世纪的人类历史上最残酷的两次世界大战某种意义上正是资本主义全球化遭遇内部矛盾而无法调和的产物。不同阶段的西方民族主义变化的只是外观，本质依旧。西方民族主义的理论和实践的演进说明：没有资本主义的扩张与侵略，就没有所谓民族主义带来的杀戮和对抗。

第三，种族主义、社会进化论和沙文主义是民族主义发生蜕变的理论基础。

民族主义的蜕变有其心理和实践基础，只有将意识外化为行动，民族主义才能真正起作用。

就民族主义发生蜕变的心理基础来说，如果一个民族总抱着优越感，抱着历史的荣耀，过分夸大自身的超人之处，它就有可能走向非理性的一面。早在 1848 年以前，欧洲大陆的民族主义思想出现的过分强调本民族的统一和强盛，强调本民族的领土在历史上曾经达到的范围，并谋求最大限度地恢复这些领土，恰恰说明民族主义的理论发展与实践的展开和资本主义发展的历史相吻合。约翰·斯图特尔·穆勒在评论 1848 年欧洲景象时写

---

① ［美］罗伯特·赖克：《国家的作用——21 世纪资本主义的前景》，上海译文出版社，1994 年版，第 136 页。

② 王希恩：《全球化与族性认同》，《西北师大学报》（社科版）2002 年第 5 期。

③ 王希恩：《全球化与族性认同》，《西北师大学报》（社科版）2002 年第 5 期。

④ 15 世纪初到 18 世纪中叶在封建社会的母体内孕育、萌生，最终取代封建主义的阶段；18 世纪中叶到 19 世纪末 20 世纪初自由竞争阶段；二战前 50 年垄断资本主义阶段；二战后的国家垄断和国际垄断阶段。

⑤ 房宁、王炳权：《论民族主义思潮》，高等教育出版社，2004 年版，第 73 页。

道：民族主义使人们对人类任何一部分的权利和利益漠不关心，"除非与他们自己有同样的名称、讲同样的语言"；而且，"民族情绪远远超过对自由的热爱，人们都愿怂恿统治者去粉碎那些非我族类、语言有异的任何民族的自由和独立。"① 除此之外，自然科学领域的遗传学说和进化论又出人意料地被扭曲为社会领域的种族主义和社会进化论，为一种具有集团利己主义特色的民族主义提供了新的理论依据。在德国和其他国家不乏支持者，后来又成为法西斯主义的思想来源之一。可以说，将本民族置于比其他民族更优越、更重要地位的愿望和做法，正是19—20世纪之交列强间剧烈争夺和殊死搏斗的心理基础。伴随着这种理论上的蜕变，随之而来的就是对世界其他民族的疯狂屠杀和掠夺。

产生于18世纪末19世纪初的法国，最先应世并最有名的极端民族主义当推沙文主义。它由法国士兵沙文狂热拥护拿破仑一世的征服计划而得名。沙文主义鼓吹法兰西民族是世界上最优秀的民族，宣扬本民族的利益高于一切，主张以暴力建立大法兰西帝国，征服和奴役其他民族。由此，沙文主义成为拿破仑向外扩张的理想工具，加重了欧洲各民族人民的灾难。继之而起并与之对应的则是大日耳曼主义。它极力宣扬日耳曼民族是白种人也是地球上所有人种中最优秀最高贵的一支，因此，日耳曼民族有权做世界的主人。这一理论适应了急剧膨胀的德国资产阶级向外侵略扩张的愿望，所以它们相继使得威廉二世和希特勒两名德国元首为之倾倒。他们共同借助大日耳曼民族主义，煽动点燃了两次世界大战的战火，给人类造成了空前的浩劫。至今，有关"优秀"民族有权从弱小民族手中夺取"生存空间"的各种变形变相的理论，仍是扰得世界不得安宁的原因之一。

第四，资产阶级对利的过"度"追求是民族主义发生蜕变的关键。

从19世纪70年代起，资本主义主要大国先后进入了以垄断为主要特征的帝国主义阶段。到20世纪初，殖民地已被瓜分完毕。资本主义政治经济发展不平衡规律的作用使后起的资本主义大国要求按实力重新瓜分世界，争夺世界和地区的霸权；而老牌的帝国主义国家不愿放弃既得利益。在各国资产阶级学者和政客的鼓动下，民族主义的宣传甚嚣尘上。他们强调本民族的优越及其利益的重要性，主张以社会达尔文主义——即强权和战争的方式为本民族的发展开辟道路。在此背景下，出现了德意志的泛日耳曼主义、俄罗斯的泛斯拉夫主义、英国的殖民主义、法国民族复仇主义、日本的军国主义、美国的新殖民主义等。正是在欧洲各国甚嚣尘上的

① Hans Kohn, The Age of Nationalism, pp. 11 – 12. 转引自［英］厄内斯特·盖尔纳著，韩红译：《民族与民族主义》，中央编译出版社，2002年版，序言第19页。

民族主义鼓噪声中，偶发的“萨拉热窝事件”由于各大国的迅速介入，很快促成了第一次世界大战的爆发。

资本的扩张性发展到何种程度是由资本的拥有者所决定的。资产阶级为了利而不顾一切地致使世界被分成压迫民族和被压迫民族两部分，可以说民族主义的蜕变与资产阶级的贪婪是密不可分的。这种对利的过度追求，为了利而不惜一切代价，视第三世界国家和民族的生命为草芥的做法将民族主义推向了民族帝国主义的极至。

四、结语

从民族主义性质的转变可以看出它可以与不同的思想意识相结合，可以被不同的人所利用，可以为不同的目的服务。“天使”和“魔鬼”都是它的属性，呈现何种面目只能由它的操纵者决定。所以，马克思主义经典作家从来没有抽象地、无条件地肯定过民族主义。马克思主义认为，关于民族问题无产阶级有自己的纲领和口号，马克思主义的民族观是在国家与国家之间奉行国际主义（社会发展的现实决定了今天的世界各国必须要用正当的手段和方式，以本民族国家的利益为行事的出发点和归宿，国际主义是一种较民族主义更高的理想状态），即处理民族之间和国家之间的事务，需“从本国人民群众的根本利益出发，同时也从全世界各民族的人民群众即全人类的共同的根本利益出发”①，在多民族国家里则主张民族平等和自愿联合。因此，民族主义需要结合具体历史来认识。

东西方民族主义发生的差异——兼论民族主义发展中的“挑战与应战”模式*

董世举

20世纪最后二三十年开始的全球化进程使优势文化在世界范围内得以迅速扩展，大有使世界同质化之势。而与此同时，民族主义作为一种保持

---

① 刘少奇：《国际主义和民族主义》，人民出版社，1954年版，第7页。

* 原载《世界民族》2009年第4期，略有改动。

作者简介：董世举（1974—），男，广东湛江人，广东技术师范学院实训中心副主任，博士，主要研究方向为民族理论与民族政策。

殊质的现象又一次凸显出来。基辛格博士曾感叹道："世界变小但世界各国并没有更加接近。自相矛盾的是，当我们大家所面临的最严重问题只有承认我们需要相互依存才能解决时，民族主义恰恰在这个时候抬头了。"① 实际上，在整个人类社会的近代化发展过程中，民族主义具有举足轻重的作用。有学者认为，在确定现代世界的面貌方面，没有哪个政治学说能比民族主义扮演更为重要的角色。② 伯林也指出："在所有这些精致、自洽的大量未来学和幻想中，却有一个怪异的空白，一个控制19世纪欧洲的思想和社会运动，它无所不在、人人皆知，因此只需略加思量，我们就明白根本不能想象一个缺了它的世界……奇怪的是，就我所知，没有任何一位重要的思想家曾预料到它会在未来扮演远为重要的角色。但不夸张地说，它是当今世界现有各种思想社会运动中最强大之列，在一些地方还是唯一强大的运动；没有预见到的人则为此付出了代价，失去了自由，事实上失去了自己的生命。这个运动就是民族主义。"③

国际学界以往侧重研究的是西方民族主义，且多认为其是政治性的、理性的、强有力的；对东方民族主义的研究较少，且认为其是文化的、感性的、易变的。但实际上，东、西方民族主义发生的历史背景有很大不同，东方民族主义是在西方列强的殖民侵略下发生的。因此，对东、西方民族主义发生的历史条件加以比较分析，有助于深入认识东、西方民族主义的"挑战与应战"互动逻辑关系。

一、西方学者关于民族主义的观点

从世界范围来看，20 世纪 60 年代开始形成了民族主义研究的热潮。但是，当时着力于民族主义研究的主要是西方学者，他们的研究对象和基点也主要局限于欧、美等发达地区。

根据安东尼·史密斯的总结，西方民族主义的理论研究发展到今天，大致有下列几个流派：

1. 现代主义。其基本观点是，民族主义作为意识形态、运动和象征是现代的现象，同时民族主义也是一种创新，不是某些古老现象的现代化翻版。现代主义不仅认为民族主义是现代的现象，民族、民族国家、民族认同和整个"民族国家国际"共同体也都是现代的现象。其代表人物有霍布

---

① ［美］卡尔·多伊奇著，周启朋等译：《国际关系分析》，世界知识出版社，1992 年版，第 349 页。

② Umut Özkırımlı, Theories of Nationalism: A Critical Introduction, Houndmills, Basingstoke, Hampshire and London: MacMillan Press Ltd., 2000, p. 1.

③ ［英］以塞亚·伯林著，秋风译：《论民族主义》，《战略与管理》2001 年第 4 期。

斯鲍姆、厄内斯特·盖尔纳和安东尼·吉登斯等。现代主义流派在民族主义研究领域中代表着主流和正统。

2. 永存主义。这一流派认为，即使民族主义的意识形态是近、现代的，但民族却存在于历史的每一个时期，并且许多民族甚至在远古时代就已存在了。永存主义分为持续的永存主义和周期性发生的永存主义，其代表人物有休·塞顿—沃森（Hugh Seton – Watson）、勒南（Ernest Renan）等。

3. 原生主义。原生主义的起源可以追溯到卢梭，认为民族是原生的，它们存在于时间的第一序列，并且是以后一切发展过程的根源。这是有机民族主义理论的基本观点，其后来发展出两种原生主义的民族主义观点，一种是社会生物学的原生民族主义，另一种认为族群和民族是在依赖社会存在的“文化施与”基础上形成的。原生主义流派的代表人物有皮尔·范登堡（Pierre Vandenberg）、爱德华·希尔斯（Edward shills）等。

4. 族群—象征主义。其代表人物是安东尼·史密斯、约翰·哈钦森（John Hutchinson）等。该流派秉承历史和文化的分析方法，认为现代性之于民族主义固然重要，但是还不够。民族主义的诉求必须参照更具持久性的并可能是内生的主观因素来解释，如民族象征、神话、价值观、风俗传统、法律、制度等。它们更注重不同的精英与民众的互动，否定现代主义的精英导向观点，同时进行长时段的分析，并且在族群的框架中对民族和民族主义的兴起展开分析。①

我国学者对西方民族主义研究已做了较多的译介工作，但显然还缺乏自己的研究范式，而且对于我国自身所经历的东方民族主义的研究更加薄弱，适合东方民族主义产生和发展特点的民族主义理论研究还有很多工作要做，因为东、西方民族主义产生和发展的历史背景迥然不同。

二、东西方民族主义兴起的不同历史条件

东西方民族主义发生的历史背景存在巨大的差异，但却有着不可分割的因果联系，因为正是西方民族主义的结果——民族国家的侵略与扩张——促成了东方民族主义。正如彭树智教授所指出的：“1789—1870 年（1871 年更为恰当——引者注）形成了欧美国家体系。从 1905 年开始，东方也在新的条件下走向建立民族国家的历史趋势。这个漫长的历史过程，

---

① 以上对各种民族主义的概括详见［英］安东尼·史密斯著，叶江译：《民族主义：理论，意识形态，历史》，上海世纪出版集团，2006 年版，第 48—62 页。笔者认为还可以有一种很不成熟的范式，即后现代主义。

经历了两次世界大战，终于在60年代，建立了东方民族主义国家体系。”[①] 东西方民族主义兴起的不同历史条件主要有以下几个方面：

首先，民族主义发生的主要动因是对民族整体利益的维护与伸张，其目标之一就是建构本民族的国家，而这最终将涉及到对于权力乃至国家权力的获取。因此，东西方民族主义都起源于对主权的向往。但不同的是，西方民族主义主要是在反封建及宗教普世思想统治的过程中萌生的，亦即“欧洲的民族主义是在封建社会的母胎中孕育而生的”;[②] 而东方国家的封建社会只为近代民族主义的产生提供了群众基础和心理基础，真正意义上的东方民族主义的出现有赖于新的社会条件和新的社会力量的形成（关于这一点将在后面讨论）。

中世纪的西欧笼罩在基督教普世力量（cosmopolitanism）的阴云下。“当时存在着某种高级的共同体，一个基督教的共和国，一个精神上的统一体”,[③] 并在“‘上帝是一切的真正所有者’这一古老的犹太教的原则以及教皇是上帝的尘世代理人这一基督教新原则”[④] 的口号下，教皇成为最大的封建主。同时，主教及教士们也拥有自己的领地和大量的财产，是一股重要的世俗力量，因而他们要求世俗权力。此外，封建制导致了地区主义（localism），即实行分封制。“由于封建的分封割据，没有政治上的统一。尽管那些王公们在发展各自的领域，但他们的权力相当有限。”[⑤] 当时的国王权力只在其领地范围内有效，而且国都不停地迁移，更不利于以地域为中心的民族国家的形成。因此，漫长的封建社会没有孕育现代意义的国家，但是这一进程又是不可阻挡的。

要想打破西欧地方主义和普世主义对国家观念的抹杀，就要求有一种力量结束封建割据，冲破基督教会的一统地位，这种力量就是已经存在但受到普遍压制的王权。12 世纪出现了一种势头，就是由但丁等文学家发起的使用民族语言来替代拉丁语的写作热潮，这一行为实际上为后来以民族为单位进行思考创造了条件。从 13 世纪开始，王权开始强大起来。在英国和法国，选举君主已经被世袭君主所代替，这样就剥夺了宗教在其中发挥

---

① 彭树智:《东方民族主义思潮》，西北大学出版社，1992 年版，第 8 页。

② 宋新伟:《民族主义在近代西方的缘起与蜕变》，《中国社会科学院研究生院学报》2007 年第 1 期。

③ ［法］皮埃尔·热尔贝著，丁一凡等译:《欧洲统一的历史与现实》，中国社会科学出版社，1989 年版，第 3 页。

④ ［美］戴维·兰德斯著，门洪华等译:《国富国穷》，新华出版社，2001 年版，第 46 页。

⑤ ［法］皮埃尔·热尔贝著，丁一凡等译:《欧洲统一的历史与现实》，中国社会科学出版社，1989 年版，第 3—4 页。

的作用，一些有远见的法学家为这些国王逐渐设计出了王朝政府的基本框架：全国统一的税收、军队、法庭等。到了15世纪，出现了新的生产关系的萌芽，即当时还很弱小的市民阶级和君主结盟。1532年，英王亨利八世在路德宗教改革的巨大感召力下，在英国本土亲自领导了宗教改革运动，最终实现了教会民族化，确立了王权的至高无上。王权的胜利也标志着地方割据状态的结束，国王成为辖内社会各个集团的效忠对象。王朝国家的形成和文艺复兴是民族性发展的一个重要阶段。王权作为欧洲近代初期的一种进步力量，使民族统一成为可能。[①] 但真正意义上的民族国家的出现，还要依靠一些新的因素。

与当时西方社会不同，以中国为代表的东方封建国家，“国家划分成若干行政区域，通过由国王任命的官员进行管理”。[②] 这种中央集权有利地保证了国家的政治统一，也很容易形成“君临天下”“普天之下莫非王土”的“天下”观念，加之丰富的历史、神话、语言、艺术、宗教及政治联系，使这些国家的各个民族在长期的历史演变中形成一种心理共识和传统的民族观念。这种自豪感和归属感成为东方国家传统的爱国主义和民族意识的强大源泉，只要条件成熟，只需实现从君主忠诚向国家忠诚的转变，就能完成从帝国向民族国家的转变。而西方的国家形成却是困难的，因为在中世纪“人们首先认为自己是基督教教徒，其次是某一地区，如勃艮第或康沃尔的居民。只是最后……才是法兰西人或英吉利人”。[③] 也就是说，要想实现国家的现代性转变，需经民众从对上帝的忠诚到对君主再到对国家的忠诚的转变，而宗教的普世性要求实现转变的第一步是打破其统一性。

其次，国际交往在民族国家的形成过程中也发挥了重要作用。需要说明的是，欧洲列强之间是一种相对平等的国际交往；而东、西方国际交往则是西方的侵略促成了东方民族主义的发生，这是一种不平等的国际交往。

如果说反封建与宗教改革促进了民族主义在欧洲的萌芽，那么使得民族主义得以巩固的则是欧洲的分裂。“欧洲的运气在于他的分裂，因为这

---

① ［美］汉斯·科恩：《民族主义思想：对它的性质与起因的研究》，1945年版，第145、188页。转引自彭树智：《东方民族主义思潮》，西北大学出版社，1992年版，第8页。

② ［美］石约翰著，王国良译：《中国革命的历史透视》，东方出版中心，1998年版，第4—5页。

③ B. C. Shafer, Nationalism: Myth and Reality, London and New York, 1955, p. 61. 转引自姜鹏：《民族主义、民族、民族国家——对欧洲现代民族主义的考察》，《欧洲》2000年第3期。

是产生各国之间互相竞争以超过对方的因素。"① 正是这种竞争形成了国际交往（地理大发现、殖民活动、战争、经济贸易等），而民族主义便在这一过程中得以巩固和加强，因为这种竞争性的国际交往更易使同一种文化背景下的人们强化已有的认同感，并使他们加强对自身母文化的研究、挖掘。"对本民族的历史、语言与民俗方面的类似研究，有其明显的心理层面：它表明了在外来文化的重大影响下，一种'自我寻求'的急切追求。隐在其动机之下的是一种恐惧，害怕文化的认同在心理上受到淹没甚至被根除，另一方面又因当初有向外大量求借之必要而感到自惭形秽——一种认为自己人'落后'的自卑感。"② 这是"民族精神"义理的一个方面，即反抗外来文化。"民族精神"义理的第二个方面是它包含了一种欲望，希望见出自己的民族和他们的过去对人类有一定的贡献，和其他民族比起来有同样价值——特别是和那些物质上显然优越的民族加以相提并论。"③ 18世纪末、19世纪初的德国就是典型的例子。当时的德意志只是个地理概念，它在军事与物质上远远落后于英国、法国，但德意志文化却在欧洲独树一帜，并涌现了大批杰出的哲学家、艺术家和科学家，而以费希特为代表的民族主义理论家倡导的文化民族主义理论为德国统一奠定了坚实的理论基础。

西方列强的入侵，打破了沉睡多年的东方古老国度的迷梦。西方列强的瓜分与掠夺破坏了东方国家封建社会的经济基础，同时也移植了新的生产和生活方式：铺设铁路、创建银行、开办厂矿、强化贸易、开办学校、出版报刊、介绍图书、传播西方思想等。从某种意义上说，西方列强的殖民行为给东方这片安静的土地带来的客观触动是列强意想不到的。西方思想和意识的引入与传播给东方知识分子提供了反抗外来侵略的民族主义思想武器，他们将欧洲的思想意识与本土传统结合起来，唤起了古老国度人民心里深藏的爱国主义精神和民族意识，发起了反对西方统治者的民族主义运动。民族主义从西方的武器变成东方的武器，这就是历史的悖论。

第三，东西方民族主义虽然都曾利用宗教作为其理论的依据，但利用方式却完全不同。西方民族主义是一个自我反思的、"碎片化"的过程，强调的是殊性；而东方民族主义大多是在外来压力下来不及对自身文化进

① ［法］皮埃尔·热尔贝著，丁一凡等译：《欧洲统一的历史与现实》，中国社会科学出版社，1989年版，第7页。

② ［美］艾恺：《世界范围内的反现代化思潮——论文化守成主义》，贵州人民出版社，1991年版，第25、26页。

③ ［美］艾恺：《世界范围内的反现代化思潮——论文化守成主义》，贵州人民出版社，1991年版，第25、26页。

行冷静反思的应对过程，强调的是共性。

在中世纪的西欧，天主教在精神领域占据主导地位。教皇不仅掌握行政大权和财权，而且是天主教世界的最高法官。但是，教会的腐败和搜刮民财也不断引起市民阶层的反抗。随着资本主义经济的发展、地区联系的增强，出现了以专制君主为核心加强中央集权的趋势。16世纪民族君主国的出现，是近代民族国家形成的母体，天主教会成为中央集权发展道路上的障碍。于是，把教会置于王权的控制之下已成为时代的要求，各国颁布一系列法令，最终实现了教会的民族化。

而"非西方人对西方的挑战只有三种可能的反应：效法西方，加入西方的行列；置之不理，摒弃西方及其一切成就；或者，最困难的是，可以在自己的和西方的文化背景及一套准则之间，设法安排一种容易共处的妥协"。[①] 但是西方世界没有给东方民族融通的机会，东方民族多数选择了第二条道路。无论是印度教还是伊斯兰教，它们是一种完整的生活方式，适合于人们生活的全部领域。正是这种宗教的统一性成为革命领袖用来号召人民的精神武器。特别是伊斯兰教，在它的教义中没有"国家"生长的土壤，一切事务由乌玛（Umma）[②] 来承担。加之伊斯兰教是整个阿拉伯民族的共同宗教，所以泛阿拉伯主义、泛伊斯兰主义就成了既是目标又是口号的、具有双重意义的事物。

20世纪的东方世界是在民族主义的旗帜下度过的。东方民族主义在世界民族主义运动史上占有的重要地位，引起了部分学者的关注：第一种观点认为，东方民族主义是反殖民主义的"现代化意识形态"；第二种观点认为，东方民族主义是"涵化"过程的结果，即"模仿民族"向"中心民族"学习过程的结果；第三种观点认为，东方民族主义现象是反殖民主义革命的一部分，是东方各民族用武装斗争进行反殖民统治的革命结果。彭树智教授认为，东方民族主义是建立和巩固民族国家、争取政治和经济独立、发展社会文化的反帝国主义和殖民主义的进步思潮，它不仅是一种政治思潮，还是一种政治信仰、情感和价值观，是20世纪东方政治文化的重要组成部分。[③]

总之，经过一个多世纪的发展，东方民族主义在东方国家独立和发展过程中发挥了重要作用。但是，东方民族主义是在外来侵略的压力下产生

---

① ［英］G. H. 詹森著，高晓译：《战斗的伊斯兰》，商务印书馆，1983年版，第6—7页。

② 指伊斯兰教初创时期穆罕默德在麦地那建立的以共同宗教信仰为基础的穆斯林社团，具有宗教社会和神权政体双重属性。

③ 彭树智：《东方民族主义思潮》，西北大学出版社，1992年版，第10—15页。

的，一方面借助传统来证明本民族存在的价值和意义，另一方面又急于向西方学习。在此过程中，效仿西方产生的失误与不足可能导致其完全投入传统的怀抱，形成狭隘的民族主义。还需指出的是，对自身文化过分的抬高，容易形成文化民族主义，文化（如宗教）在革命兴起的过程中可能是一种旗帜，革命胜利后又可能成为民族主义发展和国家建设的巨大障碍。[①]这就是东方民族主义的基本点。

三、挑战与应战

著名英国历史学家阿诺德·汤因比用"挑战与应战"揭示文明的起源、发展与衰落。他认为，产生文明要面临各种困难环境，这些困难环境对于生活于其中的那部分人类构成一种挑战，而为了奋起应付这种挑战，人类表现出空前的努力，于是一种文明就在这"挑战与应战"的过程中产生了。同时，激起成功应战的挑战必须"适度和中庸"，如果挑战过分严重，超出了人们的应战能力，人们就会被这种挑战压垮。[②] 实际上，这种"挑战和应战"理论也可运用于对民族主义发展历史的考察，因为民族主义无论作为一种历史遗产还是现实存在，从广义上讲都属于人类文明的一个构成。在人类历史上，挑战者与应战者的角色随着时间和环境的改变是可能发生变化的，民族主义发展的历史也符合这一规律。大致可见下图所示：

表1　挑战者与应战者的角色变化

	二战前	二战后	15世纪—20世纪60年代	20世纪60—80年代	20世纪80—90年代	冷战后
挑战者	西方		西方		经济全球化	民族分离主义
应战者	西方		西方		西方、东方	西方、东方
挑战方式	战争	经济	军事、经济	经济、民主	经济	建立主权国家
应战方式	战争	经济	革命	全面的民族国家构建	区域主义和贸易保护主义等	反分裂制度建设

① 刘中民：《伊斯兰原教旨主义对民族主义的思想挑战》，《世界民族》2001年第6期；田文林：《中东民族主义：政治合法性基础与危机》，《西亚非洲》2001年第4期。

② ［英］阿诺德·汤因比著，曹未风译：《历史研究》（上），上海人民出版社，1966年版，第173、174页。

从表中我们可以看出，近代以来到处都有民族主义的身影。在民族主义发展的过程中，到目前为止大致出现了四种挑战与应战的局面。它们分别是：西方国家之间的挑战与应战，西方与东方的挑战与应战，经济全球化与所有国家之间的挑战与应战，以及冷战结束后民族分离主义与已经相对稳定的民族国家之间的挑战与应战。此外，在各个阶段和不同的主体之间，挑战和应战的方式也各有不同。西方国家之间的挑战与应战方式以第二次世界大战为分界线，二战之前的挑战与应战方式基本上是战争，或是为了争夺殖民地，或是为了争夺世界霸权。从地理大发现开始，现代欧洲就向四面八方伸展触角，且因内部的分裂“促使各国进行永不休止的勘探和坚持不懈的争夺……事实上，欧洲的扩张并不是以协调一致的方式进行的，而是在非常激烈的竞争中进行的”。① 近代以来主要大国之间的战争就是国家关系的主旋律，最引人注目的就是第一次和第二次世界大战。帝国主义战争本身就是帝国民族主义的情绪释放，同时在主要参战国内部民众也出现了民族主义情绪的高度宣泄。二战后，发达国家之间的竞争是一种较纯粹的经济竞争，政治性相对淡化，比如抬高关税、限制进出口等。

西方国家和东方国家之间的挑战与应战以20世纪60年代东方民族主义国家体系形成为界限。在此之前，西方国家为了获得经济利益主要通过销售商品、掠夺原料、开办工厂、控制税收等方式掠夺殖民地，当受到这些国家的反抗时，他们就付诸战争，然后通过签订不平等条约以获得更多的利益。但是第二次世界大战后，伴随殖民地、半殖民地民族革命运动的发展和民族的自觉，这些国家纷纷取得了国家的政治独立。因此，20世纪60年代以来，西方发达国家对这些发展中国家的挑战方式就主要是经济方式，即通过不平等的国际经济秩序，从发展中国家获得低廉的原材料，高价出售工业品，或者直接把高能耗、重污染、劳动密集型和低附加值的产业直接转移到这些发展中国家。同时，发达国家还利用控制国际重要金融组织的有利条件，通过不平等的国际金融秩序使发展中国家的经济严重依赖于发达国家。

在采取经济上控制的同时，西方发达国家还通过推行符合西方价值观念的民主框架，改造东方国家的政治运行模式。它们无视这些国家的文化传统和基本国情，给这些国家的基本制度建设带来了巨大冲击。这一行为在很多国家引起了民族主义的抵制。另外，近几十年来西方国家

---

① ［法］皮埃尔·热尔贝著，丁一凡等译：《欧洲统一的历史与现实》，中国社会科学出版社，1989年版，第7页。

又总是以"民族自决"的幌子插手东方国家的国内民族事务，扶植民族分裂势力。由于各国的各民族都有自己相对独立的生存空间，这为民族"独立或分离"提供了地理基础。加上外国势力的干预，民族分离便成为可能。为了应付来自西方发达国家的挑战，东方国家顶住压力，开始了全面的民族国家的建构。一方面，它们在国际上结成由发展中国家组成的国际组织，比如"不结盟运动""77 国集团"等。这些组织在联合国等国际组织内与西方国家打交道的过程中，用一个声音说话，努力捍卫东方国家的利益。另一方面，在国内努力发展经济，调整经济发展战略，发展市场经济；在政治上也进行改革，使政治发展模式向着民主化、法制化的方向前进；在文化上统一民族文化，增强民族凝聚力和向心力。

20 世纪 80 年代以来，经济全球化迅速发展，跨国公司作为经济全球化的载体在世界范围内迅速扩张自己的势力，同时引起了资本的全球性流动。这种趋势无论是对西方国家还是对东方世界来说，都是一个巨大的挑战。无论是在民族国家内部还是在国际上都对经济全球化做出了反应。在顺应国际贸易大趋势的前提下，国内贸易保护主义在很多国家中抬头，贸易壁垒明显增加。另外，全球化已普遍消除了资本的区域性特征，正在使资本重新组合，"流动空间"正取代"地域空间"，"政治空间"与"经济空间"也第一次出现分离。① 在这种情况下，国家主权普遍受到威胁。

市场的普遍化要求一定的政治组织形式与之相适应。而面对这种挑战在以民族国家为主要行为体的世界上出现了各种世界性组织。目前最有发展成果的就是欧盟，另外还有美洲国家组织、亚太经合组织、东南亚国家联盟、八国集团等，这些组织既有西方国家之间的，也有东方国家之间的，还有东、西方国家共同组织的。区域性组织既是经济全球化发展的必经阶段，同时又是全球化发展的障碍。我们可以把它理解为扩大了的民族主义，正如英国著名发展经济学家西尔斯（Dudley Seers）在《民族主义的政治经济学》一书中明确地把建立诸如欧共体、拉丁美洲地区市场这样的行为看作一种延伸或扩大的民族主义（Extended nationalism）。②

---

① ［美］阿兰·伯努瓦：《面向全球化》，王列、杨雪冬编译：《全球化与世界》，中央编译出版社，1998 年版，第 6 页。

② Dudley Seers. *The Political Economy of Nationalism*. Oxford. University Press，1983，pp. 142 - 185.

最后，冷战结束后，民族分离主义盛行。无论是东方国家还是西方国家都未能幸免。面对这种挑战，许多国家付出了血的代价。如何更好地处理民族间的关系和增强民族的向心力，是各国普遍需要关注和解决的问题。“民族主义首先是一条政治原则，它认为政治的和民族的单位应该是一致的。”① 这种“一个民族，一个国家”的民族主义原则正在成为民族分离主义的理论武器。面对民族分裂主义，无论是东方国家还是西方国家都普遍加强反对分裂的制度建设。比如在美国、加拿大等西方发达国家，在坚持国家统一的前提下制定和执行文化多元主义政策，用宽容的态度对待少数民族的文化要求；而在东方国家，除了加快民族地区经济建设以增加民族向心力外，还在政治上使少数民族和民族地区获得更多的民主权利和自治权利；当然，对于一意孤行的分裂国家的行为，应在法律上进行严惩。

埃里克·霍布斯鲍姆在《民族与民族主义》的结篇中指出，“民族与民族主义的确已过了鼎盛时期”，② 但毕竟现在仍是民族国家以及与此相对应的民族主义存在的时代。因此，我们必须认真对待民族主义，立足现实，因势利导，把握好这把“双刃剑”。同时，国家应实施合理的民族政策，防止民族分离主义，打击民族分裂势力，加强民族文化建设，增强中华民族的凝聚力，以更好地应对西方及全球化的挑战。

浅析民族主义的依附性——以对自由主义的依附为例*

张淑娟

民族主义是建立在国家观念上的原则，伴随资本主义生产关系产生和发展过程出现于近代，是将追求民族（nation）利益作为最高目标的意识

---

① ［英］厄内斯特·盖尔纳著，韩红译：《民族与民族主义》，中央编译出版社，2002 年版，第 1 页。

② ［英］埃里克·霍布斯鲍姆著，李金梅译：《民族与民族主义》，上海人民出版社，2000 年版，第 224 页。

* 原载《大连民族学院学报》2015 年第 2 期，略有改动。

形态[①]和社会政治运动，并把民族国家作为实现上述目标的基本途径。根据安东尼·斯密斯的总结，民族主义的"核心原则"可以概括为以下几点：世界由不同的民族所构成，每个民族都有它自己的特征、历史和认同；民族是政治权力的唯一源泉；对民族的忠诚超出所有的其他忠诚；为赢得自由，每个个人必须从属于某个民族；每个民族都需要完全的自决和自治；全球的和平和正义需要一个各民族自治的世界。[②] 发展到今天，民族主义演变出多个变种，宗教的、世俗的、保守的、激进的、极端的、分离主义的和帝国主义的等等，本文所探讨的民族主义仅指为取得民族统一、认同和自治的努力，对于其变种不做讨论。

民族主义在民族国家构建的历史进程中发挥了重要作用。但是，民族主义提供的仅仅是精神纽带和情感寄托，以及创建国家的愿望与努力。在民族国家构建的整个过程中，除了从历史中为民族自治、民族统一和民族认同寻找相应的象征、神话、记忆等文化资源以增加民族凝聚力外，还需要其他主导思想为社会运行提供具体的资源分配原则，解决社会根本利益问题，而这些原则正是形成社会动员、进行革命和建设不可或缺的最基本动力因素，正如安东尼·斯密斯所说："民族主义的核心原则仅仅提供了一个宽泛的抽象框架；我们必须用每个特定民族共同体的次级概念和特殊概念来充实抽象的框架……这就是为什么民族主义常常'栖息'于其他意识形态和信仰体系，并且借助它们来达到民族主义的目的。"[③]

也正是因为民族主义的关注点与其他解决社会最基本问题占主导地位的意识形态不同，民族主义主要为实现民族统一、民族独立和民族认同提供动力和方向，回答"我们是谁""我们从哪里来""我们如何成长"和"我们将去何处"等问题，增加民族内部的聚合力，激发民族成员追求整体利益的热情，这样民族主义依附于不同的主导意识形态呈现民族发展的进程和诉求。本文以民族主义对自由主义的依附关系为例，试析民族主义的依附性。

---

① 根据马克思主义经典作家的看法，认为"民族主义是资产阶级意识形态"，而事实是民族主义产生于近代，延续至今。同时，经典作家也谈到"所有被压迫民族完全解放的过渡时期"，在笔者看来就是按照民族原则建立民族国家的过渡时期，在这一时期，既可以建立资本主义国家也可能建立社会主义国家。因此，民族主义同样也是社会主义国家可以使用的重要工具和资源，因此要淡化民族主义的阶级属性，关于这一观点可参见拙作：《关于民族主义的几点思考——基于马克思主义经典作家意识形态的观点》，《内蒙古民族大学学报》（社科版）2014 年第 2 期。

② ［英］安东尼·史密斯著，叶江译：《民族主义：理论，意识形态，历史》，上海世纪出版集团，2006 年版，第 23 页。

③ ［英］安东尼·史密斯著，叶江译：《民族主义：理论，意识形态，历史》，上海世纪出版集团，2006 年版，第 25 页。

一、民族主义与自由主义“并肩前行”

第一次民族主义浪潮发端于欧洲，从12世纪开始，随着生产力的逐步发展，西欧各地的经济联系不断增加，密切的贸易联系逐渐导致文化相似的民族在政治上出现联合或兼并，为统一奠定了经济和政治基础；王权在与教权的斗争中取得了决定性的胜利，王国成为凝聚各种社会力量的核心，专制王权的建立为西欧主要民族的统一，进而建立民族国家开辟了道路；同时，国王利用手中的权力开始摆脱罗马教皇为首的宗教势力对世俗生活的干涉，英国在1164年就颁布《克莱林顿宪法》限制罗马教皇、教会及神职人员的特权，1534年议会又通过《至尊法案》，宣布英王兼任教会的首脑，从而收回教职人员的任命权，切断国内教派与罗马教皇的隶属关系，教权让位于王权，民族教会开始建立。与上述政治领域的努力同步，文化领域的统一建设也在进行，提倡民族语言及使用民族语言进行文学写作，由但丁（1265—1321年）为首的文学家掀起了使用意大利语代替拉丁语的写作热潮，但丁主张以意大利方言为基础，逐渐将意大利语作为意大利统一的民族语言，这一主张为后来以民族为单位进行理论思考和社会活动提供了条件。与民族内部统一过程相伴随的是各国之间为争夺领土、王位继承权等爆发的战争，这种外来的压力进一步增强了各国的民族认同和归属感，从而加速了内部民族统一和国家建构的速度。与此同时，列强之间的“均势体系”的形成为这些国家对外的自我肯定并得到其他国家的认可提供了可能。以强调国家利益为最重要目标的民族国家逐渐代替强调王朝利益的绝对主义①国家，“随着拿破仑战争，开始了国家外交政策和国家战争的时期，也就是说，一国的广大公民开始关心国家权力和国家政策，而不再同帝王的利益配合一致”。② 资产阶级民主革命、民族运动和民族国家建构交织在一起，民族国家的建立是资产阶级民主革命的重要内容，也是第一次民族主义浪潮的最大成就。民族国家建立后开始进入国家民族整合时期，其中基本任务之一就是给本国的历史传统、语言文字等文化资源赋予了特殊的内涵，为民族国家的建立和巩固提供精神纽带，而这些正是民族主义的使命，而这些恰好满足了资产阶级的要求。正是这批民族国家的建立为以后民族国家建构提供了样板。

---

① 欧洲中世纪晚期，随着王权的巩固，国王获得了绝对的权力。因此，这一时期的国家习惯上称为“绝对主义国家”。对于国家的发展历程详见［美］贾恩弗兰科·波齐著，沈汉译：《近代国家的发展——社会学导论》，商务印书馆，1997年版。

② ［美］汉斯·摩根索著，杨岐鸣等译：《国家间政治——为权力与和平而斗争》，商务印书馆，1993年版，第144页。

与民族统一和民族国家建构过程相伴随，民族主义思想在其发端时期依靠自由主义思想的力量，并以它作为基础。"最初的民族主义是公民的、自由主义和个人主义的，它们是建立在理性、平等和个人自由的价值基础之上"，[①] 二者"并肩前行"。首先，自由主义对个人自由、平等权利的强调成为民族主义兴起的基础动力。集体的自由必须由个人的自由体现出来，个人自由权利的充分发展为民族主义思想的产生提供了基础，进而在强调个人独立利益的基础上才能谈利益认同和共同利益，对个人权利的充分强调也必然会表现出对民族命运的高度关注，民族主义是自由主义在不同的领域的另外一种表达形式。其次，民族主义与自由主义从不同角度为民族国家助力，自由主义无疑是基本驱动力量。在民族主义发展的第一阶段，实现民族统一、建立民族国家是民族主义的基本使命，这一使命恰恰也是自由主义普遍方案的基本内容。作为确定资本主义社会基本运行原则的理论，自由主义强调个人至上、平等自由、机会均等等基本原则，这些基本原则在经济、政治和文化领域内得以贯彻和实施，确立起资本主义国家的基本价值，从而在内部塑造和巩固民族国家，确立个人与国家之间相互依赖的二元关系，将在国家边界范围内的民众整合成一个民族，并将民族主义置换成爱国主义，使民族主义"成为政府最强有力的武器"。而民族主义原则更多地通过民族国家之间形成的国际关系体系以及民族国家间的交往，从外部确立和强化民族国家的相关理念，如国家利益、国家主权、对外政策和民族统一等，这无疑承认了各个民族的平等地位和自决权利。在第一次民族主义浪潮时期，在自由主义原则充分发展的基础上，基本实现了从个人自由、平等的个人权利向民族集体自由、平等的集体权利过渡。民族主义对于集体权利的强调不是对个人权利的遮蔽和否定，而是在国际领域内对个人权利的进一步扩展与延伸，使用范围的扩大必然带来主角的相应更换。戈林费德（Liah Greenfield）对自由主义与民族主义的评论揭示了两者之间的内在关联："主权属于人民这一概念，承认不同阶层在根本上平等这一观念，组成了现代民族思想的精义，而同时它们就是民主的基本原则。民主的诞生，伴随着民族性的自觉。……民族主义是民主呈现在这个世界上的形式，民主被包含于民族的概念，恰似蝴蝶生于茧中。最初，民族主义就是作为民主而发展的。"[②] 也正是从这个意义上讲，

---

① L. Greenfeld, *Nationalism, five roads to modernity*, p. 420. Cambridge University Press, 1992.

② 郭洪纪：《文化民族主义》，台湾扬智文化事业股份有限公司，1997 年版，第 62 页。

“在 19 世纪上半叶以前，民族主义和自由主义曾是同一事业（single cause）”,[①] 因此，自由主义和民族主义是现代资产阶级革命的孪生兄弟，无论是理论还是政治实践上，二者的密切关系都得到积极的肯定。资产阶级革命以个人自由、基本人权、个人权利为革命的武器，推翻了专制制度的统治。与这一历史进程相一致，凭借法国大革命的思想家（如西耶斯、卢梭等）和领导者们对未来社会共同体塑造，民族这一具有悠久文化传统、并以血缘、语言、地域和共同经济生活等纽带为联结的人类共同体，成为资产阶级革命的政治目标之一，也就是掌握国家主权的公民共同体。

资产阶级的社会精英们渴望塑造的共同体是建立在自由、平等和人权基础之上的资产阶级国家，而同时全体公民也要成为一个紧密相连、团结一致的政治共同体。而事实上，美国独立战争与法国大革命也的确实现了作为公民共同体意义上的民族（国家）主权；同时，基于历史传统、风俗习惯和语言文字基础上的古老民族概念在德国走向统一的运动中发挥了重要作用，奠定了民族主义在近现代国家构建过程中的历史地位。资产阶级自由主义思想家和政治家们也看到了民族在反抗君主专制、实现统一、建立国家的政治斗争中的重要作用。他们继续利用这一力量进一步推动资产阶级革命的扩散，主张各国都应以民族为基础建立现代民族国家，民族是国家主权的合法性来源，民族的边界应与国家的政治边界保持一致。自由主义者甚至认为，由不同民族组成的国家自由主义制度几乎不可能实现，这正是西方民族主义古典理论所主张的“一个人民，一个国民，一个国家”形成的基础。[②]

二、民族主义与自由主义“合二为一”

然而，民族主义很快就打破了自由主义思想家和政治家的美好设想，基于个人自由、人权和民主基础之上的民族国家只是昙花一现，没有成为民族国家的唯一范本。帝国主义、大国沙文主义、种族主义、甚至纳粹主义都在民族主义中找到了生存的土壤，建立了一系列与自由主义理念格格不入的国家。与此同时，随着帝国主义的入侵，亚非拉等落后的国家和地区掀起了第二次民族主义浪潮，在那里自由主义与民族主义之间呈现出另外一种状态。

---

① Hugh Seton - Watson, *Nations and States: an Enquiry into the Origins of Nations and the Politics of Nationalism*, 1977, London: Methuen & Co. Ltd, p. 443.

② 关于对西方民族主义古典理论的批判可参见朱伦：《走出西方民族主义古典理论的误区》，《世界民族》2000 年第 2 期。

与第一次民族主义浪潮实现民族统一和建立民族国家相伴随的是民族帝国主义的侵略野心，事实上从地理大发现开始，欧洲列强就将侵略扩张作为争夺霸主地位的手段之一，这一野心"促使各国进行永不休止的勘探和坚持不懈的争夺，事实上，欧洲的扩张并不是以协调一致的方式进行的，而是在非常激烈的竞争中进行的"。① 主要资本主义国家经过几个世纪的争夺，领土和边界基本确定下来，领土的划定意味着民族国家构建的基本物质前提确立起来，从某种意义上意味着第一次民族主义浪潮目标的实现和终结。

对土地和财富的进一步追求要通过向外部世界扩张才能实现。因此，主要资本主义国家对其他国家和地区的军事、经济和文化侵略变本加厉，民族主义理念随之传入这些国家和地区，民族主义成为来自西方的反西方的武器，民族危机的现实与民族主义的理念相结合唤起了这些国家和地区人民的民族意识与爱国热情。

这些国家和地区的经济社会发展相对落后，资本主义经济没得到充分发展，占人口大多数的还是处于被统治地位的农民，没有形成强大的资产阶级，个人的自主意识也比较薄弱，面对来自强国的挑战，民族主义情绪成为弥漫于社会各个阶层的深层次心理诉求，民族意识逐渐增强。民族精英们逐渐将西方国家置于对立面，并试图通过各种方式摆脱与西方国家的"主奴关系"，获得民族独立并成为正常的国际政治行为体。民族主义理念作为社会动员的重要工具，成为反对殖民主义的旗帜和有效的应战方式，民族独立与富强也因此成为第二次民族主义浪潮的最基本诉求。

由于所处时代的特殊性，这些国家和地区的民族主义思想是伴随着民族危机的出现而传入的，这种不平等的国际交往促成的第二次民族主义浪潮，不具备第一次民族主义浪潮中民族主义产生的经济、政治条件和社会力量，缺乏自由主义基础。

民族主义在这种特殊的条件下对自由主义的依附呈现出特殊的形式，一方面，对民族主义基本诉求的强调是短暂的，不会成为永久的历史主题，即民族主义对自由主义的遮蔽不会长久，凯多利（Kedourie）和迈克尔·弗里登（Michael Freeden）在批判民族主义意识形态时也提出类似的观点："民族主义只有在短暂的时段内会变得极为重要，即在民族建构、征服、外部威胁、领土争议、或内部受到敌对族群或文化群的主宰等危机

---

① ［法］皮埃尔·热尔贝著，丁一凡等译：《欧洲统一的历史与现实》，中国社会科学出版社，1989 年版，第 7 页。

时，民族主义才显得极其重要。”① 民族独立与解放的任务不能成为永远是核心的内容，当民族独立的任务一旦完成，历史主题立刻转到社会生产与政治资源配置上。即使在强调民族独立与富强的时候，也不是完全忽视自由主义的诉求，只是将其工具化：各种社会力量在面对国家民族遭受侵略和个人受到压制的历史现实时，开出的药方基本都是从个人作为切入点，而将国家民族的独立和富强作为终极目标。这样一种关系在清末和民国时期的中国得到充分演绎，各种社会力量在某种程度上都试图使个人摆脱封建力量的束缚，并获得解放，同时，又基于民族独立和富强的需要，将个人的命运与国家的前途捆绑在一起，如严复提出“鼓民力、开民智、新民德”主张、梁启超提出“新民”思想、蔡锷提出“军国民”思想、孙中山提出“恢复民族地位”思想、南京国民政府开展“新生活运动”和“国民精神总动员”、国家社会党提出“民族至上，国家至上”主张、战国策派提出“国命整合”主张、优生学家提出“优生救国”主张，直至中国共产党提倡“自力更生，艰苦奋斗”精神。不仅政治领域，近代中国的文学、艺术、哲学等文化领域也无不反映出将个人工具化的倾向。近代中国国家转型的过程是民族国家取代传统帝国体系的过程，与这一过程相伴随的是个人从等级制度中被解放出来，获得相应的权利，同时也是资本主义经济产生并逐渐壮大的历史时期。但是在当民族独立和民族富强成为巨大的历史命题笼罩近代中国的历史境遇下，个人命运被整合进国家存亡与民族兴衰的时代性主题中。

另一方面，从民族主义的内涵进行分析，民族主义是“被压弯的树枝”，是对外在压力的反弹。因此，民族主义的基本宗旨是通过强调本民族的独特性从而实现民族独立和建立民族国家。而民族主义第二个阶段的基本任务是实现民族独立，以争取回到平等的国际交往状态中，这恰恰典型地反映了民族主义的初衷。从这个意义上讲，德国浪漫主义的反启蒙思想成为民族主义理论的源头，② 赫尔德作为德国民族主义的代表认为类归属于某个群体（民族）是最基本的价值取向，属于一定民族是最自然的状态，而不同民族都拥有独一无二的个性，即民族文化多样性，这些文化无高低贵贱之分，具有不可比性，也不存在衡量各个民族的统一标准，各民族都为人类做出贡献，人们应该尊重不同的民族文化。各种文化的价值应

---

① ［英］安东尼·史密斯著，叶江译：《民族主义：理论，意识形态，历史》，上海世纪出版集团，2006 年版，第 24 页。

② 对民族主义理论源头的讨论可参见拙作《浅析民族主义理论源头》，《大连民族学院学报》（社科版）2014 年第 3 期。

该是平等的，每个文化都该受到重视，唯有独具特性的事物才有真正的价值。[①] 赫尔德将各种民族文化比喻成人类大花园里的鲜花，并认为它们可以共存共荣，和睦相处。[②] 这一主张恰恰能从自由主义的发展中找到理论基础，托马斯·霍布斯、大卫·休谟、以赛亚·伯林和迈克尔·奥克肖特等学者捍卫的自由主义正是价值多元主义，而价值多元主义对各种生活方式和平共处的承认和鼓励成为民族主义援引的基础。

三、自由主义助推民族主义“走向极端”

第三次民族主义浪潮，首先出现在冷战结束前后的苏联和东欧地区，并且迅速蔓延到西方国家乃至整个资本主义世界，民族矛盾、宗族纠纷、种族冲突和民族分离运动成为影响国家稳定的重要因素，民族主义又成为塑造和冲击冷战后国际政治格局的要素之一。与第一次民族主义浪潮主要追求民族统一和第二次民族主义浪潮主要追求民族独立不同，这次民族主义浪潮是在主权民族国家既定的情况下，多民族国家内部的民族单元掀起的分离主义浪潮，而自由主义的理论和政治实践进一步助长了这种倾向。

之所以出现第三次民族主义浪潮既有实践因素也有理论的因素，从实践方面看，首先，经过第一次与第二次民族主义浪潮所建立的民族国家，特别是在一些多民族国家里，民族构成上较为复杂，正如斯大林所说：“现今的意大利民族是由罗马人、日耳曼人、伊特拉斯坎人、希腊人、阿拉伯人等等组成的。法兰西民族是由高卢人、罗马人、不列颠人、日耳曼人等等构成的。英吉利民族、德意志民族等也是如此。”[③] 因此，必然存在着国家整体文化与各民族文化的不一致，民族文化作为一种亚文化与国家文化存在“裂缝”。在一些国家中还存在着跨界民族，这样，国家的政治边界与民族的文化边界不一致是常态。其次，随着科学技术特别是交通和通讯技术的进步，经济全球化迅速发展，强势文化通过多种形式冲击各国政治领导人试图维系的民族（nation）文化，同时，各民族国家的政治领导人为了强化民族（nation）文化采取各种措施，这些都必然引起少数民族群体的进一步自觉和族性张扬。再次，虽然在国际政治领域实现真正民

① 徐迅：《民族主义》（修订版），中国社会科学出版社，2005 年版，第 128 页；钱雪梅：《文化民族主义的理论定位初探》，《世界民族》2003 年第 1 期。

② ［英］伯林著，冯克利译：《反潮流：观念史论文集》，译林出版社，2002 年版，第 26 页。伯林因此在文章称赫尔德是“多元主义”的创始人。

③ 中国社会科学院民族研究所编：《斯大林论民族问题》，民族出版社，1990 年版，第 26 页。

主化还任重道远[①]，国际政治民主化的趋势却降低了在国际层面追求集体权利的政治成本。在上述因素的影响下，民族分离主义者以打破原来的国家边界，使既定的民族国家的边界缩小，建立新的民族国家这一政治屋顶为己任。列宁说过，“建立最能满足现代资本主义这些要求的民族国家，是一切民族运动的趋势（趋向），最深刻的经济因素推动人们来实现这一点，因此民族国家对于整个西欧，甚至对于整个文明世界，都是资本主义时期典型的正常的国家形式。”[②] 而在冷战结束后对民族国家的追求并没有因这一时代的发展而终结；另外，从民族心理看，实现基本的政治权利只是地满足了个人生存的需要，还会在文化上寻求身份认同，“即延续他生活于其中的那个社会共同体独特的生活方式、传承该共同体共同的文化以及该共同体在更大的政治共同体中分享政治权力等，则需要通过他所属的群体来实现”。[③] 归属于某个民族成为人们的重要精神归宿和情感寄托；最后，两极格局解体，为民族分离主义进一步发展提供了历史契机。

从理论上看，在第二次世界大战结束后，经受纳粹主义与民族解放运动双重挑战的自由主义理论重新审视民族主义，也开始重新反思自己。伯林以价值多元主义作基础为自由主义辩护，认为多元和平共处才是生存之道。因此，价值多元论成为多元文化主义的理论基础，而多元文化主义成为多民族国家处理民族问题的指导思想。多元文化主义在某种程度上为冷战后民族分离主义的发展提供了理论基础，而古典民族主义理论“一个人民，一个国民，一个国家”的主张对民族国家无限细化的趋势，进一步助推了冷战结束后的地区冲突和民族矛盾，导致连年的战乱。

民族自决原则是民主政治的要求之一，与个人自由原则并列成为西方自由主义政治理论的基石，“民主的某些要求，包括自决在内，并不是什么绝对的东西，而是世界一般民主主义（现在是一般社会主义）运动中的一个局部”。[④] 民主是自由得以实现的保障，也是自由得以实现的政治形式。冷战结束前后，在很多国家以民族自决和自治为诉求的民族要求与政治分享、政治参与为诉求的民主要求却失去了结合点，反倒是政治民主化进一步助长了民族分离主义倾向。“民族的多元性通常是自变量，民主是

① 关于国际领域民主化问题，戴维·赫尔德用“世界主义民主”作为专题讨论，认为世界民主的要义在于改造现有国际组织的基础上建立新的政治机构。具体讨论可参见［英］戴维·赫尔德著，燕继荣译：《民主的模式》，中央编译出版社，1998 年版，第 440—447 页。

② 中国社会科学院民族研究所编：《列宁论民族问题》，民族出版社，1987 年版，第 311 页。

③ 王建娥、陈建樾等：《族际政治与现代民族国家》，社会科学文献出版社，2004 年版，第 9 页。

④ 中国社会科学院民族研究所编：《列宁论民族问题》，民族出版社，1987 年版，第 570 页。

因变量，问题是一个按民族划分的社会是否能够维持住民主制度。而其逆关系，即以民主作为自变量和以民族的多元性作为因变量相联系的关系，说得更明确些，就是民主化与民族冲突相联系的关系。"① 也就是说，自由主义政治民主化助推民族主义"走向极端"。20 世纪 60 年代以来，发达资本主义国家的民族分离主义也逐渐抬头，面临着越来越突出的少数族裔、土著人以及移民等少数人权益保障的诉求与压力。冷战结束后，民族分离主义浪潮愈发强劲，如英国的北爱尔兰问题、西班牙的巴斯克分离主义问题、加拿大魁北克的分离问题等都在新的历史条件下越来越严重，分离主义的威胁持续存在并继续发展。

结语

近代以来，各种占主导地位的意识形态都借助于民族主义，而有些意识形态甚至是对立的，民族主义可以同时为相互矛盾的目标服务，恰恰反映了民族主义的依附性。民族主义是一种理论上不完整的意识形态，要为现实政治需要服务，从既有的思想资源中寻找符合政治目标需要的相应支撑，并建构符合政治逻辑的民族象征、礼拜仪式和风俗习惯。由于现实政治的复杂性和政治取向的多样性，导致民族主义在思想资源选择上出现不同指向，它援引的资源就具有了多样性和不确定性，这样进一步加重了民族主义自身的依附性。因此，民族主义以其"柔软"的身段与主导意识形态之一——自由主义共同经历了几个世纪的发展，在塑造民族国家过程中起到巨大作用。

国际政治视阈下的民族主义情绪*

张三南

民族主义（nationalism）一词产生以来，学界对其含义一直颇有争议。有的学者将民族主义视为一种思想状态，有的视为是一种学说，有的视为是一种运动，或兼而有之，公认的普适性定义并未出现。然而，从多种路

① 宁骚：《民族与国家》，北京大学出版社，1995 年版，第 349 页。

* 原载《世界民族》2011 年第 5 期，略有改动。

径探寻民族主义内涵的努力并未停止也不应该停止，其中的人性心理路径值得我们重视。实际上，从人性心理路径出发提炼理论的做法存在于许多学科领域。例如，国际政治理论中的两大范式——理想主义和现实主义的理论起点即是人性的善或恶；经济学和管理学中“经济人假说”理论的逻辑起点亦是人性，即把人比作“经济动物”，认为人的一切行为都是为了最大限度满足自己的私利；在民族学（文化人类学）方面，心理人类学已成为一支重要的理论流派被广受推崇。在这些理论体系中，有的强调理性，有的兼顾非理性，或多或少地涉及了人性心理方面的情绪研究。因此，我们在国际政治视阈下探究民族主义这一重要议题时，同样需要在情绪研究方面付诸努力。

一、情绪研究：从心理学到国际政治学

情绪是人类心理的常见表象。我国在2000多年前就有关于情绪的论述，主要体现为情绪分类的思想。春秋时期的思想家荀子倡导“六情说”，把情绪分为好、恶、喜、怒、哀、乐六类；《礼记·礼运》中将情绪分为“七情”：喜、怒、哀、惧、爱、恶、欲；《白虎通·情性》也将情绪分为“六情”：喜、怒、哀、乐、爱、恶。[①] 在西方，情绪研究可追溯到古希腊时期，柏拉图和亚里士多德认为理性在情绪调节中起主导作用，人类可以通过理性克服不良情绪。到17世纪，笛卡儿对情绪进行了深入的分析，提出了控制人的行为反映的六种基本情绪，即羡慕、爱、恨、欲望、愉快和悲伤。实际上，许多西方著名学者都对情绪研究有所涉猎，往往认为情绪是理智的对立面。美国学者乔纳森·默瑟（Jonathan Mercer）对此总结道：“当代关于情绪的观点具有一个众所周知的血统。柏拉图、笛卡儿以及康德都认为情绪与理智是相抵触的。例如，笛卡儿区分了身体状态（情绪）和心灵状态（理智）；思维独立于身体而存在。激情必须得到控制，然而如何控制却并不清楚。托马斯·霍布斯提出了一个利维坦（Leviathan），培根和斯宾诺莎建议让情绪互相竞争以控制情绪。……斯密将人类纷杂的情绪简化为一种——对经济财富的追求。斯密用利益和好处替代了情绪和恶习。由此，基于自身利益而行动——实质上它定义了当代对于理性的理解——根源于用个人的激情（贪婪和贪欲）驯服所有其他激情。”[②]

---

① 欧阳仑、王有智：《新编普通心理学》，陕西师范大学出版社，1998年版，第327页。

② 尹继武：《情绪、理性以及国际政治世界》，《欧洲研究》2007年第6期；Jonathan Mercer, “Human nature and the First Image Emotion in International Politics”, *Journal of International Relations and Development*, Vol 9, No. 3, 2006, p. 290.

继达尔文和弗洛伊德之后，对情绪的实验研究逐渐兴起，并将精神分析法应用于研究中，力图通过各种实验来验证诸多情绪理论。在具体研究中，西方学者主要是从心理学层面来对情绪进行研究，并提出了多种理论。这些理论主要有詹姆士—兰格的情绪理论、坎农的丘脑学说、心理分析学派的情绪理论、行为学派的情绪理论、情绪的激活理论、阿诺德的评价理论、沙赫特的认知—激活理论、曼德勒的认知—唤醒理论、拉扎勒斯的认知—评价理论、伊扎德的动机—分化理论等。[①] 在对情绪概念的界定方面，学者们虽有一定的争议，但大体都赞成情绪的一般意义，即情绪是指伴随着认知和意识过程产生的对外界事物的态度，是对客观事物和主体需求之间关系的反应，是由刺激、认知、主观体验、情绪的行为反应几方面组成的反应过程；这几方面的关系是刺激情境——对情境的认知评价——产生主观的情绪体验——表现出不同的情绪反应（包括行为反应）。[②] 情绪激活理论学者宾德拉（D. Bindra）则将情绪分为情绪体验（或认识）、情绪唤醒、情绪行为和情绪刺激四大方面。[③]

此外，情绪研究也受到其他领域学者的重视。除前文所述的中西方哲学家之外，社会学、政治学、法学、民族学（文化人类学）、教育学、军事学、经济学、体育学等社会科学领域的许多学者均涉猎情绪研究。当然这种状况的形成经历了一个过程，而且往往体现为多学科的交叉性研究。

国际政治学领域同样如此。在早期的国际政治思想中，就已闪烁着情绪分析的光辉，如中国古人在谈论战争时常有"骄兵必败、哀兵必胜"式的论述。但情绪研究受到重视，正式成为国际政治学研究对象则经历了一个过程。古典现实主义和理想主义只是笼统地从人性恶或人性善角度研究国际政治，新现实主义学者华尔兹（Kenneth Waltz）曾极力反对在建构国际体系理论时分析心理因素的作用[④]，也有的学者认为权力斗争是国际体系作为一个整体的产物，而不是人性（the nature of man）的结果。[⑤] 作为将心理学理论运用于国际政治研究集大成者的罗伯特·杰维斯（Robert Jervis）的基本理论分析工具仍停留于认知相符理论，这是一种纯认知的研究，仅仅探讨认知因素对决策者错误知觉的影响。到后来，杰维斯在对自

① 孟昭兰：《人类情绪》，上海人民出版社，1989 年版，第 44—112 页。

② 曹鸣岐：《应用心理学》，经济科学出版社，2002 年版，第 96 页。

③ ［美］K. T. 斯托曼著，张燕云译：《情绪心理学》，辽宁人民出版社，1986 年版，第 6 页。

④ 尹继武：《情绪、理性以及国际政治世界》，《欧洲研究》2007 年第 6 期。

⑤ Marc A. Genest, *Conflict and Cooperation: Evolving Theories of International Relations*, Fort Worth: Harcourt Brace College Publishers, 1996, p. 48.

己学术生涯进行自我回顾与评估时，承认了当时研究的一个最大失误就是忽视了情绪的作用。[①] 随着行为主义（behavioralism）、建构主义（constructivism）和反思主义（reflectivism）的相继兴起，非物化的心理、意识、观念等因素成为了国际政治研究的重要关注点，情绪研究逐渐受到了以默瑟为代表的学者们的重视。

默瑟在其情绪研究中，认为情绪分析可在三个意象（image）层次上应用：在第一意象分析层次，情绪或心境等直接作用于我们如何去框架（frame）信息、形成偏好以及直接行动；在第二意象层次，情绪构成了认同或身份的核心要素，换言之，认同也是一种情感；在第三意象层次，规范依赖于情绪，规范成为一种情绪信念，情绪建构规范并加强规范的力量。[②]

实际上按照默瑟的界定，我们可推论出早期的现实主义和理想主义理论即在一定意义上凸显了情绪的某种意象层次。譬如，以摩根索为代表的古典现实主义者十分强调“权力和利益”，正是反映了国际政治行为体框架信息、形成偏好以及直接行动的第一意象情绪；同时这也是一种认同，是一种对“权力和利益”的认同，涉及了第二意象层次。至于第三意象层次，理想主义者对制度、机制、规范的追求以及建立国际联盟和联合国等国际组织的实践同样契合了“规范是一种情绪信念，规范依赖于情绪”的论点。

国际政治学中的建构主义是冷战后异军突起的理论学派，它是在心理学建构主义基础上发展起来的。心理学建构主义的重要理论分支是情绪的社会建构理论，后者主要归功于两本重要著作即 R. Harre 的《情绪的社会建构》及 K. Gergen 与 K. Davis 合著的《人的社会建构》的出版。[③] 国际政治学中的建构主义作为一个强调观念的学派，有两条基本原则：第一，人类关系的结构主要是由共同观念（shared ideas）而不是由物质力量决定的；第二，有目的之行为体的认同与利益是由这些共同观念建构而成的，而不是天然固有的。[④] 它对某些重大国际政治问题具有较强的解释力。例如，对于冷战的突然结束，新现实主义与新自由主义都难于解释，而用建

① 尹继武：《情绪、理性以及国际政治世界》，《欧洲研究》2007 年第 6 期。

② 尹继武：《情绪、理性以及国际政治世界》，《欧洲研究》2007 年第 6 期；Jonathan Mercer, “Human nature and the First Image Emotion in International Politics”, *Journal of International Relations and Development*, Vol 9, No. 3, 2006, pp. 296 - 300。

③ 乔建中：《情绪的社会建构理论》，《心理科学进展》2003 年第 5 期。

④ ［美］亚历山大·温特著，秦亚青译：《国际政治的社会理论》，上海人民出版社，2000 年版，第 1 页。

构主义则可解释为苏联领导人戈尔巴乔夫接受"共同安全"思想，改变了苏联的对外政策，从而与西方建构了新型的关系。[①] 温特论证了三种无政府文化结构：霍布斯无政府文化结构、洛克无政府文化结构和康德无政府文化结构，这些文化结构是分别基于敌人、竞争对手和朋友的不同角色关系而建构的。[②] 显然，按照默瑟的意象层次情绪分析理论，这三种文化结构的建构属于情绪分析的第二意象范畴，可见建构主义跟情绪研究密切相关。

法国学者多米尼克·莫伊西（Dominique Moisi）鉴于冷战后的国际政治现实，认为当今世界已进入"情绪冲突"的世界。[③] 鉴于情绪与国际政治的密切联系，尹继武总结了情绪研究的多方面学术涵义：首先，在国际体系层次，情绪是国际冲突的重要来源之一，它具有不可忽视的消极国际政治意义；其次，情绪又是群体内维持群体认同、凝聚力以及团结的根本动力，即使消极情绪也具有这种战略作用；第三，对于亚洲地区而言，一种希望的激情又是亚洲及其地区大国崛起的动力来源。[④] 实际上，情绪研究的价值还不止这些，尤其是民族主义情绪研究，为我们探寻民族与民族主义的实质提供了新的视角。

二、情绪是民族主义的原生状态[⑤]

心理情感方面是界定民族涵义的基本路径。马克思主义经典作家对此十分重视。斯大林关于"民族是人们在历史上形成的一个有共同语言、共同地域、共同经济生活以及表现在共同文化上的共同心理素质的稳定的共同体"[⑥] 的经典定义，明确指出"共同心理素质"是民族的四大要素之一。之前，恩格斯在谈到欧洲的民族时，曾指出"应当愈来愈多地使他们具有真正自然边境，由语言和共同感情来决定的边境"。[⑦] 西方学者同样强调民

---

① 李少军：《国际政治学概论》，上海人民出版社，2002 年版，第 74 页。

② Alexander Wendt, "Anarchy Is What States Make of It: the Social Construction of Power Politics", *International Organization*, vol, 46, no. 2, Spring 1992, p. 44.

③ Dominique Moisi, "The Clash of Emotion", *Foreign Affairs*, vol. 86, no. 1, January/February 2007, p. 8.

④ 尹继武：《情绪、理性以及国际政治世界》，《欧洲研究》2007 年第 6 期。

⑤ 本文是从心理层面来讨论民族主义的原生状态，不同于李宏图等学者从历史角度界定的"原生型"民族主义。参见李宏图：《论近代西欧民族主义和民族国家》，《世界历史》1994 年第 6 期。

⑥ 斯大林：《马克思主义和民族问题》，中国社会科学院民族研究所编：《斯大林论民族问题》，民族出版社，1990 年版，第 28—29 页。

⑦ 金炳镐：《民族理论通论》，中央民族大学出版社，1994 年版，第 62 页；恩格斯撰，曹汀译：《恩格斯军事论文选集》第 3 分册，人民出版社，1955 年版，第 102 页。

族的心理特征。本尼迪克特·安德森（Benedict Anderson）认为民族是“想象的共同体”。约翰·基恩（John Keane）同样认为，“民族是一种想象的群体，由共同的方言或语言、对某一特定的生态系统的深厚感情、共有的文化代码，以及共同的历史记忆联系在一起”。[1] 休·塞顿—沃特森（Hugh Seton - Watson）则干脆指出：“当一个共同体中相当一部分人认为自己构成一个民族，或他们的行为如同他们自己已经形成一个民族时，该民族就诞生了。”[2] 可见，不管是“想象为民族”还是“认为自己构成一个民族”，都离不开心理层面的建构。

当“民族”从它的自然状态转变为“国家”的政治形态时，“民族国家”作为一个政治概念就产生了。[3] 此时，民族的心理情感就逐渐转化为基于民族载体之上、伴随着民族国家的形成而产生的民族主义。对于民族主义，学者们主要是从政治角度来考察，但在下定义时往往喜欢使用属于心理范畴的“情感”“感情”和“思想状态”这类用词。譬如，卡尔顿·海斯（Carlton J. H. Hayes）认为，民族主义的含义之一为“一种情感，意味着一个民族的成员对民族国家有着超越其他的忠诚”。[4] 路易斯·斯奈德（Louis L. Snyder）认为，“民族主义是自法国大革命以来占据大多数人的行动和政治思想行为的一种强劲的感情”。[5] 汉斯·科恩（Hans Kohn）认为，“民族主义首先而且最重要的应被认为是一种思想状态……在这种状态中，体现了个人对民族国家的高度忠诚”。[6] 我国学者王逸舟给民族主义进行了较全面的界定：“民族主义表达了一种强烈的、通常已经意识形态化了的族际情感。它有时作为一种思想状态，吸引着族内每个人的忠诚和报效热情；它有时变成一种系统化的理论和政策，为实际的民族成长过程提供原则和观念；它有时充当一种运动的口号和象征，起着支持或分裂民族国家的作用；它还可以有多种变形，一切视具体的条件和场合而定。”[7]

---

① 刘中民、左彩金、骆素青：《民族主义与当代国际政治》，世界知识出版社，2006 年版，第 31 页；约翰·基恩：《民族与民族主义》，《国外社会科学杂志》（中文版）1996 年第 2 期。

② Hugh Seton - Watson, *Nations and States, An Enquiry into Origins of Nations and Politics of Nationalism*, London, Methuen & Co. Ltd., 1977, p. 5.

③ 陈乐民、周弘：《欧洲文明扩张史》，东方出版中心，1999 年版，第 84 页。

④ Carlton J. H. Hayes, *Essays on Nationalism*, New York: The Macmillan Company, 1926, p. 6.

⑤ Louis L. Snyder (ed.), *The Dynamics of Nationalism, Readings in Its Meaning and Development*, New York, D. Van Nostrand Company, Inc., 1964, p. 23.

⑥ Hans Kohn, *The Idea of Nationalism: A Study of Its Origins and Background*, New York: The Macmillan Company, 1946, pp. 10 - 11.

⑦ 王逸舟：《当代国际政治析论》，上海人民出版社，1995 年版，第 96—97 页。

需指出的是，民族主义表现出来的思想形式往往极易简约。安德森曾指出："与其他极大多数'主义'不同，民族主义从来没有自己伟大的思想家：没有霍布斯、托克维尔、没有马克思，也没有韦伯。"[①] 无独有偶，有学者认为在民族主义的思想领域，缺乏伟大的阐释和捍卫民族主义的理论著作，没有马克思、穆勒和马基雅维利，只有极少量由一流思想家如费希特撰写的小品文和许多二流思想家如马志尼等的长篇论述。[②] 这样的看法或许值得商榷，但无形中说明了民族主义并非大思想家难于阐释的高深理论，而是契合民众情感诉求、不依赖繁琐理论即能抓住普通民众心理的普适性意识形态。

当民族主义者不断潜意识地自我暗示对民族国家的"忠诚和情感"时，"民族主义与其说是一种政治学说、意识形态，不如说是一种情绪，或者说是一种情绪化的意识形态"。[③] 民族主义虽然简单，但力量强大；理论的系统性虽很薄弱，但易为普通民众所接受。可见，民族主义的原生状态应该是心理情感的积淀和宣泄。这种心理情感积淀和宣泄的通常状态即为民族主义情绪。"人非草木，孰能无情"，"喜怒哀乐，人之常情"，民族主义的主体为具有强烈情感色彩的人类集合体，他们对外界事物的认知和反应的原生状态，往往是基于"对民族国家忠诚"之上的民族主义情绪。抓住了这一点，才能从根本上理解民族主义情绪不断嬗变的国际政治世界。

二、民族主义情绪的嬗变

民族主义作为一种社会思潮和意识形态运动，包含了对民族的理性认知，也蕴含着巨大的非理性情感的表达，多年来一直为人们所关注，也一直影响着国际社会的方方面面。[④] 民族主义对国际社会的影响来源于民族主义情绪的唤醒、激发及在实践中的行动。这是一个系列过程，也是体现民族主义情绪嬗变的过程。近代民族主义产生以来的世界历史，呈现了民族主义情绪多种形式的嬗变类型，其中既有具有强大破坏力的非理性情绪性民族主义，也有的经过了理性的转化，成为历史前进和社会发展的动力。

---

① Benedict Anderson, *Imagined Communities: Reflecting on the Origin and Spread of Nations*, London: Verso, 1991, p. 5.

② Ronald Beiner, *Theorizing Nationalism*, State University of New York, 1999, p. 2.

③ 刘军宁：《民族主义四面观》，乐山：《潜流：对狭隘民族主义的批判与反思》，华东师范大学出版社，2004 年版，第 263 页。

④ 王联：《世界民族主义论》，北京大学出版社，2002 年版，第 21 页。

(一) 非理性情绪性民族主义

民族主义情绪嬗变的易入轨道是非理性情绪性民族主义。本文粗略归纳了几种国际政治中典型的表现形式，需说明的是有的情绪性民族主义兼有以下多种特征。

1. 复仇型。仇恨是情绪的一种常见形式。复仇动机激发了历史上诸多反反复复、错综复杂的民族冲突与战争，在国际政治中形成了屡见不鲜的复仇型民族主义。此类民族主义往往是非理性和情绪性的，具有较大的破坏性，有的甚至酿成世界性的历史灾难。

二战爆发前后的德国民族主义即是一种典型的复仇型情绪性民族主义。一战结束后，德国成为战败国，政治上丧失了平等的主权，经济上背上了沉重的赔款负担，国民反对《凡尔赛和约》的民族主义情绪十分高涨。德国民众的复仇情绪正好被希特勒法西斯集团所利用，从而使这种民族主义情绪最终演化为战争的帮凶，在人类历史上书写了极不光彩的一页。

如果说上述德国民族主义是一种外露式复仇型民族主义的话，那广为存在的隐忍式复仇型民族主义情绪同样不可忽视。普法战争后的法国民族复仇主义即是典型的例子。战争的惨败、巨额的赔款和领土的割让使整个法国都弥漫着浓厚的对德复仇情绪。但鉴于战后初期的国内外困境，法国上下被迫奉行对德"时刻想着复仇，但不要说出来"的策略。① 需注意的是，隐忍式民族主义复仇情绪好比定时炸弹，一旦爆发其破坏力同样巨大。冷战结束后，诸多先前被掩盖或压制的民族纷争纷纷凸显即证明了这一点。

2. 排外型。马克斯·玻赫姆（M. H. Boeham）曾指出："从广义上说，民族主义指的是在整个价值系统中将民族的个性放置于一个很高的位置（类似于爱国主义）的态度"，而"从狭义上讲，民族主义意味着在损害其他价值的倾向，结果导致自负地过高评价自己的民族而贬损其他民族"。② 可见，许多民族主义情绪会演化为具有典型排外特征的情绪性民族主义。

前文所述的德国民族主义同时也是典型的排外型民族主义。随着文化民族主义的发展，种族优劣论的影响也在不断扩大，加之法西斯生存空间论的出炉，德国民族主义最后酿成了排犹反犹和侵略他国的国家行动，等

① 余建华：《民族主义：历史遗产与时代风云的交汇》，学林出版社，1999 年版，第 127 页。

② Max Hildebert Boeham, *Nationalism: Political, Encyclopedia of the Social Science*, New York, 1937, XI, pp. 231 – 232. Seen in Louis L. Snyder (ed.), *The Dynamics of Nationalism, Readings in Its Meaning and Development*, New York, D. Van Nostrand Company, Inc., 1964, p. 25.

待自己的也是战败的结局。之所以会有如此非理性的结果，这跟当时德国民众中长期存在的日耳曼民族至上的排外型民族主义情绪有直接的关系。

近年来，在欧美时有发生的白人至上主义和新法西斯主义行为也是典型的排外型民族主义。20 世纪 90 年代中期在美国发生的多起白人至上主义者焚烧黑人社区教堂事件、“三 K 党”式组织的卷土重来以及欧洲新纳粹分子以暴力手段排挤外来移民和劳工的行径即是明证。此外，在国际政治中还存在其他类型的排外型民族主义，有的是因为宗教因素而排外，有的是因为意识形态斗争和政治生态等因素而主动或被动地排外。

3. 宗教型。民族和宗教关系密切而复杂，往往体现为不同形式的民族宗教性和宗教民族性的相互映衬。众所周知，宗教具有强大的号召力，信教民众的情绪极易因其而被激发，甚至酿成事端。可见，民族主义情绪一旦添加了宗教色彩，往往容易嬗变为非理性的宗教民族主义，易触发难消泯，甚至成为战争的导火索和助推剂。巴（阿）以冲突、印巴纷争以及某些国内民族主义纷争，均带有典型的宗教民族主义色彩。

需要补充的是，笔者并不反对王联关于宗教民族主义“以传统宗教为维系民族的价值纽带，从宗教信仰中挖掘整个民族的精神源泉和价值追求，用宗教教义来诠释其建立世俗的民族国家的努力的合理性和合法性”[①]，以及其不同于一般的原教旨主义和其他宗教主张与实践的观点。笔者认为王联在其语境下侧重的是宗教民族主义具有一定的合理性和合法性，但不可否认的是，在国际政治中宗教民族主义通常呈现的是非理性和贬义化色彩，[②] 因此我们应该更多关注宗教型民族主义情绪所带来的消极性。

4. 分离型。在多民族国家内部，有些民族的离心倾向往往表现为分离型民族主义情绪。尤其是冷战结束后，这种情绪在许多多民族国家滋生蔓延，一旦多民族国家“民族政策失当，造成了主体民族与非主体民族之间在利益分配和荣誉分享方面的不平等，及国家的主流意识形态不能容忍文化与民族的多元化时，就会触发一个民族从其他民族分离出来的求异心理，造成非主体民族的‘族民认同’与现存民族国家的‘国民意识’的断裂，民族主义情绪便不可遏制地爆发出来”。[③]

除了国内民族政策失当外，造成分离型民族主义情绪蔓延的因素还有

① 王联：《世界民族主义论》，北京大学出版社，2002 年版，第 129—130 页。

② 张三南：《“民族主义”的贬义化倾向》，《国际论坛》2002 年第 2 期。

③ 吴功荣：《民族主义：国际政治舞台的一柄双刃剑》，《山西高等学校社会科学报》2003 年第 10 期。

很多，比如分离主义精英的鼓动、境外势力的策动、恢复“历史荣耀”的冲动。更有甚者，有些民族分离主义者还抛出“一族一国”式和民族自决论，这实际上是对民族自决权的误读。对此，伦敦防务问题研究中心的一位资深专家曾预测：“民族冲突最有可能成为21世纪的政治问题。民族自决的教义作为20世纪的典型要求之一，将成为21世纪的咒语。”①

（二）民族主义情绪的理性转化

尽管很多人认为情绪和民族主义情绪是非理性的，但实际上情绪并非完全导致非理性。民族主义情绪同样具有合理性的一面，经过理性的转化，可成为历史前进和社会发展的动力。

默瑟在理论上对情绪的理性层面进行了较详细的论述，认为在分析情绪时应格外小心，避免陷入一些陷阱，如把情绪看做只是导致非理性的东西。他在论述情绪与理性的关系时总结了四种路径：作为一种副现象的情绪、作为非理性的来源之一的情绪、作为了解战略行动者的一种工具的情绪以及做为理性的一个必要方面的情绪，其中第四种路径将情绪看做是理性的本质要素。② 情绪远不只是一种副现象，对于理性而言情绪必不可少，正如神经科学家安东尼奥·达马西奥（Antonio Damasio）所发现的：“情绪和感情的某些方面是理性所不可或缺的……为我们指引正确的方向，并将我们带到合适的地方，在这种地方我们就能正确使用逻辑工具。”③ 情绪不仅是刺激的产物，它还建构利益并引起行为，比如在囚徒困境中，情绪是主导权衡手段与目的的力量，因为“促使一个囚徒背叛同伴的因素，只能是以下一种或几种情绪：对长期监禁的可能的恐惧、焦虑、厌恶以及极端厌恶；对可能背叛而因之获释的可恶同伴的嫉妒和憎恨……或许甚至是对他或她的仇恨”。④

具体到国际政治领域，民族主义情绪的合理性突出体现在它是认同和信任的基础。较早使用“认同”一词的是心理学大师弗洛伊德，他在其防御机制理论中指出：“认同指个人与他人、群体或模仿人物在感情上、心

---

① 潘志平：《民族自决还是民族分裂——民族和当代民族分立主义》，新疆人民出版社，1999年版，第7页。

② ［美］乔纳森·默瑟著，尹继武、陈高华译：《人性与第一意象：国际政治中的情绪》，《世界经济与政治》2006年第12期。

③ ［美］乔纳森·默瑟著，尹继武、陈高华译：《人性与第一意象：国际政治中的情绪》，《世界经济与政治》2006年第12期；Antonio Damasio，*Descartes's Error*：*Emotion*，*Reason*，*and the Human Brain*，New York Putnam，1994，p. viii。

④ ［美］乔纳森·默瑟著，尹继武、陈高华译：《人性与第一意象：国际政治中的情绪》，《世界经济与政治》2006年第12期；Theodore Kemper，“Reason in Emotions or Emotions in Reason”，*Rationality and Society*，vol. 5，no. 2，1993，p. 276。

理上趋同的过程。"[①] 民族认同感是共同体成员在认知和评价上保持一致的情感，这是一种族体意识，往往会相互影响，并且这种影响往往是潜移默化的，甚至是"下意识"或"不自觉"的。默瑟认为，情绪是信任的基础，信任对于解决集体行动问题而言至关重要。可见，作为情绪的一种，民族主义情绪往往也是"下意识"的产生出来的，它是民族认同和成员相互信任的基础，有利于民族凝聚力的维系和集体行动的推行。

民族主义情绪能够通过理性转化，成为历史前进和社会发展的动力。民族主义情绪的理论转化主要体现在以下几下方面：其一，民族主义情绪可转化为积极的国家民族主义，成为国民的普遍意志。国家民族主义"是某个民族国家为了维护自身的利益而在国际关系中表现出来的带有倾向性的思想、情绪、态度、或推行的运动和行为"。[②] 世界上广泛存在的国家民族主义成为了许多国家取得成功的重要因素，比如19世纪的德国文化民族主义。其二，民族主义情绪可转化为世界性民族主义浪潮，成为推动历史前进的强大动力。20世纪，亚非拉广泛存在的反殖民族主义情绪最终转化为追求国家独立和民族解放的世界性民族主义浪潮，成为改变世界格局，推动人类历史发展的强大动力。其三，民族主义情绪还可以通过理性的"消融"和"解构"，为民族和解、国际合作树立典范。二战后，法德两国摒弃前嫌，实现了民族和解，共同推动了欧洲一体化进程，这实际上也是两国在解构民族主义情结的基础上建构某种形式的"欧洲认同"理念。[③] 显然，法德和解及欧洲一体化进程在全球范围内树立了典范，为诸多民族冲突和国家纷争的解决提供了可供借鉴的先例。此外，民族主义情绪往往容易被大众理解并体现为爱国主义的自然流露，因而也就自然拥有了政治正确性[④]和实现理性转化的群众基础。

---

① 陈国强：《简明文化人类学词典》，浙江人民出版社，1990年版，第21页。

② 李兴：《论国家民族主义概念》，《北京大学学报》1995年第4期。

③ 张三南：《论民族主义的建构、重构与解构》，《世界民族》2009年第4期。

④ 本文所指的"政治正确性"（Political Correctness）意即"拥有契合主流政治、法律、意识形态、道义及情感上的普适合法性和正义性"。譬如，爱国主义因其强烈的褒义色彩，固然拥有政治正确性；民族主义因易被理解为爱国主义或有时确实也是爱国主义的体现而同样拥有政治正确性。关于"政治正确性"的相关论述参见李慎之：《数量优势下的恐惧——评亨廷顿第三篇关于文明冲突论的文章》，《太平洋学报》1997年第2期；王军：《民族主义与国际关系》，浙江人民出版社，2009年版，第108页。

文化相对主义的起源及早期理念*

杨须爱

文化相对主义在中西方民族理论，尤其是民族学（人类学）中是一个热门词汇。但它本身又是一个历史的观念，在不同理论语境中的涵义并不完全相同。① 若归结起来，其共同的要义为两条：一是极力推崇自身的文化及价值；二是反对在不同文化之间作价值比较及排序。由此，似可以对观念史层面的文化相对主义做如下界定：一种以张扬自身文化旨趣，反对在不同文化之间作价值比较及排序的思想观念及理论主张。

在西方思想史上，文化相对主义是文化民族主义、文化多样性理论、文化多元论、多元文化主义和后现代主义的一个重要理论来源，也是“近百年来主导人类学（笔者注：包括民族学）这一学科的传统”，② 故其关涉的议题在中西方民族理论中都是非常重要的基础性论题。文化相对主义思想的发端可追溯至18世纪初期的意大利，产生之后在人类历史上产生了长期和广泛的影响（尤其是对西方民族理论和人类学理论），至今仍在持续。西方学者对此已有较为深入的研究，其中英国当代著名自由主义思想家以赛亚·伯林（Sir I. Berlin）、德国当代历史学家弗里德里希·梅尼克（Friedrich Meinecke），以及当今十分走红的民族理论家安东尼·史密斯（Anthony D. Smith）等人的研究较为引人注目。但总体上看，西方学者的研究仍然比较分散，且以间接

---

* 原载《民族研究》2015年第4期，略有改动。

① 西方学者大卫·彼得尼（David Petroni）对“文化相对主义”这一词条作出的解释是：“（1）人类学和社会人类学中的一种方法；（2）一种文化决定论和文化现实哲学；（3）一种关于伦理、政治和美学体系的评价指南；（4）一种对于社会文化改革与变迁的实际问题的态度。”傅铿：《文化：人类的镜子——西方文化理论导引》，上海人民出版社，1990年版，第41页。

② ［美］劳伦斯·哈里森：《文化为什么重要》，［美］塞缪尔·亨廷顿、劳伦斯·哈里森主编，程克雄译：《文化的重要作用：价值观如何影响人类进步》，新华出版社，2010年版，第34页。

性的论述居多。[①] 在国内学界，特别是民族学（人类学）界对文化相对主义及相关议题的研究出现于20世纪80年代之后，目前已产生了一些有份量的成果，但内容主要集中在两个方面：一是文化相对主义的评析及反思；[②] 二是文化相对主义与文化民族主义、少数民族文化发展策略等相关的一些议题。[③] 而且绝大多数研究者仍将文化相对主义视为产生于20世纪初期美国文化人类学界的一个学术流派及学说，对其相关问题的讨论也基本停留在与此相对应的范围内。这种状况在一定程度上也遮蔽了国内学人对文化相对主义对近代以来的世界民族运动和西方民族理论影响的了解，至少在纵深性和广泛性上如此。本文拟以国内外学界已有研究为基础，从思想史的角度，对文化相对主义与文化相对主义学派的联系与区别、文化相对主义的理论来源、文化相对主义的早期理念及扩散作一考察，以期能对国内学界已有研究的不足有所弥补。

一、文化相对主义与文化相对主义学派

国内许多研究者之所以认为文化相对主义产生于20世纪初，是以“文化相对主义”这一概念和学派的出现为依据的。[④] 其实，虽然作为一个理论术语的文化相对主义（Cultural relativism）最早出现在芬兰人类学家爱德华·韦斯特马克（Edvard A. Westermarck）1908年发表的《道德观念的起源与发展》一书中，作为一个学术流派的文化相对主义在1920年代

---

① 以赛亚·伯林的相关研究参见：Sir I. Berlin, *Vico and Herder: Two Studies in the History of Ideas*, London: The Hogarth Press, 1976；［英］以赛亚·伯林著，冯克利译：《反潮流：观念史论文集》，译林出版社，2011年版；［英］以赛亚·伯林著，吕梁等译：《浪漫主义的根源》，译林出版社，2011年版。弗里德里希·梅尼克的相关研究参见：［德］弗里德里希·梅尼克著，陆月宏译：《历史主义的兴起》，译林出版社，2010年版。安东尼·史密斯的相关研究参见：［英］安东尼·史密斯著，龚维斌、良警宇译：《全球化时代的民族与民族主义》，中央编译出版社，2002年版。此外，当代美国知名哲学家理查德·塔纳斯的著作《西方思想史》，对此问题亦有较多涉猎，参见：［美］理查德·塔纳斯著，吴象婴等译：《西方思想史》，上海科学院出版社，2011年版。

② 国内学者代表性的成果主要有：李安明：《试论文化相对论》，《中山大学学报》1987年第3期；费从军：《文化相对论评析》，《南开学报》1992年第3期；马庆钰：《对文化相对主义的反思》，《哲学研究》1997年第4期；罗康隆：《文化相对主义研究述评》，《贵州民族研究》2005年第4期等。此外，已故民族学家林耀华先生主编的《民族学通论》（中央民族大学出版社，1997年版）一书中亦有相关章节对文化相对主义做出了相关论述，这一论述在目前的研究中有较高的引用率。

③ 代表性的成果主要有：葛红兵：《走出民族主义与文化相对主义》，《社会科学论坛》2002年第2期；伊克巴尔·吐尔逊：《文化相对主义与中国多民族文化的和谐发展问题》，《新疆社会科学》2005年第4期。

④ 林耀华主编：《民族学通论》，中央民族大学出版社，1997年版，第133页；马庆钰：《对文化相对主义的反思》，《哲学研究》1997年第4期等。

以后也才出现。但无论从韦斯特马克提出“文化相对主义”这个术语时赋予它的思想内涵，还是从“文化相对主义学派”出现时的主要理论主张来看，[①] 文化相对主义思想其实早在人们这样明确称呼它之前的18世纪上半叶在西方思想史上就已经出现了。

1725年，意大利文学家、欧洲反启蒙运动的先驱——维柯（Giovanni B. Vico），在对法国启蒙思想——科学理性主义进行批判时最先阐发了文化相对主义的基本思想。它最初是作为一种理论批判工具而出现的。维柯之后，他的这些思想被德意志东普鲁士时期反启蒙运动的哲学家哈曼（Johe G. Hamann）和德意志文化民族主义鼻祖、“浪漫主义”[②] 的代表人物——赫尔德（Johann G. Herder）等人继承和发挥，从而形成了原生形态的文化相对主义理论（主要思想内涵及理论主张将于后文详述）。其后，这一思想观念进一步被众多反对“纯粹理性主义”，以及一些反对法国启蒙运动的思想家们所继承和发挥，并扩散至整个西方社会思想领域，弥散于文学、历史学、哲学、政治学、科学史、人类学等学科领域，至19世纪中期以后逐渐在西方思想界成为一种文化思潮。[③]

“文化相对主义”这一术语和文化相对主义学派则是文化相对主义思潮学科化、专业化的产物。其中文化相对主义学派是20世纪初产生于美国，并于20世纪前半期在美国文化人类学中居主导地位的一个学术流派。在思想脉络上，由美国文化人类学家弗朗兹·博厄斯（Franz Boas）开创的文化相对主义学派所秉持的方法论和主要理论主张，其实是对18世纪形成的原生形态的文化相对主义理论基本思想的运用，也是19世纪末期以后文化相对主义思潮在美国文化人类学界扩展的结果。事实上，博厄斯也是一位出生于德国犹太裔家庭，在德国完成大学教育及获得博士学位后才移民至美国的人类学者。研究表明，他移民至美国后的学术方向无疑受到了

---

① “文化相对主义学派”的核心理论主张可以归纳为两点：第一，任何“民族”的文化，包括行为，都有自己的特点和个性，无论是过去、现在或是将来，它们在价值上都是平等的；第二，人们不能用本民族或自身的文化价值标准去衡量或评判另一种文化的价值。参见林耀华主编：《民族学通论》，中央民族大学出版社，1997年版，第133页。

② 浪漫主义（Romanticism），指18世纪中晚期开始于西欧艺术、文学领域的文化运动。它以艺术和文学反抗对自然的人为理性化，主张重视民间艺术、自然以及传统，主张一个根基于自然的知识论，以自然的环境来解释人类的活动，包括语言、传统、习俗等。所以这一文化运动是对启蒙时代以来的贵族和专制政治文化的颠覆。参见［英］戴维·米勒、韦农·波格丹诺主编、邓正来编译：《布莱克维尔政治学百科全书》，中国政法大学出版社，1992年版，第670、671页。

③ 中文语境中的“思潮”，一般指那些具有长期性、广泛性社会影响的思想观念或理论主张。

德国"浪漫主义"思想和"历史文化哲学"的影响。[①] 博厄斯的学说所贯穿的核心思想为：各个种族或民族的智力在本质上没有差别；各个民族的文化也没有高低与好坏、进步与落后之分；"任何一种文化都有不同于其他文化的独特之处，都有其存在的价值和尊严。因而，不同民族文化之间没有普遍的绝对的衡量标准，一切评价标准都是相对的。"[②] 博厄斯的这些思想被露丝·本尼迪克特（Ruth Benedict）、玛格丽特·米德（Margaret Mead）、梅尔维尔·赫斯科维茨（Melville J. Herskovits）等他的许多弟子作为开展研究的指导思想和基本方法而加以继承和发挥。其中梅尔维尔·赫斯科维茨还于1948年在其名著《人及其创造》中提出了所谓的"文化相对主义学说"。[③] 博厄斯的上述论点，在维柯和赫尔德等的论著中大多都能找到原型，在19世纪末期以来许多思想家的论述中也能找到思想的踪迹。当然，博厄斯等人对前贤们思想的继承已不是简单的观点转述，而是有了更多维度上的展开与发挥。他所批判的理论对象成为文化进化论和社会达尔文主义，针对的社会弊端成为种族主义，而这与维科、赫尔德所批判的理论对象和社会现实均不相同。

所以，从产生的时间上讲，西方思想史上的文化相对主义应该是最先于18世纪上半叶在意大利出现的一种反启蒙信条——科学理性主义的思想观念。从包含关系上讲，早期的文化相对主义思想、原生形态的文化相对主义理论、成为一种社会文化思潮和学术流派的文化相对主义都应属于西方思想史中文化相对主义的范畴，而这正是本文所要论及的对象。

在此还有必要进一步说明的是：文化相对主义学派之所以在20世纪初期出现，既与文化相对主义学术思想本身扩散的直接相关，也与文化相对主义与生俱来的部分理论特性和20世纪初期西方社会的大背景紧密联系。

文化相对主义思想之所以最先在18世纪产生，直接的社会根源是当时的法国人以启蒙的名义对外推行的民族侵略和文化霸权行径在意大利和德国境内大行其道。而文化相对主义正是当时意大利和德国的知识精英们针对法国人的文化霸权行径，及对"落后"民族人文主义精神的贬抑做出的理论回应。故文化相对主义从产生时就包含有反对民族压迫和文化霸权主义，追求民族文化地位平等，乃至追求民族解放和民族自立的意涵。基于

---

① ［英］阿兰·巴纳德著，王建民等译：《人类学历史与理论》，华夏出版社，2006年版，第59页。

② ［美］弗朗兹·博厄斯著，刘莎等译：《人类学与现代生活》，华夏出版社，1999年版，第131页。

③ Melville J. Herskovits, *Cultural Anthropology: An Abridged Revision of Man and His Works*, New York: Alefred A. Knopf Inc, 1955, p. 351.

这一理论特性，文化相对主义在向外扩散的过程中，也就很快受到了许多遭受异族奴役及文化压迫的民族（种族）知识精英们的欢迎，成为他们摆脱民族（种族）奴役、文化压迫和实现政治自立的思想利器。

20世纪前后，种族主义、民族强制同化政策等极端不公的制度化社会行为在西方社会盛行。在此背景下，文化相对主义自然也就成为西方一些怀有人类良知的学者批判这些不公社会行为的首选理论工具。譬如，基于对社会达尔文主义、种族主义的批判，韦斯特马克在《道德观念的起源与发展》（1908年）一书中率先系统论述了“道德相对主义”，并明确提出了“文化相对主义”这一术语。基于对种族制度、“熔炉论”及“美国化”运动这一民族强制同化政策的批判，美籍犹太裔学者霍勒思·卡伦（Horace M. Kallen）在《民主与熔炉：美利坚民族的研究》（1915年）一文中，提出和阐发了“文化多元论”思想。基于对西方中心主义、种族主义的批判，德国著名历史学家奥斯瓦尔德·斯宾格勒（Oswald Spengler）在其名著《西方的没落》（1918年）中阐发了他的新“历史哲学”（也称为“文化形态学”）。也正是在这样的社会背景下，和基于对文化进化论、种族主义的批判，博厄斯才直接将“文化相对主义”作为开展研究的指导思想和基本方法，从而创建了“文化相对主义”学术流派。

二、文化相对主义的理论来源

文化相对主义之所以发端于18世纪初期的意大利，有着宏厚的思想背景。其中西方“相对主义”哲学传统、“文化”的观念、反启蒙思想和民族理念等是文化相对主义思想的主要理论来源。

（一）“相对主义”哲学传统

西方相对主义哲学思想起源于古希腊智者派哲人们的论述，普罗泰戈拉（Protagoras）是相对主义哲学思想的鼻祖，他的“人是万物的尺度，是事物存在的尺度，也是不存在事物不存在的尺度”[①] 是这一思想的核心表述。智者派哲人们的思想带有强烈的怀疑主义和相对主义倾向，认为“一切都因时、因地、因人而异，没有不变的真理，一切都可以怀疑，一切被人们奉为规矩的常理都能在论辩中被推翻”。[②] 智者派的相对主义、怀疑主义思想虽然从产生起就受到了苏格拉底、柏拉图、亚里士多德等哲学家的激烈批判，但这并没有消除这一思想在后世的流布。相对主义哲学思想作为对绝对主义的否定命题，像一股暗流一样始终存在着、流动着，尤其是

---

① 赵敦华：《西方哲学简史》，北京大学出版社，2001年版，第39页。

② 赵敦华：《西方哲学简史》，北京大学出版社，2001年版，第39、40页。

“人是万物的尺度”这一脍炙人口的名言，不断地被后来的哲人们引用，以表示各种不同的思想。

西方历史进入近代以后，在哲学领域出现了理性主义和经验主义的分野，而相对主义、怀疑主义则被经验主义哲学家大卫·休谟（David Hume）、约翰·洛克（John Locke）、乔治·贝克莱（George Berkeley）等人所继承。尤其是大卫·休谟的经验主义哲学证明了事实真理同逻辑或数学中的先验真理之间不存在逻辑关系，这大大加强了怀疑主义和相对主义思想在当时西欧哲学界的影响。在西方近代哲学史上具有承上启下作用的法国哲学家笛卡尔（Rene Descartes），则从“我思故我在”的命题出发，提出了与近代社会相适应的新绝对主义学说——唯智主义（Intellectualism）。但这种学说“否认历史、文学文化和拉丁学识的全部价值”，否认“人文主义的内在精神和个人主义的意识”，它企图通过“数学理性和机械论来理解生活和人类灵魂本身”。[①] 这对意大利自文艺复兴以来确立起来的人文主义理想是一种严重打击。所以18世纪初期，意大利那不勒斯学者维柯就率先以怀疑主义和相对主义的论调，发起了对笛卡尔“唯智主义”的抵抗，为意大利知识分子的“历史主义”思想奠定了基础。[②] 这里的“历史主义”指历史相对主义，其实质就是文化相对主义。

（二）“反启蒙”思想

科学理性主义和进步观念是欧洲启蒙思想的两个关键性概念。[③] 科学理性主义在西方思想史上属于绝对主义思想体系。从古代理性主义、中世纪理性主义，一直到启蒙运动所开启的近代科学理性主义，始终是一元论的主调。这种“柏拉图式的理想”相信：第一，所有真正的问题都必然只有一个正确答案；第二，这类真理的发现必然有可靠的途径；第三，这些正确的答案，彼此必然共同构成一个和谐的整体。[④] 古希腊哲学、中世纪基督教、文艺复兴、启蒙运动，乃至于19世纪以来的主流哲学体系和进步思潮，都基本接受了这个基本的思考框架。进步观念的确立也是在西方哲

---

① ［意］卡洛·安东尼著，黄艳红译：《历史主义》，上海人民出版社，2010年版，第38页。

② ［意］卡洛·安东尼著，黄艳红译：《历史主义》，上海人民出版社，2010年版，第39页。

③ 启蒙运动或启蒙思想源自欧洲思想家们的这样一种认识：人类的过去基本上是一个迷信和无知的时代，只是到了他们所生活的时代，人类才终于从黑暗走向光明；人类的状况会稳步地改善，因此每一代人的境况都将比前一代人要好；在人类理性主义的力量之下，人类不断进步的状况可以得到保持。参见［美］斯塔夫里阿诺斯著，吴象婴等译：《全球通史：从史前史到21世纪》第7版（下），北京大学出版社，2005年版，第516页。

④ 徐大同主编：《当代西方政治思潮》，天津人民出版社，2010年版，第190页。

学进入近代以后才完成的，它与自然科学的兴起及其对人类生活的影响直接相关。在自然科学中得到充分显示的知识和理性的力量代替了神的权威，成为人们确立进步观念的支撑点。也可以说，进步观念的确立是科学理性主义在启蒙思想中的另一种展现。

但在法国启蒙运动兴起之前，缘起于意大利的文艺复兴就产生了两种不同的文化潮流：一种是在科学革命中显露出来的，强调理性、经验的科学和怀疑宗教的“世俗主义”；另一种是强调人类经验和心灵感受的“浪漫主义”。后者在古典希腊—罗马文化和文艺复兴（以及宗教改革）中具有共同的根基，它体现的是那些“压倒一切的理性主义精神所抑制的各种人类经验”。[①] 启蒙思想家们在追求一个能够笼罩全局的终极答案，启蒙精神颂扬的是理性至上、社会进步至上，肯定的是人类无与伦比的理性智慧及其理解、探索自然规律的能力。但“浪漫主义”或反启蒙的思想家们，向人们展示的则是另一种思考眼界，他们认为“在道德、文化以及生活形态等方面，人类所面对的其实是杂多而且无法调和的目的、价值和认知”。[②] 反启蒙思想颂扬的也是“不可言喻的灵感”，肯定的是人生无穷无尽的戏剧性，是人类的灵感、艺术的创造性以及个体自我表现和自我创造的能力。所以，在启蒙运动的思想体系中，哲学意义上的实在物是具体的、如实的和单一的，但在反启蒙思想的理论体系中，实在物则是由符号性的、“由多重意义甚至对立面组成的变化多端的综合体”。[③] 而维柯正是反启蒙思想的先驱。[④] 他的反启蒙思想针对的是笛卡尔的“唯智主义”及它对意大利人文主义传统的贬抑。维柯的这些思想在19世纪前后则被德国哲学家哈曼、赫尔德等人继承和进一步发挥。

（三）“文化”观念

“文化”一词最初出现于欧洲各民族的语言中时，并未获得我们今天所赋予它的意蕴。在拉丁语和中古英语中，它的基本涵义是“耕耘”“掘种土地”和“园艺”。“《牛津词典》把1510年作为该用法在英语中首次出现的日期。”[⑤] 这一最初的涵义今天仍在“农业”（Agriculture）和“园

① ［美］理查德·塔纳斯著，吴象婴等译：《西方思想史》，上海社会科学院出版社，2007年版，第403页。

② 徐大同主编：《当代西方政治思潮》，天津人民出版社，2010年版，第190页。

③ ［美］理查德·塔纳斯著，吴象婴等译：《西方思想史》，上海社会科学院出版社，2007年版，第406页。

④ ［美］马克·里拉著，张小勇译：《维柯：反现代的创生》，新星出版社，2008年版，导言部分第5页。

⑤ ［美］菲利普·巴格比、夏克等译：《文化：历史的投影》，上海人民出版社，1987年版，第87页。

艺"（Horticulture）两词中保留着。今天人们所讲的文化观念的确立，是与反启蒙思想的出现同步的，最早表达具有现代涵义的"文化"观念的思想家仍然是维柯。他在1725年发表的《新科学》一书中首次提出：任何特定社会的所有行为都有一种特征或普遍的模式；作为一个整体社会，其思想、艺术、制度、语言、生活方式都反映出一种共同的风格。这种普遍的模式或共同的风格便是文化。[1] 并进而说思想、情感、世界观等各类行为以及肉体的、情绪的、智识的、精神的等多种反映的本质构成了文化。伯林讲，在维柯之前"没有谁有过这样的想法，要努力去重构人们是如何看待生活在周围环境中的自己，如何看待（或感受）与自己发生关联的自然界和其他人——作为在时间中持续存在下来的一类生灵"。[2] 伯林由此进一步明确指出，维柯是理解并告诉了我们什么是人类文化的第一人，是他不自觉地确立了文化的观念。[3] 而这一看法在学界也几乎已成公论。

而"文化"的观念，正是维柯反启蒙思想的基点。因为他对笛卡尔"唯智主义"不言明的批判，和对意大利传统人文主义精神褒扬，都建立在这种认识之上：文化是由特定社会所有行为的模式构成的，而每一个民族的文化都是完全独立的。近半个世纪之后，赫尔德在呼吁德意志知识精英们重拾民族自信，摆脱法国人及法国文化的奴役，所依循的理由也是德意志民族的文化具有不可替代、无与伦比的优越性和独特性。

（四）民族理念

西方思想史中的"民族"是一个古老的术语和观念，"民族先于民族主义而存在"。[4] 中世纪后期以来出现的"文艺复兴和启蒙运动奠定了资本主义意识形态的基础"，[5] 也确立了民族国家建立的思想依据。但作为观念形态的思想运动，民族的观念在18世纪以前的西欧资本主义产生和发展过程中，尤其是在启蒙运动中所扮演的角色具有这样的特点：反对罗马教廷对各国政治上的控制，主张建立脱离罗马教廷的独立的民族教会；拥戴王权，反对贵族势力分裂割据，要求建立独立和统一的民族国家；宣扬本民

---

① Sir I. Berlin, Vico and Herder: Two Studies in the History of Ideas, London: The Hogarth Press, 1976, p. xvii.

② ［伊朗］拉明·贾汉贝格鲁著，杨祯钦译：《伯林谈话录》，译林出版社，2002年版，第72页。

③ ［伊朗］拉明·贾汉贝格鲁著，杨祯钦译：《伯林谈话录》，译林出版社，2002年版，第72页。

④ ［英］安东尼·史密斯著，叶江译：《民族主义：理论、意识形态、历史》第2版，上海人民出版社，2011年版，第104页。

⑤ 王希恩：《民族过程与国家》，甘肃人民出版社，1998年版，第169页。

族的历史和文化，主张使用本民族语言，强化人们的民族意识和民族认同。[①] 显然，从一开始，民族的观念与启蒙思想就不是一种十分投契的关系。因为启蒙思想志在寻求放之四海而皆准的解决社会、思想、道德及政治问题的道路，宣扬的是世界主义的观念，与其链接的理论依据是科学理性主义哲学。而民族观念追求的是对民族的认同和效忠，对民族文化和精神的弘扬，以及对本民族成员的团聚和民族利益的独尊。所以，当18 世纪前后法国知识界以法兰西文化最具优越性的名义对意大利人文主义传统和德意志民族文化进行贬抑时，意大利和德意志知识精英们也以同样的名义，即以强调本民族文化具有至高无上价值的名义，发起了对法兰西文化霸权的抵抗。维柯、赫尔德等人就是其中的代表。

维柯于1725 年发表的名著《新科学》，正是基于对 18 世纪前后法国文化霸权主义的反叛而作。此著全称为《关于民族本性的新科学的原理》。显然，“民族本性”的“新科学的原理”的立足点便是“民族”，他论述的“民族”原型即为意大利人，这已近乎于我们今天所说“意大利民族”。尤其是他在批判笛卡尔的学说时已经展现出非常明确和“强烈的民族意识”。[②] 19 世纪前后，赫尔德、歌德（Johann W. Goethe）、费希特（Johann G. Fichte）等人在启发德意志知识分子摆脱法国人的奴役、寻求民族自立的道路时所阐发的思想，有许多追随了维柯的观点。其中赫尔德的表述中德意志民族和文化是两个关键性概念，而这已是文化民族主义的思想内容了。在维柯之后，康德（Immanuel Kant）的“个人自决”理论被引入民族的观念之中，作为一个现代性术语的“民族主义”也于18 世纪末期出现在赫尔德的论著中。[③]

至此可以讲，“文化观念”的确立、以及它与“相对主义”哲学思想、反启蒙思想、民族观念的结合，文化相对主义思想也便因此产生。而这几者之间似乎也呈现出这样一种关系：“相对主义”哲学传统为文化相对主义的萌生播下了思想的种子，反启蒙思想和文化的观念及二者的结合为文化相对主义的发芽提供了思想土壤，而民族观念的流布则为文化相对主义的破土打通了出口。

---

① 徐大同主编：《当代西方政治思潮》，天津人民出版社，2010 年版，第 190 页。

② ［意］卡洛·安东尼著，黄艳红译：《历史主义》，上海人民出版社，2010 年版，第 39 页。

③ ［英］安东尼·史密斯著，叶江译：《民族主义：理论、意识形态、历史》，上海人民出版社，2011 年版，第 5 页。

三、维柯与赫尔德的文化相对主义思想

恩格斯讲，“历史从哪里开始，思想进程也应当从哪里开始”。[①] 文化相对主义之所以在18世纪的出现，一方面基于意大利人和德国人反对民族压迫、反对文化霸权、追求民族自立的现实需要，另一方面也有着这一时期的意大利和德国的哲人们对“纯粹理性主义”是否能够成立、启蒙精神是否需要推崇等问题激烈论战的思想根源。在早期阶段，“文化相对主义”观念实际上是与意大利和德意志东普鲁士时期的思想家们论述的更为宏观的哲学、历史、文学思想及政治主张裹挟在一起的。这些思想家，在意大利主要有维柯，在德国则有哈曼、歌德、赫尔德、费希特等一批“浪漫主义”者。[②] 其中维柯和赫尔德的表述相对直接和集中，具有代表性。

（一）维柯的主要论述

依据维柯的主要著述以及国内外已有的、但很零散的研究成果，似可以将维柯不自觉地表述过的文化相对主义思想归纳为如下几点：

其一，文化是由特定社会所有行为的模式构成的，但每一个民族的文化都是完全独立地形成的。维柯认为，一个整体社会，其思想、艺术、制度、语言、生活方式都反映出一种共同的风格或普遍的模式，这个模式便是文化。[③] 并说“文化就是世界相对于社会的意义，就是男男女女对于他们自身与别人和环境发生关联的集体意识；文化影响思想、感情、行为、举动的特定形式”。[④] 这一看法无意间为文化下了定义，而在维柯之前似乎没有人对“文化是什么”做出过论述。维柯还认为，一个“民族”，从词源学来看就是一种“出生”或“出世”，就是具有一种共同起源、具有一种共同语言和其他制度的同种或有血缘关系的一族人（当然，维柯这里使用的“民族”一词不同于现代民族）。而“民族的世界是由所有的信仰不同宗教的民族摆在一起构成的世界，这个世界并不是后来这些民族在商业、外交、结盟、联邦、战争与和平条约方面互相发生关系时的那种民族世界，在这以前它早就被创造出来了，甚至在它们还完全互相隔离开的那

① 恩格斯：《卡尔·马克思〈政治经济学批判·第一分册〉》，《马克思恩格斯文集》第2卷，人民出版社，2009年版，第603页。

② ［美］理查德·塔纳斯著，吴象婴等译：《西方思想史》，上海社会科学院出版社，2007年版，第403页。

③ Sir I. Berlin, *Vico and Herder: Two Studies in the History of Ideas*, London: The Hogarth Press, 1976, p. xvii.

④ ［伊朗］拉明·贾汉贝格鲁著，杨祯钦译：《伯林谈话录》，译林出版社，2002年版，第32页。

个时期就已被承认为存在”。[①] 也就是说，在维柯看来，民族的世界其实就是一个具有不同宗教信仰和文化的世界，而各民族创造了各自完全不同的、独立的文化。

其二，文化完全是人类心理的产物。对于理性主义哲学家来说，一切关于自然和人的真理都是普遍的、客观的和永恒的。但维柯认为，抽象地运用“理性”得来的知识是缺乏历史根据的、乌托邦的、僵硬的、傲慢自大的和毫无感情的。他更倾向于主张通过经验获取知识，即赞同和主张经验主义的知识观。认为人类唯一能够确知的是自己做过或经历过的事情，而“从本质上说，人类的文化和过去事件的历史并非客观事实，而是人类心理的产物”。[②] 同时，他还认为：“人类最能卓有成效地认识的领域不是物质的自然，因为是神创造了物质的自然，也只有神才能认识它。人最能认识的是历史，是人所创造的‘民族的世界’。”[③]

其三，不同社会有着不同的文明和价值标准，互相之间不存在可比较性。维柯认为，每一个相继出现的时代都发展出自己独特的表达方式，它们在“永恒的理想史”中每一次循环的相应阶段会重复出现，虽然可能有一些变异。所以，“没有必要对每一种文化阶段及其作品，以及它背后所承载的生活、社会行动方式加以比较，或根据某种惟一的优劣尺度把它们分成三六九等”。[④] 之所这样讲，是因为在他看来，这样做是不可能的，因为不同民族的制度，或不同民族创造出来的文化之间没有统一的尺度。认为“一种文化的子孙能够学会理解另一种文化的生活和思想、行为方式、艺术、宗教、整体人生观，能够理解有些东西我们的祖先可以创造，而我们却不能，这是因为他们就是他们，我们就是我们，我们和他们分别处在同一个循环中的不同阶段上”。[⑤]

其四，人类社会不存在普遍的、永恒的文化价值标准或真理。对人类社会是否存在真理的认知，建立在是否承认“人性”具有统一性的基础之上。对于持进步信条的启蒙思想家而言：无论何时何地，“人性”都具有

---

① ［意］詹巴蒂斯塔·维柯著，朱光潜译：《新科学》，人民文学出版社，1986 年版，“英译者的引论”部分，第 15 页。

② ［美］彼得·赖尔、艾伦·威尔逊著，刘北成、王皖强编译：《启蒙运动百科全书》，上海人民出版社，2004 年版，第 432 页。

③ ［德］弗里德里希·梅尼克著，陆月宏译：《历史主义的兴起》，译林出版社，2010 年版，第 45 页。

④ ［英］以赛亚·伯林著，冯克利译：《反潮流：观念史论文集》，译林出版社，2011 年版，第 153 页。

⑤ ［英］以赛亚·伯林著，冯克利译：《反潮流：观念史论文集》，译林出版社，2011 年版，第 153、154 页。

统一性的一面，统一性是它的内核。"人性"在地方性的或历史中的多样性，与恒久不变的内核相比是不重要的。人类社会存在着普遍适用的目标，通过人类的理性，"可以制定出一个合乎逻辑的、易于检验和证实的法律和通用规则的结构，以此取代无知、精神惰怠、臆断、迷信、偏见、教条和幻觉所造成的混乱"。[①] 也就是说，启蒙思想家们关于历史不断进步的观念建立在这样的一种信念之上：世间存在着真实的、不变的、普遍且永恒的真理，它们对一切人、一切地方和一切时代都是正确的，譬如，对真善美的理解；这些真理或价值至少从原则上说是可以实现的，不管人类过去、现在或将来有无能力在世间实现他们；这些价值是一个和谐的整体。[②] 但维柯不这么认为，在他看来"人性"是变化的，它没有一个永久持续的内核或本质，变化是它能够存在的形式。而且，支配人类历史变化的原因不是由"机械式"因素（维柯认为这是理性主义的根基）决定的，而是由"人性"自身的天意模式确定的。[③] 所以，他也认为建立在"人性"统一性基础上的、普遍的和永恒的真理也就是不存在的。

其五，人类的历史在本质上是循环往复的。启蒙思想家普遍认为人类的历史总体上是一个发展进步的过程。但维柯认为人类的历史或文明的变迁并不一定是向前发展的，很多时候其实是循环往复的，类似于有机体生长、成熟、衰退、再生的过程。认为人类的历史发展经历着三个先后衔接的阶段，即"神的时代、英雄的时代和人的时代。……诸民族都是按照这三个时代的划分向前发展的"。[④] 认为人类文明发展到一个阶段，人就骄奢淫逸起来，就失去了活力，种种社会罪恶也就产生了，随着社会罪恶的增加，人类就又回到了野蛮时代。所以，三个时代是循环的、周而复始的。他称这种循环为"人类制度的复演过程"。[⑤] 认为西方从罗马帝国灭亡后就转入了"黑暗时代"，回到了野蛮时代，到了但丁的时代又转入英雄的时

---

① ［英］以赛亚·伯林著，冯克利译：《反潮流：观念史论文集》，译林出版社，2011 年版，第1、2 页。

② ［英］以赛亚·伯林著，冯克利译：《反潮流：观念史论文集》，译林出版社，2011 年版，第145 页。

③ Sir I. Berlin, *Vico and Herder*: *Two Studies in the History of Ideas*, London: The Hogarth Press, 1976, pp. xvi – xix.

④ ［意］詹巴蒂斯塔·维柯著，朱光潜译：《新科学》，人民文学出版社，1986 年版，第 459 页。

⑤ ［意］詹巴蒂斯塔·维柯著，朱光潜译：《新科学》，人民文学出版社，1986 年版，第 537 页。

代。[①] 而他所谓的“永恒理想的历史”中的每一个阶段，都是以一种不变的循环方式，同过去、现在、未来联系在一起的。

维柯的上述思想，在启蒙运动的早期时代无疑是对启蒙信条——科学理性主义和进步观念的彻底反叛。虽然他本人从未明确使用过“文化相对主义”一词，但从思想内涵上讲，他对“人性”统一性的否认，对真理或永恒不变的价值标准的质疑，尤其是对不同文化在价值上具有独特性和互相之间不具可比较性的鼓吹，其实就是他最先阐发的文化相对主义思想。而这些思想或理论主张无疑也是后来者思想的源头。

（二）赫尔德的主要论述

概述赫尔德的文化相对主义思想，需要提及一下德国近代哲学史上的两位重要人物：康德和哈曼，这二人都是德意志东普鲁士时期哲学界的巨星。[②] 在许多德国古典哲学家看来，起源于法国的启蒙精神就是理性主义、批判精神、自由主义理想和历史进步观念。黑格尔（Hegel）讲，“康德哲学是在理论方面对启蒙运动的系统陈述”。[③] 但哈曼却以批判理性主义、启蒙运动而著称。哈曼在1780年出版的《纯粹理性元批判》，是德意志哲学家中最早对启蒙运动做出批判的论著。哈曼由此开启了德国浪漫主义运动和反叛法国启蒙主义理想的进程。[④] 赫尔德在格尼斯堡大学求学期间，一开始时是康德的追随者，但后来他的学术兴趣发生转向，逐渐喜欢哈曼的“学说”到难以自拔。……对此，有学者也认为康德和哈曼是“从两个相对的方向照亮了赫尔德前进的道路，并使赫尔德和他们一起并列成为格尼斯堡的三个哲人”。[⑤] 这一看法是有切实依据的。相关研究表明，哈曼和赫尔德的反启蒙思想最早是从维柯那里得到启发的。哈曼于1777年从佛罗伦萨得到了维柯的《新科学》一书，而歌德、赫尔德分别与1787年和1792年也得到了此著，他们在自己的有关著述中都对维柯的学说给予高度肯定。[⑥]

通过梳理赫尔德的著述，可以发现在他的著述中有一个或隐或现的主线：坚持批驳启蒙运动关于一个包罗所有实体的统一科学的观点。赫尔德

---

① ［英］罗杰·豪舍尔：《〈反潮流：观念史论文集〉序言》，参见［英］以赛亚·伯林著，冯克利译：《反潮流：观念史论文集》，译林出版社，2011年版，序言部分，第20页。

② ［联邦德国］卡岑巴赫著，任立译：《赫尔德传》，商务印书馆，1993年版，第9—15页。

③ 赵敦华：《西方哲学简史》，北京大学出版社，2001年版，第358页。

④ ［英］以赛亚·伯林著，吕梁等译：《浪漫主义的根源》，译林出版社，2008年版，第45页。

⑤ ［联邦德国］卡岑巴赫著，任立译：《赫尔德传》，商务印书馆，1993年版，第171页。

⑥ ［意］贝奈戴托·克罗齐著，陶秀璈等译：《维柯的哲学》，大象出版社，2009年版，第191页。

的文化相对主义思想正是或隐或现于与此相关的论述之中。概括起来讲，主要观点包含如下几点：

其一，不同的文化有不同的价值标准。维柯不但确立了文化观念，还阐发了不同社会具有不同的文化及价值标准的观点。赫尔德则将维柯的论点应运于对文学作品的评价中，认为“不存在普适的、不变的标准，可以用来衡量和批判不同的历史时期、不同的文化背景、不同的个人气质、不同的创作素材产生的作品”。[①] 之所以这样讲，是因为在他看来，“每一个国家，每一个民族都有独特的性格，这在它们所有习俗和制度、艺术和文学作品中是十分明显的，而且这种性格有它自身的内在价值”。[②] 并进而讲道，不同文明追求不同的目标，它们有权追求自己的目标。“我们不是古希腊人于我们无损，我们不是古罗马人也不是一种耻辱。力图使我们像古罗马人那样只会歪曲我们固有的本质。”[③] 所以，对每一项人类成就，包括文化现象及行为的评价，只能根据它自己的内在标准加以判断。[④]

其二，民族是一个文化的实体，每一种文化都有自己的重心，但不同文化之间不存在可比较性。赫尔德认为：“一个民族不是一个国家，而是一个文化实体，同一民族的人说共同的语言，生活在共同的地域，有着共同的习惯、共同的历史和共同的传统。”[⑤] 这里，赫尔德无疑不自觉地给民族下了定义。同时，基于“人性是一团软的黏土”的看法，他认为“从根本上说，任何一种比较都是灾难……每个民族都在其自身之内有自己幸福的中心，正如每个圆球都有它自己的重心”。[⑥] 而“人类的道路就像迷宫，处处布满歧途，几乎找不到通往终极目标的路径”。[⑦] 所谓民族之间的“开化”与“蒙昧”“文明”和“野蛮”，不过是量的区别，而非质的不同。这是因为“民族之画卷有五彩斑斓，依着时间和地点纷繁变化；而且，和

---

① ［德］约翰·戈特弗里德·赫尔德著，张晓梅译：《反纯粹理性：论宗教、语言和历史文选》，商务印书馆，2010 年版，译者序言第 2 页。

② ［美］菲利普·巴格比著，夏克等译：《文化：历史的投影》，上海人民出版社，1987 年版，第 17 页。

③ ［伊朗］拉明·贾汉贝格鲁著，杨祯钦译：《伯林谈话录》，译林出版社，2002 年版，第 65 页。

④ ［英］以赛亚·伯林著，冯克利译：《反潮流：观念史论文集》，译林出版社，2011 年版，第 13 页。

⑤ ［伊朗］拉明·贾汉贝格鲁著，杨祯钦译：《伯林谈话录》，译林出版社，2002 年版，第 95 页。

⑥ ［德］约翰·戈特弗里德·赫尔德著，张晓梅译：《反纯粹理性：论宗教、语言和历史文选》，商务印书馆，2010 年版，第 8 页。

⑦ ［德］约翰·戈特弗里德·赫尔德著，张晓梅译：《反纯粹理性：论宗教、语言和历史文选》，商务印书馆，2010 年版，第 23 页。

所有图画一样，一切都取决于我们观看的视角。如果我们用欧洲文化的理念作为标准，那么我们确乎只能在欧洲发现文化。如果我们更进一步，武断地划定文化与启蒙之间的界限，则我们是在迷雾中堕得更深，因为真正意义上的文化与启蒙乃是不可分”。①

其三，“民族”是人类种族最自然的、最神圣的分野。赫尔德在大部分著作中，尤其是在《人类历史哲学观念》中创造了“一个关于民族差异的整个理论”：他透过遥远的时间和空间，发现了各地古代的“民族”，这些“民族”不仅包括欧洲的“民族”，也包括亚洲、非洲、美洲及海岛上的“民族”。显然，赫尔德所述的这些“民族”其实是英文中的“peoples”，而非“nationalities”。他认为这些“民族”，“起初因地理与气候上的特质而封闭起来；后来各有其特殊的历史传统——一种适当的语言、文学、教育、习尚、风俗；因此他们便各成为一个完备的民族，具有一种‘民间性格’，一种‘民族魂’和一种真实的民族文化后，个人便以他们民族的‘性格’为特征”，而这种“性格”对于民族的成员而言，即使迁居他国数代后，仍然不能消灭。② 他由此讲道，民族其实就是一种精神原则，每个民族都有自己的“精神”，而民族精神是最自然、最合理的东西，民族也是人类最合理和最神圣的分类。③

其四，基于民族文化的“人性”没有统一的标准。对于“人性”是否具有统一性的问题，赫尔德基本追随了维柯的思想，但他说的更为明确。认为“人性绝非一个容器，盛着某种像哲学家们定义的那样绝对的、独立的、不变的幸福（笔者注：实际上指最高道德标准）。……它是一团软的黏土，不同的条件、需要和压力，就被塑造为不同的形状”。④ 民族是文化的实体，不同的民族便是各不相同的文化实体。但由于不同的文化价值标准不具可比较性，所以各民族文化中的最高道德标准“也是随着背景和气候每每变幻”。⑤ “每个独特的民族，都倾向于独特的民族幸福的形式，在这个演进过程中，一个民族与另一个民族间的距离被越拉越大。……每当

---

① ［德］约翰·戈特弗里德·赫尔德著，张晓梅译：《反纯粹理性：论宗教、语言和历史文选》，商务印书馆，2010年版，第20页。

② ［美］海斯著，帕米尔等译：《现代民族主义演进史》，华东师范大学出版社，2011年版，第23、24页。

③ ［英］安东尼·史密斯著，叶江译：《民族主义：理论、意识形态、历史》第2版，上海人民出版社，2011年版，第42页。

④ ［德］约翰·戈特弗里德·赫尔德著，张晓梅译：《反纯粹理性：论宗教、语言和历史文选》，商务印书馆，2010年版，第8页。

⑤ ［德］约翰·戈特弗里德·赫尔德著，张晓梅译：《反纯粹理性：论宗教、语言和历史文选》，商务印书馆，2010年版，第8页。

两个民族的禀赋和视域相碰撞，就生出我们称之为偏见、群氓之见和狭隘民族主义的东西！但若时间与地点恰当，偏见也是好的，因为幸福正可以从中生出来。……在这种意义上，最无知、偏见最深的民族通常也是最幸福的民族。"[①] 很明显，在赫尔德看来，适用于所有民族或文化实体的最高道德标准是不存在的，人性"统一性"的一面也就是不存在的。而一切现象或行为是否符合人类的道义，完全依某个民族自身的文化标准而定。

同维柯一样，赫尔德也从未明确使用"文化相对主义"一词，但这不影响我们赋予他们文化相对主义思想早期代表人物的称号。这正如伯林所言，虽然赫尔德本人从未使用过"文化民族主义"一词，但人们仍将他奉为德国文化民族主义之父、文化民族主义思想之父。[②]

四、原生形态的文化相对主义理论

维柯与赫尔德的上述思想是对"持续影响西方两千年的'永恒的哲学'的第一次全新革命和颠覆"。[③] 有学者认为，维柯和赫尔德的文化相对主义思想在克罗齐（Benedetto Croce）、狄尔泰（Wilhelm Dilthey）、韦伯（Max Weber）、新康德主义（Neo - Kantianism）思想家那里得到了进一步的发展，从而形成了这一阶段文化相对主义的特点，并将此阶段的文化相对主义思想称之为其发展的第一阶段。[④] 这一看法是国内学者对文化相对主义产生于18世纪的第一次明确承认，对我们探究文化相对主义发展史具有不言而喻的启发意义。但将维柯、赫尔德与他们身后的上述几位思想家们的文化相对主义思想归为其发展的第一阶段似乎不够准确。在笔者看来，上述思想家们后来阐发的文化相对主义思想，虽然与维柯和赫尔德的论述有相通之处及某种承继关系，但他们之间在学术立场上却有着明显的不同：克罗齐、狄尔泰、马克斯·韦伯、新康德主义思想家们等都是启蒙精神坚定的追随者。启蒙精神总体上推崇的是世界主义，文化相对主义则恰恰相反，启蒙思想家立志于为世界"祛魅"，要破除神学思想对人的束缚，维柯和赫尔德阐发的文化相对主义思想却始终没有脱离神学的窠臼。这种区别是本质上的。

所以，若从上属意义上讲，维柯和赫尔德所阐发的文化相对主义思想

---

① ［德］约翰·戈特弗里德·赫尔德著，张晓梅译：《反纯粹理性：论宗教、语言和历史文选》，商务印书馆，2010年版，第8、9页。

② 钱雪梅：《文化民族主义刍议》，《世界民族》2000年第4期。

③ ［英］以赛亚·伯林著，吕梁等译：《浪漫主义的根源》，译林出版社，2008年版，第71页。

④ 何萍：《文化相对主义：历史演变及内涵》，《中国人民大学学报》2007年第6期。

才应属于第一阶段。笔者以为，维柯和赫尔德的论述实际上也已经形成了原生形态的文化相对主义理论。依据前文所述，可以将其理论要点归纳如下：（1）排斥科学理性主义和人类社会不断进步的观念；（2）否认人类社会存在普遍性的最高道德标准，否认基于文化基础之上的“人性”具有统一性，否认现代知识观中的真理；（3）认为文化是由特定社会的所有行为模式构成的，是人类心理的产物，不同社会有不同的文化，每一种文化都有自己的重心和价值标准；（4）认为民族是文化的实体，每一个民族的文化都是独立的、自成体系的；（5）认为每一个民族的文化或每一种文化都有其自身独特的价值，不同（民族的）文化之间不存在可比较性；（6）坚决反对对任何不同（民族的）文化做价值比较及排序。

之所以说这些论点实际上已经形成原生形态的文化相对主义理论，是因为作为一种反对文化霸权、追求民族文化地位平等的思想理论，这几点所构成的内容在逻辑体系上是基本完整的。其逻辑关系为：相对主义和经验主义是它的哲学基础；反对启蒙思想及精神是它的理论出发点；坚持民族文化价值的相对性是它的基本理论主张；反对文化霸权，追求民族文化地位平等是它的现实诉求或目标；批判性和工具性则是它的基本理论品质。

之所以说维柯与赫尔德的上述论点已经形成原生形态的文化相对主义理论，也是相对于它被扩散和泛化之后成为一种文化思潮，和被学科化后成为一种学术流派的情况而言的：

从理论渊源上看，不论是19世纪末期出现的作为一种社会文化思潮的文化相对主义，还是1920年代以后出现的作为一种学术流派的文化相对主义，它们都共同地反对文化霸权，反对对不同民族的文化做先进→落后、文明→野蛮的阶梯式排序，强调不同民族文化在价值上的不可比较性，强调和张扬不同文化价值的独特性。而这些主张均源自于维柯和赫尔德的前述论点，前后的基本思想及内涵没有发生根本性的变化。而且，从其包涵的思想内容上看，维柯、赫尔德身后的学者们所讲的“历史相对主义”“价值相对主义”和“道德相对主义”等，其实都是从原生形态的文化相对主义理论要点之中衍生出来的。因为后来的学人们在论述这几种“主义”的理论渊源时，所溯及的鼻祖仍然是维柯和赫尔德。而所谓历史相对主义、价值相对主义和道德相对主义等这些术语，也不过是19世纪末期文化相对主义扩散成为一种文化思潮的表现。对此，当代意大利历史学家卡洛·安东尼（Caro Anthony）评论说，维柯与赫尔德是历史上率先有意识地抛弃了理性主义价值准则的哲人，这是因为在他们看来，正如根本不存在绝对的美学规范一样，也不存在任何绝对的道德准则。一切都与时代、民族及其独有的理想标准相关，这种认识实质上就是价值相对主义。① 安东尼的评价有切实的依据。而且安东尼所说的“价值相对主义”和文化相对主义的基本理论主张并无二致。

从批判对象上看，文化相对主义是最先作为批判启蒙信条——科学理性主义和进步观念，以及法国文化霸权的理论工具而出现的，这在维柯、赫尔德那里都是如此。但在文化相对主义成为一种广为扩散的文化思潮，特别是成为文化相对主义学派之后，它的主要理论批判对象成为社会达尔文主义、文化进化论和种族主义。显然，前后批判的对象不同。而且，从论述对象或立足单位上看，维柯与赫尔德阐发文化相对主义思想时的立足单位或论述对象似乎都是以民族为载体的文化。但随着这些思想在世界范围内被逐步传播、扩散之后，便衍生出许多次生形态或更为泛义的“文化相对主义学说”。后者的理论主张在表面上与维柯、赫尔德的论述没有明显的区别，但立足单位或论述对象已远远超出了民族文化的范畴。譬如，如今许多学者认为宗教原教旨主义实际上也是一种文化相对主义，但它的立足点便是某种宗教或教派，而不再是民族。再如，女权主义者、公开的同性恋群体等，也以自身的文化具有正当性和不可侵犯性的名义来伸张诉求，其公开打出的也是文化相对主义的旗帜，但承载这种诉求的群体却不再是以民族作为载体的文化群体。

赫尔德之后，原生形态的文化相对主义理论逐渐被属于不同思想体系的学人们所继承、利用和发挥，并扩散至整个西方社会思想领域，最终于19世纪末期成为一种非主流、但却有广泛社会影响力的文化思潮。之所以这样说，是因为文化相对主义产生之后就作为西方主流思想体系——科学理性主义的对立面而长期存在，但在赫尔德之后，它的一些思想因子才被一些坚持科学理性主义学术立场的学者所吸收，从而模糊了其根本性思想立场的界限。具体来讲，就是维柯与赫尔德的思想除了被明确反对科学理性主义的学者们继承外，如韦斯特马克、斯宾格勒、博厄斯等人，也被坚持科学理性主义的学者们所吸收、改造，如20世纪初期的经典社会理论家马克斯·韦伯。韦伯阐发的“历史相对主义”观念，很大程度上受到了赫尔德思想的启发，但这位思想中充满着“矛盾与歧义”的学术大师，所遵循的思想路线却仍然是“理性的和科学的”。② 而博厄斯创立的“文化相对

---

① ［意］卡洛·安东尼著，黄艳红译：《历史主义》，上海人民出版社，2010年版，第68页。

② 苏国勋：《〈新教伦理与资本主义精神〉总序二》，［德］马克斯·韦伯著，康乐、简惠美译：《新教伦理与资本主义精神》，广西师范大学出版社，2010年版，第ⅷ页。

主义学派”，则使文化相对主义在西方思想界的影响力进一步扩散和泛化。同时，伴随多元文化主义和文化多样性理论的出现，文化相对主义也在多民族国家内部最终完成了从学术认知向政治伦理层面的扩展。

当然，文化相对主义在遭受异族奴役和种族制度压迫的民族（种族）之中的广泛传播，一定程度上也是借助于赫尔德首创的文化民族主义思想的流布而实现的。这是因为原生形态的文化相对主义理论在形成过程中，首先与文化民族主义结下不解之缘。[①] 二者在其后的扩散中，亦是相互裹挟、相互借助的，也可以说二者是一个硬币的两面。而文化相对主义作为文化民族主义的理论构成，虽然自其产生后不断成为许多文化落后民族和被压迫民族的知识精英们反对文化霸权主义、反对民族压迫、追求民族解放和独立的理论武器。但由于它否定了在启蒙运动中才得以确立的人类历史不断进步和发展的观念，否定了评价人类文化的客观标准，使得落后民族或被压迫民族的民族主义运动常常具有鲜明的文化保守主义色彩。尤其是在文化民族主义的故乡——德国，作为文化民族主义理论构成的文化相对主义，虽然首先成为德意志知识精英们成为认同、赞扬本民族文化及精神的思想依据和追求民族自立的理论工具，但不久也变成了一些人对“他者”文化排斥、诋毁的理论依据。因为这一观念从费希特开始，就发展成为了德意志民族在种族、语言和思想性上均优越于其他民族的观念的理论依据。而这种观念“后来为法西斯主义所利用，不仅对德国的历史产生了消极的影响，也使本来诉诸民族自由和民族解放的德意志民族主义蒙垢”。[②] 在完成民族独立之后的民族国家建构中，文化相对主义也被一些人消极借用或反转使用，成为他们追求非理性民族（种族）利益的思想资源。譬如，在推行多元文化主义民族政策的国家中近些年出现的民族分离主义问题、新种族主义问题[③]等，在某种意义上都受到了文化相对主义思想的消极影响和直接催动。

---

① 学界公认的文化民族主义的鼻祖是赫尔德，而他同样也是原生形态的文化相对主义理论的主要阐发者。也正因为如此，学者们一般都就将文化相对主义思想视为赫尔德首倡的“文化民族主义的理论基石”。参见钱雪梅：《文化民族主义的理论基础》，《世界民族》2001 年第 2 期。

② 王建娥：《族际政治：20 世纪的理论与实践》，社会科学文献出版社，2011 年版，第 91 页。

③ 新种族主义是 20 世纪末期以来主要在欧洲出现的一种以排拒移民为目的的极端民族主义。这些极端的排外主义分子，一方面把移民群体看做是经济上的对手，另一方面还把移民看作是“难以融合的文化成分”，认为移民群体会腐蚀本民族的“道德品质和生物纯洁性”，主张“为了净化共同体（笔者注：即本民族），需要对共同体中的外来成分以及族裔少数民族群体采取强硬的态度”。参见［英］安东尼·史密斯著，龚维斌、良警宇译：《全球化时代的民族与民族主义》，中央编译出版社，2002 年版，第 78、79 页。

“问题”释惑

认识和处理中国民族问题中的统筹兼顾*

王希恩

党的十七大报告对科学发展观做了深刻阐述，其中谈道："必须坚持统筹兼顾。要正确认识和妥善处理中国特色社会主义事业中的重大关系，统筹城乡发展、区域发展、经济社会发展、人与自然和谐发展、国内发展和对外开放，统筹中央和地方关系，统筹个人利益和集体利益、局部利益和整体利益、当前利益和长远利益，充分调动各方面的积极性。"并讲统筹兼顾是"科学发展观的根本方法"①。这里没有讲民族问题，但却对我们正确认识和处理民族问题有着方法论的极大启示，以至于可以说，统筹兼顾也是我们正确认识和处理中国民族问题的根本方法。

一、统筹兼顾首先要有大局意识，学会抓主要矛盾

民族问题是社会总问题的一部分，是马克思主义民族理论的一个原则性论点。马克思主义经典作家们一再谈到：民族问题只有和无产阶级革命相联系并在无产阶级革命的基础上才能得到解决，它是无产阶级革命总问题的一部分。以此，他们支持了19世纪和20世纪早期各国的民族解放运动，胜利领导了俄国十月革命和第一个社会主义国家的创建。中国的新民主主义革命承担了反帝反封建的双重历史使命。在中国共产党的领导下，中华民族的独立解放不但成为中国民主革命胜利的主要标志，也成为无产阶级领导的社会主义革命和建设的历史前提。改革开放以来，中国共产党坚持了马克思主义的这一基本原则，始终将民族问题的认识和解决置放于中国特色社会主义的伟大事业之中。实践证明，这是我们的民族工作取得成功必须坚持的一个原则。

怎样认识和理解我们时代的"社会总问题"，党的十七大报告指出："经过新中国成立以来特别是改革开放以来的不懈努力，我国取得了举世

---

* 原载《民族研究》2008年第5期，略有改动。

① 胡锦涛：《高举中国特色社会主义伟大旗帜，为夺取全面建设小康社会新胜利而奋斗》，人民出版社，2007年版，第16页。

瞩目的发展成就，从生产力到生产关系、从经济基础到上层建筑都发生了意义深远的重大变化，但我国仍处于并将长期处于社会主义初级阶段的基本国情没有变，人民日益增长的物质文化需要同落后的社会生产之间的矛盾这一社会主要矛盾没有变。"① 所以，当前，乃至今后相当长的时期内，我国的社会总问题就是在人们日益增长的物质文化需要同落后的社会生产之间的矛盾主导下的各种问题的总和，中国特色社会主义的阶段性任务就是对这些问题的解决。为此，在科学发展观的指导下，以经济建设为中心，一心一意谋发展，全面推进社会主义现代化，在目前和未来相当长的时间内都将是我国第一位的任务。

中国的民族问题同样是在社会主要矛盾支配下的社会问题。人们日益增长的物质文化需要同落后的社会生产之间的矛盾在民族问题上的主要表现，就是少数民族和民族地区迫切要求加快发展与自身发展能力不足的矛盾。迫切要求加快发展，是少数民族和民族地区广大干部群众企望尽快改变落后面貌，努力提高自身生活水平的普遍要求；自身发展能力不足，是基于自然条件、历史因素和发展基础而导致发展差距拉大的根本原因。所以，在民族工作中，解决这一矛盾是与解决日益增长的物质文化需要同落后的社会生产之间的矛盾完全一致的；努力提高少数民族和民族地区的发展能力，加快发展缩小差距是当代中国民族问题解决中的第一位的工作。认识到这一点，着力解决这一点，就是抓住了现阶段我国民族问题的大局。

在完成了民主改革和社会主义改造之后，党和国家就明确将实现各民族共同繁荣作为新中国民族工作的根本任务，但由于"左"的错误干扰，这一任务的完成并未得到应有的成效。改革开放以后，我国民族工作及时地实现了向以经济建设为中心的转移，并针对少数民族和民族地区的特点实行了一系列推进发展的优惠政策，特别是2000年开始实施的西部大开发战略，为少数民族和民族地区的加快发展创造了前所未有的机遇。进入新世纪以来，西部地区进入了经济增长最快，发展效益最好，综合实力提高最为显著，城乡居民得到实惠最多的发展时期。2000—2006年的七年中，民族八省区的GDP年均增长率为11.2%，与差距拉大最为显著的20世纪90年代相比，增长率提升了2.6个百分点。民族地区城镇居民人均可支配收入增长率至2006年已高出全国0.4个百分点；农村居民人均纯收入增长

① 胡锦涛：《高举中国特色社会主义伟大旗帜，为夺取全面建设小康社会新胜利而奋斗》，第14页。

率高出全国2.8个百分点。[①] 然而，由于发展基础的低下和主客观条件的制约，民族地区不论在经济总量、发展效益还是在人民生活提高等方面与发达地区相比都还有相当大的差距，特别是农村贫困人口总数还占有很大的比例。所以，少数民族和民族地区迫切要求加快发展与自身发展能力不足这一矛盾并没有得到完全解决。中央民族工作会议继续将加快少数民族和民族地区发展作为现阶段民族工作的主要任务是完全正确的。

1988年邓小平在一次讲话中指出："沿海地区要加快对外开放，使这个拥有两亿人口的广大地带较快地先发展起来，从而带动内地更好地发展，这是一个事关大局的问题。内地要顾全这个大局。反过来，发展到一定的时候，又要求沿海拿出更多的力量来帮助内地发展，这也是个大局。那时沿海也要服从这个大局。"[②] 这就是指导中国现代化建设的"两个大局"思想。作为这一战略格局中的民族地区，曾为现代化发展的第一个"大局"做出了贡献和牺牲，而其后，在以西部大开发为标志的第二个"大局"中又开始获得更多的帮助。中国的现代化离不开少数民族和民族地区的发展，没有民族地区的资源和市场，中国的经济便没有了持续发展的战略支撑；同样，少数民族和民族地区自身发展能力不足问题的解决，靠自身的努力，也靠国家的支持和发达地区的帮助，而这都离不开国家现代化的整体推进。民族地区为中国现代化做出的牺牲和贡献最终会在中国现代化的整体发展中得到补偿。所以，"我国的民族问题必须放到建设中国特色社会主义的全局中来解决，解决好民族问题又有利于推进建设中国特色社会主义。中国特色社会主义是我国各族人民的共同事业，中国特色社会主义道路是解决我国民族问题的根本道路。只有全国各族人民坚持不懈地团结奋斗，中国特色社会主义事业才能不断取得新的成就，并最终取得成功。同时，只有在中国特色社会主义事业不断发展的过程中，在国家综合实力不断增强的基础上，我国各族人民的根本利益才能不断得到实现和保障，我国各民族共同繁荣发展的局面才能不断形成和发展"。[③]

强调发展在我国解决民族问题中的主导地位并非没有必要，因为这并不是一个已得到广泛认同的问题。

有论者认为，发展差距是经济问题，而不是民族问题，把经济问题看

---

① 据国务院西部开发领导小组办公室网站，http://www.chinawest.gov.cn/web/Column.asp，及国家统计局网站《中华人民共和国2006年国民经济和社会发展统计公报》、国家统计局编《中国统计年鉴》2005年、2006年有关数据。

② 邓小平：《中央要有权威》，《邓小平文选》第3卷，人民出版社，1993年版，第278页。

③ 胡锦涛：《在中央民族工作会议暨国务院第四次全国民族团结进步表彰大会上的讲话》，人民网，2005年5月27日。

作民族问题是把民族问题扩大化了。我们的看法是，少数民族和民族地区的发展差距既是经济问题，也是民族问题；通过发展缩小差距既是解决经济发展不平衡问题，也是在解决民族问题。这里的关键是对民族问题概念的不同理解。必须要了解，所谓“民族问题”即是涉及民族生存、发展及相关利益的各种矛盾。“民族问题既包括民族自身的发展，又包括民族之间，民族与阶级、国家之间等方面的关系。”[①]在此，民族自身的发展是第一位的问题。各民族自身的发展问题得不到解决，必然影响到民族与国家的关系，也影响到民族之间的关系。因为“民族之间的关系取决于每一个民族的生产力、分工和内部交往的发展程度。这个原理是公认的”。[②]发展不平衡、差距过大必然影响到平等权利的行使和利益的分配，对民族关系的损害是直接的。

民族问题解决的好坏拿什么来衡量，除了民族关系的标准之外，各民族的共同繁荣在我们这样一个社会主义的多民族国家也是一个不可或缺的标准。据此，通过加快发展缩小差距，实现共同繁荣的过程自然也就是一个解决民族问题的过程。

又有论者认为，当前中国的民族问题主要是民族关系不和谐和民族分裂主义的威胁，而不是什么发展差距问题，也不是通过发展所能解决的。我们的看法是，对包括民族关系在内的民族问题的现状怎么看可以见仁见智，发展也的确不可能解决所有的民族问题。但应该明确的是，在现阶段，少数民族和民族地区迫切要求加快发展与自身发展能力不足的矛盾是中国民族问题中的主要矛盾。因为其一，这是由整个社会主义初级阶段的中心任务是发展，而少数民族和民族地区有着较大的发展差距这一客观现实所决定的。其二，这一矛盾的存在对其他民族问题的存在有着诸多的影响和制约，它的解决也有助于其他民族问题的解决。影响民族关系和谐的因素是多方面的，但发展差距过大无疑是当前最主要的因素。所谓“民族平等”最终是要从经济基础上完成的；就民族关系解决民族关系不会从根本上解决问题。至于民族分裂主义问题也的确不是仅靠发展所能解决的。但民族之间的发展差距从来都是民族分裂分子离间民族关系、破坏国家统一的借口，而只有通过加快发展、缩小差距我们才会消除这一借口，也只有这样才能从根本上增强粉碎民族分裂主义的实力。

---

① 江泽民：《加强各民族大团结为建设有中国特色社会主义携手前进》，国家民委政策研究室编：《中国共产党主要领导人论民族问题》，民族出版社，1994年版，第249页。

② 马克思、恩格斯：《德意志意识形态》，中国社会科学院民族研究所编：《马克思恩格斯论民族问题》（上），民族出版社，1987年版，第77页。

所以，民族关系的好坏、民族分裂主义问题并不是和民族发展没有关系，而是受到这一问题的强烈制约。民族问题有不同的表现、不同的内容，它们都不是孤立的存在，而是相互联系。其中，一种问题会在某一时期起主导作用、支配作用，抓住了这一点，也就抓住了解决民族问题的主干，掌控了民族问题的全局。这也就是毛泽东提倡的抓主要矛盾的方法，和我们现在所讲的统筹兼顾方法是相通的。

二、统筹兼顾就是要善于协调各种利益和关系

民族问题是一个相互关联的综合体，总是渗透在政治、经济、文化和社会生活的各个方面。所以，在我国现代化的发展进程中，统筹城乡发展、区域发展、经济社会发展、人与自然和谐发展、国内发展和对外开放，统筹中央和地方关系，统筹个人利益和集体利益、局部利益和整体利益等，也往往和民族问题的解决有着这样那样的关系。当今中国民族问题的解决总是分解在中国特色社会主义事业各种关系的统筹协调之中。与少数民族发展、民族团结进步有关的各种关系都是我们的民族工作所应关注的，但当前尤其要做好的是以下几点。

妥善处理少数民族和民族地区发展中的各种利益矛盾。加快发展已是少数民族和民族地区广大干部群众的共识，中央和地方政府也为这种发展做出了巨大努力。然而加快发展的具体实践过程却是各种利益矛盾不断发生又需不断调节的过程。

西部大开发为改变民族地区的落后面貌提供了前所未有的机遇，但在这样一个巨大战略工程中，涉及整体和局部、不同地方、不同群体、近期和长远等方面的矛盾将大量存在。而自西部大开发实施以来，在类似西气东输、西电东送、西煤东运等具体项目的建设中也始终存在着不同地区之间、中央和地方之间、开发企业和当地群众之间等多方面的利益矛盾。利益关系协调不当已成为影响西部大开发和其他发展规划社会效益的重要制约因素。值得重视的是，一些部门或企业有意无意地违反国家政策，忽视当地群众的利益，积怨甚深，严重影响了社会稳定。2008 年 6 月 28 日，贵州省翁安县发生了一起严重的群体性打砸抢烧突发事件。这次事件表面的、直接的导火索是一位女中学生的死因争议，但背后深层次原因是当地在矿产资源开发、移民安置、建筑拆迁等工作中侵犯群众利益的事情屡有发生，而在处置这些矛盾纠纷和群体事件过程中，一些干部作风粗暴、工作方法简单引发的群众怨气的长期积累。[①] 翁安县虽不是少数民族聚居区，

① 《贵州严查瓮安“6·28”事件失职渎职干部责任》，新华网，2008 年 7 月 3 日。

但在其相邻乃至其他的民族地区，这类在开发建设中因侵犯群众利益而积累的矛盾也并不少见。这些问题除了影响民族关系、党群关系和社会稳定之外，有些还被敌对势力所利用，成为他们攻击西部大开发、制造民族分裂的口实。事实证明，能否统筹兼顾，注重和善于各种利益关系的协调，尤其是重视当地人民群众切身利益的维护，是西部大开发和现代化建设能否取得成功、少数民族和民族地区能否得到又好又快发展的关键环节。

妥善处理少数民族城市化进程中的问题。现代化总是和城市化相伴而行。随着我国现代化的推进，城市化也在前所未有地加速，少数民族也大步行进在这一潮流之中。目前生活在城市和散居地区的少数民族人口已占全部少数民族人口的三分之一。① 这不但意味着中国少数民族聚居状态的巨大变化，也意味着中国民族问题格局正在发生的变化。因此，重视这种变化，妥善处理由此引起的各种问题和关系，是现阶段我国民族工作的重点内容之一。

与以往少数民族的分布状态相适应，我国的民族工作体制主要是面向农村和聚居地区的，民族区域自治和大多数民族政策面对的也主要是这些地区。随着少数民族城市化和散居化的加快，这些地方的民族工作部门已普遍感到了工作的压力和已有体制的不适应。于是，如何适应这种变化，如何处理好两类地区民族工作的关系，处理好当地民族工作和其他工作的关系，正在成为现阶段民族工作普遍面对的问题。这些问题的解决涉及到国家进一步的政治体制改革，涉及不同地区不同部门之间工作的协调，也涉及到有关部门的重视以及由此决定的投入和其他方面的支持。

相对聚居区的民族问题，城市和散杂区有自己鲜明的特点，但当前最突出的问题是随着大量少数民族人口进入城市造成的两边不适应。一边是进城的少数民族人口不适应现代城市生活：他们或席地而坐、随地摆摊受到城管的约束甚至驱赶，或因文化和语言的不同而难以融入当地社会，或因教育水平和技能的不足而找不到合适的工作。另一边是城市普遍缺乏接纳外来少数民族人口的制度准备、政策准备和心理准备，或因没有相应的机构和政策处理相关的问题，或因缺乏经验难以应对突然出现的现象和事件。尤其是为主流文化所覆盖的城市人群由于没有足够的民族知识、民族政策意识，时常会不自觉地出现一些有害于少数民族情感的言行。

两边都不适应，因此便对两边同时提出了要求。应该看到，各级民族工作部门已经为少数民族城市化和与之相关问题的应对做出了不同程度的探索。如上海市将民族工作纳入城市和谐社区建设，建立起城郊接合部社

① 《少数民族事业十一五规划实施综述》，新华网，2008 年 2 月 28 日。

区民族工作联席会议制度，广东省建立了少数民族流动人口服务管理工作机制，以及与少数民族人口输出地政府的协作机制。山东省按照预防为主、教育疏导、依法处理、防止激化原则在全省范围内建立起了的民族工作长效机制。随着“普九”和各级各类教育的推行，民族地区的教育水平普遍得到了提高；随着广播电视和其他现代传媒的普及，民族地区群众的眼界在不断开阔、适应现代城市生活的能力也在不断提高。同时，民族地区各级政府也为当地劳务输出和其他人口外出做了大量的组织培训工作，与输入地政府做了不同程度的沟通。

这些城市和散杂居地区的探索是可贵的，为当地城市民族工作的顺利开展打开了思路；民族地区政府和群众做出的努力也是有效的，为少数民族的城市化提供了必要的准备。但必须承认，从少数民族城市化、散居化不断加快的趋势来看，从这些地区出现的问题仍在增多，我们的应对能力明显缺乏的实践来看，无论是城市和散居地区的体制、政策准备，还是少数民族人口的素质和技能准备都处于明显的不充分状态。于是，从更高层次上努力，加快制订和完善有关城市和散杂居民族工作的法规条例、政策体制，从更具体的工作入手，关心和注重解决进入新环境的少数民族的从业和生活问题，是一项迫切和艰苦的任务。新世纪新阶段民族工作的好坏，很大程度上将取决于我们城市和散杂居民族工作的成效。

善于应对涉及民族因素的特殊事件，切实维护好民族团结。民族宗教问题正在愈来愈成为社会关注的热点，利用民族宗教因素从事破坏也愈来愈成为敌对势力常用的手段。民族分裂主义本质上是对国家统一和领土主权的破坏，不是一般的民族和宗教问题，但由于它们披的是“民族”和“宗教”外衣，因而具有相当的煽动性和影响力，由它们制造的一些事端也往往对民族关系形成很大破坏。一方面，它们的蛊惑宣传和民族身份会获得它们所在民族不明真相成员的同情；另一方面，它们的破坏活动又往往引发其他民族对它们所在民族整体性的偏见或歧视，从而对民族关系造成损害。因而重视这类涉及民族因素的特殊事件的处理，是维护民族团结和社会稳定的重要内容。

2008年的“3·14事件”及稍前“东突”恐怖分子制造的未遂空难事件，是国内外民族分裂主义势力联手破坏北京奥运会召开和中国政治稳定的一次强大攻势。它们与其后发生在奥运圣火传递过程中“藏独”分子的冲击和西方势力的掣肘一道，成为一起影响广泛的涉及民族因素的特殊事件。分裂主义的进攻和西方的发难非但没有达到目的，反而激发了海内外华人强烈的爱国主义热情，中华民族凝聚力在这些事件中得到了进一步增强。

分裂民族、制造民族不和本来就是民族分裂主义的目的。在这些涉及民族因素的事件发生后，如何减少乃至消除对于民族关系的负面影响是对我们民族工作成效的重要检验。关键是要让全社会懂得民族分裂分子与他们所在民族的区别，懂得打击分裂主义的最好武器就是民族团结，而能够做到这一点的只有宣传和教育。我们都在说民族问题的重要、民族团结的重要，但能够表示我们这种重视的民族知识和政策宣传却始终没有占据应有的空间。

“3·14 事件”发生后，虽然我们把西藏问题尽力同民族问题区别开来，但是外界却并没有做这样的分割。要求学界回避这些问题，或只是以官方的口吻讲话是没有说服力的。在回应社会和外界关切的有关问题上，民族研究领域有着明显的差距。这里有政策性和敏感性较强的特殊性所限，但更重要的原因在于学界获取信息的不充分，而这又与我们的信息管理体制有着直接的关系。因此，改革信息管理体制，加强政府部门与学界的联系，充分发挥学界的引导作用和沟通作用，是做好新时期的各项工作亟需重视的一项内容。

“5·12”汶川大地震的中心在多民族聚居的阿坝藏族羌族自治州，也算是一个涉及民族因素的特殊事件，但与“3·14 事件”不同的是，它对民族关系的影响完全是正面的。羌、藏、回、汉等各族人民在此表现出的不分民族的互助精神、共赴国难的牺牲精神堪称民族团结进步的典范，也是中华民族“抗震救灾”精神的重要内容。因此，及时发掘和宣传他们的事迹、总结他们的经验，对于推动民族团结进步事业必将产生特殊的影响。

三、统筹兼顾就是既要立足现实，又要有前瞻意识

马克思主义把民族看作一种历史过程，认为它有着自己形成、发展和消亡的固有规律，并依据不同的历史阶段制定出相应的理论政策，用以指导解决民族问题的实践。它是立足现实的，又是面向未来的，已经将统筹兼顾融入其中了。

我们向来认为中国共产党人找到了一条符合中国实际的解决民族问题的成功之路，并坚定不移地坚信这一道路。然而这一信念随着民族问题的发展和思想解放的深入正在遭到一些质疑。质疑者们认为，中国的民族理论和政策完全模仿了苏联的斯大林模式，而这一模式已因苏联的解体而告失败，我们也当对此有一个深刻的反思。当然，按这种思路反思的结果自然是对新中国建立以来民族理论和政策的彻底否定。这是需要用大篇幅文字做出分析才能探其究竟的重大问题，但这里至少可以说，这不是一种正

确的反思。

中国的民族理论话语中有着较多的苏联痕迹，这是历史造成的。因为中国共产党作为指导思想的马克思主义早期经过了苏联的传介，而且当时也只有苏联能够提供包括民族问题在内的社会主义理论和实践模式。一张白纸的中国共产党的民族理论不能不受到这种模式的影响。但如同中国共产党全部理论的发展过程一样，在经历了一定时期的"照搬"和"模仿"之后，它所坚持的马克思主义民族理论便逐渐中国化了。这其中，关于联邦制和民族区域自治的选择、关于斯大林民族定义的中国化运用，都是大家早已烂熟于心的例子，而关于民族地区的民主改革和社会主义改造，少数民族干部的使用乃至全部的民族政策体系的建立，都体现着马克思主义民族理论与中国实际的结合。这是不可更移的事实。实际上，中国民族理论不但是中国化的，而且也在随着社会的发展不断创新，如对"民族问题"和"民族"概念的解说、对现阶段民族关系"和谐"要素的增添、对民族工作主题的确立等，都是改革开放以来中国共产党对中国民族问题和工作实践不断总结和概括的结果。这里早已超脱了苏联民族理论的窠臼，还说是斯大林模式就太说不过去了。

我们必须肯定我们民族理论和政策的伟大成就，因为它有着现阶段中国民族团结、经济繁荣、社会稳定这个基本事实。不能因民族意识抬升、民族纠纷增多、民族分裂主义存在而否认这一基本判断。这些问题的存在有着民族发展规律支配、国内市场经济环境刺激、世界民族主义浪潮影响以及国际敌对势力渗透等多种原因，与民族政策并没有直接的关系。相反，倒是在人类文明进程加快、少数人权利逐渐为世界所重视的背景下我们民族政策显现出的的优越性和进步性正在得到世界更多的认可。国外敌对势力对中国的攻击或许在其他方面可以获得一些"根据"，但在民族问题和政策上却是最显苍白的。

事实说明，中国的民族理论及其指导下的现行政策，包括民族区域自治，加快少数民族经济文化发展、各项照顾和优惠政策等，实践证明是成功的。认为现行理论政策有问题，试图推倒重来、另起炉灶决不是实事求是的态度，我们也负担不起这样做的历史责任。

中国民族理论和政策的正确，在于它符合现实民族问题的实际。但民族现象、民族问题的历时性又决定了这些理论和政策必须与时俱进。在此问题上，我们反对否定一切的历史虚无主义，也反对墨守成规的保守主义。

应该认识到，我们的民族区域自治是以少数民族的一定聚居为前提、以农村和牧区工作为主要内容的，而随着少数民族散居化城镇化程度的不断提高，作为一项基本政治制度的民族区域自治和现行的民族工作体制该如何应对？我们的民族照顾和优惠政策是以少数民族落后于汉族为基本前提的，而随着部分少数民族或民族地区率先摆脱落后面貌，作为面向所有少数民族和民族地区的政策又该做出怎样的调适？这些都是在我们的理论和政策研究中需要占有位置的。

应该认识到，民族意识的抬升已是一个不争的事实，而且可以预见，在未来的相当时期内，这种抬升仍将是一个持续增强的趋势。这是由民族从自在走向自觉的固有规律以及当代世界为民族意识不断创造着滋生的社会条件这一历史背景所决定的。然而，民族意识的抬升是在基本民族、国家民族和“泛民族”等多种层次上同时发生的。国家层次上的民族意识与爱国主义相重叠，是在全球化背景下，我们进行社会主义民族国家构建所需要的。增强中华民族凝聚力、实现民族复兴离不开这种民族意识的抬升。而基本民族和“泛民族”层次上的自我意识在有助于各自发展的积极作用之外，也有着对国家层次民族意识的分解和掣肘。于是在中国特色社会主义的未来发展中，如何协调不同民族意识之间的关系，如何张扬它们的积极因素，抑制消极因素，实在是一个从理论到实践都需要加以正视的问题。

应该认识到，民族意识的抬升尽管会是一个较长时期的存在，但它仍是阶段性的、暂时的，民族过程总趋势是“合”这个规律是不会变的。马克思主义将民族与阶级和国家一道，视为终将消亡并致力于消亡的事物，是因为它们或是人类隔绝的产物、或制造了人类的隔绝。相对于阶级的消亡，民族的消亡可能更为长久，但在它发展的进程中，共同因素的增多则是社会的进步。民族以文化为本，但两者并不等同。文化可以是民族的，也可以是地域的、阶级的、家族的、年龄的、性别的，它们之间又是可以交叉重叠的。所以，文化是人类的本质属性，与人类历史相始终，而民族则是会消亡的。民族的消亡只是意味着人类这种或自然形成、或人为构建的群体之间界限的消除，失去的只是人类交往的屏障，而不会是文化。所以，民族融合、民族消亡是人类的进步；我们提倡文化的多样性，却不能提倡民族隔阂。当今虽然远不是民族融合、民族消亡的时代，但我们决不可以抗拒民族之间的接近和共同因素的增多。固化民族之间的界限和强行推进民族融合一样，都是违背民族过程规律的。

总之，统筹兼顾需要“左顾右盼”，也需要“瞻前顾后”，目的都是为了更稳妥地向社会主义现代化迈进。因此，努力学习掌握这一科学方法，无论是对十七大精神的贯彻还是更好的认识和处理我国的民族问题都是极为必要的。

中国共产党对马克思主义经典作家关于民族主义论述的继承和发展*

张三南

民族主义问题是民族问题的重要内容，也是马克思主义经典作家关注的重要理论和现实问题。正如英国当代著名民族理论家、“族群—象征主义”代表人物安东尼·史密斯（Anthony D. Smith）所认为“马克思主义是民族主义研究的主要学派之一……是在连续性上最好的民族主义研究学派”① 的一样，马克思主义经典作家中马克思和恩格斯对于民族主义的直接论述虽不多但间接论述很丰富，而列宁和斯大林在论述民族问题时对“民族主义”一词的使用频率很高，并确立了马克思主义经典作家关于民族主义的基本观点。整体而言，马克思主义经典作家对民族主义是持“批判、借助和吸纳”的态度。② 这一态度充分体现了马克思主义经典作家对民族主义“两重性”的认识。然而，对于马克思主义经典作家这一彰显唯物辨证法精髓的基本观点，有关社会主义国家在领略、继承和发展方面却表现各异。

民族主义问题同样是备受各国共产党关注的重要理论问题，也是社会主义国家面临的重大现实问题。学界在研究社会主义国家处理民族问题的理论与实践时，往往选取苏联、南斯拉夫和中国这三个具有代表性的多民族社会主义国家进行比较分析，或将其称之为“苏联模式”“南斯拉夫模式”和“中国模式”。③ 在这三种模式中，前两者分别从不同的两个极端背离了马克思主义民族理论尤其是马克思主义经典作家关于民族主义的论述，并导致了殊途同归的结果——联盟解体。而后者在坚持马克思主义经典作家民族理论的基础上，紧密结合了中国实际，契合了时代特点，取得

---

* 原载《中央民族大学学报》（哲学社会科学版）2012 年第 1 期，略有改动。

① Anthony D. Smith. Theories of Nationalism. New York: Holmes&Meier Publishers, 1983. 257.

② 王希恩：《批判、借助和吸纳——对马克思主义经典作家关于民族主义论述的再认识》，《民族研究》2007 年第 5 期。

③ 周传斌：《马克思主义民族理论的历史发展》，《黑龙江民族丛刊》2004 年第 1 期。

了马克思主义民族理论中国化的许多重要理论成果。[①] 具体到处理民族主义问题方面，中国共产党同样实现了对马克思主义经典作家关于民族主义论述的继承和发展，探索出了一条符合中国国情和时代特征的中国特色社会主义道路。

一、辩证处理国际主义和民族主义的关系

以国别为基本组织单元的各国共产党均会遇到一个重大理论问题，即如何处理国际主义和民族主义的关系。作为马克思主义政党，共产主义是其最高理想，国际主义是其基本取义。作为国别性无产阶级政党，各国共产党同时还肩负着维护本民族国家利益的重任。同样，处理国际主义和民族主义的关系问题是中国共产党面临的一个重大课题，其中体现了中国共产党关于民族主义的基本观点和立场。

在这一问题上，中国共产党继承了马克思主义的思想精髓并将其与中国实际结合起来，尤其是在实践中充分运用了唯物辩证法，形成了正确处理国际主义和民族主义关系的科学理论并成功付诸实践。

中国共产党成立初期，成为了共产国际的一个分支机构。当时共产国际实受苏联控制，苏联及其控制下的共产国际多次以无产阶级国际主义的名义，干扰了中国共产党党务及中国革命事业，客观上成为了大革命时期右倾错误、土地革命时期"左"倾错误形成和革命遭受挫折的外部因素之一。

面对复杂局面，以毛泽东为代表的中国共产党第一代领导集体把马克思主义的思想精髓与中国实际很好地结合起来，准确分析革命形势，及时总结经验教训，充分认识了民族主义（爱国主义）与国际主义的一致性，实现了二者的有机统一。毛泽东指出："只有为着保卫祖国而战才能打败侵略者，使民族得到解放。只有民族得到解放，才有使无产阶级和劳动人民得到解放的可能。中国胜利了，侵略中国的帝国主义者被打倒了，同时也就帮助了外国的人民"，并认为中国共产党反抗日本侵略的政策和行动"正是国际主义在中国的发挥，一点也没有违背国际主义。只有政治上糊涂的人，或者别有用心的人，才会瞎说我们的做法不对，瞎说我们抛弃了国际主义"。[②] 毛泽东在理论上阐述了将爱国主义（民族主义）[③] 和国际主

---

① 张三南：《论马克思主义民族理论中国化的历史发展——从经典作家民族理论到"中国模式"》，《民族研究》2010 年第 1 期。

② 《毛泽东选集》第 2 卷，人民出版社，1991 年版，第 520—521 页。

③ 严格来说，民族主义和爱国主义涵义虽有所不同，但具有高度的一致性。本文在此强调的是二者的一致性，故在使用上将二者作为同义词使用。

义结合起来的必要性，表明了中国共产党既是国际主义者，又是爱国主义者，解决了爱国主义和国际主义的关系问题，厘定了中国化民族主义的要求和基本原则：被压迫民族的国际主义，同时又是最坚决、最彻底的爱国主义；被压迫民族的爱国主义，也是同情和赞助国际主义的。同时并体现了列宁的这一观点：“国际主义者是被压迫民族的民族解放运动的最坚决援助者；被压迫民族中的国际主义者应当是该民族中最彻底和最激进的革命的民族主义者。”① 之后，中国共产党各代领导集体领导全党和全国各族人民，以不同形式坚持了国际主义和民族主义（爱国主义）的有机统一。

可见，“如果有人说共产主义者只是国际主义者，不能同时成为真正的民族主义者，因此在中国的共产主义者也不能谈民族道德的发扬，这就完全是一种公式的、形式论理学曲解”。② 实际上，这不仅仅是单纯的民族道德或阶级道德问题，在复杂的国内外形势下，任何一个马克思主义政党都应该正确处理阶级道德与民族道德、国际主义与民族主义（爱国主义）的关系，充分认识它们之间的辩证统一，并在实践中处理好长远与现实的关系。明确了这一点，才能更好地制定和实施党和国家的基本方针政策，才能在真正意义上继承马克思主义经典作家关于民族主义论述的思想精髓。

二、在实践中对民族主义成功“借助”

马克思主义经典作家关于民族主义的论述中体现了对民族主义“批判、借助和吸纳”的思想。这一思想肯定了民族主义的历史进步性，并认为借助资产阶级的民族主义推动民族运动，是殖民地半殖民地无产阶级革命和摆脱帝国主义压迫、实现民族独立和建立民族国家的策略选择。对此，中国共产党人在新民主主义实践中做出了科学的理解和清晰的阐发：“当资本主义初起时代，资产阶级所进行的民族运动，是为反对异民族压迫、建立民族国家。这是具有历史的进步意义的，无产阶级曾经拥护了这样的民族运动。在近代，则有殖民地半殖民地的资产阶级的民族主义。这种民族主义，也是有其客观历史上的一定的进步意义。”③

不仅如此，中国共产党还发展了马克思主义经典作家的这一思想，立足中国实际，借助于范围更大的“中国人民”，而非仅限于资产阶级，在实践中卓有成效地实现了对民族主义的“借助”。

其一，在新民主主义革命中，中国共产党成功“借助”广大中国人民

---

① 宋新伟：《民族主义在中国的嬗变》，社会科学文献出版社，2010年版，第175页。

② 《艾思奇文集》第1卷，人民出版社，1981年版，第417页。

③ 中共中央统战部：《民族问题文献汇编》，中共中央党校出版社，1991年版，第1194页。

的民族主义力量，取得了新民主主义革命和抗日战争的胜利。

对于一个民族来说，民族主义具有很强的感召力，以其情感性的张力和自觉的认同成为最有力的一种社会意识，尤其在抵御外来压迫、侵略时，具有共同抗御外侮的社会动员作用。近代中国内忧外患，广大爱国志士积极投身到为实现民族独立和国家富强的滚滚洪流中。虽然义和团运动、戊戌变法、辛亥革命、五四运动的抗争及梁启超、孙中山等人的民族主义学说并未给中国人民指出一条正确的革命道路，但也充分说明中国人民具有强大的爱国主义（民族主义）情操和力量，中国近现代此起彼伏的反帝反封建民族主义运动即是明证。

十月革命给中国送来了马克思列宁主义，也给广大中国人民的民族主义送来了正确的理论指导。在马克思列宁主义指引下，广大革命志士逐渐转变为中国共产党人，并将各自思想中的民族主义情结正确运用到革命实践中。1922 年 7 月，中共“二大”在正确分析国内外形势的基础上做出决议，明确提出：党在民主革命阶段的奋斗目标是“消除内乱，打倒军阀，建设国内和平”；“推翻国际帝国主义的压迫，达到中华民族独立”；统一中国为“真正民主共和国”。这是一个彻底的反帝反封建的民族主义革命纲领。1924 年 1 月，中国共产党帮助孙中山改组了中国国民党并发布《中国国民党第一次全国代表大会宣言》，重新解释了三民主义，提出了反帝反封建的主张。该宣言提出：“国民党之民族主义，有两方面之意义：一则中国民族自求解放，二则中国境内各民族一律平等”，“国民党敢郑重宣言，承认中国以内各民族之自决权，于反对帝国主义及军阀之革命获得胜利以后，当组织自由统一的（各民族自由联合的）中华民国。”①

“九一八事变”后，“中日矛盾变动了全国人民大众（无产阶级、农民和城市小资产阶级）和共产党的情况和政策”，② 在中华民族危机空前的紧要关头，中国共产党从中华民族的根本利益出发，多次发出团结御敌的号召。1935 年 8 月，中国共产党发表《为抗日救国告全国同胞书》（《八一宣言》），呼吁全国各党派、各阶层、各军队放下纷争，停止内战，合力抗敌，随后放弃了“反蒋抗日”的口号，调整为“逼蒋抗日”的方针。次年 8 月，中国共产党发表《中国共产党致中国国民党》，表示愿意与国民党“结成一个坚固的革命的统一战线”，并指出“这是今日救亡图存的唯一正确的道路”。③“七七事变”后，“帝国主义和中华民族的矛盾，封建主义

① 中共中央统战部：《民族问题文献汇编》，中共中央党校出版社，1991 年版，第 27—28 页。
② 《毛泽东选集》第 1 卷，人民出版社，1991 年版，第 253 页。
③ 中央档案馆：《中共中央文件选集》第 10 册，中共中央党校出版社，1985 年版，第 81 页。

和人民大众的矛盾，这些就是中国社会的主要矛盾……而帝国主义和中华民族的矛盾，乃是各种矛盾中的最主要的矛盾"，[①] 中国战场的主体战争形式也由国共两党的国内战争转变为民族主义色彩浓厚的抗日民族解放战争，国共两党实现了第二次国共合作，结成了抗日救国民族主义统一战线，赶走了日本侵略者，取得了抗日战争的伟大胜利。

此外，中国共产党还通过土地革命和红军长征时期、延安时期、解放战争时期各个历史阶段的革命实践，逐渐形成了关于少数民族问题的正确理论，为以后正确处理包括民族主义问题在内的国内民族问题打下了基础。与国民党化"民族"为"宗族""熔"国内诸族为唯一的"国族"的同化主义论调不同，中国共产党的取向是挖掘各少数民族在中国革命中的地位和作用。[②] 可见，中国共产党成功地"借助"了包括少数民族在内的全中国人民的民族主义力量，取得了革命的胜利。

其二，新中国成立后，中国共产党顺应世界范围内的民族主义浪潮，将爱国主义（民族主义）和国际主义很好地结合起来，同样实现了对民族主义的成功"借助"。

从世界范围内来看，中国革命的胜利也是二战后世界性民族主义浪潮的组成部分，这一浪潮体现的是席卷全球的反帝反殖民族解放运动。在这场世界性浪潮和运动中，中国共产党作为执政党，很好地将爱国主义（民族主义）和国际主义结合起来，领导新中国在国际舞台上进行了出色地演出，其中最精彩之处为：（1）朝鲜战争。60 年前的朝鲜战争，中国人民志愿军打出了军威和国威，实现了"抗美援朝，保家卫国"。显然，成就的取得离不开对民族主义（爱国主义）的成功"借助"，后来的"援越抗美"有如此例。（2）恢复联合国席位。长期以来，新中国在国际舞台上坚持正义，尤其是支持广大亚非拉国家的反帝反殖民族解放运动，这在客观上支持了以民族解放为目的的民族主义浪潮，同时为新中国在国际舞台的良好形象的塑造和国际地位的提高奠定了基础。1971 年，广大正义国家支持新中国恢复联合国席位，即是对新中国正义事业的回报。

关于中国共产党对民族主义的"借助"，有几点需要说明：（1）"借助"只是对正义民族主义的"借助"。（2）"借助"后所取得的胜利成果是对中国共产党的理应获得的自然回报，而非刻意为之的结果。因此，所谓的"中国利用民族主义论"实为颠倒是非。（3）中国共产党对民族主义的"借助"是将

---

① 《毛泽东选集》第 2 卷，人民出版社，1991 年版，第 631 页。

② 周传斌：《民族主义话语与现当代的中国》，《西北第二民族学院学报》（哲学社会科学版）2005 年第 2 期。

马克思主义关于民族主义论述的普遍原理同中国实际相结合的结果。(4) 中国共产党对民族主义的“借助”体现的是对民族主义两重性的准确认识和把握,并未淡化反对“两种民族主义”和极端民族主义的基本立场。

三、坚持反对“两种民族主义”和极端民族主义

从马克思主义经典作家的相关论述中可以看出,在无产阶级取得政权以后,解决多民族国家内部民族问题的遗产主要包括三个方面:一是要毅然决然地与旧社会统治民族的大民族主义残余做坚决斗争,消除民族隔阂,使各民族之间形成真正兄弟般平等的合作关系;二是消灭历史造成的各民族在经济、文化上事实的不平等,这些事实上的不平等仍然是一切不满和摩擦的根源,所以必须为提高各落后民族文化和经济水平而斗争;三是消除许多民族中间的民族主义残余,这些民族曾经受过沉重的民族压迫,还没有摆脱过去的民族耻辱感和不信任感。这些非主体民族(或少数民族)的民族主义残余是反对大民族主义的一种特殊防御形式,那么同大民族主义做坚决斗争就是铲除这些民族主义残余的最可靠的手段。这三个方面的任务概括起来就是要重视反对“两种民族主义”,即各种形式的大民族主义和地方民族主义。

“两种民族主义”问题是马克思主义经典作家关注的核心问题之一。马克思主义经典作家指出:“抽象地提出一般民族主义问题是极不恰当的。必须把压迫民族的民族主义和被压迫民族的民族主义区别开来,把大民族的民族主义和小民族的民族主义区别开来。”① 对两种民族主义的区别,也成为马克思主义经典作家对社会主义时期消除资产阶级民族主义残余的基本观点。在无产阶级取得政权的多民族国家,反对大民族主义是消除历史遗留下来民族隔阂的重要任务。列宁、斯大林结合沙俄帝国和大俄罗斯民族主义的历史影响,对此进行了反复的论述。他们认为,大俄罗斯民族主义是造成民族矛盾的主要原因,非俄罗斯的民族主义是对大俄罗斯民族主义的一种防御方式,是引起民族矛盾的次要方面。这两种民族主义都是分裂无产阶级的思想,都要反对。但是首先要消除大俄罗斯民族主义,非俄罗斯民族的民族主义也就随之消除。这也就是社会主义多民族国家反对“两种民族主义”,主要是反对大民族主义提法的理论来源。

随着时代的发展,民族主义的表现形式越来越多,越来越复杂。冷战结束后,人类社会进入到一个“文明的冲突”空前活跃的时代,民族因素

---

① 中国社会科学院民族研究所:《列宁论民族问题》(下),民族出版社,1987 年版,第 867 页。

和宗教因素在国际政治中的影响明显上升，各种民族主义思潮和活动趋于活跃，引发了一些国家和地区的冲突和内乱。尤其是极端民族主义，和极端宗教主义、国际恐怖主义同流合污，成为严重威胁人类和平与发展的“三股恶势力”。这为我们反对民族主义提供了新的课题。

不管国内外形势如何变幻，中国共产党反对“两种民族主义”和极端民族主义的立场始终是坚定的，这可从中国共产党主要领导人的相关论述中清晰地看出。1956 年，毛泽东在《论十大关系》中指出：“我们着重反对大汉族主义。地方民族主义也要反对。”① 次年，他在《关于正确处理人民内部矛盾的问题》中进一步指出：“无论是大汉族主义或者地方民族主义，都不利于各族人民的团结，这是应当克服的一种人民内部的矛盾。”“在一部分地区，大汉族主义和地方民族主义都还严重地存在，必须给以足够的注意。”② 邓小平同样十分重视反对“两种民族主义”问题，早年在西南工作时即指出：“只要一抛弃大民族主义，就可以换得少数民族抛弃狭隘民族主义。我们不能首先要求少数民族取消狭隘民族主义，而是应当首先老老实实取消大民族主义。两个主义一取消，团结就出现了。”③ 江泽民针对世界社会主义运动处理民族问题的经验教训，在 1992 年初的中央民族工作会议上强调：“为了加强各民族大团结，既要反对大民族主义，也要反对地方民族主义。在全国，要注意处理好汉族与少数民族的关系。在民族自治地方，还要注意处理好自治民族与其他民族的关系。处理这方面的问题必须慎重，严格区分两类不同性质的矛盾，贯彻正确处理人民内部矛盾的原则，是什么问题就解决什么问题。”④ 进入新世纪后，胡锦涛针对国际国内形势的新变化，进一步表明了我党反对极端民族主义的态度，指出“随着冷战结束后国际形势的变化，民族因素和宗教因素在国际政治中的影响明显上升，各种民族主义思潮和活动趋于活跃，引发了一些国家和地区的冲突和内乱。民族分裂势力、宗教极端势力、暴力恐怖势力在我国周边一些地区仍然相当活跃，它们通过各种手段对我国进行渗透、破坏活动”。⑤ 显然，随着时代的发展，民族主义的消极性不断呈现出新的时代特征，附着在不断出现的新问题、新情况上。从中国共产党主要领导人的论述中可以

① 《毛泽东文集》第 7 卷，人民出版社，1999 年版，第 33 页。

② 《毛泽东文集》第 7 卷，人民出版社，1999 年版，第 227 页。

③ 《邓小平文选》第 1 卷，人民出版社，1994 年版，第 163 页。

④ 中共中央统战部、中共中央文献研究室：《新时期统一战线文献选编》（续编），中共中央党校出版社，1997 年版，第 394 页。

⑤ 胡锦涛：《在中央民族工作会议暨国务院第四次全国民族团结进步保障大会上的讲话》，《人民日报》2005 年 5 月 28 日。

看出，中国共产党对此有充分的认识，与时俱进地强调了反对“两种民族主义”和极端民族主义的重要性。这是彰显时代特征的对民族主义的“批判”，充分体现了对马克思主义经典作家关于民族主义论述的继承和发展。

四、结语

中国共产党领导全国各族人民创造的“中国模式”是社会主义国家处理民族问题尤其是民族主义问题的成功典范，这种中国特色社会主义道路也是建立在不断总结经验教训基础上的。中国共产党在建党之初，在中国统一和民族一体的认识上仍未摆脱“中国本部”和“边疆外藩”的传统观念束缚，对中国少数民族和民族问题的认识仍限于传统的“蒙、藏、回、疆”范围，在孙中山“五族共和”的民族主义思想影响下和共产国际按照俄国革命模式的指导下，提出了建立联邦制国家的构想，后来随着党的逐渐成熟，才逐渐过渡到“统一国家内的民族区域自治”模式。“大跃进”及“文革”期间，也因对社会发展阶段和阶级斗争等问题出现过激进、错误的判断，在解决民族问题方面出现了“跑步进入共产主义”“民族融合风”的错误认识和处理民族主义问题的偏颇。错误、教训和弯路虽然不少，但成绩应该是主要的。在总体上，中国共产党在处理民族关系和民族主义问题上，与时俱进地将经典作家关于民族主义论述的基本原理同中国实际和时代特征紧密结合起来，充分认识民族主义的“两重性”，具体问题具体分析，严格区分和正确处理不同性质的矛盾，从而保证了中国特色社会主义建设事业的顺利发展。

解决民族问题的道路自信——基于对中国民族区域自治制度与西方多元文化主义民族政策的几点比较*

杨须爱

民族区域自治和多元文化主义在当今世界各国的民族政策中是最为引人注目的两种政策模式。民族区域自治作为中国共产党解决民族问题的基

* 原载《西南民族大学学报》（人文社科版）2015 年第 6 期，略有改动。

本制度，其伟大的实践成就举世瞩目。多元文化主义在20世纪60年代之后成为美国、加拿大的民族政策的基本理念之后，逐步被众多西方发达国家和一些发展中国家所仿效，风行世界近半个世纪，其积极的实践效果值得借鉴，但其弊端也日益显现。若将中国的民族区域自治制度与西方国家多元文化主义的基本理念、实践效果做一比较，可以发现中国的民族区域自治，在政策理念、制度建构、立法实践、政策措施和实践效果等方面都有程度不同优长之处。但这些似乎没有被人们充分认知，这在非专业的民族学研究者和非民族工作者中尤为明显。也正因为如此，知识界近些年才出现了一些"诬名化"中国民族区域自治的言论，和试图否定、放弃中国民族区域自治的理论主张，在社会上产生了很大的消极影响。2014年9月召开的中央民族工作会议暨国务院第六次全国民族团结进步表彰大会再次明确强调，民族区域自治制度是中国特色解决民族问题的正确道路的重要内容。所以进一步比较、分析和总结中国民族区域自治制度的优长之处，对增强人们坚持中国特色解决民族问题的道路自信仍有必要。

一、关于民族平等观念的比较

以血统、肤色为基础的种族，和以文化为基础的民族，都是人类社会群体的自然分野。人类社会的多种族、多民族结构是人类有史以来就存在的客观事实。实现各民族、种族之间事实上的平等是实现社会真正平等的阶梯。在前现代社会和资本主义社会中，人与人的不平等既体现在阶级之间，也体现在种族之间和民族之间。

虽然"民族平等"作为一种政治口号，最初是由西方资产阶级在18世纪前后在反对封建专制的斗争中提出来的，但他们所说的"民族平等"并不具有实质意义上的内涵。因为人类历史上的一切民族压迫，包括种族压迫，都是私有制、阶级压迫在人类自然群体方面的社会延伸。马克思恩格斯讲："人对人的剥削一消灭，民族对民族的剥削就会随之消灭。民族内部的阶级对立一消失，民族之间的敌对关系就会随之消失。"①资本主义意识形态虽然宣扬人人生而平等和自由、民主等理念，但却在个人平等的名义下抹煞了阶级之间、民族之间、种族之间事实上存在的不平等。对此列宁曾一针见血地指出："资产阶级民主由它的本性所决定的一个特点就

---

① 马克思、恩格斯：《共产党宣言》，《马克思恩格斯文集》第2卷，人民出版社，1995年版，第50页。

是抽象地或从形式上提出平等问题，包括民族平等问题。”①

马克思主义的民族平等观是在反对资产阶级的斗争中，在对资产阶级平等口号加以本质改造的基础上形成的。马克思主义的民族平等观，主张和坚持一切民族地位一律平等，反对任何民族享有特权；主张和坚持各民族在政治、经济、文化、语言文字及一切社会生活领域内的权利完全平等，并无条件地保护一切少数民族的权利；主张和坚持实现各民族不仅在形式上，而且在事实上的平等，即不仅要在法律上对民族平等要有明确的规定，而且要在实践中加以实施和保障；主张和坚持一国之内的各民族都应该平等地履行相同的义务。

中国历史上各民族之间的不宽容、仇视和互相压迫，非统治民族和少数民族往往都是受害最深或最多的群体。在封建时代，基于“因俗而治”的羁縻政策、土司制度等间接统治少数民族的政策，为现代社会的人们处理民族问题提供了古典经验，但这种政策的核心在于维护封建统治者“唯我独尊”的统治地位，其背后的思想观念是彻底的封建大民族主义。辛亥革命后，中国的资产阶级登上了历史舞台。中华民国初期，孙中山提出了“合汉、满、蒙、回、藏为一家，相与和衷共济，……五大民族，均归平等”的资产阶级民族平等理念，但这一理念基本上只停留在文字上，未能实践。而在国民党当政时期，连孙中山提出的未能实践而仅停留在字面上的民族平等理念也被完全抛弃，取而代之的是“宗族论”及其剥削政策。毛泽东讲：“他们对于各少数民族，完全继承清政府和北洋军阀政府的反动政策，压迫剥削，无所不至。”②

中国共产党人作为坚定的马克思主义者，从立党之初就确立了“民族平等”和实现中国境内各民族之间事实上平等的理念。在革命与建设实践中，将马克思主义民族理论与中国的民族问题实际相结合，创造性地将民族区域自治作为了解决民族问题的基本道路。之所以选择了这样一条道路，其根本目的就是要使各民族在政治、经济、文化和社会生活等方面享有无差别的社会平等权利，就是要使各民族之间实现真正意义上的、事实上的平等。无论是在革命、建设年代，还是在改革年代，中国共产党始终如一地践行着这一理念。

20 世纪 60 年代之后，美国、加拿大等国家迫于民权运动的压力，即国内族际矛盾冲突加剧的问题先后放弃了强制同化性质的“熔炉”政策，

---

① 列宁：《为共产国际第二次代表大会准备的文件（1920 年 6—7 月）》，《列宁全集》第 39 卷，人民出版社，1986 年版，第 160 页。

② 毛泽东：《论联合政府》，《毛泽东选集》第 3 卷，人民出版社，1991 年版，第 1083 页。

对国内非盎格鲁撒克逊族裔群体、少数人群体、土著居民采取较为宽容的多元化政策，开始允许“并实际上支持移民维持他们的各种族裔传统”。[①]美国联邦政府于1965年开始推行的“肯定性行动计划”以及同年颁行的《选举权法》和《移民法》，标志了多元文化主义政策实践的开始。但多元文化主义从实质上讲，只是一种以实现文化地位平等为核心的民族政策。这在紧随美国其后开始推行多元文化主义的加拿大（常被学界视为推行多元文化主义民族政策的典范）的官方声明中得到了最为明显的体现。1971年10月8日，加拿大总督特鲁多在众议院发表声明，提出“基于对民族多样性及其重要性的认识，加拿大联邦政府必须具有统一的民族文化政策：不能够对英裔、法裔采取一种政策，对土著采取另一种政策，对其他族裔成员实行第三种政策。……加拿大作为一个国家的地位不会因民族文化政策而削弱，相反，我们相信文化多样性是加拿大国家身份的精髓。每个族群都有权在加拿大框架内保护和发展自己的文化和价值观，……多元文化主义政策应适合于全体加拿大人”。[②]

很明显，相比较马克思主义的民族平等观，多元文化主义的核心理念强调仅是一国之内不同族裔群体文化地位的平等，而中国的民族区域自治作为一种复合型的、以实现各民族之间事实上的平等为核心理念的民族政策，实现各民族文化地位的平等只是其中一项政策目标或内容。虽然多元文化主义民族政策也涉及到了对不同族裔群体在教育、就业、选举等方面权利平等的促进措施，但它涉及的民族平等在内容上仍然是有限的。这是因为它所依托的理论基础仍然是资本主义意识形态中一般意义上的、抽象的个人平等观念。即便是这样一种民族文化地位平等的观念，也是被动提出的，而非主动而为的。即便仅仅对于不同民族或族裔群体文化地位的平等，在推行多元文化主义民族政策的西方国家，时至今日才在观念层面上部分地达成承认“少数人群体权利”的共识。种族歧视、民族歧视的观念仍然根深蒂固。显然，这与中国共产党人主动将实现各民族之间的真正平等作为处理民族问题的核心理念的进步性相比，差距是不言而喻的。虽然中国的民族区域自治及其相关的民族政策如今有许多不完善之处，和面临着一些问题，但这并未影响其政策理念的先进性。因为相比较政策的完善与否，理念的先进性与否是更为深层和本质的问题。

---

① ［加］威尔·金里卡著，邓红风译：《少数的权利：民族主义、多元文化主义和公民》，上海译文出版社，2005年版，第160页。

② 钱明才、王昺：《多元文化政策与教育》，北京大学加拿大研究中心编：《加拿大研究》，民族出版社，2004年版，第240页；王俊芳：《从盎格鲁认同到多元文化主义：现代化进程中的加拿大多元文化主义研究（1）》，中国言实出版社，2007年版，第148、149页。

二、关于处理民族事务的制度建构的比较

思想是行动的先导。处理民族事务理念的高度或先进与否，在某种意义上决定着解决民族问题的方略或制度建构所能达到的高度。

在多民族国家内部，民族自治或区域自治所指向的保障一部分人的群体权利，包含着保障这部分人“自我管辖”的政治定义。中国共产党人依据马克思主义民族理论，在把握中国历史国情的基础上，在长期的革命和建设实践中，将民族自治与区域自治结合了起来，使民族区域自治成为解决民族问题的基本方略。为保证统一的多民族社会主义国家能够真正实现各民族平等团结和各民族共同繁荣发展，中国共产党在建国时便将民族区域自治上升为国家的基本政治制度，使其成为了国家的三大政治制度之一，受到了宪法的保护。

而无论是美国的“肯定性行动”，还是加拿大、澳大利亚、瑞典等国家的多元文化主义政策实践，从本质上讲就都是针对少数人群体权利的平权政策措施，是一项公共政策，而非一项政治制度，至少它不是国家层面的基本政治制度。若从表面上看，民族区域自治和多元文化主义在实践中是否为基本政治制度的形式，似乎不关乎政策的实践效果。但从实质上看，这一问题却关乎着如何看待民族平等、少数民族权利的基本立场，关乎着当政者对少数民族权利重要性的认知层次。在这层意义上，通过国家层面的制度性安排来保障少数民族的权利，至少在认知层面上要先进于仅仅通过一项公共政策来保障少数民族的权利。进一步讲，不论中国的民族区域自治制度是否健全，在实践中运行效果如何，至少作为一种国家层面的制度性安排，在认知层次上是要高于西方国家的。而且，即便是一种公共政策，许多国家在联邦政府一级层面也没有实行。在美国，就没有联邦一级的多元文化主义政策，其只是存在于州一级以及地方委员会的具体政策层面。在德国，多元文化主义也还“不是一种国策”。[①]

在国际法体系中，少数民族并不享有“法定”的自治权利。“在当今世界上，对民族区域自治的‘自治权’界定还缺少一种严格的规范化的概念表述，即一种理论上的国际‘通用’标准”。[②] 所以，实行区域自治或民族自治，抑或民族区域自治的国家，从加拿大、西班牙、丹麦，到中国、

① 常士訚主编：《异中求和：当代西方多元文化主义政治思想研究》，人民出版社，2009年版，第19页。

② 关凯：《多元文化主义与民族区域自治——民族政策国际经验分析》（下），《西北民族研究》2004年第2期。

俄罗斯，各国政府都是基于本国民族问题实际而采取了不同形式的自治制度安排。各国法律体系规定的民族自治的"自治权限"也各不相同。不论这些国家对"自治权限"的规定差距多么悬殊，其中都有关于少数民族政治权利的规定。赋予少数民族群体建立自治地方、进行自我管辖的权利则是赋予少数民族政治权利的最高形式。而中国在这方面仍然总体上走在世界前列。目前，中国的少数民族共建立了民族自治地方155个，除此之外，作为对民族区域自治的补充，散杂居的少数民族还建立了1173各民族乡。"在55个少数民族中，有44个少数民族建立了自治地方"，[①] 未建立民族自治地方的少数民族大多数也都建立了民族乡。在建立民族自治地方的少数民族中，既有人口超过千万的民族（例如壮族、满族），也有人口不足5万的民族（例如鄂伦春族、裕固族）；既有建立民族自治地方时经济社会发展水平与汉族地区大致同步的民族（例如傣族、回族），也有在建立民族自治地方时经济社会发展水平仍处于原始社会末期（例如鄂伦春族、佤族等）、奴隶制时代（例如彝族）和封建领主时代（例如藏族）的民族。所建立的民族自治地方，既有一个民族单独建立自治地方（包括单独建立不同层次的多个自治地方的情况），也有两个甚至多个民族建立自治地方的情况。也就是说，在建立民族自治地方时，中国的民族区域自治完全贯彻了马克思主义民族平等的理念，遵循了民族不论人口多少，发展水平高低，一律平等的原则。

而在施行多元文化主义的国家中，人多数对少数民族、原住民、移民群体赋予的"自我管辖"的政治权利是不同的，即使在不同的少数民族之间，政治权利也不均衡。加拿大常被人们视为施行多元文化主义民族政策的典范，但在加拿大的三大族裔群体：（1）原住民，包括土著美洲人、米提人和因纽特人；（2）宪章族裔群体，即英裔血统的居民和法裔血统的居民；（3）移民群体[②]之间，"自治权利"也是不平等的。只有同属于宪章族裔群体，但人口不及英裔的法裔族群如今在魁北省拥有比较充分的自治权。而原住民还在为建立自治政府、拥有故土、争取更多的教育和经济发展机会而奋斗。更多的来自欧洲其他国家的移民，以及来自亚洲、非洲、大洋洲的移民由于散杂居在加拿大各地，更是无法拥有像宪章族裔群体一样的政治权利以及教育和经济发展的机会。在英国，不同少数民族之间的自治权呈现出的也是一种非对称的结构。这种结构源自于英国议会1998年

① 编委会：《中央民族工作会议精神学习辅导读本》，民族出版社，2005年版，第197页。

② ［美］戴维·莱文森编，葛公尚、于红译：《世界各国的族群》，中央民族大学出版社，2000年版，第544页。

通过的《权力下放法案》，该《法案》规定："苏格兰、威尔士和北爱尔兰享有不同的'自治'权力，其中，苏格兰享有范围最广的立法与行政权力，北爱尔兰次之。"① 所以，单从保障少数民族的政治权利方面来看，相比较多元文化主义民族政策，中国的民族区域自治制度更"是一项以公平正义为立足点的制度"。②

除了在国家层面进行基本政治制度、建立各级民族自治地方之外，中国还在国家层面和全国所有的省（直辖市、自治区）、市（州、盟、地区）、县（区、旗）等三级地方机关建立了以执政党为领导者、以人民代表大会为监督者、以行政机关为具体执行者、以人民政协为民主监督者的民族工作体制，与此相对应的各级党委、人大、政府和政协部门都有专门的民族工作部门，专门的工作人员从事民族工作。这一点在施行多元文化主义民族政策的国家中也没有先例。

三、关于民族事务立法实践的比较

民族冲突的调处、多民族国家内部民族问题的化解、实现各民族真正的平等，仅凭执政者道德上的善意和政治上的方略还不足以实现，还必须以依靠法律的技术手段来协调和规约。而要实现上述目标，首要的前提是要承认少数民族拥有平等的社会权利和法律地位。在这方面，中国共产党的立法实践不论在时间上，还是在内容上均有领先于西方国家之处。

早在 1931 年，中华苏维埃共和国第一次全国代表大会就通过了中国历史上第一项有关少数民族权利的议案——《关于中国境内少数民族问题的决议案》，议案明确提出："凡是居住在苏维埃共和国的少数民族劳动者，在汉人占多数的区域，亦须和汉族的劳苦人民一律平等，享有法律上的一切权利义务，而不加以任何限制与民族的歧视。"③ 其后，抗战时期、解放战争时期，亦有涉及保障少数民族平等法律地位的多部相关法律文件相继出台，如《陕甘宁边区抗战时期施政纲领》（1939 年陕甘宁边区第一届参议会通过）、《共同纲领》（1949 年中国人民政治协商会议第一届全体会议通过）等。解放后，1952 年政务院通过的《中华人民共和国民族区域自治法实施纲要》为全面实行民族区域自治制度确定了立法、实施的基本规范，对少数民族自治权利的基本内容及保障措施做出了更为全面的规定。

---

① 关凯：《多元文化主义与民族区域自治——民族政策国际经验分析》（下），《西北民族研究》2004 年第 2 期。

② 郝时远：《中国共产党怎样解决民族问题》，江西人民出版社，2011 年版，第 106 页。

③ 中共中央统战部编：《民族问题文献汇编》，中共中央党校出版社，1991 年版，第 171 页。

1984 年，《中华人民共和国民族区域自治法》正式颁行，标志着我国的民族区域自治进入法制化阶段。

目前，我国已经建立起民族区域自治的法律体系，这个体系包含三个层级：（1）《民族区域自治法》；（2）国务院及所属部门制定的关于实施民族区域自治法的行政法规和规章；（3）各民族自治地方制定的自治法规，包括自治条例、单行条例和变通规定及补充规定等。

与此相对应的，由于二战结束之前西方多民族国家普遍推行的是民族同化政策，在这样的历史背景下，通过立法来保障少数民族的权利自然无从谈起。美国联邦政府于 1965 年迫于“民权运动”的压力，在施行“肯定性行动”时颁行的新《移民法》，在多元文化主义实践史上具有标志性意义，但这部法律的宗旨只是要纠正对移民群体中有色人种的歧视，[①] 并未涉及对少数民族群体权利的保护。加拿大魁北克省议会于 1977 年颁行的 101 法案——《法语宪章》，这部在多元文化主义政策实践史上是最早的一部有关保障少数民族权利的法律，也只是一部地方性的、针对于魁北克人语言文化地位的法律。只是到了 1985 年，即马尔罗尼执政后的第二年，加拿大联邦政府才成立了多元文化委员会，于 1988 年出台《多元文化法》，将各项原则、政策以立法的形式固定下来。

如今，对少数民族权利的确认和保护是实现人类社会公平、正义的一个重要方面，这在国际上似乎已成为共识，但这一共识只是到了 20 世纪末期才形成。其标志是 1992 年联合国才产生了保护少数民族权利的第一份法律文件——关于《在民族或族裔、宗教和语言上属于少数群体的人的权利宣言》。该《宣言》的核心思想为：“促进和保护在民族或族裔、宗教和语言上属于少数群体的人的权利有利于他们居住国的政治和社会稳定……有助于增强各国人民间和各国家间的友谊与合作。”[②] 显然，该《宣言》的立意仅停留在“有利于政治和社会稳定”和“有助于增强友谊与合作”层面，这与“实现民族之间的真正平等”的立意在高度上还是有一定的差距。

与施行多元文化主义政策的国家相比，中国在处理民族事务立法方面的优长之处至少有如下几点：（1）基于民族平等为核心理念的开始立法实践，在时间上远早于和长于西方国家；（2）中国的民族事务立法一直都是主动而为，而西方国家，包括一些施行多元文化主义民族政策的发展中国

---

① 王希：《多元文化主义的起源、实践与局限性》，《美国研究》2000 年第 2 期。

② 《联合国关于〈在民族或族裔、宗教和语言上属于少数群体的人的权利宣言（1992）〉》，周勇：《少数人权利的法理》，社会科学文献出版社，2002 年版，第 242 页。

家，比如巴西，基本上都是迫于国内族际矛盾冲突上升，已有民族政策难以为继而被动立法；（3）中国目前已基本建立起实行处理民族事务的法律体系，在这个体系中，既有国家层面的基本法，有国务院及所属部门的行政规章，也有地方性的自治法规，而这一点在实行多元文化主义民族政策的大多数国家还未实现；（4）中国处理民族事务的法律，在内容包含了保护少数民族权利，促进少数民族和民族地区经济社会发展的各个方面，而在大多数实行多元文化主义的国家中，有关保护少数民族权利的立法内容主要指向的是语言、文化、教育、就业等问题。

四、关于民族政策主张及内容的比较

在美国、加拿大开始推行多元文化主义政策之后，澳大利亚、新西兰、瑞典、英国、荷兰、比利时、挪威、丹麦、新加坡、巴西、马来西亚等国也相继在不同程度上采用了这一政策。多元文化主义政策在上述各国的表现虽有差别，但总体上来说，承认少数族裔群体及其文化的平等地位，通过具体政策措施和法律对少数族裔群体的语言、宗教、传统习俗等给予保护是共同点。多元文化主义从社会伦理层面扩展至政治实践层面无疑具有巨大的历史进步意义。但从其40多年来实践层面的政策内容来看，多元文化主义并不是一种内容全面的民族政策。在施行这一政策的国家中，其政策内容主要包括如下类别：（1）进行学校教育课程改革。具体内容例如修订公立学校里的历史和文学课程，给族裔文化少数群体的历史和文化贡献以更大承认；对移民子女提供小学层次上的双语教育项目。（2）出台限制歧视性行为的规定。具体内容例如修改工作时间或服饰规则以包容移民群体的宗教节日和习俗；实行工作场所反骚扰法规以禁止种族歧视性言论；制定指导规则，对媒体中的种族形象脸谱化的问题做出限制性的规定等。（3）开展公众教育项目。具体内容例如开展反种族主义的教育活动；对警察、社会工作者和卫生专业人士进行的文化多样性培训等。（4）资助文化发展项目。具体内容例如资助族裔文化节日的开展；资助族裔群体研究项目；为成年移民群体提供使用母语的扫盲课程等。（5）开展反歧视行动。具体内容例如对有区别性体貌特征的少数人群体给予教育、培训和就业上的优惠等。[①]（6）赋予少数人群体平等的选举权。具体内容例如通过修改或颁行选举权法，促进以往因被歧视而没有选举权或选举权受限的少数人群体、原住民等享有相对平等的参政权。

---

① ［加］威尔·金里卡著，邓红风译：《少数的权利：民族主义、多元文化主义和公民》，上海译文出版社，2005年版，第167页。

相对于上述多元文化主义民族政策，在马克主义民族理论指导下的中国民族区域自治及其相关政策在内容则要丰富得多。因为在马克思主义民族理论看来，民族问题是社会总问题的一部分，民族问题的表现和解决涉及经济、政治、文化、社会等各个领域。中国民族区域自治相对应的民族政策是全方位的、成体系的一套政策。"它涉及到应对不同民族结构的国家体制、少数民族的应有权利、民族关系的准则、国家和国内民族的关系",[①] 和少数民族地区与汉族地区、全国以及少数民族地区之间发展关系，少数民族及少数民族地区经济、政治、文化、社会发展的各项方针等。

这些政策，从层级上看，有总政策——民族平等和民族团结的政策；有基本政策——民族区域自治政策；有具体政策——培养少数民族干部的政策、发展少数民族和民族地区经济的政策、发展少数民族教育文化的政策、尊重少数民族语言文字和风俗习惯的政策、尊重少数民族宗教信仰自由的政策等。从政策对象上看，有一般性的政策，也有特殊性的政策，前者为惠及所有少数民族的政策，后者是针对某一类少数民族或少数民族群体的政策，如扶持"人口较少民族"发展的政策。从政策施行主体上看，有国家层面的政策，有各级地方政府的政策，其中后者又包括民族自治地方和非民族自治地方的政策。从政策功能上看，有补偿性的政策，如国家给予民族自治地方优于其他一般地方的财政转移支付政策；有照顾性的政策，如少数民族学生享受高考加分政策；有优惠性的政策，如国家扶持民族自治地方发展对外贸易、边境贸易的政策等。

很明显，这是一种立体性的、政治内容涵盖少数民族及民族地区经济社会发展各个方面的、结构相对完整的政策体系。尽管目前中国的民族政策尚有许多不完善之处，政策的落实也有一些不到位之处。但单从政策内容的全面性、政策在保障少数民族经济政治文化权益和促进各民族共同发展等方面，中国却走在了西方多民族国家之前。

五、关于政策实践效果的比较

多元文化主义理念向政策实践层面的扩展，实际上也反映了对西方国家对族裔群体构成多样性和异质性的被动承认。与此相对应，对少数民族的倾斜性政策其实是"欧美国家废除种族歧视政策后的'补偿措施'，是

---

① 王希恩：《多元文化主义与马克思主义民族理论的两点比较》，《科学社会主义》2010 年第 2 期。

对平等权利新认知和新探索的产物”。① 因为在此之前，一些老牌殖民主义国家或移民国家在处理族际关系时，采用的都是与种族主义理念同流合污的驱赶、屠杀、隔离、歧视及强制同化的民族政策。多元文化主义理念进入政策实践层面后，在多民族国家的制度设计、立法和政策制定等层面得到了切实的体现，一系列平权政策措施、维护少数民族和移民群体文化多样性政策措施的出台和实施，的确在促进民族平等、缓解族际冲突方面，乃至在实现人类公平、正义的路径探索上发挥了不可否认的作用。

但是由于多元文化主义受其理论内核——文化相对论的理论局限制约，进入政策实践层面不久便产生了一系列问题。先期实施多元文化主义政策的美国、加拿大等国，如今都面临着“族性迷失”“种族差别”扩大、民族和文化群体之间隔阂加深的困扰。② 对此，在当今西方学界多元文化主义研究领域颇有影响的加拿大学者威尔·金里卡也说：“多元文化主义政策虽然有创造一个更加包容和公正的社会的崇高而真诚的动机，但是，在实践中，它们已经导致鼓励‘种族分离’的灾难性后果。”③ 这一看法是公允的。事实也的确如此，加拿大自1990年代来以来便开始面临因多元文化主义政策的实施而带来的魁北克人的分离主义问题。2014年9月，刚刚过去的苏格兰公投，虽然没有最终使苏格兰从英国独立出去，但此公投已在欧洲其他一些多民族国家引发仿效风潮，民族分离主义日渐抬头已成事实。在欧洲其他国家，由于移民增多，加之民族自觉意识不断深入，多元文化主义理念越来越难以应对文化多元与维护国民统一性的问题。在其他地区，一些实施多元文化主义政策的国家，也都或多或少地面临着上述类似的问题。

而且，由于多元文化主义植根于文化相对主义和社会政治多元化（包括多党制）的基础，也必然地导致了族裔、女性、同性恋、宗教等各种社会群体之间“差异政治”意识的对立和各自内部“认同政治”意识的强化。④ 历史表明，由于过分强调了多元的文化群体的诉求（这些诉求有些是合理的，有些则是非理的），多元文化主义政策虽然增加了不同民族之间交往的机会和可能性，但也增加了不同民族之间发生冲突的可能性。这

---

① 郝时远：《国际经验的比较和借鉴必须实事求是——评析“第二代民族政策”说之三》（下），《中国民族报》2012年3月16日。

② 王希恩：《从多元文化主义到多元一体主义的思考》，《世界民族》2013年第5期。

③ ［加］威尔·金里卡著，邓红风译：《少数的权利：民族主义、多元文化主义和公民》，上海译文出版社，2005年版，第158页。

④ 郝时远：《中国共产党怎样解决民族问题》，江西人民出版社，2011年版，第241页。

也是多元文化主义政策导致的两种互相交互出现的可能性进程，即进步性的一面和对进步性本身造成破坏的一面，但究竟哪一种可能性将来会成为主流，前景似乎不太明朗。

现实中的问题比上述还要引人注目，民族冲突事件的增多成为近年来欧洲多元文化主义困境最明显的体现。一方面少数族裔群体，尤其是来自北非、中东地区的移民群体认为自己仍然被政府和社会歧视，因而不断制造极端事件和街头政治事端；另一方面主体民族认为外来人口太多，对国家本身和社会经济造成威胁。而与相伴随的是欧洲政治力量中的"右翼"势力抬头。2010年以来，英国、法国、德国、荷兰等国领导人更是先后公开表态，多元文化主义在本国已经失败。

中国的民族区域自治制度及相关政策实践目前也面临着许多不完善之处和问题。但这些问题基本上都属于民族区域自治制度不够完善、法律不够健全、具体政策调整滞后、政策贯彻落实不力或不到位等方面的问题，而不是像多元文化主义那样，是制度或政策本身的理念存在问题。而这种差别是本质上的。历史地看，民族区域自治制度及相关的政策措施在促进少数民族和民族地区经济社会发展方面取得的伟大成就是有目共睹的，在改善各民族之间的关系方面的显著社会效果也是毋须置疑的。60多年的历史实践表明，民族区域自治制度有效地促进了民族团结，维护了社会稳定和国家统一。半个多世纪以来，我们的民族关系没有出现大的问题是和这些民族政策所特有的优越性分不开的。从根本上讲，"民族区域自治的立足点是民族间的合作而不是分立，这在这一制度设立之初就很明确"，所以在实践上也产生了这样的效果，"否则就不会被敌对势力所百般诋毁了"。①

六、余论

近些年来，中国民族问题呈现出上升的态势，由此一些人将问题的根源归结于民族区域自治制度及相关政策本身的理念出了问题，认为中国的民族区域自治建构于"人为制造"的民族之上，"民族识别"和民族区域自治制度才是造成当今中国民族问题增多的"罪魁祸首"。实际上，这种看法是本末倒置了。殊不知，民族问题呈现出增多的态势，这不仅在中国如此，在世界范围内也是如此。经济全球化进程的加快、现代教育的普及、互联网和大众传媒向普同民众日常生活的深入渗透，一方面使不同国家之间、同一国家的不同民族之间的联系更加便捷和紧密，另一方面也催

① 王希恩：《民族问题研究还是要尊重客观规律》，《中国民族报》2013年9月27日。

动了各类民族意识的加速抬升。列宁所讲的民族问题的两个历史趋势："第一个趋势是民族生活和民族运动的觉醒，反对一切民族压迫的斗争，民族国家的建立。第二个趋势是民族之间各种联系的发展和日益频繁，民族隔阂的被打破，资本、整个经济生活、政治、科学等等的国际统一的形成"，[1] 所揭示的原理仍然适用当今时代的民族现象。民族问题在世界范围内增多的现象正是全球化进程加快的必然。

将民族区域自治作为解决民族问题的方略，是党和国家的老一辈领导人在长期的革命实践中，依据马克思主义民族理论和中国的历史国情做出的抉择。这种抉择不是一时的心血来潮，更不是一时的权宜之计。如果用今天遇到的问题，去质疑前人，说严重一点是背叛历史，是典型的"历史虚无主义"，说轻一点至少是一种不实事求是的态度。

其实，当前中国民族问题还有着更为复杂的、多方面的原因。民族区域自治制度以及政策本身存在一些不完善之处及问题也是不争的事实。但正如前述，这些问题不是基本制度的理念和政策本身背后的价值取向出现的问题所导致，而恰恰是对民族区域自治制度的基本理念践行不够彻底，导致制度建构滞后、政策调整滞后，以及相关政策贯彻落实不到位所导致的。制度建构的缓慢，政策调整的滞后，并没有影响政策理念的先进性。由于实践中的具体政策执行不到位，才导致了政策的效果大打折扣。而根本性的责任还在于政策贯彻执行者，而非政策本身。

当今世界，尚没有那个国家完全解决了民族问题。历史证明，西方国家民族同化政策的失败，多元文化主义政策的受挫，"都没有为人类社会提供什么解决民族问题、实现国家民族认同整合的成功经验。因此，无论是西方发达国家，还是众多的发展中国家，解决民族问题的理论与实践，都处于动态的探索过程"[2] 之中。所以，加快完善民族区域自治制度本身，加快具体民族的政策调整，坚决、全面、不折不扣地执行民族区域自治法规定的各项方针政策才是化解民族问题的唯一正确途径，而绝非另起炉灶。

---

① 列宁：《关于民族问题的批判意见》，中国社会科学院民族研究所编：《列宁论民族问题》（上），民族出版社，1987 年版，第 229、230 页。

② 郝时远：《中国共产党怎样解决民族问题》，江西人民出版社，2011 年版，第 21 页。

新时期推进民族事务治理法治化的思考*

董 强 宋艳贺

中国共产党的民族政策在解决中国民族问题上取得的卓越成效，给世界多民族国家提供了借鉴的经验。新世纪新阶段，面临更加错综复杂的国际国内形势，中国共产党提出了国家治理能力和治理体系现代化的目标，这势必涉及到民族事务治理的法治化问题。特别是十八届四中全会的核心议程就是研究全面推进依法治国问题。民族区域自治的坚持和完善是基于我国国情基础上的选择，民族区域自治法的颁布实施和修订，对于加快民族法制进程，推进民族事务治理法治化具有十分重要的意义。本文从增强各族人民群众的法律意识、依法打击"三股势力"、全面贯彻落实民族区域自治制度的角度，对新时期推进民族事务治理的法治化的意义进行了探讨。

一、推进民族事务治理法治化的背景

21世纪是一个全球化的时代，随着我国改革的全面深化和对外开放的扩大，各民族间的交往日益频繁密切，表现在民族间的经济往来不断增加、文化交流空前活跃。习近平指出："发展中国特色社会主义是一项长期的艰巨的历史任务，必须准备进行具有许多新的历史特点的伟大斗争。"① 在中国特色社会主义建设中我们要考虑到我国各民族的社会脱胎母体不同，各民族、民族地区的经济社会发展的基础和程度不同，民族间存在着发展差距。加上各民族的民族特征、民族心理的不同、民族文化和风俗习惯的差异，各民族对于法律的认知有所不同。一些民族的法律意识淡

---

* 原载《黑龙江民族丛刊》2015年第5期，作者董强、宋艳贺，略有改动。

作者简介：董强（1976—），男，山东济宁人，贵州民族大学马克思主义学院副院长，副教授，中国社会科学院、贵州省社会科学院博士后，硕士生导师，主要研究方向为民族理论与民族政策；宋艳贺（1988—），女，贵州安顺人，贵州民族大学马克思主义学院2014级马克思主义民族理论与政策专业硕士研究生，主要研究方向为马克思主义民族理论与政策。

① 习近平：《紧紧围绕坚持和发展中国特色社会主义学习宣传贯彻党的十八大精神——在十八届中共中央政治局第一次集体学习时的讲话》（2012年11月17日），人民出版社，2012年版，第13页。

薄，势必会在民族交往交流中影响“平等、团结、互助、和谐”的民族关系的发展，影响中华民族的大团结。

宪法规定：“中华人民共和国是全国各族人民共同缔造的统一的多民族国家。平等、团结、互助的社会主义民族关系已经确立，并将继续加强。”[①] 在全国各族人民全面建成小康社会的道路上，民族团结作为社会主义民族关系的基本特征和核心内容之一，是各族人民的生命线。新世纪新阶段，中国共产党提出了国家治理能力和治理体系现代化的目标。面临新的世情、新的国情的中国民族事务，也有治理能力和治理体系现代化的问题。党的十八届三中全会指出，面对新形势、新任务，全面建成小康社会，这对于社会主义本质的体现，中国梦的实现和民生的改善具有指导意义，进而提出要在新的历史起点进行全面深化改革。为什么要全面深化改革？是因为新形势下变化了的世情和国情。全面改革深化改革的总目标是什么？是完善和发展中国特色社会主义制度，推进国家治理体系和治理能力现代化。在社会主义市场经济浪潮的冲击下，随着民族地区与东部沿海地区发展差距的拉大，人们的思想观念也发生变化；随着少数民族人口的跨地域流动，各地区特别是城市民族结构发生变化。因而，我国民族事务治理的主体多元、治理对象的范围扩大，民族事务治理面临新的复杂情况。

党的十八届四中全会提出，全面推进依法治国，总目标是建设中国特色社会主义法治体系，建设社会主义法治国家。在建设社会主义法治国家的大背景下民族事务治理也面临着法制化的重要任务。

推进民族事务治理法治化是一个长期的系统工程，增强各族群众的法律意识是首要条件。民族事务治理法治化强调法律作为一种社会治理工具在民族社会生活中的至上地位，通过民族事务治理法治化实现各民族群众的价值目标。人民群众是历史的创造者，民族事务治理的主体是各族人民群众，民族团结的主体也是各族人民群众，就主体而言，民族事务治理和加强民族团结是一致的。美国学者罗斯科·庞德讲到，“民众对权利和审判的漠不关心的态度对法律来说，是一个坏兆头。”增强各族群众的法律意识，对于推进民族事务治理法制化，用法律来保障民族团结是依法治国基本方略下的必然选择。

早在党的十三届四中全会之后，以江泽民同志为核心的党的第三代中央领导集体，在全面推进改革开放和社会主义现代化建设进程中，进一步推进社会主义民主法制建设，明确提出了“依法治国，建设社会主义法治

① 《中华人民共和国宪法》，中国法制出版社，2014 年版。

国家"的重要任务，确立依法治国的基本方略①。党的十八大报告指出："全面推进依法治国。法治是治国理政的基本方式。要推进科学立法、严格执法、公正司法、全民守法，坚持法律面前人人平等，保证有法必依、执法必严、违法必究。"② 健全完备的法律体系是前提，但并不意味着是法治。有法必依，让法律得到全社会的一致遵行，法律能够有效运转，才能算是真正意义上的法治，那就必须增强各族人民的法律意识。法律意识是人们对于法（特别是现行法）和有关法律现象的观点、知识和心理态度的总称。法律意识存在于人心，法律意识是一种观念的法律文化，对法的制定实施是非常重要的。但我们必须清醒地认识到因法律意识不强而导致在民族事务治理中不遵循法律的现象时有发生，其根本原因就在于不懂法、不知法、不守法，有法也不依。要真正推进民族事务治理法治化，就要加强各族群众法律意识。

二、新时期民族事务治理法治化的主要内容

新世纪新阶段，中国共产党提出了国家治理能力和治理体系现代化的目标。面临错综复杂的国际国内形势，我国民族事务治理也面临新的世情、新的国情。党的十八届四中全会《决定》指出："中国特色社会主义法律体系已经形成，法治政府建设稳步推进，司法体制不断完善，全社会法治观念明显增强。"这一论断是完全符合我国社会主义法治建设实际的，是经得起历史和人民检验的。推进民族事务治理法治化是一项长期的系统工程，增强各族群众的法律意识是首要的条件之一。推进民族事务治理法制化，用法律来保障民族团结是依法治国基本方略下的必然选择，因此，新时期推进民族事务治理法治化路径选择问题是摆在我们面前的一项重要课题。

党的十五大就已经郑重地将"依法治国，建设社会主义法治国家"，作为党和国家的治国方略和奋斗目标确定下来。社会主义法治国家的建设是一个长期的过程，民族法制建设是全面推进依法治国的重要内容。社会主义法制的基本要求的四个环节当中，其中最重要的前提就是有法可依。从依法治国基本方略和社会主义法制的基本要求来看，新时期民族事务治理法治化的内容不仅涵盖民族法律、法规的制定和修订，还包

① 顾华详：《江泽民法制建设思想初探》，《青海师专学报》2007 年第 1 期。

② 胡锦涛：《坚定不移沿着中国特色社会主义道路前进 为全面建成小康社会而奋斗——在中国共产党第十八次全国代表大会上的报告》（2012 年 11 月 8 日），人民出版社，2012 年版，第 27 页。

括严格执法问题，以及执法监督问题。民族立法是民族法制建设的重要内容。审议通过有关民族工作的决议、地方性法规、自治条例、单行条例及变通规定等为我们全面推进依法治国提供了前提条件。通过民族立法，明确了我们行为规范的准则，为党和国家保障少数民族的合法权益提供了法律依据。

在国家治理法治化理念下，任何一项政策措施都是国家治理价值取向的体现，都必须符合国家的法律和整体利益。民族事务治理是一个系统工程，也是一个长期的过程。坚持和完善民族区域自治，加强民族区域自治法制建设，重视民族区域自治法的贯彻落实，完善监督机制。我国现行的民族区域自治法律体系，主要由三大部分组成：一是包括《中华人民共和国宪法》和《中华人民共和国民族区域自治法》等在内的基本法律规范；二是国务院及其所属部门制定的关于实施民族区域自治法的行政法规和行政规章规范；三是各民族自治地方制定的自治条例、单行条例、变通规定及补充规定等。国家一贯重视民族地区的法制建设，20世纪50年代即开始了区域自治法的起草工作，20世纪80年代在总结过去经验的基础上，进一步加强了民族法制建设工作。1984年《中华人民共和国民族区域自治法》的颁布施行，无疑是我国民族区域自治制度进入法制化新阶段的显著标志。而《中华人民共和国民族区域自治法》修正案，既是民族法制建设的重大成果，也是我国民族区域自治法制建设的重要成果，也标志着我国民族法制建设新的里程碑。加强民族法制建设既是坚持和完善民族区域自治制度的重要举措，是依法行政的必然要求，也是加快少数民族和民族地区人民群众实现跨越式发展，与全国人民一起建成小康社会的必然要求。

三、推进民族事务治理法治化对于维护民族大团结的保障

（一）依法打击“三股势力”，维护民族大团结

党的十八届四中全会提出要全面推进依法治国，“依法治国，是坚持和发展中国特色社会主义的本质要求和重要保障，是实现国家治理体系和治理能力现代化的必然要求。”① 新世纪新阶段，我国已经进入全面深化改革的深水区和攻坚期，民族地区和少数民族面临着更开放的发展机遇，同时在世界多极化浪潮冲击下，西方国家加紧对我国实施“西化”“分化”

① 《中共中央关于全面推进依法治国若干重大问题的决定》，人民出版社，2014年版，第1—2页。

战略，我们也面临更为严峻的考验①。我们要巩固和维护各民族的大团结，发展新形势下的社会主义民族关系，就必须旗帜鲜明地依法打击"三股势力"，用法律维护民族团结。

首先，依法打击"三股势力"，用法律武器维护民族团结。我们平时所讲的"三股势力"是指在中亚地区泛滥的"暴力恐怖势力、宗教极端势力和民族分裂势力"。"三股势力"的破坏、渗透和颠覆活动具有极大的危害性，不仅会造成民族关系的紧张，还会直接或间接地影响民族团结。所谓暴力恐怖势力指的是使用非和平的暴力性毁灭手段，制造恐怖，以达到其政治目的的团体或组织。暴力恐怖势力对于国家、社会和人民具有严重的突发破坏危害性，乃人类社会的一大毒瘤。因此，"三股势力"不仅是各族人民共同的敌人，因其反人类的特性，其也是全人类的敌人。改革开放已经进入攻坚期和深水区，推进全面深化改革，必须要有稳定的社会环境与和谐的民族关系。面对国内外敌对势力的疯狂破坏，"三股势力"严重干扰了中国特色社会主义建设的进程，因此必须严厉依法打击"三股势力"，对于破坏社会稳定、生产生活和民族团结的不法行为，要切实做到"主动进攻、露头就打、先发制敌"，坚决依法打击，绝不手软，绝不姑息。

最后，用法律武器依法维护民族团结。民族团结作为社会主义民族关系的基本特征和核心内容之一，它不仅是党和国家追求的一种目标，也是一种表现民族关系的状态，同时它还是凝聚各族人民进行中国特色社会主义建设的一种精神力量。民族特征的差异、历史遗留问题和现实发展差距的存在所催发的不满情绪等都可能被"三股势力"所利用。"三股势力"的破坏、渗透和颠覆活动是当前加强民族团结的最大威胁，这种倒行逆施的破坏活动是与历史发展的潮流背道而驰的，是与我国各民族"和睦相处、和衷共济、和谐发展"相背离的。作为各民族共筑精神家园的一种精神力量，民族团结是党和国家的追求目标，更是各族人民的心愿所在。民族团结是多民族国家永恒的主题，但我们要清醒地看到"三股势力"的破坏活动对民族团结造成的危害。民族团结的局面来之不易，除了大力加强民族团结教育外，也是我们党带领各族人民长期与"三股势力"做斗争的结果。2014 年，李克强总理在政府工作报告中指出："中华民族大家庭的各族儿女和睦相处、和衷共济、和谐发展、心心相印，一定会更加幸福安康、兴旺发达。"因此，在新形势下，我们必须运用法律武器，对"三股

---

① 董强、宋艳贺：《依法打击"三股"势力 用法律维护民族团结》，《贵州民族报》2015 年 6 月 2 日。

势力”依法进行严厉打击，才能更好地维护各民族的大团结，这是巩固和发展新形势下社会主义新型民族关系的保证。

（二）依法反对“两种民族主义”，维护民族大团结

首先，依法坚决反对和克服“两种民族主义”，维护民族团结。维护民族大团结，必然要求依法坚决反对和克服“大汉族主义”和狭隘的地方民族主义。历史上，“大汉族主义”曾作为一种民族主义的意识形态，是剥削阶级思想在民族关系上的一种反映，是一种歧视或变相歧视少数民族的民族主义。解放后，《中华人民共和国宪法》明确规定“在维护民族团结的斗争中，要反对大民族主义，主要是“大汉族主义”，也要反对地方民族主义。”①《中华人民共和国民族区域自治法》也明确规定：“在维护民族团结的斗争中，要反对“大民族主义”，主要是“大汉族主义”，也要反对地方民族主义。”② 这充分表明了维护民族团结，依法反对和克服“两种民族主义”的法律地位。在民族事务治理中，存在忽略少数民族的民族特点，以“拿来主义”的方式，把汉族地区的经验、办法简单地搬到民族地区，强制执行。不仅脱离了民族实际，还伤害了民族感情，引起少数民族群众的反感。再有就是存在不承认少数民族有管理自己内部事务的权利。在推行民族区域自治和民族事务治理中，有些少数民族没有充分地享受到自治的权利。所有存在的这些做法或倾向，都必须纳入法律的框架来规范，通过推进民族事务治理法治化来解决，进而更好地维护民族团结。地方民族主义，通称为狭隘民族主义，以孤立、保守和排外为主要特征。现实中会存在忽视民族团结和在祖国大家庭中地位的现象。只看到本民族暂时的、局部的利益，维护本民族中某些落后消极的东西，阻碍民族的进步和发展，也影响和谐民族关系的构建，不利于民族团结的维护。因此，民族事务治理过程中要坚定地依法反对“两种民族主义”，并运用法律武器与打着“民族主义”旗号破坏民族团结的行为做斗争。

其次，依法坚决纠正和杜绝民族歧视或变相歧视的言行，维护民族团结。民族平等是民族团结的前提和基石，马克思主义最初提出民族平等原则的基本出发点是反对民族压迫，反对民族歧视。社会主义制度的确立，彻底废除了阶级压迫和阶级剥削制度，各民族间的民族关系是良性的多层次互动关系。但在建设社会主义市场经济的进程中，由于各民族分布上的交错杂居、经济利益上的分配问题、民族文化上的交流和碰撞，加上历史

① 《中华人民共和国宪法》，中国法制出版社，2014 年版。

② 《中华人民共和国区域自治法》，法律出版社，2001 年版，第 17 页。

上汉族中的统治阶级对少数民族剥削和压迫的影响等因素，还在一定层面上和范围内存在民族歧视或变相歧视的言行，造成民族间的矛盾冲突、猜疑和隔阂，这些因素的存在对于维护民族团结产生深刻的影响，这就必然要求依法纠正和杜绝民族歧视和变相歧视。在全面建成小康社会的进程中，应该尊重少数民族的宗教信仰、语言文字、风俗习惯。习近平总书记在中央民族工作会议暨国务院第六次民族团结表彰大会上强调，要注重保障各民族合法权益，坚决纠正并杜绝歧视和变相歧视少数民族群众、伤害民族感情的言行。我国是统一的多民族国家，多民族是我国的一大特色，各族人民都是国家的主人，各民族之间的关系是一个大家庭里不同成员的关系，处理好民族问题，做好民族工作。随着工业化、信息化和城镇化的迅猛发展，对于涉及民族歧视或变相歧视的言行的这种情况绝对不能听之任之、放任自流，要依法保障各民族的合法权益。必须依法坚决纠正和杜绝，对造成严重后果的要依法追究法律责任，用法律的武器依法打击民族歧视或变相歧视的言行，来维护各民族的大团结。

（三）全面落实民族区域自治法，是依法维护民族团结的法律保障

民族区域自治法，是实施宪法规定的民族区域自治制度的专门法律，是保障民族地区和少数民族合法权益的基本法律，也是贯彻依法治国基本方略，推进民族事务治理法治化的重要体现。自 1984 年《中华人民共和国民族区域自治法》颁布实施以来，标志着我国实施民族区域自治、处理民族问题在法制化的轨道上迈出了重要的一步。2001 年，第九届全国人大二十次会议通过了新修订的《民族区域自治法》，其中最核心的就是正式在法律上把民族区域自治制度确立为国家的一项基本政治制度。2005 年，国务院颁布了《实施〈中华人民共和国民族区域自治法〉若干规定》，这是实施民族区域自治法的第一部行政法规，这些都有力地推动了民族区域自治制度法制化的进程，也在民族事务治理中做到了真正的有法可依。

我国的民族团结是在消灭阶级压迫后各民族根本利益一致的基础上的团结，民族团结是我国民族关系的主流，但我们也不能忽视破坏民族团结现象的存在。对于这些逆时代潮流而动的国内外敌对分子，我们必须运用法律武器依法维护民族团结。现阶段由于国内外敌对势力的破坏活动不断升级，新时期推进民族事务治理法治化面临更加复杂的形势。要不断巩固和发展新型的社会主义民族关系，做好新时期的民族工作，更好地解决现阶段的民族问题。因此，我们应该在深刻领会新时期民族事务治理法治化的主要内涵的基础上，通过不断增强各族人民群众的法律意识，依法打击“三股势力”的破坏活动，全面贯彻落实民族区域自治法。

民国时期新疆汉族移民探析*

李 洁

本文研究民国时期的新疆汉族移民，主要以1911年后迁移到新疆的汉族移民为研究对象，不包括清末移民，如会党、清军等。此外，凡是留居新疆超过一年的人口，在文中均算作移民。

一、民国时期移民概况

（一）清代新疆人口回顾

清王朝是1644年立国的，在清王朝立国之际，在今之新疆乃至新疆以西地区生活的主要民族视为拉特蒙古、哈萨克及叶尔羌汗国统治下的南疆诸民族。17世纪初，准噶尔部强大起来后，土尔扈特部被迫西迁至伏尔加河流域，和硕特部迁移至青海境内，杜尔伯特部被迫投降。在噶尔丹取得了准噶尔的统治权后，又打败了叶尔羌汗国，把势力扩展到塔里木盆地。而后，清政府出兵西域，平定了准噶尔部，把所平定的领土称之为新疆。清代新疆人口在乾隆二十四年（1759年）前尚无完整的统计数字。乾隆二十四年大小和卓木叛乱失败后，清政府作为治理地方和征收赋税的依据，下令进行人口调查，调查结果记入乾隆四十七年（1782年）成书的《西域图志》。根据这份统计，乾隆三十一年（1766年）时，新疆维吾尔族人口有66882户、262068人①；清代新疆建省后，社会经济亟待恢复，需要大批劳动力。清政府取消了以往的禁令，允许内地农民赴新疆耕作，结果直隶、山东等省的"逃难百姓"来到新疆，人口"几于盈千累万"②。此时，新疆"生齿日众，边境安谧，岁事屡丰，关内汉、回携眷来新就食、

---

* 原载《中国边疆史地研究》2009年第4期，略有改动。

作者简介：李洁（1981—），女，新疆阿克苏人，兰州大学西北少数民族研究中心副教授，中国社会科学院民族学与人类学研究所博士后，硕士生导师，主要研究方向为民族关系研究。

① 《西域图志》卷33。

② 瑞询：《散木居奏稿》卷4，转引自马大正等：《新疆史鉴》，新疆人民出版社，2006年版，第78页。

承垦、佣工、经商者络绎不绝。土地开辟，户口日繁”。[①] 据《新疆历史地理》记载，大约在19世纪中晚期，全疆共有屯丁12.67万人。据光绪十三年（1887年）查报，仅镇迪、阿克苏、喀什噶尔三道就有人口266959户、1238583人，其中汉族16754户、66441人，回族8065户、33114人，维族246180户、1132251人，其他1522户、6777人[②]。除垦民外，清政府派驻新疆的军队及遍布新疆的哥老会组织中的汉族，也是此时期新疆人口的重要组成部分。到了1912年，即距乾隆三十一年的146年后，新疆的总人口达到了2085340人[③]。苗普生先生认为，清末维吾尔族人口达到了157万多人，占到了全疆总人口的3/4[④]，据此推算，清末新疆总人口约为210万左右。

（二）民国时期汉族移民概况

进入民国后，内地移民更是蜂拥而至，“据哈密关卡报告，内省人民相率来新者日计百数十人，络绎不绝”,[⑤] 形成了新疆汉族移民的又一个高峰。那么，此时期新疆的汉族究竟有多少呢？据杨增新民国五年（1916年）的记载：“全省幅员二万余里，人民仅二百一十余万，其中汉民不及百分之一，且尤流寓多而土著少。”[⑥] 照此说法，当时新疆的汉族人仅2万多；民国初年成书的谢晓钟《新疆游记》记载，民国六年“新疆全省人民二百万余，汉民仅二十之一，缠民居十之七”。[⑦] 如此则当时新疆汉族人口应有11万—12万左右。然而林竞《蒙新甘宁考察记》中记载民国八年，仅哈密就有“汉民约一千户”，奇台“全县人口六万余，汉人居其六”，迪化人口“约五万余……汉人居其六”。[⑧] 据此推算，当时仅哈密、奇台、迪化三地汉族人口就已超过7万人。汉民从民国五年仅2万多人，到民国六年的12万人，到民国八年仅三地汉族人口就达7万人以上，三年增长了5万人，增幅之大不足以信服，因此杨增新对当时新疆汉族人口的估计是不当的。综上，笔者认为谢晓钟、林竞对新疆汉族人口的估计较为准确，民

① 《新疆图志》卷106，奏议志十六。

② 成崇德主编：《清代西部开发》，山西古籍出版社，2002年版，第152页。

③ 《中国经济年鉴》1934年，转引自袁祖亮主编：《丝绸之路人口问题研究》，新疆人民出版社，1998年版，第272页。

④ 苗普生：《清代维吾尔族人口考述》，《新疆社会科学》1988年第1期。

⑤ 杨增新：《补过斋文牍》甲集上，《呈覆内地流民资送新疆不无窒碍文》，民国四年五月二十四日。

⑥ 杨增新：《补过斋文牍》甲集下，《呈明新疆情形特别请量予变通列为特别省治文》，民国五年十一月三十日。

⑦ 谢晓钟：《新疆游记》，甘肃人民出版社，2003年版，第100页。

⑧ 林竞：《蒙新甘宁考察记》，甘肃人民出版社，2003年版，第152、165、174—175页。

国初年新疆的汉族人口应在10万—13万之间，约占全疆人口的1/20。

民国期间有关新疆人口的统计数据比较杂乱，葛剑雄先生的《中国人口史》对新疆人口的各类统计数据进行了分析，得出了比较可靠的数据。[①]据此，民国时期新疆全省人口统计数据如下：

表1 1912—1949年新疆人口数据

年份	1912	1919	1928	1931	1936	1943	1946	1948	1949
人口（万）	209.8	251.6	255.2	257.8	436	373	401.2	404.7	433

表2 1912—1948年新疆人口平均年增长率

年 份	1912—1919	1919—1928	1928—1931	1931—1936	1936—1943	1943—1946	1946—1948	1948—1949
年平均增长率‰	26.295	1.58	3.385	110.812	-22.05	24.591	4.352	69.928

就人口统计数据看，从1912—1949年的38年间，新疆人口增长了223.2万，年平均增长率为19.25‰。就各不同时段的人口年平均增长率看，1912—1919年、1931—1936年、1943—1946年、1948—1949年这4个时段是新疆人口年平均增长率较高的阶段，其中1931—1936年则达到了新疆人口年平均增长率的最高值。1936年以后，新疆的人口有所下降，可能与苏联发生的军事冲突以及其他一系列战乱有关，因此1936—1943年这一时段的年平均增长率呈现负增长，此外的其他年份均呈增长趋势。

民国期间，新疆并无大的自然灾害和战争发生，据葛剑雄先生分析，1912年新疆人口的自然增长率为13.07‰[②]，1949年自然增长率为9.22‰[③]，本文暂且把民国时期新疆人口的自然增长率算为10‰，按该自然增长率，1949年新疆人口应为306.21万人，而实际人口为433万人，增加的126.79万人几可视为移民，虽然具体迁入的汉族移民的数量无法统计，但其中汉族移民应当占了绝大多数，除去移民中的回族、民国初年从伊塔边境迁来的白俄军队以及后来马仲英部的回族士兵约10万人，民国时期迁入新疆的汉族移民大约110多万人。

① 葛剑雄编：《中国人口史》第六卷，复旦大学出版社，2001年版，第141—142页。

② 葛剑雄编：《中国人口史》第六卷，复旦大学出版社，2001年版，第356页。

③ 葛剑雄编：《中国人口史》第六卷，复旦大学出版社，2001年版，第142页。

就迁出地来说，据谢晓钟《新疆游记》记载，“政界在前清时，湘楚人居十之九”，“当时有小湖南之称”，改革以来，“其人数虽不下于秦陇，而政治上之势力，则不胜有今昔之感矣”，[①] 可知，民国初年新疆的汉人以湘楚人士居多，此后离新疆较近的甘肃、陕西两地移民逐渐占据上风，成为整个民国时期新疆汉族移民的重要组成部分，林竞《蒙新甘宁考察记》记有民国八年“哈密汉人来自内地陕、甘一带为多”也可佐证[②]。抗战期间的难民主要来自河南、山东等地。因此就迁出地而言，出现变化，湘楚人士渐处劣势，而陕甘派居于上风。

就迁入地而言，清朝前期汉族人口主要分布在巴里坤、木垒、奇台、乌鲁木齐、昌吉、玛纳斯、伊犁地区。乾嘉时期，除驻防绿营兵丁和少数商人外，南疆的汉人为数很少。平定张格尔之乱后，清朝政府仿北疆之例，始在西四城实行屯田。于是内地人口陆续迁往南疆各地。至清末汉人已分布在全疆各地。到了民国时期，汉人分布于全疆，但主要还是在北疆，分布在官衙、军队和屯田点。总之，民国时期的汉族人口的分布大体上与清朝类似，即全疆均有分布，但北疆较南疆分布多。

二、移民类型

民国时期的新疆汉族移民，大体分为经济型移民、政治型移民和军事型移民三大类型。

（一）经济型移民

主要包括屯田形式的移民和从事内地与新疆贸易的经商形式的移民。

民国时期，移民实边开发西北受到朝野关注，对于新疆来说，移民可以使“内地可以无游民，西域可以尽地利”，[③] 但内地人口流入不多，这与新疆主政者严格控制新疆与内地的联系（主要为杨增新执政时期）以及交通不便有关。1935 年，从西安到新疆的公路修建，交通条件也得以改善，此后由内地前往新疆的移民人数有所增加。但总的来说，民国时期新疆的移民垦荒虽有进展，但由于政治、社会和环境方面的原因，并未形成全国性的大规模的移民垦荒，人口的移动多是区域性的，迁入的人口也是小规模的。仅在抗日战争这一特殊时期才出现了较多的移民。

民国初期有记载的内地人口流入新疆如下：1922 年 10 月，由东北、

---

① 谢晓钟：《新疆游记》，甘肃人民出版社，2003 年版，第 99 页。

② 林竞：《蒙新甘宁考察记》，甘肃人民出版社，2003 年版，第 152 页。

③ 徐珂：《康居笔记汇函》（一），山西古籍出版社，1997 年版，第 19 页。

山东、直隶经俄逃至新疆的流民，因生活无着，分别在伊犁、奇台等处暴动。[①] 为了整顿阿山金矿，大约在1930年冬，将甘肃逃来的数万难民，除部分安排垦荒外，其余则遣送到阿山，从事采金工作。1931年，仅阿山东西各沟的采金工人就达3000余人[②]。当时甘肃连年发生饥荒和兵灾，难民纷纷逃至新疆谋求生路，其中逃荒至哈密地区的难民有80—90名。金树仁为照顾同乡，将维吾尔农民耕种的熟地作为荒地拨给甘肃难民耕种，引发了哈密农民起义，最终演变为民族仇杀。以上可见，民国初至金树仁统治时期，内地流民进入新疆人数不多，且主要分布在哈密、伊犁等北疆地区。这一时期，新疆的屯垦事业主要以当地驻军和本地农户为主进行军屯和民屯，基本不涉及移民屯垦。

金树仁执政时期战乱纷繁，人口锐减，劳动力奇缺，农村大片土地荒芜。盛世才执政以后，为了迅速恢复生产，除了动员原有新疆军民开垦荒地，恢复生产以外，开始从关内大量招募农民进疆，兴办民屯。到抗战时期，新疆又是大批因战争而无家可归、无依无靠的内地难民的安置之地，以上两个因素导致盛世才主新时流入新疆的人数增多。为了招募农民进疆，发展民屯，新疆政府从运输进疆，沿途接待，发放衣物，供给粮食，到了垦区后，划拨土地，修建房屋，生产贷款、贷粮，一一妥善安排，对此十分重视。1943年，新疆政府招募6300人进疆，由政府拨给木材，建筑房舍，拨给土地，贷给种子、农具、耕畜。为了鼓励生产，三年之内，不征粮赋。据1944年统计，招募进疆之垦民共38批，1091户、4666人。其中河南3869人，山东350人。安置难民407户、988人，其中甘肃占大多数。[③] 截至1944年底，移到新疆省的河南难民为3981人，连前共计移运11366人[④]。1944年冬，赈济委员会曾就所属长安、平陆、洛阳、济源四处年长儿童中选送了500名入新教养。[⑤] 就移民来源来说，以河南籍最多，山东次之，也有从甘肃、河北来的，他们主要安置在迪化、孚远、木垒河、七角井、乾德、绥来、昌吉、阜康、奇台、呼图壁等地。

---

① 新疆社会科学院历史研究所编著：《新疆简史》第3册，新疆人民出版社，1980年版，第72页。

② 新疆社会科学院历史研究所编著：《新疆简史》第3册，新疆人民出版社，1980年版，第102页。

③ 赵予征：《丝绸之路屯垦研究》，新疆人民出版社，1996年版，第366页。

④ 新疆社会科学院历史研究所编著：《新疆简史》第3册，新疆人民出版社，1980年版，第255页。

⑤ 《中华民国国民政府公报》渝字（略）。

内地人口除了自动流入新疆，以及战争期间逃荒、政府安排移入新疆外，另外就是从事内地与新疆贸易的移入新疆的内地商人。新疆工业落后，商品货源一是来自内地，二是来自英、俄诸国。在当时，内外商人都把新疆视为“发财之地”。他们所设立的商号遍布天山南北，而迪化则成为全省的商业中心。在新疆的内地商人有所谓“八大帮”，即“燕、晋、秦、陇、蜀、湘、鄂、豫”等等。“考其商业，燕商为最，晋商次之，秦陇又次之，豫蜀其末也，鄂则微矣。”[①] 民国以后，协饷断绝，晋商经营的汇兑行业纷纷倒闭，被迫改营广货、杂货，但其经营方式远不及京津商人，所以京津商人渐渐兴起。在迪化的240余家商号中，京津商人几乎占到十分之六[②]。据《精河县乡土志·人类》记载：“耕种者十之一二，贸易者十之八九，而永集湖大河沿亦间有陕西籍居半，甘肃籍亦居其半，其源流世系无从稽考。”说的是同治回民起义结束后，来自陕西、甘肃两省的移民大量迁入新疆，然而，与一般的农业移民不同，这些陕甘的迁入者绝大多数是来新疆从事贸易，而非从事农业的。可见由于从事商贸活动流入新疆的汉族移民主要来自河北、京津地区、山西、陕西、甘肃等地，大多数聚集在迪化，而新疆天山南北也均有少量分布。

（二）政治型移民

主要包括党派成员形式的移民和由于不同时期各主政者的偏好形成的移民。

1 党派成员形式的移民

（1）国民党人。主要分为两个时期，即清末民初进入新疆的资产阶级革命党人和此后陆续进入新疆发展国民党势力、争夺对新疆控制权的国民党人。

清末，全国日益高涨的资产阶级革命运动迅速发展到新疆。当时，不少资产阶级革命派纷纷由内地进入伊犁、迪化等地区，从事革命活动，如革命党人冯特民、冯大树等，他们分布到军队、机关、学校和各族人民中进行革命活动，宣传革命思想和革命纲领，发展革命党人。这批革命党人绝大部分应为汉族，来自湖北、湖南、陕西等地，是民国时期最先进入新疆地区的。进入新疆后，他们主要分布在伊犁、迪化两地，后起义失败，杨增新将许多革命党人调离伊犁，大部分革命党人被镇压。清末民初进入新疆的资产阶级革命党人的具体数量并无统计，但人数应该不多，被杨增

① 杨缵绪：《开发新疆实业之管见》，《开发西北》第1卷第1期。

② 新疆社会科学院历史研究所编著：《新疆简史》第3册，新疆人民出版社，1980年版，第51页。

新镇压后残留的一小部分革命党人或离新，或留居当地。

新疆在进入杨增新统治以后，直至盛世才统治后期，由于新疆主政者的主观意图，即在新疆建立“独立王国”，使得国民党势力始终未在新疆有大的发展。据统计，金树仁统治时期，全疆共有国民党员 868 人，[①] 主要分布在迪化、伊犁、塔城、哈密、乌什、阿克苏、焉耆、莎车、库车、和阗、于阗、且末、奇台、英吉沙等地区，这些国民党员包括外省进入新疆的以及在本地发展的。直至盛世才统治后期，中央政权才真正得以在新疆发挥效力，1943 年，国民党势力如潮水般涌入新疆。1943 年 1 月 16 日，国民党新疆省党部成立，大批军政要员进入新疆。当年 4 月，国民党中央组织部派遣了一批工作人员入新，他们大多成为新疆许多县的县党部书记长。因此进入新疆的国民党人在民国初期至后期，一直是缓慢发展的，直至 1943 年后，才有大批党务、军事、特工、经济、文化人员进入新疆，分布于新疆各地，渗透至各领域。

（2）共产党人。中共党人主要是从抗日战争时期开始进入新疆的。在盛世才与中国共产党建立了抗日民族统一战线以后，中国共产党应盛世才邀请，抽调一批干部进入新疆，其中包括党的创始人之一的陈潭秋以及邓发、毛泽民、林基路等优秀共产党人。抗日战争期间在新疆的共产党人，除了新兵营和航空队中有相当一部分外，大致分为以下四类：一是应盛世才的邀请，由中共中央从延安派遣来的；二是从延安经新疆去苏联治病，应盛世才的要求，经中共中央同意留下的；三是从苏联回延安，路过新疆被留下的；四是从延安到迪化养病的伤残人员及其家属。据《新疆史鉴》记载，自 1937 年底始先后有 160 多名中共党员干部从延安、苏联，或从迪化新兵营派赴新疆工作。[②] 来新的共产党员主要在行政、财政、民政、教育、新闻、文化等部门和民众团体担任领导工作，也有一些在军队中任职。由于共产党人的努力和各族人民的支持，这一时期新疆的经济、文化、教育都有了较大的发展。

就分布区域而言，1940 年盛世才“第二次大清洗”前，中共党人在新疆省政府及以下各级部门工作，主要分布在北疆地区；但由于共产党员的威信在新疆日益提高，引起盛世才的不安，在“第二次大清洗”（1940—1941 年）时，盛世才将大批共产党人从迪化调往南疆。1942 年“第三次大清洗”时，盛世才政权大肆逮捕中国共产党人和他们的家属，许多优秀

---

① 新疆社会科学院历史研究所编著：《新疆简史》第 3 册，新疆人民出版社，1980 年版，第 131 页。

② 马大正等：《新疆史鉴》，新疆人民出版社，2006 年版，第 91 页。

的共产党员因此牺牲，如陈潭秋、毛泽民、林基路等。抗战时期进入新疆的中共党人具体数量不详，而抗战结束后留居在新疆的也为数不多，除1946年6月被盛世才关押的131名共产党员和他们的家属回到了延安外,[①] 大部分都遭受盛世才政权的迫害而牺牲。

总的来说，党派成员形式的移民从民国初即进入新疆，1937—1949年是这类移民持续、大批移入新疆的时期，其中1937年、1943年应为高峰期；分布区域遍及新疆各地，但由于新疆北疆政治军事战略地位的重要性，分布仍然主要以北疆为主，尤其是迪化、伊犁两地。

2. 由于不同时期各主政者的偏好形成的移民

新疆军政机构人员最初湘楚人居多，第一任统治者杨增新（云南蒙自人）执政后，任人唯亲，排除异己，军政机构人员的组成逐渐发生了变化，许多云南老乡假道俄国来新，纷纷投效杨增新。杨增新对于这些同乡一概使之"分任要职"，作为他的"心膂股肱"。[②] 杨在甘肃任职时的门生故吏，也纷纷出关西上，企图攀龙附凤，升官发财。因此，云南和陕甘籍的官吏大量增加。在夏鼎、李寅事件发生之后，杨增新发誓"从此不用滇人"，"再也不收纳来奔的云南同乡了，大部分军人或军事学校出身的云南人也都被他遣送到内地去了"，[③] 陕甘人转而被重用。

到金树仁（甘肃河州人）统治时期，从一开始就改变了杨增新不重用同乡的政策。政府各职能部门、省城的军事重任，迪化以外的军事要地，金树仁都安排了同乡和亲属。当时新疆官场中的派系十分严重，除陕甘派、两湖派以外，还有天津派、山西派和地方派等。金树仁为维持其统治，则以亲朋故旧来控制其部属。他依靠陕甘派，排挤和打击两湖派及其他派别，扩张和培植自己的势力。当时流传着这样一句话："早晨学会河州话，晚上便把洋刀挎。"

盛世才（辽宁开原人）统治时期，同乡是其军政系统中的重要组成部分，当时主要官僚及侦察队（实行特务统治）的成员一部分为东北籍。如新疆当时的"十大博士"：何语竹（何耿光）、宋扶摇（宋念慈）、徐廉（徐伯达）、王立士（王乃中）、程启明（程东白）、康炳麟（康明远）、王延龄、郭喜良、郎道衡、崔果政等人，他们都是盛世才的同学、同乡。

总之，民国时期新疆各不同阶段的主政者一般都依靠同乡和亲信以巩

---

① 新疆社会科学院历史研究所编著：《新疆简史》第3册，新疆人民出版社，1980年版，第315页。

② 金树仁：《新疆省政府主席蒙自杨公行状》，1930年铅印本。

③ 包尔汗：《杨增新统治时期》，余骏升主编：《新疆文史资料精选》第1辑，新疆人民出版社，1998年版，第104页。

固政权，其中同乡是一个重要组成部分，造成了不同时期云贵人、陕甘人及东北人的迁移，这些人员主要是军政人员。他们分布在新疆各地，主要在政府职能部门和军事战略要地。此外由当时新疆官场存在陕甘派、两湖派、天津派、山西派及地方派等多个派系之争来看，也存在两湖、天津、山西等地官员入新投靠的情况，但数量应当没有云贵、陕甘、东北籍多。在他们所投靠的政权倒台后，也存在部分人员离新的现象。

（三）军事型移民

按进驻新疆的时间顺序，主要有东北军、马仲英的部队、共产党军队及国民党军队。

1. 东北军。自1933年夏季开始，由东北退至苏联的东北民众救国军步兵第二旅（民众称之为东北军），分八批进入新疆，“包括家属在内，总计约3万人”，① 分驻迪化、伊犁、塔城等地。其中，驻扎在迪化的水磨沟、古牧地、三道坝等地约有4000—5000人，驻扎在伊犁的有3000余人，其余分布在数县驻防②。这批军队“由新疆接收，妥为安置”，并“暂时收编为边防军，协同剿办土匪”。

盛世才上台后，对军队进行点编，东北军的实力大为削弱，被分散到迪化、伊犁、奇台、阜康、木垒河、吐鲁番、鄯善、托克逊、塔城、乌苏、喀什等地。③“东北抗日军到达新疆后，在与马仲英等作战中伤亡的以及病老而死的不过5000人，而10年来被盛世才捕杀的竟达1万多人。1944年盛世才离开新疆时，国民党政府接手的新疆部队，计有骑兵十团、十二团、十六团、二十团、三十八团、四十团、四十六团、四十八团、四个边卡大队和通信队、工兵队、炮兵团、教导团。这些部队的官兵，在1934年盛世才整编时，东北抗日军占80%以上，到了1944年国民党接收时，这些部队番号未变，但东北抗日军官兵只占20%左右，只有个别的占50%左右，总起来东北抗日军官兵在部队中不过5000人。另外就是10年来被淘汰下来的老弱残废的抗日军共约2000人，流落街头。”④

1944年国民党接收新疆后，东北军军官大受排挤，有的被迫离职另谋

---

① 张凤仪：《东北抗日义勇军进入新疆十年中的遭遇》，余骏升主编：《新疆文史资料精选》（第二辑），新疆人民出版社，1998年版，第24页。

② 新疆社会科学院历史研究所编著：《新疆简史》第3册，新疆人民出版社，1980年版，第100页。

③ 新疆社会科学院历史研究所编著：《新疆简史》第3册，新疆人民出版社，1980年版，第230页。

④ 张凤仪：《东北抗日义勇军进入新疆十年中的遭遇》，余骏升主编：《新疆文史资料精选》第二辑，新疆人民出版社，1998年版，第131页。

生活，也有的离开新疆，到达甘肃、陕西一带另谋生活。1946年东北抗日军部分官兵约1500多人被遣送还乡。

新疆和平解放后，"在新疆的东北抗日军除一部分编入国防军守卫祖国边防外，其余在大生产中都编入新疆军区生产建设兵团参加生产"。①

2. 马仲英部。马仲英部分别于1931年、1933年两次进入新疆，一度将战火烧至天山南北。据史料，估计马仲英部总共进入新疆的兵力应至少达到2.1万余人，由于战争中死伤以及1937年4月11日马虎山部叛乱导致最终三十六师的势力全部被消灭，最终分散在新疆的马仲英部不过7000余人。其中应当有部分汉族士兵，但数量不多。

3. 共产党军队。抗日战争时期，新疆是重要的国际交通要道及中国安全的军事基地和八路军培养和训练特种技术兵种的基地。1937年5月，西路军左支队400余人进入迪化，从此，新疆开始拥有了一支共产党的武装力量，对外称"新兵营"。② 当时战士的文化程度很低，于是从延安调来了一批干部当教员，这些战士开始学习飞机、坦克、汽车、大炮、无线电通讯、医疗等技术，以后成为中国人民解放军技术兵种的骨干和领导人。1940年，由于抗日形势的需要，新兵营除少数人员和参加航空队的成员外，其余都于1月11日乘汽车离疆回延安。

解放前夕，在新疆和平起义的通电发出以后，中共第一野战军西北军区彭德怀指挥的二军、六军进驻新疆，在正式进入新疆前，王震提前到迪化做了一番侦察。解放后，这部分解放军就地改编为两部分，国防部队和生产建设兵团。

4. 国民党军队。由于杨增新至盛世才统治时期，国民政府中央势力始终未能深入新疆，因此国民党军队真正大批进驻新疆是从1943年起。1943年4月，朱绍良调动六个徒手新兵团入新，当年秋天国民党第二十九集团军第四十五师改装成交通警察总队一总队入新，分驻哈密、镇西、吐鲁番一带，9月十八混成旅的两个团开进哈密。1944年春初第二十九集团军总部从酒泉移驻哈密，3月朱绍良将河西的新四十六师调进哈密、镇西。在三区革命前，国民党军队大批入新，驻扎在哈密、镇西、奇台、迪化一线以及阿山区的大布逊和乌伦古河等地，控制了军事战略要地。据三区革命时三区代表的谈判方案，至盛世才离开新疆时，进驻新疆的国民党军队为

---

① 张凤仪：《东北抗日义勇军进入新疆十年中的遭遇》，余骏升主编：《新疆文史资料精选》第二辑，新疆人民出版社，1998年版，第132—133页。

② 新疆社会科学院历史研究所编著：《新疆简史》第3册，新疆人民出版社，1980年版，第257页。

两个步兵师、三个骑兵团，共为2.2万人。[①] 据统计，吴忠信时期入新国民党中央军达5.3万余人。[②] 据曹达诺夫·扎义尔回忆，三区革命军牵制了国民党驻新疆的军队近8万人。[③] 张治中时期，总计当时在新疆的国民党军队号称10万[④]，实际兵力只不过9万余人[⑤]。这些国民党军队主要分布在北疆的军事战略要地。

解放前夕，陶峙岳出任新疆警备司令，掌握了省内的军警大权。他和张治中均主张和平起义。因此，在新疆和平解放后，这部分中的绝大多数都接受改编，成为真正的移民。

以上各方面军队中，马仲英部和共产党的军队在新疆余留不多，而东北军和国民党军队1949年后基本都收编到新疆省政府军队中。

除了以上军队进驻新疆外，政府招徕的兵源也是军事型移民中重要的一支。据《新疆文史资料精选》中《金树仁登台和哈密事变》记载，金树仁时期，扩充军队，利用整编裁汰杨增新重用的“回队”，大量招收甘肃尤其是河州青年，整编后兵力由不足1万兵员扩充到5万人左右，在这些甘肃兵源中，汉族应该占有一部分。

三、民国时期新疆汉族移民的特点

1. 移民的时空分布不均。时间分布呈梭型态势。民国初年至抗日战争前均是缓慢增长，抗日战争爆发后大幅增长。清朝中后期曾有不少内省移民进入新疆，民国建立后，新疆地区虽然也有零星流民进入，但数量不多，日本侵华战争全面爆发后，才出现大批难民进入新疆地区。解放战争初期，继续有移民入疆，但其数量略少于抗战时期。即呈现两头少中间多的梭型发展态势。空间分布不均衡，北重南轻。由于新疆地缘辽阔，由北到南路途遥远，且交通不便，因此历史上迁移至新疆的汉族移民从星星峡进入新疆后，多滞留在哈密一带，而迪化作为全省的政治、经济、文化中心，也是移民的首选地，因此哈密、鄯善、吐鲁番、迪化一带是历史上汉

---

① 曹达诺夫·扎义尔：《新疆三区革命有关情况的回忆》，余骏升主编：《新疆文史资料精选》第三辑，新疆人民出版社，1998年版，第22页。

② 新疆社会科学院历史研究所编著：《新疆简史》第3册，新疆人民出版社，1980年版，第412页。

③ 曹达诺夫·扎义尔：《新疆三区革命有关情况的回忆》，余骏升主编：《新疆文史资料精选》第三辑，新疆人民出版社，1998年版，第51页。

④ 新疆社会科学院历史研究所编著：《新疆简史》第3册，新疆人民出版社，1980年版，第456页。

⑤ 杜学增：《新疆和平起义的见闻》，余骏升主编：《新疆文史资料精选》第3辑，新疆人民出版社，1998年版，第178页。

族移民聚集地；此外还有一部分向北进入伊犁、阿山一带。而南疆各地交通不便，且基本上是维吾尔族集中居住地。至民国时期，移民的主要移入地仍然以北疆为主，而且当政者也尽量避免移民进入南疆以防止内地先进思潮流入南疆造成混乱。但与以往朝代有所区别的是，尽管民国时期新疆政府尽量避免汉族移民进入南疆，但事实上汉族移民流入南疆的数量比以往各朝代都要多。

2. 大规模的政府组织移民减少，主要为自发移民。政府组织的屯田，如军屯、民屯等，在民国以前是移民的主要类型，到民国时期这种大规模政府组织的移民类型不再是主要形式，但仍然存在，而且政府组织移民中的技术人员在新疆社会发展中还发挥了重要的作用，例如盛世才执政时期，在农业技术人员的指导下，新疆开办了许多机械化示范农场、农牧讲习所，推广农机使用，改良新疆农业生产工具，有效地提高了农业生产效率和质量。政府组织的移民减少，与执政者的治新思想有很大关系。尤其在杨增新时期，为了保持新疆"独立王国"的状态，实行闭关自守和愚民政策，力图切断新疆与内地的联系，减少内地对新疆的影响，以维持新疆"孤悬塞外"的状态。其治新思路使当时中央政府不可能组织大量移民入新，当地政府也不愿意吸引更多的移民。以上导致政府组织移民减少，但执政者的治新思路并没有抑制住自发移民的入疆，民国时期新疆的自发移民增加，来源地也由临近的甘肃、宁夏等地扩展至河南、山东等省，从事行业也丰富了。此外，历史上遣犯性质的移民在民国时期也已经不多，民国四年杨增新以新疆人手不足，为避免"今日增一遣犯，即为异日增一乱民"的情况出现，以及财力等为理由，拒绝各省遣送流犯，是年七月由袁世凯批准"各省改遣发新人犯暂行展缓二年，俟新省地方十分宁谧再行照章办理"。[①] 自民国四年始，遣犯性质的移民已不存在。

3. 包括政客、军队、军警特务等类型的政治移民较多。民国时期新疆汉族移民中，受政治影响形成的移民较以往朝代多，诸如政客、军队等，由此出现移民群体中，农村人口比以往朝代少，主要为从事军政和文化教育事业的人群，且多集中在城镇。盛世才统治后期，军警特务出现，也是民国时期新疆汉族移民的一大特点。

4. 汉族移民与当地少数民族的融合程度和相互了解均超过以往各朝代。民国以前，汉族移民在入新后，基本呈点状分布，其居住地域、生产生活的活动范围均有所限制，尤其是由政府组织的移民，而这种形式的移民在民国

---

① 杨增新：《补过斋文牍》，甲集上，呈文编上，《呈请援案暂行停发遣犯文》，民国四年七月二十八日。

以前的各朝代均为主要移民形式。入新的汉族一般与当地少数民族处于不同的区域，这样的居住、生产格局使汉族与当地少数民族之间接触不多，互相之间了解甚少，由此形成新疆汉族移民的“孤岛文化”，这样就容易产生矛盾，出现民族隔阂。民国时期，新疆的汉族移民基本呈现片状分布态势，由于政府组织的大规模移民不多，自发移民大量增加，各民族之间的接触较以往相对宽松，使汉族移民与当地居民之间的交往增多，接触渗透至生产、生活的各个领域，促进了族际交往和文化互动。汉族与当地少数民族的融合程度及相互之间的了解程度都超过历代，一定程度上使汉族文化逐渐融入到当地少数民族文化之中，为新疆多元文化的形成奠定了基础。

5. 战争类型的移民在民国时期较为突出。杨增新为了长期统治新疆，他把“四境之内，鸡犬相闻，老死不相往来”作为自己的座右铭。本来新疆劳动力缺乏的问题可以从外省移民解决，但杨增新视移民为动乱根源，故摒弃不用，而是使用现有劳动力进行“开渠垦荒”，以求发展农业。金树仁时期则基本坚持杨增新的这一政策。盛世才政府为了抵制南京政府势力的渗透，也严格控制新疆与内地的交通联系。因此民国时期的新疆，在省内风平浪静的时候汉族移民不多，主要是一些投靠执政者的人和少量的流民进入新疆，这与西北其他地区大力提倡和鼓励移民垦殖而带来的大量移民有所不同。但是战争为人口大量移入新疆提供了可能，抗日战争的爆发可视为移民最大的契机，民国时期新疆大规模的移民由此产生，包括入驻的军队、政府安置的难民以及逃难的自发难民。此外，马仲英部队入疆，共产党的进入，以及大批国民党军队进驻新疆，均与战争有关。

四、民国时期新疆汉族移民的作用

人口的迁移流动是社会发展的标志。一方面，它是一个社会在现代化进程中的一定发展阶段上必然会发生的规律性的人口现象；另一方面，也是现代化进程得以进行的一个必要条件。① 虽然迁移给社会带来的影响是不均衡的，但其主流是促进发展的，而且带动了交通和通信基础设施以及维持全球劳动力市场及补缺的迁移流制度。② 例如，荷兰人迁向德国和英国建设陆地排水系统，彼得大帝将技工和造枪炮的工人带到俄罗斯帝国，这些都促进了移民移入地的开发。中国史料记载的突厥因“隋末乱离，中国人归之者无数，遂大强盛”，《契丹国志》中“邻藩燕人军士多亡归契

---

① 蔡昉主编：《中国人口流动方式与途径（1990—1999）》，社会科学文献出版社，2001 年版，第 61 页。

② 马曼丽、张树青：《跨国民族理论问题综论》，民族出版社，2005 年版，第 111 页。

丹，契丹日益强大"，以及《五代史记·契丹传》中"中人士归之，文法由是渐盛"的记载，[①] 均反映了汉文化的辐射和影响下契丹日益强盛的事实。可见，就世界范围而言，移民给移入地带入了先进的生产技术和劳动力，促进了当地社会的发展。同样，中国历史上内地人口在流入边疆少数民族地区后，大都发挥了重要作用，而且流入人口中大部分为汉族。民国时期的新疆汉族移民基本脱离了以往朝代政治军事型移民的模式，大部分为自发性移民，主要从事经济活动，因此所起作用也主要体现在经济方面，并影响着当地社会文化的发展变化，另外在政治上也仍然发挥了一定作用。以下为民国时期汉族移民在移入新疆后对当地社会所起的作用：

1. 移入新疆的内地人口，带入了先进的农业技术，极大地发展了新疆农业经济，促进了新疆的开发。人口是最重要的劳动力资源，不同的生产条件下人口迁移促进的地区开发具有不同的特点。在农业社会，一定数量的劳动力是土地资源开发的前提，人口迁移带来的人口增长能够促使农业生产向精耕细作和多种经营方向发展，并带动其他行业的发展，进而促进农业社会的发展。比如 19 世纪处于拓荒时代的美国西部，在那里"无地的人希望得到土地，而无人的土地希望得到人力"，[②] 著名的"西进运动"引发了大规模的人口迁徙，造就了一次伟大的经济开发运动，成为移民开发的典型事例。

民国时期，各种类型的汉族移民在进入新疆后，解决了新疆人少地多的问题，使大片荒地得以利用和开发，充实并开发了边地，极大地促进了新疆农业经济的发展。就农业开垦一项来说，1911 年新疆全省耕地面积为 10550475 亩[③]，至 1949 年耕地增长至 18145500 亩[④]，39 年增加了近 760 万亩耕地。仅南疆温宿一县，1914 年耕地为 433189.6 亩，至 1949 年耕地增长至 474800 亩[⑤]，36 年间该县耕地即增加了 4 万余亩之多。以上可见，民国时期的新疆农垦事业有较大的发展，这其中虽然当地维吾尔族人民也贡献了力量，但大部分的成绩应归功于迁移至新疆从事农垦的汉族群众。此外，农业的发展也离不开发挥了重要作用的由内地派来的农业技术人员。民国时期政府组织的移民虽然规模不大，但其中的技术人员起了重要的作用。杨增新在民国五年因改良棉业"惟无专门学识人员以资助理，则凡测

① 马曼丽主编：《中国西北边疆发展史研究》，黑龙江教育出版社，2001 年版，第 54 页。

② G. 菲特：《农场主的边疆（1865—1900）》，纽约，1966 年，第 24 页。

③ 廖兆骏：《新疆之农村经济》，《西北论衡》第 6 卷，1938 年第 11 期，第 204 页。

④ 新疆维吾尔自治区地方志编纂委员会、《新疆通志·农业志》编纂委员会编：《新疆通志·农业志》，新疆人民出版社，1994 年版，第 57 页。

⑤ 温宿县志编纂委员会编：《温宿县志》，新疆大学出版社，1993 年版，第 164 页。

量水道、察视土性、疏通地脉、比较肥料、变通籽种均难推行尽利”，而奏请“直隶巡按使朱家宝选派完全农业学生来新供职”。[①] 为数不多的农业技术人员来新后，在籽种改良、农技推广等方面给予了指导，建立了农业技术推广站，引进了新式农具，开办机械化示范农场、农牧讲习所，推广农机使用，至民国二十八年（1939 年）末，全疆新式农具达 48 个品种，约 4 万架，[②] 有效地促进了新疆农业的发展。

在促进新疆的农垦事业的同时，移民还推动了新疆财政、商业、交通等各项事业的发展。尤其是抗战时期一大批中国共产党员进入新疆，为改善新疆的财政、经济和工商业做出了许多尝试和努力，比如当时一批共产党人担任南疆地区许多县的财政、税务局长，使财政经济得以好转。随着经济、财政的好转，又促使文教及医疗事业得以改善。虽然这些努力随着民国后期盛世才的反共而化为泡影，但在 1937 年后的一段时期内曾发挥了重要的作用。

除了对新疆整个地区开发有不可忽视的作用外，民国时期的新疆汉族移民对于促进新疆南疆地区的发展也有着重大意义。由于新疆的政治军事中心在北疆，历史上新疆移民的主要移入地主要以北疆为主，一定程度上阻碍了新疆南疆地区的发展和开发。民国时期尽管新疆政府尽量避免汉族移民进入南疆，但事实上汉族移民流入南疆的数量比以往各朝代都要多，这些流入南疆的汉族移民带来了先进的农业技术，提高了农业生产率，促进了南疆农业经济的发展和地区开发。

此外，民国时期移入新疆的军队对新疆的开发也发挥了重要作用，当然主要是在新疆解放以后所起的作用。如新疆和平解放后，中共第一野战军西北军区彭德怀指挥的二军、六军就地改编为两部分，其中就包括生产建设兵团，而留驻的国民党军队中绝大多数也都接受改编，成为以后新疆生产建设兵团的重要组成部分。这些集体转业部队主要从事农业屯垦，极大地发展了新疆的农业生产，为今天石河子、奎屯等重大垦区的形成奠定了坚实的基础。

2. 带入了先进思想，促进了新疆文教、科技事业的发展和汉文化的推广。文化是维系民族的纽带，当一个民族发生迁徙后，他们的文化也会随之移动到一个新的地方，他们会把原居地的地域性物质文化传播到迁入地，使迁入地的社会文化呈现出多样性特点，同时还要吸收迁入地文化中

---

① 杨增新：《补过斋文牍》，甲集下，呈文编下，《呈报调派农业学生来新助理农业文》。

② 新疆维吾尔自治区地方志编纂委员会、《新疆通志·农业志》编纂委员会编：《新疆通志·农业志》，新疆人民出版社，1994 年版，第 443 页。

的精华。文化传播学派的先驱 F. 拉策尔（F. Ratzel）认为：“民族及文化在迁徙时互相接触，互相影响，其互相影响程度，往往出乎我们意料之外。”① 而一个社会经济发展水平相对较高的民族的迁入，往往也会使一些较为封闭的地区的民族社会文化发生重大变迁。

民国初期资产阶级革命党人和盛世才时期共产党人入新，带入了新的民主、共和思想，促进了新疆当地群众的思想开化。进步人士如茅盾、杜重远、张仲实等到新疆学院任教，使广大青年知识分子受到了革命思想和革命文化的洗礼。

在文教事业上，当时新疆的俄文专门学校中教师多为从内地调来的汉族知识分子；但作用最大的还是入新的共产党员。共产党员在新期间，新疆的学校数目和学生人数都有了很大发展，全疆学校总数由 1938 年的 1757 所增加至 1942 年的 2463 所，学生总数由 1938 年的 136490 人增加至 1942 年的 271100 人②，少数民族入学人数和女生人数也有了增加，一批共产党员在迪化女中及附小、省立师范学校任教。比如 1938 年林基路到新疆学院任教务长，在他的努力下，新疆学院改革了课程设置和教学内容，聘请了中共党员和进步人士到学院讲学，并举办《政治经济学》《社会发展史》等专题讲座，改变了学院的落后状况，也传播了先进的革命思想，使当时新疆学院的学生成为了社会中最活跃的一部分。由于共产党人和进步人士的努力，文化活动得以进一步开展，如新疆文化协会等文化组织，举办文化干部训练班，讲授新哲学、音乐、美术等知识，培养各族艺术人才，编译少数民族文字的教科书，以提高各民族文化。此外，民国后期国民党在新疆的宣传活动，和举办干部训练班、妇女干部党务讲习会、维哈族党务工作干部讲习会以及各种名义的干部短训班，以培训国民党员和骨干，一定程度上也促进了新疆文化事业的发展。

在科学技术方面，移民文化带来了先进的科学技术，突出反映在农业方面，具体作用上文已述。可见，汉族移民在新疆，除了依靠政权和军事力量在政治、军事方面占据优势外，还有科技因素，是先进科学技术的传播者，加速了新疆的社会进程。虽然历代移民都对新疆社会的发展发挥了作用，但民国时期则有了一个大的加速发展。

在汉文化的推广方面，不仅介入了农业技术的推广，而且对新疆的文化风俗有重要影响。民国以前汉文化在新疆以“孤岛文化”形式出现，影响主要在农业、商业方面。民国时期其影响已经很全面了，涉及到政治、经济、

---

① 王云五主编：《云五社会科学大词典 · 人类学卷》，台湾商务印书馆，1971 年版。

② 程东白：《十年来新疆的文化教育事业》，《新新疆》第 1 卷第 1 期，第 73 页。

科技、文化等各方面，已经融入到新疆本土文化之中。汉族在迁移至新疆后，汉文化以汉族群众的语言、交往、劳作、生活等各种形式得以推广，使汉族文化向边疆地区扩散，促进了汉族与维吾尔族及其他少数民族间的文化交流与融合。民国后期英国驻新疆喀什噶尔总领事夫人戴安娜·西普顿在其《古老的土地》中提到，“一般来说，喀什噶尔完全是维吾尔的景致”，但“（汉族）城里有一些汉族式的建筑物，有一些汉族人开的店铺，汉族店主站在标准的柜台后面；在有些店铺外面，挂着纸做的灯笼和用汉字写的招牌；比起旧城来，这里街上的汉族人要多一些。汉族妇女穿着她们那种特有的直筒式的标准蓝色棉布衣服”。[①] 在其向省城迪化的一次旅途中，“开车越向北行，看到的汉族的影响就越大。房顶四角向上微微翘起，城镇街道上的汉族人越来越多，戴面纱的女人见不到了”。[②] 虽然关于新疆汉族文化的文献记载不多，但由上文可见，汉族文化除了在新疆得以展现外，一定程度上也影响了当地维吾尔族群众的传统文化。而进入南疆的汉族移民也将汉文化由以往局限在汉族文化圈中，开始向南疆维吾尔族聚居区扩散。

总之，民国时期，虽然进入新疆的汉族移民不多，但汉族的文化精神随之进入新疆，引导了当地文化的发展，影响了新疆本土文化的价值取向的转变，加速了新疆的社会进程。在新疆多元文化的建构中，汉文化占据了重要地位，以移民为主的汉文化，形成了与内地汉文化不同的独有的新疆汉族移民文化，与当地少数民族文化构建了适应新疆地域文化特征的多元文化。

3. 改变了新疆人口的分布态势，发挥了积极的政治影响，有效巩固了边疆。新疆 1851 年人口密度为每平方公里 0.85 人，1912 年增至 1.27 人，1928 年为 1.55 人，1936 年更增至 2.66 人。[③]（杨子慧主编《中国历代人口统计资料研究》中则为 2.69 人。）人口密度增加，分布趋向合理，这是移民不容忽视的重要成果。随着移往新疆地区的人口不断增多，新疆省政府不断强化对移民的行政管理，一批新的行政建置在移民运动中诞生。新疆至清末全省领有 6 府、8 直隶厅、2 直隶州，至 1949 年新疆已下辖 10 专区、78 县、2 中心区、1 市。[④]

大量汉族移入新疆，在提高新疆人口密度的同时，也改变了新疆民族人口的构成。据上文，民国初年新疆的汉族人口应在 10 万—13 万之间，

---

① 戴安娜·西普顿著，崔延虎译：《古老的土地》，引自《外交官夫人的回忆》，新疆人民出版社，第 345 页。

② 戴安娜·西普顿著，崔延虎译：《古老的土地》，引自《外交官夫人的回忆》，新疆人民出版社，第 415 页。

③ 民国内政部统计处：《全国各选举区户口统计》，转引自葛剑雄编：《中国人口史》第六卷，复旦大学出版社，2001 年版，第 471 页。

④ 张根福：《试论近代移民对巩固中国边疆的作用》，《史学月刊》1997 年第 5 期，第 40 页。

约占全疆人口的5%，而到1949年，新疆总人口为433.34万人，其中汉族人口达29.1万人，[①] 汉族人口约占全疆人口的6.7%，比例有所上升，而且大多数属于自发性移民，分布范围较以往更加广泛。由于所占民族比例的上升以及分布地域的广泛，使民国时期的新疆汉族移民发挥了积极的政治影响，一定程度上抵制了这一时期妄图分裂新疆、建立“东突厥斯坦伊斯兰共和国”的分裂势力，巩固了新疆的稳定。其一，与在当地社会基本处于隔离状态的清代军屯以及中华人民共和国成立后的新疆生产建设兵团不一样，民国时期的新疆汉族移民分布范围较广泛，足迹几乎遍及新疆的各个角落。集中的军屯对危害中央政府统一管辖新疆有直接而又明显的制约，而民国时期的新疆汉族移民的广泛分布则是一种潜在的制约，一定程度上遏制了当时新疆分裂势力的扩散，对于中央政府对新疆的管辖提供了政治方面的强有力的支持。其二，散布于新疆城乡的民国时期汉族移民与当地政府及民众接触较多，也必然参与到地方政治事务中，这些迁移至新疆的内地民众有对中央政府统治的向心力，对于中央政府对新疆的统治有高度的认同，因而在参与当地政治事务中能够制约当地存在的分裂势力，并在一定程度上遏制这种思潮的传播。其三，汉族与当地少数民族的日益交融提升了新疆各民族之间的凝聚力，通过与汉族的交往也增进了新疆少数民族对中央政府的向心力。以上三点制约了民国时期新疆分裂势力的影响，巩固了新疆的统一。

此外，大量军队的入驻，也是巩固新疆边疆安全的军事保障。民国时期，除杨增新统治时严格抵制内地军队进入新疆以外，其余各个时期均有军队入驻新疆。金树仁时期，在依靠新疆本地军的同时，招入甘肃籍军人；盛世才时期，其主要军事力量包括本地军、东北军和苏联军队，其中的东北军虽然被整编分散至各个部队，但在其执政的大多数时间内，仍是军队组成的主要力量；国民党统治时期，大量国民党军队入驻新疆；解放前夕，解放军也开驻到新疆。可见，几乎整个民国时期，都有军队移入新疆，对于各个执政时期的防务和社会治安都起到了关键作用，而汉族是移入军队中的主要组成部分，因此成为新疆防卫的主力。此外，解放军的入驻还为中华人民共和国成立后新疆生产建设兵团的建立以及之后大批移民的入新，奠定了基础，提供了可以借鉴的经验，进一步促进了新疆人口的发展。截至1952年底，新疆生产建设兵团的总人口达273279人，[②] 成为新疆农业生产建设的一支生力军。

4. 缓解了内地人口、资源压力，维护了社会稳定，同时也加强了新疆

---

① 周崇经主编：《中国人口》（新疆分册），中国财政经济出版社，1990年版，第66、283页。

② 周崇经主编：《中国人口》（新疆分册），中国财政经济出版社，1990年版，第139页。

与内地的联系。在内地资源、耕地日益紧张的情况下，移入新疆的内地人口很大程度上缓解了流民对内地社会的冲击，较为有效地调和了内地人口迅速增长与有限的土地资源之间的矛盾。虽然没有新疆移民的迁出地相关难民移出后的当地社会状况，但由下面一例可以有所体现。1927 年山东省灾民 1000 万，“其中三百万已赴外省就食，或在本省内寻觅生路”，[①] 迁出的 300 万灾民一定程度上能够减轻山东省赈济灾害的压力，而所节省的赈济资金还可用于灾后重建，因此能起到稳定、发展迁出地的作用。尤其是抗战爆发后，河南、山东、甘肃等地的难民或被政府安置在新疆，或逃亡至新疆，对于经历了战争的内地社会无疑起了巨大的稳定作用。而移入新疆的难民也得到了一定的生活保障，例如为了招募农民进疆，发展民屯，新疆政府从运输进疆，沿途接待，发放衣物，供给粮食，到了垦区后，划拨土地，修建房屋，生产贷款、贷粮，一一妥善安排，对此十分重视。

另外，新疆与内地交通条件的改善，如 1935 年从西安到新疆的公路修建，一定程度上打破了内地人口向新疆迁移的原有地理障碍和区域界限，使移民的规模和范围随着交通的不断延伸呈扩张和频繁之势，此后由内地前往新疆的移民人数有所增加。移民数量的增加，使之与内地亲朋的联系较多，由此增进了新疆与内地的互相了解，互通信息，加强了相互之间的联系。

以上可见，民国时期的新疆汉族移民对于新疆经济、社会、文化、科技等各项事业的发展都发挥了重大的作用，对于开发新疆的总体作用是显而易见的。

---

① 李文海等：《近代中国灾荒纪年续编》，湖南教育出版社，1993 年版，第 170 页。

学科自省

论中国民族理论的学科特色*

王希恩

由于学科产生的历史背景、发展环境、研究宗旨和研究者立场等因素的特殊性，中国的民族理论具有不同于其他相类专业的学科特色。揭示这些特色的存在，评析这些特色的优弊，对于学科本身的建设和发展是极有必要的。

一、浓郁的马克思主义理论学科色彩

在我国庞大的人文社会科学系列中，存在着一种以研究、阐述和发展马克思主义基本理论为宗旨的学科类别，依其性质和传统可以名之为马克思主义理论科学，如辩证唯物主义和历史唯物主义、马克思主义政治经济学和科学社会主义等。这类学科的使命和特征即在于揭示马克思主义基本理论的产生、发展、基本内容及对社会实践的影响，并对新的认识和实践做出新的理论概括，继而使马克思主义不断得以发展。以此来观照中国的民族理论，其马克思主义理论学科的特色是鲜明的。

1. 马克思主义关于民族和民族问题的原理、原则和无产阶级解决民族问题的纲领、方法在我国民族理论的学科内容中占有相当比重。马克思、恩格斯创立了无产阶级的民族和民族问题理论原则，列宁和斯大林在领导俄国革命和苏联的社会主义建设中扩展、丰富了这些理论原则，以毛泽东、邓小平和江泽民为代表的中国共产党人根据中国的实际又分别在不同的历史时期极大地发展了这些理论原则。马克思主义关于民族和民族问题的理论原则是中国民族理论学科创立的基础和指导思想，并成为这一学科的重要内容。无论是早先的民族理论教科书，还是学者们新近的体系构思，马克思主义民族理论都在其中得到了详尽的陈述和展示。

2. 对于马克思主义民族理论的研究、阐释和发展是中国民族理论的重要任务之一。中国的民族理论不但有对于马克思主义民族和民族问题理论

---

* 原载《民族研究》1997 年第 5 期，略有改动。

的陈述，更有对这些理论的研究，继而有通过研究对于这些理论的阐扬和发展。事实上，如何陈述马克思主义民族和民族问题的原理、原则本身也是需要通过对它进行纵向考察、对比鉴别，明确它在整个社会革命和建设中的作用，检验它的正确与否和发展走向才能做出的。否则，不经过这种研究，没有对这些理论来一番梳理，鉴定，是无法明确哪些是马克思主义民族和民族问题理论的精髓，无法准确、系统地陈述这些理论的。此外，作为马克思主义民族理论研究的专门学科，为无产阶级寻求解决民族问题的正确途径和揭示民族过程规律的历史责任，使得中国的民族理论学科通过对马克思主义民族理论的研究使其得到发展也成为它的当然使命。

总之，马克思主义关于民族和民族问题的基本原理、原则和对这些理论予以研究、阐释和发展在中国民族理论学科中的突出地位，赋予了这门学科浓烈的马克思主义理论学科色彩。就此，人们将其称为马克思主义民族理论学科是不为过的。

然而，具有浓烈的马克思主义理论学科色彩和完全的马克思主义理论学科毕竟不是一回事。因为，作为一门科学，中国的民族理论包括马克思主义民族理论内容，但又不限于这些内容，包括对于马克思主义民族和民族问题基本原理的研究，但又不限于这种研究。除了马克思主义民族理论的研究和内容展示以外，中国民族理论还有着对马克思主义以外民族理论的研究，有着对非理论的民族现象和问题的研究，以及对于包括民族学、民族历史、世界民族、民族语言等在内的整体民族科学成果的提炼概括。这些研究、概括及形成的成果毫无疑问也都是中国民族理论学科内容的构成。在此问题上需要明确的是，不能把一般的科学研究等同于马克思主义的研究，也不能把一般的研究成果等同于马克思主义理论。动辄把某种研究或研究成果冠之以马克思主义，实则是把马克思主义庸俗化了。

浓郁的马克思主义理论学科色彩，又不纯粹是马克思主义理论学科，中国民族理论的这一特色在民族研究领域中是独特的，但在我国其它人文社会科学系统中却并不鲜见，诸如哲学、历史学、政治学、经济学、军事学等学科群落中都有这样一些分支。这和我国人文社会科学以马克思主义做指导和马克思主义经典作家在这些领域留下较多的理论建树有直接关系。和其他这类学科一样民族理论也因此而有如下优越性：

1. 良好的研究基础。马克思主义经典作家的博识、领导革命和建设所历实践的丰富，使得他们在民族问题领域也留下了大量论述。这些论述成为我国民族理论学科创立和发展的坚实基础。比较在其他理论基础上建立和发展，或在没有理论来源上建立和发展的其他学科，民族理论省却了许多曲折的弯路。如我国的民族学最早来源于西方的民族学或人类学。西方的这些学科尽管有科学之处，但宗派纷繁、良莠混杂，因时代和阶级性的制约而有着浓郁的殖民主义色彩。因此我国民族学在此基础上的创立和发展不能不做出更为艰苦的改造和选择工作。而同属民族研究的民族理论学科则因直接继承马克思主义民族理论，其创立和发展则要容易得多。

2. 容易形成较好的研究方法和研究成果。以马克思主义为指导和遵奉马克思主义民族理论的基本原理、原则，是自中国民族理论学科创立以来形成的传统和共识。马克思主义经典作家在创立他们民族理论的基本原理、原则的同时，也为我们树立了研究这些问题的正确立场和方法。因此，中国的民族理论研究者坚持以马克思主义为指导也便坚持了科学的研究问题的立场和方法，也便容易形成正确的结论，创造出好的研究成果。数十年来民族理论在中国民族工作实践中所起的重要作用都是与民族理论研究的正确方法和成果分不开的。

民族理论因其马克思主义理论学科的特征而带有其他学科难以具有的优点，但无可讳言，它也因此而容易束缚自己，生出僵化的弊端。研究者常常不是从民族和民族问题存在的实际出发去从事理论研究，而是以马克思主义经典作家是否有过某种论述来作为衡量问题的标准，不是以开放的胸襟去分析吸收一切有用的思想观点为我所用，而是封闭性地阻纳一切非马克思主义的东西。因而视野狭窄、思维拘谨，名曰坚持马克思主义，实则窒息着马克思主义的灵魂。在对待马克思主义问题上，什么是坚持和发展，什么是抱残守缺，也许在实际工作中并不容易解决，但解决这一问题的最重要一点则在于理论的勇气以及实事求是的态度。而在民族理论领域，似乎更应强调这一点。

二、浓郁的政治应用学科色彩

就学科的常有划分来看，依其侧重点可有基础理论学科和应用学科两种。这一点，自然科学领域如此，人文社会科学领域也如此。按“民族理论”的本义，无疑属于基础理论学科范围，但中国的民族理论则有着鲜明的应用学科特征和浓郁的政治实践色彩。

中国民族理论的政治应用学科特征从其诞生之日起便已具有了。1938年，党中央在中共中央调查研究第四分局设立了“少数民族问题研究室”。这是中国共产党的第一个专门民族研究机构，从事研究的都是民族理论工作者。可以说，这即是中国民族理论学科建立的滥觞了。而设立这一机构的目的有两个：一是为了揭露和批判国民党政府否定国内少数民族存在的大汉族主义，阐明中国共产党的民族纲领和政策，指出国内各民族共同谋求解放的道路；二是为了戳穿和粉碎日本帝国主义挑拨离间的阴谋，团结边区的回、蒙等民族共同抗日。[1] 很显然，中国共产党从一开始就把民族理论的研究放在政治实践的坐标上，使其具有直接服务于党的政治任务的应用色彩。解放以来，民族理论仍始终保持了应用性特色。20 世纪五六十年代，民族理论的研究重点围绕民族识别、民族地区的社会主义改造和民族区域自治地方的设立而进行；改革开放以来，民族理论界又以党的基本路线为指针，紧密联系民族工作实际，为加快各民族和民族地区的发展繁荣和维护祖国统一而做工作。民族理论研究一直是党和国家开展民族工作，制定民族法规和政策的重要依据。作为一门学科和课程，中国的民族理论曾常被称作“民族问题理论”或“民族理论与政策”，这正是这门学科政治应用色彩强烈的突出反映。

由于民族理论和政治实践的密切联系，在民族理论学科的建立和发展中人们不难看到这样几个现象：

1. 民族理论研究常常又是党和政府工作的一部分。建国以来民族理论许多重大课题的研究都是在政府有关部门的协调组织和直接参与下完成的。如民族识别、民族地区社会历史和现状的调查等。作为政府机构一部分的各级民委大多设有民族研究（其中主要是理论和政策研究）的专门机构。与其他学科相比，中国民族理论学科的建立和发展受到了党和国家更多的扶持和帮助。这一点，既体现了党和国家对民族工作的十分重视，也使民族理论研究成为实际民族工作的一个构成。

2. 党和国家从事民族工作的领导同志往往又是民族理论方面的专家。如老一辈领导人李维汉、乌兰夫等同志，他们在领导民族工作过程中发表过许多重要讲话和文章。这些讲话和文章在阐发党的民族政策的同时，也对一些重要的理论问题，特别是社会主义的民族关系、中国民族问题的特点等进行过深刻论述。新时期民族工作的领导同志在从事实际领导工作的同时，也在不同场合阐述过对于民族理论的见解。此外，自中国民族理论学会成立以来，这些领导同志又不同程度地兼任着这个学会的领导工作。这不但使中国民族理论的学科建设受到了他们的实际影响，也更促使了这一学科与实际工作的结合。

3. 民族理论研究往往又是具体的专门工作研究。翻检当今有关民族理论的研究成果不难发现，除了部分纯基本理论方面的研究外，大多数文章都是对民族工作较为具体的讨论，诸如民族地区经济体制改革、东西部差距拉大的原因及对策、民族区域自治的地方法规建设，甚至对某一地区少数民族发展经验的总结和剖析等。对以往的各种民族理论学术讨论会做一

---

① 李毅夫：《关于我国民族研究学科体系的反思和构想》，《民族研究动态》1988 年第 4 期。

回顾也不难发现，大多数会议主题也都与具体、专门的工作相结合，或经济问题，或政治问题，或扶贫开发问题等等。学术讨论会往往也是民族工作研讨会、经验交流会。这种与实际工作的紧密结合在其他学科，尤其是基础理论学科的确是不多见的。

紧密联系实际，坚定地为党的政治路线服务，是中国民族理论的优良传统，这种传统和特征无疑是它的长处和优势：

其一，实现了基础理论和应用研究的有机结合。基础理论研究和应用研究有着不同的对象和目的。它们虽然常分立为两种不同的学科，但两者之间没有明确、绝对和不变的界限，而是相互渗透和交织，区分不是绝对的。不受基础理论指导的应用研究和绝对与应用研究无关的基础研究，现实的科学实践中都是不存在的。就民族理论的本义而言，无疑属于基础理论学科，但它却携带了较多的应用学科成分，这就把基础理论研究与应用研究较好地统一在一个学科之中了。这种统一的好处是，省却了从基础研究到应用研究的跨学科中介，基础研究有着鲜明的针对性，而应用研究又有着实用的理论基础。

其二，很好地体现了学以致用的学科功能。学以致用是中国学术的优良传统，也是学术、科学得以生存和发展的基础。民族理论学科的政治实践特点明确地昭示着自己的学科功能，即为党的政治路线服务，为我国的民族工作服务。毫无疑问，这种学科功能的政治倾向性和目的性是可贵的。正是这种倾向性和目的性才保证了民族理论学科的健康发展。从某种程度上讲，我国民族工作的成就，也正是从这种理论的鲜明倾向性和目的性上得到支撑和保证的。

然而，民族理论政治应用特征的这些优点又极易为两个弊端所伴从：

其一，科学研究应有的独立精神不足。这有两种表现：一是在大的政治环境不良，甚或党的路线出现失误的情况下，民族理论也容易随波逐流，做出错误的响应，发生错误的倾向。人吹民族融合风，强调民族问题也是阶级斗争等就是在党的政治路线发生大的偏差，在全国大刮共产风、大抓阶级斗争的大环境中发生的。二是在一般的政治环境中，放弃独立研究，把严肃的科学探索变成一般的政治宣传。科学研究不同于一般的舆论宣传（尽管它有着宣传的效能），它要求以冷静、严谨的科学态度对待研究对象，以公正、客观的态度提出观点和结论。它提倡独立判断。独立判断不一定都是正确判断，但唯有独立判断，才能充分揭示真理，最终走向正确判断。

其二，基础研究投入不足、力度不够。由于对实际问题过于关注、应用研究成分过多，势必分散对基础研究的投入。这是民族理论政治应用色彩过浓所难以避免的结果。长期以来，人们普遍感到民族理论文章平淡如水，不耐读，也正是从这些文章缺乏理论深度而言的。改革开放以来，民族理论研究十分活跃，但却缺少有份量、有深度、有新意、能代表民族理论研究新水平的权威之作。这也不能不是民族理论研究因基础研究不够而导致整体水平不高所致。民族理论原本属于基础理论学科，虽然因特定的创立和发展环境造就了它应用研究成分较多的特色，但它的本质属性没有变。应用研究成分较多应成为基础研究的有利条件，而不应成为冲淡或取代基础研究的异己之物。基础研究的价值和作用在于说明对象“是什么”“会怎样”，而应用研究的价值和作用则在于“解决什么”“怎样解决”。显然“解决什么”“怎样解决”必须要以了解“是什么”“会怎样”为前提。因此，无论从民族理论学科的原本属性来看，还是从基础理论研究的重要性来看，基础理论研究在其中的主导地位都是不应动摇的。

三、宽泛模糊的研究范围

前已谈到，我国的民族理论研究除了民族和民族问题基本理论的研究之外，还大量地涉及我国少数民族和民族地区的现实问题，诸如经济、法制、政治体制、地区开发、环境保护、产业结构、企业管理、宗教信仰、文化教育、干部的使用和培养等等。这些论题几乎可以包容少数民族及民族地区社会存在和发展的所有方面。研究内容的宽泛使得它的研究界域与其他学科大面积地交叠起来、混杂起来。甚至，民族理论研究的很多课题几乎等同于经济学、法学等其他学科的研究。之所以冠之以“民族理论”，只在于这里的研究范围也属民族和民族问题，研究目的又在于探求民族和民族问题的发展规律。因此，在这些方面，民族理论是和经济学、法学等学科交叉着的，它们之间的界域是模糊的。

中国民族理论研究范围宽泛模糊的特点也是从这一学科的诞生之日起便已具有了。我国最早的民族理论文章《回回民族问题》《蒙古民族问题》《长期被压迫与长期奋斗的回回民族》等，正是根据当时抗日战争和反对国民党民族压迫的政治环境，通过对回回民族和蒙古民族的通体研究写出来的。这些理论文章就已包含了民族历史、地理、文化、政治、经济等各方面的内容。需要说明的是，在最初的相当时期内，我国的民族理论是和其他民族研究分支粘合在一起的，直到 1956 年，经国务院批准执行的“十二年科学研究规划”才把民族理论单独列为一门学科。① 即便如此，作为单独学科的民族理论也从来没有把自己束缚于纯粹的理论研究之内。紧

① 孙青：《民族理论学科三十五年》，《民族研究动态》1984 年第 3 期。

密联系实际，不断拓展自己的研究领域是中国民族理论的传统特点。

当然，研究内容的宽泛和模糊更主要是由民族理论所涉对象的性质所决定的。民族和民族问题说到底是社会和社会问题的一部分。社会和社会问题内容的复杂性、多样性，使得对它们的研究必须是广杂的、宽泛的；研究社会和社会问题学科的多重性、周衍性使得也要进行这种研究的民族理论必然会和其他学科发生研究内容上的交叠、重合，因而界域也必然是模糊的。实际上，任何一门科学的研究界域都不可能是完全清晰的，而总是要和其他学科发生或多或少的重合和交叉；科学越发展，分支越细密，这种重合和交叉的概率也越高。只不过，民族和民族问题作为研究对象对社会和社会问题的覆盖面更大，因而民族理论的研究界域就显得更为模糊而已。

宽泛模糊的研究范围也赋予了民族理论不可多得的优越性：

1. 能够随时将自己的研究触角伸及因民族发展和民族问题发生而涉及的任何领域；它有着广阔的学术空间而较少涉入其他领域、踏错门槛的顾虑。由于民族产生以来的任何社会都有一定的民族属性，社会的发展进程也都可以化解在一定的民族过程之中，因此，对任何社会现象、社会问题的研究，其他学科可以进行，民族理论也可以进行。长期以来，我国民族理论研究的范围仅限于国内少数民族和民族地区，这有它一定的合理性和必然性。但这只应是这门学科一定发展阶段的产物，而不应是它永远的现象。因为民族理论研究对象的特殊性使它有着一种进入更为广阔研究空间的必然要求。

2. 能够广泛撷取其他学科领域的知识成果，丰富自己的理论体系，从而为解决民族问题、促进民族过程的健康发展提供更为广阔而有效的途径。闭目塞听、视野偏狭从来都是与科学精神格格不入的，而任何学科的健康成长也都离不开学术营养的多元化。近年来，民族理论界出现了一些新概念、新术语，也不断有文章介绍国外的相关理论流派和观点，这都是民族理论学科发展的必然结果。此外，宽泛而模糊的特征不但有利于吸纳，也便于输出。即民族理论在利用自己宽阔的交叉带吸纳别人科学营养的同时，也会自觉或不自觉地向其他学科领域输出自己的学术成果，从而扩大自己的影响，促进科学研究的整体进步和繁荣。学科之间的交流从来都是双向的。

然而，研究范围的宽泛和模糊也容易伴生两个弊端：

容易把自己消溶于所涉的其他领域。尽管民族理论与其他学科有着广泛的交叉和重叠，但它还是和其他学科有着质的区别。即民族理论无论怎样伸延自己的研究触角，怎样与其他学科重合、交叉，最终都要归结于民族研究，归结于对民族和民族问题一般规律的探讨。正如其他领域也涉及民族现象和民族问题，但它们最终都归结于自己的出发点，服务于自己的学科宗旨一样。而正是在这一点上，民族理论由于研究内容的宽泛而不易把握自己。我们不难看到，许多所谓的民族理论文章依其材料和论点只能属于经济学、政治学、文化学等其他学科领域，而不能归于民族理论。因为这些文章既没有直接讨论民族或民族问题，也没有从其讨论的领域中探求民族和民族问题的规律，而仅仅在于它们涉及到了少数民族和民族地区。但是否属于民族和民族问题的讨论并不能仅以是否涉及少数民族和民族地区为标准。这些研究成果或为民族理论工作者所做而被看作是民族理论的外向渗透，但由于这些成果完全跨出了民族理论领域，实际则是民族理论领地的日渐消蚀。

易出平庸之作。研究范围的宽泛，本质上对民族理论研究者有着更高的素质要求。除了政治理论和政策素质之外坚实的专业素养是必需的。它不但要求研究者深谙民族理论领域的基本概念、范畴和发展动态，还需要具有能够从事理论思辩的哲学知识，从事事物纵向考察的历史知识和表述所需的语言知识，此外，在扩展研究范围时，还必须要对所涉领域来一番必要的专门知识的了解和研究，努力扩大知识面。这些要求是很高的，却又是在较短的时间内不易做到的。于是，因素质准备不足而出现较多的平庸之作便是很自然的。我们也不难发现，不少涉及具体问题的民族理论文章，因缺乏所涉领域的基本知识而常常出现概念不清、术语混用等错误，这实在是有损科学尊严的。

人们无法改变民族理论固有的宽泛特性，但这个学科在自己的发展中却以分化的形式力图改变自己对研究内容应顾不暇的窘境。于是民族经济学、民族法学、民族政治学、民族心理学、民族教育学等近年来纷纷从民族理论中脱颖而出。无疑，这种分化使得原来过于宽泛的领地变得更加专门化、规范化，相当程度上克服了因这种宽泛而产生的弊端。尽管这种分化也将在不同程度上抵消因宽泛而固有的优点，但我们还是应当欢迎这种分化。因为这是符合科学发展规律的。然而我们又必须指出，这些新学科与民族理论的分化只能是相对的、有限的，而不可能是完全的。与其他学科相比民族理论与它们的交叠面积更大，相互依存程度更高，二者有着割不断的亲缘关系。因此，从大的范围来看，它们和民族理论还是“一家”。

四、民族科学体系中鲜明的主导地位

长期以来，由于特殊的生长和发展环境，我国的民族研究系列呈现的是“四元结构”：民族理论、民族学、民族历史和民族语言。改革开放以后，随着世界民族、民族经济等学科的出现，又形成了包括民族理论、民族学等老学科连同新学科在内的所谓“多元结构”。看得出，无论在既往的“四元结构”中，还是在当今的“多元结构”中，民族理论都占有不可取代的位置。不但如此，就民族研究各分支学科的逻辑层次和相互关系而言，民族理论又处在鲜明的主导地位：

1. 民族研究的终极成果需要民族理论的概括。理论是科学的表现形态。科学研究最终都要以理论的形式将自己的成果展示出来，民族研究也不例外。在民族研究的具体过程中，各分支学科因研究对象、性质和任务的不同而有着各自不同的理论概括，并形成本学科特殊的概念、范畴和结论。然而，在完成各自分支学科层次的理论概括之后，作为民族研究的终极结果，还需要来一番一般性的概括，以便形成对于民族和民族问题具有普遍意义的认识。这便是进行专职理论研究的民族理论学科的职责了。当然，这不排除各分支学科在完成自己学科理论概括的同时，也能直接进行一般层次的民族理论概括，也不排除有些学科的理论概括本身也即是一般层次上的理论概括。如民族学对于民族概念的概括，民族史对于民族形成和演化规律的概括等。但这只是说明这些学科在研究范围和成果表述上与民族理论的部分重合，而丝毫不能说明可以取代民族理论层次概括的专门职责。正因为考虑到民族研究最高理论概括的重要，有学者曾建议将民族理论的“具体科学性质”的研究单另分出，从而使其成为“民族哲学”。①也有不少学者将民族理论径称“民族理论学”或“理论民族学”。应该说，这些建议和称法都是有见地的。

2. 民族理论担负着对整体民族研究予以指导的职能。这可以从两方面来看：一是马克思主义民族理论是我国民族研究的指导思想和理论基础。前已言及。我国民族理论的内容之中就包含着马克思主义民族理论的基本原理、原则。民族理论学科对这些基本原理原则的陈述和展示对我国民族研究有着直接的指导和影响。同时，民族理论学科对马克思主义民族理论进行研究所阐发的正确思想、观点、立场和方法，对民族研究其他分支学科的研究也是有指导和影响的。二是民族理论学科对民族研究成果进行的整体概括也对各具体学科的研究具有指导作用。民族理论学科的理论来源很大部分来自民族研究的其他学科，它需要不断从这些学科汲取理论素养，也需要不断向这些学科输出适应整体民族研究的科学概念、范畴、结论及方法。民族理论的概括既然很大部分是来自其他民族研究分支的，那它们的理论辐射肯定也是会为这些分支所吸收，并能产生应有效能的。

---

① 李毅夫：《关于我国民族研究学科体系的反思和构想》，《民族研究动态》1988 年第 4 期。

3. 民族理论成果是民族工作实践的最高依据和直接依据。科学研究的目的在于服务实践；包括各个分支学科在内的全部民族研究最终也都是要服务于我国民族工作的实践，促进我国各民族的繁荣发展和社会进步。民族理论是全部民族和民族问题存在的概括，也是全部民族研究的概括，因此它是民族工作实践的最高依据。不但如此，我国民族理论的相当一部分工作即是对于民族政策和法规的直接研究，而这种研究又直接引导和影响着民族政策和法规的制定、实施、校正和完善，即使在民族法学、民族政策学分化而出的今天仍是如此。民族理论由此也成为民族工作实践的直接依据。因此，从民族研究走向实践的渠道来看，全部民族研究总是需要凝集成民族理论，通过理论的一般性指导和对于政策法规的直接作用实现为社会实践服务的。

总之，民族理论在民族科学体系中的主导地位在于全部民族研究成果在此凝结，在于全部民族研究和民族工作实践在此受到规正、影响和指导。理论在科学活动中的主导地位决定了民族理论在全部民族科学体系中的主导地位。

然而需要指出，相对民族理论学科前三个特征的说明，这里主导地位特征的揭示有着更多的推理色彩。这是由于这个特征更多表现在理论上，而不是表现在它实际的作用中。的确，民族理论在以往的发展实践中并没有充分表现出它在民族科学体系中的主导地位，它与民族学、民族经济、民族法学、民族政策等有着过多的重合而缺乏应有的超越；它对民族历史、世界民族等有着一般的借用而缺少精到的概括；而与民族语言则显得完全隔绝。民族理论对其他民族分支学科的抽象概括是乏力的，而其他学科从民族理论获得的指导又是机械和不充分的。民族理论似乎从来不曾意识到自己的地位和责任，而其他分支学科则也从来没有意识到它们和民族理论的应有关系。从常理上讲，民族理论因自己的主导地位而容易产生的不良倾向当是漠视其他民族分支学科，但事实则是它始终漠视自己的这种地位，放弃自己的应有职责。这不但对自己，而且对整个民族科学都是有害的。

民族理论因其主导地位而负担了更大的学科责任。因这种责任，民族理论工作者的无产阶级立场必须是坚定的，学术视野必须是开阔的，统揽民族研究各学科加以抽象概括，并将理论推及实践的能力必须是卓越的。若此，民族理论学科也将是极富科学性和影响力，并将得到学术界及实际工作部门普遍敬重的。这一点，既是这一学科应有的优越性，也是它发展建设的应有标准。

论马克思主义民族理论中国化的历史发展——从经典作家民族理论到“中国模式”*

张三南

马克思主义民族理论中国化是马克思主义中国化的重要组成部分，是在马克思主义经典作家民族理论基础之上，结合中国具体实际而成的中国特色民族理论。经过革命和建设时期的长期探索，马克思主义民族理论中国化取得了丰硕成果，形成了科学系统的理论体系。在当代世界民族问题日益凸显为国际、国内政治重要议题的背景下，我们需要在理论上对马克思主义民族理论中国化的历史发展有一个全面正确的理解和认识，从而在实践中提高处理民族问题的能力。

一、作为马克思主义民族理论中国化理论溯源的马克思主义经典作家民族理论

马克思主义经典作家对民族和民族问题的论述，融汇于马克思主义三大组成部分中，在我国约定俗成地统称为马克思主义民族理论，是马克思主义民族理论中国化的理论溯源。在马克思、恩格斯、列宁和斯大林等经典作家的共同努力之下，马克思主义民族理论形成了具有普遍原理意义的理论体系。

（一）经典作家民族理论的形成

经典作家主要是在马克思主义的整体框架内关注民族和民族问题，在对民族和民族问题的大量研究和论述中逐渐形成了具有普遍原理意义的马克思主义民族理论。

第一，初步形成阶段。马克思在1843年发表了《论犹太人问题》，这是经典作家论述民族问题的首篇重要著作。马克思在文中首次阐明了民族问题与社会革命的关系，把民族问题的解决与无产阶级革命联系起来了。

* 原载《民族研究》2010年第1期，略有改动。

次年，马克思恩格斯在合著的《神圣家族》中明确指出“古往今来每个民族都在某些方面优越于其他民族”，① 提出了民族平等的思想。不久，他们又在合著的《德意志意识形态》中提出了许多民族和民族问题的理论观点，揭示了民族产生与生产力发展的关系以及经济基础对民族关系的决定性影响。1847 年，他们又合著了《论波兰》和《共产主义信条草案》，分别揭示了剥削阶级的“现存的所有制关系是造成一些民族剥削另一些民族的原因”② 的观点和民族消亡的历史规律及民族消亡的先决条件。这些著作的发表标志着马克思主义民族理论的初步形成。

第二，最终确立阶段。马克思主义民族理论的最终确立经过了三个标志性事件，即经典著作《共产党宣言》《路易斯·亨·摩尔根〈古代社会〉一书摘要》和《家庭、私有制和国家的起源》的相继发表。在《共产党宣言》中，马克思恩格斯一方面揭示了“人对人的剥削一消灭，民族对民族的剥削就会随之消灭。民族内部的阶级对立一消失，民族之间的敌对关系就会随之消失”；③ 另一方面提出了国际主义和爱国主义相统一的原则。《〈古代社会〉一书摘要》和《家庭、私有制和国家的起源》两文则剖析了人类从部落发展成民族，最后形成国家的具体过程，完善了马克思恩格斯早年提出的“三个过渡”理论。在这阶段，他们还对欧亚许多民族问题进行了研究，撰写了《论波兰问题》《民主的泛斯拉夫主义》《德国的革命和反革命》《不列颠在印度统治的未来结果》和《印度起义》等著作，提出了一系列关于民族问题和殖民地问题的思想，促进了马克思主义民族理论的最终确立。

第三，丰富和发展阶段。主要体现为列宁、斯大林对马克思主义民族理论的继承、捍卫和发展。列宁在《民族问题提纲》《关于民族问题的批评意见》《论民族自决权》《社会主义革命和民族自决权》《关于自决问题的争论总结》《民族和殖民地问题提纲初稿》《关于党在民族方面的当前任务》和《关于民族或“自治化”问题》等著作中丰富和发展了马克思主义关于殖民地问题的革命学说，并就俄国民族问题提出了一系列理论学说。斯大林在《马克思主义和民族问题》《十月革命和民族问题》《关于党在民族问题方面的当前任务》《论民族问题的提法》《论列宁主义基础》《民族问题和列宁主

---

① 马克思、恩格斯：《神圣家族，或对批判的批判所做的批判》，中国社会科学院民族研究所编：《马克思恩格斯论民族问题》（上），民族出版社，1987 年版，第 46 页。

② 马克思、恩格斯：《论波兰》，中国社会科学院民族研究所编：《马克思恩格斯论民族问题》（上），第 116 页。

③ 马克思、恩格斯：《共产党宣言》，中国社会科学院民族研究所编：《马克思恩格斯论民族问题》（上），第 131 页。

义》等著作中进一步研究了国家内部民族（ethnic）问题，提出了“民族”的科学定义，阐述了马克思主义和布尔什维克的民族纲领原则，为马克思列宁主义民族理论的丰富和发展做出了突出贡献。

（二）经典作家民族理论的基本内容

经典作家民族理论内容十分丰富，总体上属于科学社会主义范畴，与国家学说联系紧密，基本立论基础是始终从无产阶级革命的根本立场出发观察和论述民族问题。因此，经典作家，特别是马克思、恩格斯在对人类社会发展进程及其规律的探索和研究中，对民族现象及其在资本主义上升时代的发展变化，对民族—国家（Nation - State）时代的国家关系、民族关系，对民族问题与无产阶级革命的关系，对人类社会解决民族问题的基本原则等一系列重大问题都给予了高度重视。经典作家对这些问题的关注和研究，始终坚持辩证唯物主义和历史唯物主义立场，并从历史学、人类学、民族学中吸取了研究养分，从而使马克思主义民族理论成为马克思主义思想体系中的有机组成部分，形成了较完整的马克思主义民族理论体系。

这一理论体系主要由以下一些具有基本原理特点的内容构成：民族共同体的形成与发展；民族—国家是资本主义时期的通例；资本主义发展进程中民族问题的两个历史趋势；影响民族关系的决定因素；铲除私有制是解决民族问题的根本任务；无产阶级对待民族问题的基本立场；民族问题是社会革命总问题的一部分；无产阶级必须取得民族国家的政权；无产阶级必须反对资产阶级民族主义、倡导国际主义；殖民地民族的觉醒与民族解放运动；民族解放运动与无产阶级革命的关系；无产阶级的民族平等观是彻底的民主原则；无产阶级的民族自决权；各民族无产阶级联合的多民族国家观；无产阶级的社会主义民族文化观；地方民族自治权与国家民主集中制；民族利益的价值必须符合无产阶级革命的利益；民族多样性与社会主义道路的多样性；社会主义时期实现各民族完全平等的重要任务；无产阶级专政条件下民族问题的实质；社会主义时期民族融合的趋势与阶段；共产主义与民族融合、消亡。此外，经典作家对民族主义也有较丰富的论述。对此，英国学者史密斯曾认为：“在1914年以前，马克思主义是民族主义研究的主要学派之一。”① 而在列宁和斯大林关于民族问题的论述中，“民族主义”属于使用频率最高的关键词之一。② 另一英国学者考纳则

① Anthony D. Smith, *Theories of Nationalism*, Holmes&Meier Publishers, New York, 1983, p. 257.

② 王希恩：《批判、借助和吸纳——对马克思主义经典作家关于民族主义论述的再认识》，《民族研究》2007年第5期。

认为，尽管马克思主义和民族主义是两种相悖的学说，但列宁创造性地把民族主义纳入了马克思主义的框架之中。[①] 这样，殖民地民族解放运动成为一种进步的“阶级民族主义”，即符合无产阶级整体利益和马克思主义民族观的民族主义。[②]

（三）经典作家民族理论的主要贡献

经典作家对人类社会民族现象及其规律性的关注和研究，坚持从辩证唯物主义和历史唯物主义出发，深刻阐释了无产阶级革命与民族问题、民族运动的关系，指出了人类社会解决民族问题的基本立场和必由之路，论述了在社会主义、共产主义时期民族现象在融合中消亡的前景，具有鲜明的阶级立场、时代感、预见性和实践指导意义。

具体而言，马克思恩格斯在民族理论方面的主要贡献主要有这几个方面：（1）提出了无产阶级民族平等观；（2）对人类社会民族问题根源及其解决途经进行了探讨，为阶级斗争理论提供了理论基础；（3）在学理上对原始社会史和“民族”“国家”形成问题进行了探讨，阐释了人类社会的发展趋势，提出了马克思主义的社会发展观。

列宁和斯大林的贡献主要有：（1）通过与各种非马克思主义思想理论的斗争，提出了第一个完整的马克思主义的“民族”定义和民族解放运动的一整套理论学说，继承和发展了马克思主义民族理论；（2）将马克思主义民族理论视线由国家层次的民族问题丰富到国家内部民族问题上，并创立了苏联模式。（3）培育了文化人类学的苏维埃学派。此外，列宁还创造性提出了在资本主义发展过程中民族问题有两个历史趋势的理论。[③]

尤为重要的是，经典作家民族理论体现了鲜明的“与时俱进”和“反对教条主义”的精神。应该指出，经典作家民族理论的某些观点，包含了对某些具体问题的论述，具有时代和实证的局限性。他们在阐发民族理论时，完全是从有利于无产阶级革命和实现社会主义这一基本立场出发的，所提出的一些具体判断、具体观点往往因对象、论战和斗争策略的不同而具有确指性、局限性，而非基本原理。因此，我们在学习经典作家民族理论时，必须坚持“与时俱进”和“反对教条主义”的态度，以更好地在实践中理解和运用其基本原理。

---

① Walker Connor, *The National Question in Marxist - Leninist Theory and Strategy*, Princeton University Press, New Jersey, 1984.

② 周传斌：《论马克思主义民族理论的历史发展》，《黑龙江民族丛刊》2004 年第 1 期。

③ 列宁：《关于民族问题的批评意见》，中国社会科学院民族研究所编：《列宁论民族问题》（上），民族出版社，1987 年版，第 229—230 页。

二、马克思主义民族理论中国化的发展阶段及其主要内容

马克思主义民族理论中国化是在经典作家民族理论的理论基础和中国国情的现实基础上形成和发展起来的，契合了时代发展的要求，取得了毛泽东民族理论、邓小平民族理论、“三个代表”重要思想民族理论和科学发展观民族理论等重要成果。

（一）新民主主义革命时期和建国初期马克思主义民族理论中国化的集中体现：毛泽东民族理论

马克思主义民族理论中国化的最初成果形成于新民主主义革命时期和建国初期，集中体现为毛泽东民族理论，其成果主要体现在《中国革命和中国共产党》《新民主主义论》《论联合政府》《关于正确处理人民内部矛盾的问题》《论十大关系》等著作中，是毛泽东思想的重要组成部分，包含了我党第一代领导集体许多成员的智慧，具有系统丰富的理论体系。

1. 正确认识无产阶级革命和阶级斗争。经典作家十分重视无产阶级革命中武装斗争的重要性，然而中国共产党人却在付出大革命失败的惨痛教训后才逐渐统一认识到这一点。在这方面，毛泽东做出了杰出贡献。他不仅率先提出了“枪杆子里面出政权”的思想，并在实践中开创了一条“农村包围城市”的正确革命路线，同时又从具体国情出发探析了不同革命时期阶级关系和民族关系的实质，妥善指导处理了红军长征时期跟少数民族的关系，并在抗战爆发后努力推动建立了抗日统一战线。这不仅体现了对经典作家民族理论的继承，更是在实践中丰富和发展了马克思主义无产阶级革命理论和殖民地半殖民地民族解放运动的学说。

2. 科学阐释了“中华民族”的含义，坚持民族平等和民族团结的原则。毛泽东在实践中以马克思主义民族观审视多民族的中国，提出了“中华民族”名称和各民族共同建立“统一的国家”的思想，指出“中国是一个由多数民族结合而成的拥有广大人口的国家”。[①] 建国后不久，他指导了民族识别工作，明确指出政治上不要去区分哪个是民族，哪个是部族或部落。[②] 这些思想充分体现了民族平等和民族团结原则，不仅是对中国传统民族观的突破，而且发展了经典作家的民族理论，在实践中扬弃了斯大林的经典“民族”定义。

3. 主张实行民族区域自治制度，特殊对待少数民族地区。毛泽东认为

---

① 毛泽东：《中国革命和中国共产党》，《毛泽东选集》第2卷，人民出版社，1991年版，第622页。

② 刘先照：《关于民族的几个基本理论问题》，《民族研究》1999年第2期。

解决中国民族问题靠历史上那套“怀柔羁縻的老办法是行不通了的”,[①] 并否定了联邦制建国模式，把民族自治作为民族自决的内容，“承认中国境内各少数民族有平等自治的权利”。[②] 这不仅摆脱了“中国本部”和“边疆外藩”传统观念的束缚，证实了经典作家关于“落后民族和国家直接过渡到社会主义”的设想，丰富了经典作家关于“民族间事实上不平等”问题的理论，并在实践中体现了反对“两种民族主义”特别是大汉族主义的思想，真心实意帮助了少数民族同胞。

（二）改革开放后马克思主义民族理论中国化的再次飞跃：邓小平民族理论

邓小平民族理论的形成经历了两个发展阶段。第一阶段为建国前后，作为中共第一代领导集体的重要成员，邓小平的民族理论主要反映在《关于西南少数民族问题》一文中。第二阶段为改革开放后，邓小平民族理论实现了马克思主义民族理论中国化的再次飞跃，其成果主要体现在《邓小平文选》和十一届三中全会以来党的历史文献中。

1. 提出和平与发展是当今时代的主题。邓小平民族理论在继承经典作家及毛泽东民族理论基本思想基础上，洞察到了当今的时代主题是和平与发展。这是马克思主义民族理论中国化的重大理论突破。邓小平民族理论的许多具体方面都是围绕和平与发展这个时代主题的，它指引着我们在处理国际关系时奉行独立自主的和平外交政策，在解决国内民族问题方面强调“稳定压倒一切”“发展是硬道理”的大局。

2. 创造性提出了社会主义初级阶段理论，强调以经济建设为中心。经典作家充分认识到了民族问题中生产力因素的重要性，但并未明确回答在落后国家尤其是曾经是殖民地半殖民地的国家如何建设社会主义的问题。邓小平洞察了中国国情尤其是各民族差别短期难于消失的客观现实，明确提出了社会主义初级阶段理论。同时，他还明确指出“在我国各民族都已实行了社会主义改造的今天，各民族间的关系都是劳动人民间的关系。因此，所谓的‘民族问题实质是阶级问题’的说法是错误的”。[③] 这为我们认识我国民族问题的长期性和复杂性，把工作重心转移到经济建设上来提供了科学理论依据，丰富和发展了马克思主义民族理论。

---

① 毛泽东：《论新阶段》，中共中央统战部编：《民族问题文献汇编》，中共中央党校出版社，1991 年版，第 595 页。

② 毛泽东：《中国人民解放军宣言》，《毛泽东选集》第 4 卷，人民出版社，1991 年版，第 1238 页。

③ 《中共中央关于转发〈西藏工作座谈会纪要〉的通知》，国家民族事务委员会、中共中央文献研究室编：《新时期民族工作文献选编》，中央文献出版社，1990 年版，第 34 页。

3. 推动民族区域自治制度在法律层面的确立。经典作家十分重视民族自决（治）问题，并提出了许多具体理论观点。早在建国初期，邓小平就十分重视少数民族工作和民族区域自治，认为“应该把少数民族工作摆在很高的位置”，并指出“实行民族区域自治，不把经济搞好，那个自治就是空的”。① 改革开放后，邓小平再次强调这一观点，明确指出过去在工作中“对少数民族自治权利尊重不够”，“必须坚持实行民族区域自治，加强民族区域自治的法制建设，保障各少数民族地区根据本地实际情况贯彻执行党和国家政策的自主权”。② 在其理论指导下，1984 年 5 月《中华人民共和国民族区域自治法》正式通过，以基本法的形式确立了民族区域自治制度，在中国实现了经典作家的历史夙愿。

（三）冷战后马克思主义民族理论中国化产生了契合时代变化的新成果：“三个代表”重要思想民族理论

冷战结束后，国际形势风云变幻，综合国力的竞争日趋激烈，民族问题日益凸显为后冷战时代的热点问题。在此背景下，以江泽民同志为核心的党的第三代领导集体，对民族问题和民族工作进行了系统的理论阐释，提出了“三个代表”重要思想民族理论，其主要内容体现在江泽民《论民族工作》及《在中央民族工作会议上的讲话》等重要文献中。

“三个代表”重要思想民族理论是马克思主义民族理论中国化在后冷战时代的新成果，理论体系范围广泛，内容深刻：（1）旗帜鲜明地提出处理民族问题必须坚决反对霸权主义和强权政治，反对“三股势力”。这是马克思主义民族理论中国化从国际视野考量民族问题的又一新成果。（2）提出了“三个离不开”重要思想，强调维护祖国统一和民族团结是国家的最高利益。“三个离不开”重要思想即“汉族离不开少数民族、各少数民族离不开汉族、少数民族之间也相互离不开”，“各民族同呼吸、共命运、心连心”。③ 这丰富了马克思主义民族理论关于维护民族平等和民族团结，强调爱国主义、维护祖国统一的理论。（3）强调民族问题的重要性和复杂性。指出“民族宗教无小事”，“民族问题始终是马克思主义理论中的

---

① 邓小平：《关于西南少数民族问题》，《邓小平文选》第 1 卷，人民出版社，1994 年版，第 167 页。

② 《中国共产党中央委员会关于建国以来党的若干历史问题的决议》，中共中央文献研究室编：《三中全会以来重要文献选编》（下），人民出版社，1982 年版，第 788—789 页。

③ 江泽民：《在中央民族工作会议暨国务院第三次全国民族团结进步表彰大会上的讲话》，《人民日报》1999 年 9 月 30 日。

一个重要问题”，[①] “民族问题既包括民族自身的发展，又包括民族之间，民族与阶级、国家之间等方面的关系。”[②] 这既丰富了民族问题内涵，又契合了后冷战时代民族问题日益复杂化的时代背景。（4）先后提出并实施了与民族地区发展密切相关的四大发展战略：沿边开放战略、科教兴国战略、可持续发展战略和西部大开发战略。这是马克思主义民族理论中国化进程中较详尽的具体发展战略。

第三代领导集体有关马克思主义民族理论中国化的新成果，充分体现了“三个代表”重要思想的内涵：“始终代表中国先进社会生产力的发展要求，始终代表中国先进文化的前进方向，始终代表中国最广大人民的根本利益”，为我们处理民族问题提供了强大的思想武器。

（四）新世纪新阶段马克思主义民族理论中国化的新发展：科学发展观民族理论

十六大以来，以胡锦涛同志为总书记的新一代领导集体继承和发展了党的三代领导集体关于民族问题和民族工作的理论成果及工作经验，进一步推动了马克思主义民族理论中国化进程，取得了科学发展观民族理论这一新成果：（1）提出用科学发展观指导民族工作。胡锦涛指出：“加快少数民族和民族地区经济社会发展，关键要坚持以科学发展观统领经济社会发展全局。”[③]（2）提出了和谐社会和和谐世界理念。十六届四中全会在关于加强党的执政能力建设的决定中，把构建社会主义和谐社会作为提高党的执政能力的重要任务，这也是加强民族团结，实现各民族共同繁荣的民族理论新成果。胡锦涛还代表中国政府和人民向世界提出了建立和谐世界的主张，这是我党思考和研究世界层次民族关系和民族问题的新成就。(3）提出了“两个共同”主题，即“共同团结奋斗，共同繁荣发展”，充分体现了科学发展观与和谐社会理念的精神。

科学发展观民族理论集中体现在胡锦涛在中央民族工作会议上的重要讲话和2005年中共中央、国务院下发的《关于进一步加强民族工作，加快少数民族和民族地区经济社会发展的决定》等文件中。《决定》概括了十二条民族问题和民族工作的基本理论和政策原则，其中第一条中即是关于“民族”含义的新表述，这是继斯大林“民族”定义之后的又一马克思

---

① 江泽民：《在全国少数民族地区扶贫工作会议上的讲话》，中共中央统战部、中共中央文献研究室编：《新时期统一战线文献选编》续编，中共中央党校出版社，1997年版，第129页。

② 江泽民：《论民族工作》，《江泽民文选》第1卷，人民出版社，2006年版，第181页。

③ 胡锦涛：《在中央民族工作会议暨国务院第四次全国民族团结进步表彰大会上的讲话》，《人民日报》2005年5月28日。

主义“民族”定义新成果,[①] 也是马克思主义民族理论中国化的新成就。

三、马克思主义民族理论中国化的成功经验

马克思主义民族理论中国化在长期的发展过程中，不仅产生了许多重大理论成果，同时在实践中形成了许多成功的经验。

（一）“与时俱进”进行理论创新，在实践中实现普遍真理与具体实际的紧密结合

经典作家始终认为，马克思主义不是一成不变的教条，是需要在实践中不断发展的科学理论。列宁对此曾有精辟的论断：“在分析任何一个社会的问题时……要考虑到在同一历史时代这个国家不同于其他各国的具体特点。”[②] 斯大林也深刻指出：“马克思主义这一科学是不能停滞不前的……马克思主义是一切教条主义的敌人。”[③] 因此，我们在处理民族问题时，要“与时俱进”地进行理论创新，成为在实践中检验真理的主人而非教条主义的奴隶。

马克思主义民族理论中国化在发展过程中充分体现了马克思主义“反对教条主义”的本质要求，实现了普遍真理与具体实际的紧密结合：（1）在理论建构方面，我党在经典作家民族理论基础上，相继形成了符合中国国情的毛泽东民族理论、邓小平民族理论、“三个代表”重要思想民族理论和科学发展观民族理论，形成了不断发展和完善的理论体系。（2）在实践中形成和运用了“反对本本主义”“解放思想、实事求是”“实践是检验真理的唯一标准”“与时俱进”等科学行动准则。（3）在具体理论研究与实践方面也取得了丰硕成果，如放弃联邦制采用民族区域自治制度、对“中华民族”的阐释和民族识别工作、社会主义初级阶段理论、和谐社会与和谐世界理念以及中央“十二条”中对“民族”概念的新界定，等等。可见，“与时俱进”进行理论创新，在实践中实现普遍真理与具体实际的紧密结合是马克思主义民族理论中国化成功经验中的突出体现。

---

① “十二条”对“民族”的表述为：“民族是在一定的历史发展阶段形成的稳定的人们共同体。一般来说，民族在历史渊源、生产方式、语言、文化、风俗习惯以及心理认同等方面具有共同特征。有的民族在形成和发展的过程中，宗教起着重要作用。”本书编写组：《中央民族工作会议精神学习辅导读本》，民族出版社，2005 年版，第 29 页。

② 列宁：《论民族自决权》，中国社会科学院民族研究所编：《列宁论民族问题》（上），第 315 页。

③ 斯大林：《马克思主义和语言学问题》，中国社会科学院民族研究所编：《斯大林论民族问题》，民族出版社，1990 年版，第 454—455 页。

（二）正确认识民族关系和阶级关系，结合实际深化对阶级斗争理论的理解

阶级、阶级斗争和无产阶级革命的思想理论在马克思主义理论体系中居于统率地位。经典作家十分自然地以阶级斗争和无产阶级革命的需要来统揽民族和民族问题研究。恩格斯称阶级斗争原理是《共产党宣言》的“核心的基本原理”，[①]《共产党宣言》也明确指出“到目前为止的一切社会的历史都是阶级斗争的历史”。[②] 列宁、斯大林则分别指出“对无产阶级来说，民族要求应服从阶级斗争的利益”，[③]“民族问题只有和无产阶级革命相联系并在无产阶级革命的基础上才能得到解决……民族问题是无产阶级革命总问题的一部分。”[④]

经典作家阶级斗争理论为中国革命的胜利提供了革命原理的指导，关键是不能僵化地运用它。我党在这方面有着深刻的教训，尤以土地革命时期的“左”倾路线、大跃进时期的“民族融合风”以及文革时期的“以阶级斗争为纲”为甚。所幸的是，这些错误最后都得到了纠正。在纠正错误的实践中，我党不断地加深了对民族关系和民族问题的正确认识，深化了对阶级斗争理论的理解，并将这种认识和理解转化成了马克思主义民族中国化的成功经验。今天，这一成功经验仍在发挥巨大的作用，指导我们一方面坚持民族平等和民族团结政策不动摇，另一方面对危害国家安全和领土完整的民族分裂势力和暴力违法犯罪行为实施坚决打击。

（三）创造了理论、制度和实践有机统一的民族区域自治制度

经典作家在革命胜利后的国家结构设想方面经历了一个探索的过程。经典作家都曾主张统一的大国原则，但鉴于实际情况策略性承认了联邦制作为一种过渡形式的可取性，并多次肯定了自治制的必要性。列宁曾指出：“在真正的民主制度下，特别是在苏维埃国家结构的组织下，联邦制往往是一种向真正的民主集中制过渡的步骤”，[⑤]“民主的中央集权制不仅

① 陈玉屏：《关于阶级、民族与民族主义的思考》，《西南民族大学学报》2006年第5期。

② 马克思、恩格斯：《共产党宣言》，中国社会科学院民族研究所编：《马克思恩格斯论民族问题》（上），第124页。

③ 列宁：《论民族自决权》，中国社会科学院民族研究所编：《列宁论民族问题》（上），第324页。

④ 斯大林：《论列宁主义基础》，中国社会科学院民族研究所编：《斯大林论民族问题》，第293页。

⑤ 列宁：《“苏维埃政权的当前任务”一文的初稿》（速记记录），中共中央马克思恩格斯列宁斯大林著作编译局译：《列宁论民族问题和民族殖民地问题》，人民出版社，1960年版，第454页。

不排斥地方自治……相反，它必须既要求地方自治，也要求区域自治。”①因此，苏联采取了联邦制这种“过渡形式”，遗憾的是列宁的继任者未能延续其思想并正确处理民族问题，造成苏联“民族无国家，国家无民族”的局面积重难返并最终解体，苏联模式宣告破产。

我党在这方面也经历了一个探索的过程。中共早期纲领也曾主张过联邦制。然而，以毛泽东为代表的中国共产党人，经过长征加深了对中国少数民族和国家现实的了解，对中华民族的整体性做出了全新的审视和阐释。为此，毛泽东提出了“中华民族”之称和各民族共同建立“统一的国家”的思想，使我党确立了“中国是一个多民族的国家，中华民族是代表中国境内各民族之总称”的民族一体思想，② 彻底放弃了参照苏联模式建立联邦国家的构想，做出了建立统一的人民共和国并在少数民族聚居区实行民族区域自治的历史性选择。

实践表明，在世界范围内许多国家民族问题此起彼伏，苏联模式和南斯拉夫模式相继破产的背景下，我国民族区域自治制在保障各民族平等、团结、互助、和谐的社会主义民族关系，维护国家统一，保障各民族共同发展、共同富裕和共同繁荣方面，真正实现了理论、制度和实践的有机统一，成为了中国社会主义的制度优势。这不仅证明了“在世界上，马列主义是能够解决民族问题的。在中国，马列主义与中国革命实践相结合的毛泽东思想，也是能够解决这个问题的”③，也说明了把实施民族区域自治制作为解决民族问题的制度安排，是马克思主义民族理论中国化取得成功的重要经验。

四、关于马克思主义民族理论中国化的后续思考

马克思主义民族理论中国化过程中产生的中国模式具有继承原理、结合实际、与时俱进、不断创新的鲜明特点。我们在发扬中国模式特点和对马克思主义民族理论中国化进行后续思考时，须注意以下几个方面。

（一）领悟马克思主义民族理论中国化的精髓，避免误读和实际工作中的僵化运用

马克思民族理论中国化体现的是马克思主义普遍真理的“民族化”，

---

① 列宁：《关于民族问题的批评意见》，中国社会科学院民族研究所编：《列宁论民族问题》（上），第247—248页。

② 八路军政治部：《抗日战士政治读本》，中共中央统战部编：《民族问题文献汇编》，第808页。

③ 邓小平：《关于西南少数民族问题》，《邓小平文选》第1卷，人民出版社，1994年版，第163页。

即普遍真理同中国具体实际的紧密结合。“民族化”的提法最早出现在20世纪30年代，是“中国化”的另一种表述。1936年3月，张闻天提出要将共产国际七大决议“民族化”，“使之适合于我们的具体环境”。[①] 随后，毛泽东也指出：“马克思主义必须通过民族形式才能实现。没有抽象的马克思主义，只有具体的马克思主义。所谓具体的马克思主义，就是通过民族形式的马克思主义，就是把马克思主义应用到中国具体环境的具体斗争中去，而不是抽象地应用它。”[②]

在马克思主义民族理论中国化进程中，我们虽取得了巨大的成就，但也走了不少的弯路。今天，我们在将马克思主义民族理论中国化的成果运用到具体工作时，仍然要坚持解放思想、实事求是的工作作风，努力避免误读和僵化运用现象的发生。例如，我们在实践工作中既要坚持“生产力标准”和“以经济建设为中心”，又要避免在有些民族地区不顾实际情况而“唯生产力论”和“唯GDP论”，而忽略文化多样性和环境的保护；既要坚持民族平等原则和在此原则基础上对少数民族实施特殊对待政策，又要避免将这些原则和措施僵化地运用，而产生汉族与少数民族之间、不同少数民族之间甚至同一少数民族之间所享受待遇差别巨大的不合理现象，引发民众对我国总体民族政策的误解，等等。

（二）从马克思主义哲学高度理解处理民族关系坚持“讲政治”的重要性

近年来，学界就处理“民族关系”是否要“去政治化”展开了争论，[③] 而且相关争论似乎目前并未平息下来，甚至“3·14事件”和“7·5事件”及天安门广场上的民族团结柱也成了论述的话题。从总体上看争论焦点主要有三个：一是对我国“民族”的界定问题（“民族”或“族群”），二是与之相关的制度安排问题（主要指民族区域自治制度），

---

① 张闻天：《共产国际“七大”与我党抗日统一战线的方针》，《张闻天文集》第2卷，中共党史出版社，1993年版，第80页。

② 中央档案馆编：《中共中央文件选集》第11册，中共中央党校出版社，1991年版，第657—659页。

③ 主要形成了两种不同的观点：一方主张“去政治化”，参见马戎：《理解民族关系的新思路——少数族群问题的“去政治化”》，北京大学学报（哲学社会科学版）2004年第6期。另一方质疑“去政治化”，参见郝时远：《构建社会主义和谐社会与民族关系》，《民族研究》2005年第3期；朱伦：《西方的族体概念系统——从“族群”概念在中国的应用错位说起》，《中国社会科学》2005年第4期；陈建樾：《多民族国家和谐社会的构建与民族问题的解决——评民族问题的“去政治化”与“文化化”》，《世界民族》2005年第5期，等等。此外，文章为叙述方便，使用“民族关系”指代“民族（或族群）”关系，后面关于我国“民族（或族群）”的称呼也同法使用“民族”指代。

三是现行界定和安排带来的影响。"去政治化"论者的思路和论述逻辑是："民族"识别→"少数民族"被"政治化"赋予"民族"地位→民族意识上升→民族主义，要求自决权→民族分离，被国外势力利用，产生事端。因此，他们主张中国应借鉴美苏等国的策略与经验教训，改"政治化"趋势为"文化化"新方向。显然，第三个焦点是引发这场争论的关键，问题的关键在于对我国现行"政治化"模式持何看法。很明显，"去政治化"论者主张要改"政治化"为"文化化"，其对我国现行模式的看法和评价不言而喻，不然他们就不会主张"去政治化"了。

对此，笔者认为除了学理上的论辩外，有一基本点不容忽视，即从马克思主义哲学基本原理出发分析问题。本文仅就矛盾分析法略述一二：(1) 抓主要矛盾。我国仍处于社会主义初级阶段，当前的主要矛盾是人民日益增长的物质文化需要同落后的社会生产之间的矛盾，具体到民族地区则是"少数民族和民族地区迫切要求加快经济文化发展与自我发展能力不足的矛盾"。① 如果我们不"政治化"保障少数民族的政治地位并给予优惠政策，而采取"文化化"模式任取自生自灭，很难想象这样能有助于民族问题主要矛盾的解决。(2) 看矛盾的主要方面。我们不能因为少数分裂主义分子的言行而认为广大少数民族同胞因"政治化"而"民族意识强化而主张分离"，也不能因为具体工作中的一些失误而对我国总体民族政策和取得的成就加以否定。(3) 具体问题具体分析。这要求我们在思考国内国际民族问题时要充分考虑具体国情，而不能生搬硬套，何况美国等国的"文化化"模式实非完善。

当然，我们在坚持马克思主义哲学矛盾分析法的同时也不能回避其他矛盾的存在，不能无视民族关系和民族问题中的消极因素。相反，这正是我们在实践中需要解决的，也是马克思主义民族理论中国化需要考虑的重要方面。同时这本身也是一个"政治化"问题，反映了"中国作为当今世界最大的统一的多民族社会主义国家，处理和解决民族问题始终是中国特色社会主义最重要的事务之一"。② 十多年前，江泽民同志曾对"讲政治"做了重要论述："我们党是马克思主义的政党，必须坚持讲马克思主义的政治，讲建设有中国特色社会主义的政治，讲实现、维护和发展人民群众利益的政治。"③ 今天，我们处理民族问题时不仅不能"去政治化"，而且

① 郝时远：《构建社会主义和谐社会与民族关系》，《民族研究》2005 年第 3 期。

② 郝时远：《中国民族问题报告》序言，徐晓萍、金鑫：《中国民族问题报告》，中国社会科学出版社，2008 年版。

③ 江泽民：《在纪念中国共产党成立七十八周年座谈会上的讲话》，《人民日报》1999 年 7 月 1 日。

要坚持“讲政治”，讲马克思主义政治。

（三）顺应时代发展潮流，进一步推动马克思主义民族理论中国化

当今是强调“深刻变革论、和谐世界论、共同发展论、共担责任论和积极参与论”① 的时代，马克思主义民族理论中国化是与时俱进的理论体系，需要也必将在顺应时代潮流方面获得进一步推动。具体而言，以下两点是需要重点关注的问题。

其一，“现代化”视野下的民族问题。马克思主义民族理论中国化的理论成果已经能够回答中国“现代化”进程中的许多问题。但仍有两个方面值得重视：一是“现代化”进程中的政治稳定问题。亨廷顿曾就“如何维持稳定”提出许多见解，比如不要把现代化的目标定的太高，以免目标的破灭引起民众的不满；不要让经济发展的太快，以免带来过大的突变刺激；不要让民智开发得太早，以免其知识水平超越现实所能容纳的界限。② 其观点虽有失偏颇，但提醒了我们应注意“现代化”对政治稳定和民族关系的影响。由于“现代化”进程容易催生发展不平衡和两极分化现象，诱发某些民族主体意识的强化，加上敌对势力的渗透，我国民族团结和社会稳定面临诸多挑战。对此，马克思主义民族理论中国化需要有进一步的具体研究成果。二是“现代化”背景下的“传统文化”保护问题。“现代化”的推进过程中必然伴随着对传统文化的冲击，造成“当前我国少数民族传统文化的基本状况是复兴、衰退和变异三种现象并存”。③ 由于各少数民族传统文化的特殊性、多样性和保护工作的复杂性，马克思主义民族理论中国化在少数民族传统文化保护领域方面的理论运用和经验总结工作仍然任重而道远。

其二，拓展国际视野问题。邓小平同志曾指出，“我们最大的经验就是不要脱离世界”。④ 马克思主义民族理论中国化主要关注的是国内民族问题，但从未忽视从国际视野考查民族问题。马克思主义民族理论中国化已取得了建立统一战线、和平与发展、和谐世界理念等具有全球意义的理论成果。在新时代，马克思主义民族理论中国化在拓展国际视野方面需重视以下几个问题：（1）全球化和区域一体化背景下的民族国家主权维护和让

---

① 张晓彤：《胡锦涛时代观的中国主张》，《瞭望》2009 年第 47 期。

② 钱乘旦：《现代化过程中的政治稳定问题——兼读亨廷顿的〈变动社会的政治秩序〉》，北京大学世界现代化进程研究中心编：《罗荣渠与现代化研究——罗荣渠教授纪念文集》，北京大学出版社，1997 年版，第 68—69 页。

③ 王希恩：《论中国少数民族传统文化现状及其走向》，《民族研究》2000 年第 6 期。

④ 邓小平：《保持艰苦奋斗的传统》，《邓小平文选》第 3 卷，人民出版社，1993 年版，第 290 页。

渡问题，气候、环境、公共卫生等非传统安全问题凸显背景下的民族国家责任及全球治理问题。随着中国进一步融入世界，这些问题将日益突出。（2）民族主义问题。民族主义问题仍是当代国际政治中的热点问题，同时国内也不时因国际因素而触发出民族主义情绪问题，这些都需要在马克思主义民族理论中国化进程中做进一步思考。（3）民族理论和民族政策的国际影响力问题。近年来，我国处理民族问题的理论、政策及具体措施越来越受到国际上的关注，理解者、误解者、蓄意歪曲者和攻击者皆有之，这需要我们加强民族理论和政策措施的国际宣传和对话工作。

论区分民族理论的应然研究与实然研究*

侯发兵

中国民族理论的内容中包含应然和实然两个方面，民族理论研究也包括应然研究和实然研究两个方面。在民族理论研究中区分应然研究与实然研究既是必要的，又是可能的。

一、应然与实然

应然与实然，是学术思想史上分析问题的一对重要范畴，分别指西方哲学史上所争论的理念与事实。[①] 18 世纪中期，英国哲学家大卫·休谟以他的怀疑论思想方法，第一次明确地从哲学高度提出了“应然”与“实然”两个范畴，用以区分人类两个不同的知识领域。[②]

实际上，人类对世界的理性追求，从一开始就不外乎涉及两个领域：一是探究事物“是什么”，也就是实然，追求的是事物的内在本质和规律，可谓之“求真”；二是探究事物“应该如何”，也就是应然，是根据一定的标准来评判事物，从而使人的主观努力趋向于某些特定的价值目标，可谓之“求善”。这两者之间存在着本质的区别：实然的意蕴是描述事物性征的各种现实表现以及事物的实际存在状态，是关于事实的判断；而应然的

---

* 原载《黑龙江民族丛刊》2011 年第 6 期，略有改动。

① 李道军：《法的应然与实然》，山东人民出版社，2001 年版。

② 周占生：《关于“应然”和“实然”的法哲学思考》，《河南大学学报》（社会科学版）1994 年第 5 期。

意蕴则是阐述事物依据其自身的特性应该是什么或者应该怎样，是人们基于理性对事物本身满足人类的客观需求的应有状态的判断，属于价值规范判断。[①]

基于应然和实然两个概念的内涵和上述区别，可以说民族理论的应然研究就是探讨民族和民族问题的价值意义，有着民族平等、民族团结、各民族共同繁荣发展、多民族国家稳定统一等价值取向和诉求的研究；民族理论的实然研究则是客观分析民族和民族问题实际情况，价值中立、实事求是的研究。

二、中国民族理论的应然与实然

马列主义民族理论既指引着中国民族理论的研究方向，又指导着具体的民族工作实践，是顺利解决中国民族问题的思想保障。马列主义民族理论的基本观点是各民族一律平等，每一个民族，无论其大小，都有它自己本质上的特点，都有只属于该民族而为其他民族所没有的特殊性。一切民族，无论大小，都处于同等的地位，每个民族都是和其他任何民族同样重要的。[②] 在几十年的革命、建设和改革开放历史进程中，中国共产党经过长期的探索，逐渐形成了关于民族问题的基本理论和政策，这就是中国特色社会主义民族理论，即“十二条”。[③]

基本内容概括为“十二条”的中国特色社会主义民族理论可谓内涵丰富，它不仅包括了对中国民族和民族问题实际情况的客观陈述、也包括了对民族和民族问题发展规律的阐释，还包括了对中国民族问题解决之道的探究和对民族理论的基本价值取向的坚定等多方面的内容。

从应然层面看，民族理论“十二条”强调解决中国民族问题要通过走中国特色社会主义道路；强调多民族国家的统一；强调民族区域自治制度的优越性、走民族区域自治制度道路的坚定性；强调不同民族之间的平等、团结、互助、各民族之间休戚与共的关系以及共同繁荣发展。在这一层面上，中国民族理论承载着平等、公平、正义等价值取向，体现了中国特色社会主义民族理论的优越性。这些价值取向是反对民族压迫、民族剥削，反对破坏民族团结行为的有力武器。随着人类社会发展到今天，平

---

① 韩东屏：《实然·应然·可然——关于休谟问题的一种新思考》，《江汉论坛》2003 年第 11 期。

② 《马恩列斯论民族问题》语录编选组：《马克思恩格斯列宁斯大林论民族问题》，中国社会科学出版社，1978 年版，第 135 页。

③ 《中国民族理论政策“十二条”：与时俱进结新果——核心释义》，《中国民族报》2010 年 12 月 31 日。

等、公平、正义等价值观念已经为全世界广大人民所承认和接受，具有至高无上的政治正确性；而不平等、奴役、压迫、剥削早已为世人所唾弃，在任何地方、任何社会都处于不道德的位置。世界上任何国家和地区的任何民族理论只有首先坚持了正确的价值取向，具有了意识形态和政治上的正确性，才可能被各民族的群众理解、接受，从而获得存在合法性。中国民族理论也不例外，只有坚持了平等、公平、正义等价值取向才能使其本身为全国各族群众所接受，从而在它指导下的民族政策和民族工作也才能"站得稳""行得正"。

从实然层面看，民族理论"十二条"主要强调了民族的产生、发展、消亡等过程有其客观规律性，民族问题的客观存在及其长期性、复杂性和艰巨性，坚持民族区域自治制度、加强培养民族干部的重要性，二者是解决中国民族问题的重要措施等内容。新中国为实现民族理论应然层面的平等、公平、正义等价值意义和诉求而在实然层面实施的具体政策涵盖多个方面，包括民族识别政策、民族区域自治政策、民族干部政策、民族经济政策、民族文化政策、民族教育政策、民族语言文字政策和民族人口政策等。从逻辑的角度看，虽然这些政策都有特定的指向性，实然层面的具体措施却并不必然导致应然层面的所期望的结果，因为民族和民族问题是客观存在，它们的存在、发展和解决都有其内在规律，而这些规律是不以人的意志为转移的。只有在充分尊重民族和民族问题发展规律的基础上，不断深化对这些规律的认识，按照客观规律的要求制定并切实执行与民族问题实际情况相符的政策，才可能顺利解决民族问题。

三、区分应然研究与实然研究的必要性

区分民族理论的应然研究和实然研究不仅是遵循中国民族理论学科发展内在规律的要求、也是弥补现有研究缺陷、认识和应对民族问题新情况的要求。

（一）学科发展内在规律的要求

由于各种条件的限制，人类并不是很早就清楚地认识到应然与实然二者之间的本质区别，而是经历了一个漫长的过程才逐步完成这种认识。在各学科中实现对应然与实然的区分，也同样经历了一个漫长的过程。在西方，从古希腊时期直到中世纪时期，即哲学和神学相继统治其他学科的时期，各种理论普遍以"应该如何"掩盖、扭曲"事实如何"，对客观事实的研究往往被各种"价值""理念"所淹没。随着文艺复兴以来近代实验科学的兴起与发展，对"是什么""实际怎样"的探究逐渐被抬高到极高的位置，实证主义科学精神在人文社会科学领域逐渐被发扬光大，对

“真”与“善”的探究，也就是实然研究与应然研究也经历了一个缓慢的从统一到分化的过程。

法学和国际关系学的发展历程可以说是应然研究和实然研究逐渐区分开来的历程。在法学领域，从古希腊的亚里士多德到中世纪的托马斯·阿奎那，都强调以价值主张为基本特征的自然法高于实在法，后者应当服从前者。这种状况一直持续到18世纪末，英国法学家、功利主义哲学家的杰里米·边沁在西方法律思想史上首先将法律做了“应然”和“实然”的严格划分。约翰·奥斯丁将边沁的这一思想进一步发展，他认为，“法律是什么”是一回事，“法律应当是什么”是另外一回事。奥斯丁强调法学应以“法律是什么”为研究对象，而“法律应当是什么”则留给神学或者伦理学去研究；对法学而言，它只涉及对法“是什么”的解释和分析，而不涉及对法“应当如何”的价值评判问题。奥斯丁把法的“实然”和“应然”截然分离开来，并把“应然”问题，包括价值、正义、评价及自然法等问题抛到法学之外的领域。这一理论对后来的法学界产生了深远的影响，实证法学通过对实然法和应然法的区分极大地促进了法学的发展。

国际关系学产生于第一次世界大战之后。在国际关系学兴起之初，和法学研究中曾经存在的情况一样，在人的本性、战争的根源、人的理性、国家利益、国家利益和道德之间的关系以及维持国际和平的方法等许多国际关系基本问题上一直存在着理想与现实，或者说应然与实然的交织和混杂。这种状况一直持续到国际关系理论史上第一次论战结束。爱德华·卡尔等现实主义者在理想主义与现实主义的论战中系统地批评了理想主义用理想替代现实、以“应该如何”（should be）替代“现实如何”（to be）的弊病；将理论与实践、道德与政治现实、利益和谐与利益冲突做了严格的区分；并强调道德、道义的相对性以及权力、实力在国际关系中的核心地位，从而最终将国际关系的应然研究与实然研究区分开来。① 卡尔等人的努力极大地促进了国际关系学的发展，为国际关系研究在20世纪50年代的科学行为主义革命奠定了基础。

任何一门学科的发展都有其内在规律。对学科研究内容中应然与实然的区分可以说是一个学科发展的必经阶段，同时这种区分也必然促进该学科的发展。这一规律不仅对法学和国际关系学适用，对民族理论学科同样适用。法学、国际关系学等学科发展的历程已经证明应然与实然、应然研究与实然研究之间的区分对学科发展的促进作用。民族理论学科或者说民

---

① 倪世雄：《当代西方国际关系理论》，复旦大学出版社，2004年版，第51—52、67—68页。

族理论研究对民族和民族问题的研究同样涉及两个领域：一是研究民族和民族问题的客观事实，探究其发展规律；二是研究应该如何才能消灭民族剥削、民族压迫，实现民族平等、民族团结、实现各民族共同繁荣发展和多民族国家稳定统一。应然研究和实然研究都是民族理论研究不可或缺的方面，二者是有机统一的，但是它们之间仍然存在本质的区别。前者属于实然研究的范畴，探究民族和民族问题“是什么”（to be）；后者属于应然研究的范畴，探究的是民族问题“应该如何”（should be），包含着道德判断和价值取向的问题，含有对政治正确性甚至意识形态正确性的追求。随着民族理论学科的发展，区分民族理论的应然研究和实然研究可以说是顺应学科发展规律，使学科更加严谨和精细化的必然要求。

（二）弥补现有研究缺陷的需要

长期以来，中国民族理论研究始终将应然研究和实然研究结合在一起，既有价值上的追求又有事实层面上针对具体问题的探讨。但是，现有研究对二者的区分关注不够，过分强调政治正确性等应然内容容易使研究者带着某些观念先入为主，扭曲对客观事实的描述和对客观情况的分析以符合价值伦理上的要求，或者是在涉及各民族资源、利益分配等敏感问题上回避不谈，甚至可能为了建构某些特定理论的优越性，争夺“道德高地”而有意对历史上和国外的一些民族理论和政策进行贬低，形成一种道德“绑架”现实的情况，这极大地伤害了中国民族理论研究的学术公正性。

以民族语言文字政策为例，新中国成立后，党和政府根据马列主义民族理论关于民族平等和语言平等的基本原则，本着发展少数民族文化教育事业、提高少数民族素质的目的，出台了一系列涉及少数民族语言文字的政策和措施。由党和政府主导，帮助创制和改革一些少数民族文字是这些政策和措施的一个重要方面。20 世纪 50 年代第一个“五年计划”和第二个“五年计划”期间，党和国家提出帮助少数民族创制和改革文字的任务，先后为壮族、布依族、彝族、苗族、哈尼族、傈僳族、纳西族、侗族、佤族、黎族等 10 个民族创制了 14 种文字方案，帮助傣族、景颇族、拉祜族 3 个民族改进了 4 种文字方案，70 年代为彝族和土族分布制定了四川规范彝文和土文，[①] 1983 年又为瑶族创造了一种以拉丁字母形式拼写的文字。[②]

① 黄行：《我国新创与改进少数民族文字试验推行工作的成就与经验》，《民族语文》1996 年第 4 期。

② 潘启家：《我国又创造了一种少数民族文字》，《广西民族学院学报》（哲学社会科学版）1984 年第 2 期。

从应然的角度看，这些政策和措施是马列主义民族理论中民族平等、语言文字平等思想的运用，是社会主义民族理论优越性的体现，是多民族国家政权合法性来源的一个方面。历史事实也证明了新中国少数民族语言文字政策在争取少数民族同胞人心向背、团结少数民族群众方面的巨大贡献。通过这些政策和措施，中国共产党和中国政府也显示了其在推进民族平等、推动民族团结和解决民族问题上的决心和作为，有力地反击了国内外敌对势力在民族问题上对我国的污蔑，具有极大的宣传价值和象征意义。然而在实然层面上，虽然投入了大量的人力、物力和财力，几十年来推广这些新文字的效果并不理想。政府主导下民族语言精英设计创造出来的文字为普通群众所接受的程度并不高，新创少数民族文字的推广和应用多处于非常尴尬的局面。造成这种局面的原因主要在于新创和改革文字本身脱离实际，与少数民族群众的实际需要不符。民族语言文字传承了传统文化，承载着民族感情，具有价值性的一面外，但同时还有工具性的一面，二者是有机统一的，民族语言文字的发展过程有着客观规律性，推动其发展的努力不应违背语言文字发展的客观规律。查阅涉及新创和改革文字的文献和研究资料，可以发现它们大多都从民族平等、语言文字平等，从党和政府对少数民族语言文字的重视等价值角度，从应然层面对新创和改革文字给予许多积极评价，而对实际存在的问题较少涉及或者避而不谈。

应然与实然的关系，表现为价值判断与事实本身之间的辩证关系。应然与实然是对立统一的，但在确定的范围内，价值判断和事实本身之间的差异、区别是确定的。[①] 在中国少数民族语言文字问题上，应然与实然的关系同样表现着为价值理念与社会现实之间的对立。目前少数民族新创和改革文字所处局面正是反映了语言文字平等这一价值理念与新创和改革文字工具性不突出这一客观事实之间的“撕裂”。过分地强调应然层面的道德和价值意义必然挤压实然层面对现实问题的研究和探讨。长期以来，过分强调民族问题的敏感性，强调“民族宗教无小事”“大局意识”因而选择性地“裁剪”民族现实，使现实服从理念的情况在中国民族理论研究中一直存在，也正是基于这样的原因，我们有理由呼吁和强调在民族理论研究中将应然研究与实然研究区分开来，不能任由道德和价值“绑架”对客观现实的分析和研究。

---

① 李道军：《法的应然与实然》，山东人民出版社，2001 年版，第 258—259 页。

（三）认识和应对民族问题新情况的要求

民族理论学科在民族科学体系中处于主导地位,[①] 但是却发展相对滞后，这几乎是学界的共识。随着步入新世纪后中国特色社会主义市场经济的进一步发展，国内社会与国际社会的进一步接轨，以及新时期新阶段中国民族问题新情况的不断出现，源自革命和批判年代以阶级分析见长的中国民族理论，无疑面临着适应时代变化而重建理论体系的重大任务。[②] 尤其是“3·14 事件”、“7·5 事件”和民族地区近期多起暴力恐怖事件连续发生后，创新长期以来发展相对滞后的民族理论学科的任务就显得更加迫切了。

随着改革开放的深入推进，各种过去人们从来没有碰到过的民族问题新情况不断出现。例如，随着经济的发展，西部民族地区与东部沿海地区的经济差距越来越大，落实对口支援，促进民族地区经济快速发展，解决民族地区与发达地区之间差距过大问题的要求越来越突出。但实际上，与民族地区和东部地区之间的整体差距相比，民族地区内部各地的差距在统计上往往表现得更明显,[③] 对此人们却没有给予足够的关注。又如，对于少数民族优惠政策，党和政府历来都从解决历史差距、促进少数民族发展的角度来阐述其合理性，并以一种不容置疑的口吻来坚持其正确性，不少学者也从不同的角度来论证和注解这些政策措施，但是随着社会的进一步开放，个人电脑和互联网在中国的普及，社会上普通民众对民族优惠政策的关注以及对其合理性和正当性的争论也越来越多。

长期以来，一提及民族理论研究，人们很容易就想到“民族”“少数民族”“民族平等”“民族矛盾”“多民族国家”“民族区域自治”“民族优惠政策”等一系列概念和提法。其实，涉及民族理论学科根本的概念首先还不是这些词汇，而是“应然”“实然”“本体论”“认识论”“方法论”“范式”“变量”等构成所有社会科学研究领域基础的学术概念。对这些根本理论概念的忽视不仅削弱了中国民族理论的研究后劲，也直接影响了对中国民族问题新情况的认识。认识和理解这些民族问题新情况，需要研究者本着实事求是的态度，不能先入为主，因为现实情况有与过去理论不符的地方就先验地将其置于意识形态不正确、政治态度不正确、道义不正当的地位，从而否认其存在的客观合理性。而要客观地理解和应对民族问题

---

① 王希恩：《论中国民族理论的学科特色》，《民族研究》1997 年第 5 期。

② 赵健君：《论社会主义政治价值理念的变迁与民族理论的创新发展》，《第七次全国民族理论研讨会会议论文集》，2004 年版。

③ 廖家生：《另一种差距——民族地区内部发展不平衡透视》，《民族团结》1996 年第 3 期。

新情况，就必然要求认清民族问题中的应然和实然，区分民族理论的应然研究和实然研究，也只有这样，才能避免言必称马列、为了政治态度和意识形态上的正确性而扭曲事实，从而造成信息失真的情况出现，才能有利于客观公正地认识随着社会发展不断出现的民族问题新情况，从而有利于科学地探究解决民族问题的思路、方针和政策。

四、区分应然研究和实然研究的可能性

区分中国民族理论的应然研究和实然研究不仅非常必要的，而且是完全可能的。这种可能性不仅在于民族理论学科有着明确的研究对象，还在于民族理论学科研究方法上所具有的开放性和多元性。

（一）明确的研究对象

任何一门独立的学科都有自己特定的研究对象，这是该学科能够存在的主要依据。民族理论作为一门比较年轻的学科，目前还在为不断地完善自身的学科体系而努力。尽管民族理论学科发展有不够成熟的方面，但它的研究对象还是比较清楚的，是和其他学科，包括其他民族类学科有所不同的。民族理论学科是以世界上普遍存在的民族和民族问题为主要研究对象，它是从总体上对民族和民族问题进行概括性的研究，揭示民族和民族问题发展的一般规律的学科。①

明确的研究对象使得民族理论学科应然研究和实然研究之间的区分成为可能。世界普遍存在的民族和民族问题是不以人的意志为转移的客观存在，属于实然的范畴。民族理论学科对民族和民族问题的实际情况，也就是实然的研究涵盖了许多方面，它既包括对民族的产生、发生、融合、消亡等民族过程的研究，又包括对民族关系、不同地区民族问题、民族意识调控等内容的研究，还包括对中国共产党民族纲领和解决各方面民族问题的具体政策措施的研究。同时，民族问题本身具有复杂性、国际性和敏感性等特点，在多民族国家民族问题还涉及到国家政权合法性的问题，因而又是与伦理价值联系在一起的，探究民族问题的解决之道也必然涉及平等、公平、正义等应然内容，对这一方面内容的研究自然属于应然研究。由此可见，中国民族理论的研究对象本身就涉及实然和应然两个不同的范畴，民族理论研究也天然地包含着应然研究和实然研究两个与之相对应的方面。在区分民族理论学科研究对象两方面不同研究内容的基础上，要将民族理论的应然研究与实然研究区分开来是完全可能的。

---

① 金炳镐：《民族理论通论》，中央民族大学出版社，2007 年版，第 3 页。

（二）开放、多元的研究方法

从历史方面看，某一特定的研究方法或思路一般起源于某一特定的学科或研究对象。如数量分析法起源于数学，理性选择法起源于经济学、个案研究法起源于历史学，制度分析法起源于社会学等。但随着各学科交互渗透、相互借鉴的加强，原本局限于某一学科的研究方法或思路极有可能向相关学科扩散。[①] 一个学科借鉴其他学科的研究方法的情况可以说不胜枚举。例如，藏学、国际关系学等学科都没有专门发展出自己专门的研究方法，而是综合运用历史学、社会学、民族学、考古学等不同学科的研究方法来进行研究，这不但没有影响它们的发展，反而推动它们取得了辉煌的成就。

马列主义民族理论是一个开放和发展的体系，创新是其内在要求，一切对马列主义民族理论学科发展有利的其他学科、学派的内容都可以加以吸收利用。民族理论学科基础地位是否巩固，先导作用能否发挥出来，与它能否介入相邻学科，主动吸纳和借鉴相邻学科的学术成果，从而提升自己的概括能力和范围是分不开的。[②] 中国民族理论学科有着确定的研究对象，但是没有固定的研究方法，其研究方法是开放、多元的。和藏学、国际关系学一样，在明确的研究对象面前，一切有利于民族理论学科发展的其他学科的研究方法都可以借用，包括传统的哲学思辨法、科学主义的数量分析法、理性选择论、博弈论、后现代主义的解构法、建构主义的文化认同论等。长期以来，民族理论研究中多使用传统的哲学思辨法和个案研究法，这在过去取得了丰硕的成果，但同时也反映出中国民族理论学科还缺乏系统严谨的方法论基础和精益求精的规范意识。民族理论学科研究方法上具有开放性和多元性，运用传统的思辨法和个案研究法并不排斥对其他研究方法的借用。从这个意义上讲，在民族理论研究中吸纳和运用曾经在法学、国际关系学等学科中起过积极作用的区分应然研究与实然研究的方法，是丰富民族理论学科研究方法的应有之义。

总而言之，中国民族理论包含着应然和实然两个方面的内容，民族理论研究也包含着应然研究和实然研究两个方面的内容，随着学科的发展，将民族理论的应然研究和实然研究区分开来既是必要的，也是完全可能的，二者的区分也必将促进中国民族理论研究的进一步发展。

---

① 倪世雄：《当代西方国际关系理论》，复旦大学出版社，2004 年版，第 495、500 页。

② 王希恩：《关于民族理论学科创新的问题》，《广西社会主义学院学报》2006 年第 2 期。

民族主义及其在当代中国观点评析*

宋新伟　范成忠

民族主义（nationalism）是当今人类社会发展的一个不可回避的话题。近年来，由于西方社会及中国周边个别国家对中国经济的飞速发展感到不安，“中国威胁论”和“中国崩溃论”的叫嚣不断。“中国民族主义”（Chinese nationalism）也转眼成为中外报刊上频频出现的字眼，以此为题的各色论说中不乏宣言式的肯定，也不乏末日启示般的诅咒。这一话题在不断复制自己的同时确认了一种假象，仿佛狭隘、仇外的民族主义席卷了当今的中国。这样的讨论或许能为民族主义的某种臆测助兴，却无益于认识民族主义问题的实质，无益于阐明当代中国民族主义的主体立场和实际内容。本文意在说明“民族主义”在中国所指到底何物，对民族主义内涵的正确理解，全面看待中国不同层面上的民族主义，有助于正确认识当前的中国民族主义。

一、民族主义在中国出现的时间及其内涵

（一）民族主义在中国出现的时间

关于民族主义在中国出现的时间理论界有两种截然不同的看法。

一种观点认为中国民族主义自古就有。章太炎说：“民族主义，自太古原人之世，其根性固已潜在，远至今日，乃始发达，此生民之良知本能也。”① 吕思勉先生也说：“民族主义，原因受异族的压迫而起。中国自宋以后，受异族的压迫，渐次深了，所以民族主义，亦渐次勃兴。”② 中国台湾学者王鹏令认为，民族主义在中国有着极为深远的历史渊源，可以说是

---

* 原载《新疆社会科学》2007 年第 2 期，作者宋新伟、范成忠，略有改动。

作者简介：宋新伟，简介见前文；范成忠（1981—），男，安徽合肥人，新疆师范大学法经学院 2006 级宗教学专业硕士研究生，主要研究方向为马克思主义宗教观教育及宗教事务管理。

① 冯天瑜：《中国近世民族主义的历史渊源》，《湖北大学学报》（哲社科版）1994 年第 4 期。

② 吕思勉：《历史研究法》，上海永祥印书馆，1948 年再版，第 35—36 页。

百代千年，绵延不绝！那种奉现代西方以“一族一国”为其基本信条的政治民族主义为圭臬，并因此而否认中国古代历史上有其独特的民族主义形式存在的观点，是完全不能成立的。因为它不仅连带抹杀了现代西方民族主义的多样性，而且根本有昧于华夏民族在政治、文化和与之密切相关的民族意识的形成和发展上早熟的事实。[①] 这种观点基于中国传统的“华夷之辨”和“内华夏，外夷狄”观念。中国古代典籍中虽然没有“民族”“民族主义”等词语，但实际上民族意识形成和发展的历史与中国的文明史是同样悠久的。

另一种观点认为中国民族主义是近代以来从西方传入的。罗厚立先生认为：“对 19 世纪中期以前中国的种种行为学说，恐怕很难冠以民族主义的称谓。……民族主义毕竟是在一定时段兴起的外来观念，即使界定得再宽松，在西方人自己都不怎么讲民族主义时，中国又何来民族主义？”[②]“民族主义是近代世界兴起的一大潮流。近代民族观念发源于对市场的占有和争夺，在世界统一市场逐渐形成的历史阶段，近代民族形成，近代民族观念也应运而兴。中国近代民族主义便是在这种大背景下勃兴的，并成为中国近代化运动的重要动力之一。”[③]

以上两种不同观点的分歧点在于对“民族主义”概念的理解不同。民族古已有之，民族主义则是一种“现代现象”。“民族主义”（nationalism）一词最早见于 15 世纪的德国，1836 年首次被列入《牛津词典》[④]，19 世纪中叶开始被频繁使用。美国著名历史学家斯塔夫里阿诺斯指出：“民族主义是近代欧洲历史上的一种现象。……直到 18 世纪西欧资产阶级开始分享或获得全部权力时，才呈现其近代的形式。”[⑤]“‘民族主义’（nationalism）一词也正是法国大革命时期才开始使用，而政治意义上的‘民族’（nation）一词也是在法国大革命期间才获得它的现代意义的。”[⑥]“法国大革命则标志着近代民族主义的形成。”[⑦] 所以，中国民族主义的出现也应该是近代以来的事情。

---

① 王鹏令：《试说中国民族主义的源流》，《当代中国研究》1997 年第 2 期。

② 罗厚立：《从思想史视角看近代中国民族主义》，转引自李世涛：《知识分子立场——民族主义与转型期中国的命运》，时代文艺出版社，2002 年版，第 223 页。

③ 冯天瑜：《中国近世民族主义的历史渊源》，《湖北大学学报》（哲社科版）1994 年第 4 期。

④ 李晔、耿昕：《论东亚民族主义的类型与特征》，《东北师大学报》2001 年第 5 期。

⑤ ［美］斯塔夫里阿诺斯：《全球通史：1500 年以后的世界》，上海社会科学院出版社，1996 年版，第 354 页。

⑥ 王希恩：《民族过程与国家》，甘肃人民出版社，1998 年版，第 178 页。

⑦ 李宏图：《西欧近代民族主义思潮研究》，上海社会科学出版社，1997 年版，第 149 页。

（二）民族主义的内涵

如同“民族”没有一个公认的、普遍适用的定义一样，关于“民族主义”也存在着概念上的争论。因为没有一种解释能够全面而准确地把握民族主义的所有特征和内容，所以没有一个定义能为人们普遍接受。有人说，“民族主义是只大象，每个研究者摸到的都只是他的一个部分而不是全部”。[①] 如果将其内涵做一个大致的归类，主要有如下几“说”：

其一，情感意识说。汉斯·科恩（Hans Khon）说：“民族主义首先而且最重要的应被认为是一种思想状态……在这一状态中，体现了个人对民族国家的高度的忠诚。”[②]《大不列颠百科全书》的解释为，“民族主义是一种思想状态，每个人对民族国家怀有至高无上的世俗的忠诚”。[③]

其二，理念原则说。埃里·凯杜里（Elie Kedourie）认为：“民族主义是19世纪初在欧洲的一种学说，……该学说认为人类被自然地划分为民族，这些民族由于某些可以证实的特性而能被人认识，政府的唯一的合法形式是民族自治政府。”[④] 英国学者厄内斯特·盖尔纳（Ernest Gellner）认为：“民族主义首先是一条政治原则，它认为政治的和民族的单位应该是一致的。”“民族主义作为一种情绪或者一种运动，可以用这个原则作最恰当的界定。民族主义情绪是这一原则被违反时引起的愤怒感，或者是实现这一原则带来的满足感。民族主义运动，是这种情绪推动的一场运动。”[⑤]

其三，行为运动说。安东尼·D. 史密斯（Anthony D. Smith）认为：民族主义是一种“为了一定人群的利益获得并保持自治、统一与认同的意识形态运动”。[⑥] 美国学者埃沃拉（Stephen Van Evera）指出，民族主义是一种政治运动，它有两个特点：一是其成员首先忠诚于他们自己的民族共同体，二是这种民族共同体希望成为独立的国家。[⑦]

其四，各方综合说。此观点以卡尔顿·海斯（Carlton J. H. Hayes）最

---

① ［英］厄内斯特·盖尔纳著，韩红译：《民族与民族主义》，中央编译出版社，2002年版，序言第2页。

② Hans Khon, *The Idea of Nationalism: A Study of Its Origins and Background*, New York: The Macmillan Company, 1946, pp. 10–11.

③ The New Encyclopedia Britannica, Chicago, Encyclopedia Britannica Inc., 15th edition, 1993, Vol. 8, p. 522; Vol. 27, p. 419.

④ ［英］埃里·凯杜里著，张明明译：《民族主义》，中央编译出版社，2002年版，第1页。

⑤ ［英］厄内斯特·盖尔纳著，韩红译：《民族与民族主义》，中央编译出版社，2002年版，第1页。

⑥ ［英］安东尼·D. 史密斯著，龚维斌、良警宇译：《全球化时代的民族与民族主义》，中央编译出版社，2002年版，第181页。

⑦ Stephen Van Evera, Hypotheses on Nationalism and War, *International Security*, Vol. 18, NO. 4, Spring 1994, 转引自李少军：《国际安全警示录》，金城出版社，1997年版，第236页。

具代表性。他认为：（1）民族主义是一种历史进程，在此进程中建设民族国家；（2）“民族主义”一词意味着包含在实际的历史进程中的理论、原则或信念；（3）民族主义是某种将历史进程和政治理论结合在一起的特定的政治行动；（4）民族主义意味着对民族和民族国家的忠诚超越于其他任何对象。①

上述对民族主义概念的不同界定，展现了民族主义的不同形态：它可以是思想意识、社会思潮，还可以是建国的理念和社会运动。学者们比较认可英国学者厄内斯特·盖尔纳的界定。“民族主义”的英文为“nationalism”，其主体是“nation”。在西方学术界和社会公共用语中，“nation”既指国家，也指民族，是指以国家为单位的民族，又称“国族”。“国家”与“民族”在此是合二为一的，是同一人们共同体互为表里的两个方面。在近、现代西欧人的观念中，所谓“国族”，也就是一个以主权国家形式实现政治统一的“人民”。“民族国家”在今天指的就是“国民国家”。② 对于当今的任何国家来说，国族都只有一个——“以国家为单位”的民族。对于多民族国家美国来说只能是美利坚民族，同样，对于中国来说，也只能是中华民族。由此，本文所说的“中国民族主义”指的是“中华民族的民族主义”，是中华民族建立和建设属于自己民族国家的理念和原则，以及在这一原则指导下的行为和运动。

“nation”的派生概念“nationality”在汉语中也译为“民族”，它相当于中国的56个民族单位中的任一族体。当今世界绝大多数都是多民族（nationalities）国家，由于民族概念的不同指代，民族主义的内涵就有了层次之分。分别以“nation”和“nationality”为不同主体的民族主义对一国的前途和命运起截然相反的作用。前者在正确的引导下会促进国家的统一和发展，基本等同于爱国主义；后者则容易与狭隘民族主义，甚至民族分裂主义相联系。③

二、民族主义分类及其在中国不同层面上的表现

（一）民族主义的一般分类

民族主义是一个外延和内涵都相当复杂的概念，实践中有不同的分

---

① Carlton J. H. Hayes, Essays on Nationalism, The Macmillan Company, New York, 1928, pp. 5－6。

② 朱伦：《西方的“族体”概念系统——从“族群”概念在中国的应用错位说起》，《中国社会科学》2005年第4期；朱伦：《走出西方民族主义古典理论的误区》，《世界民族》2000年第2期。

③ 宋新伟：《民族主义误读解析》，《新疆师范大学学报》（哲社科版）2006年第2期。

类。通常的分类有：根据民族主义强调的重点分为政治民族主义、经济民族主义和文化民族主义，这是最常见的一种分法；依据民族主义的归属感以及人们对自由、平等的认识分为进攻性民族主义和非进攻性民族主义[①]；从发生学的角度把历史上的民族主义分为内生型的西方民族主义和外生型的东方民族主义[②]；按国家实力的强弱分为强势民族主义和弱势民族主义[③]；根据民族主义运动中是否存在民族主导或假借民族主导的现象，可分为"有族性联系的民族主义"和"无族性联系的民族主义"[④] 等。

（二）不同层面的民族主义

根据民族主义的主体和地域范围可以将民族主义分为国内民族主义、国家民族主义和泛民族主义。[⑤] 这种划分对中国等多民族国家有着极其重要的意义，它有助于更好地认清不同层面的民族主义对国家的影响和作用。

国内民族（nationality）主义是指在多民族国家中，为了谋求本民族的局部利益而不惜牺牲国家利益或把局部利益凌驾于国家整体利益之上的狭隘民族主义。这种民族主义与国家民族主义一般来说是相冲突的。以中国为例，根据其在国家内部所占人口比例的大小可以分为大民族主义和地方民族主义；也可以根据其所要达到的目的分为一般性的地方民族主义和民族分裂主义，前者只是一般性的过度谋求自身民族的利益，后者则以分裂国家独立主权和领土完整为目的。

国家民族（nation）主义是比国内民族主义更高层次的民族主义。它以爱国主义为基础，在国际交往和对外活动中强调并坚决维护和捍卫本民族国家利益，是通过国家形式表现出来的与国家利益相一致的民族主义。它以民族国家为基本单位，以国家民族的利益为核心，是一种能在国际政治中产生作用和影响的力量和因素。在国际关系中，如果某个国家既维护自身的国家民族利益，同时也尊重别国的民族国家利益，就会有比较健康、常态的国家关系；否则，如果越过了这一界限，为满足自身利益而牺牲或侵犯他国利益，将会陷入极端民族主义的泥坑。历史上的殖民主义、帝国主义、法西斯主义以及霸权主义、民族扩张主义和大国沙文主义等，

---

① 顾昕：《伯林与自由民族主义思想》，刘军宁、王焱编辑：《直接民主与间接民主》，三联书店，1998 年版，第 237 页。

② 胡宗兵：《国际政治中的民族主义误区及其成因》，《欧亚观察》1996 年第 3 期。

③ 房宁、王炳权：《论民族主义思潮》，高等教育出版社，2004 年版，第 84 页。

④ A. D. Smith，Theories of Nationalism，New York，1983，pp. 215 – 216. 转引自王希恩：《民族过程与国家》，甘肃人民出版社，1998 年版，第 155—156 页。

⑤ 李兴：《论国家民族主义概念》，《北京大学学报》（哲社科版）1995 年第 4 期。

均由此而来。维护自身正当的民族利益和国家利益，抵御外来侵掠势力，属于爱国主义的、民族自卫的范畴。

泛民族（ethnicity，ethnic - group）主义指由于共同的宗教、种族或文化而形成的跨国界、跨地区的民族主义。它的兴起和扩张是当前世界跨国界民族问题中一个非常突出的现象。泛民族主义以光大和复兴传统帝国为目的，包括泛伊斯兰主义、泛突厥主义、大哈萨克主义、大日尔曼主义、大俄罗斯主义等。它主要有两种表现形式：一是曾经生活在一个国家中后来被分割、肢解的民族企图恢复原有的帝国；另一种是散布于各国的同一民族寻求建立本民族独立国家或回归以本民族为主体民族的国家，如大哈萨克主义号召世界范围内的哈萨克人回归哈萨克斯坦，以谋求建立单一民族国家。其中，泛伊斯兰主义和泛突厥主义（简称“双泛”）是当今伊斯兰世界中最具影响力的政治思潮。这两种思潮对中国新疆有着很大影响。

民族主义在中国三个不同层面上都有表现，而中国民族主义特指其中的以国家为单位的中华民族的民族主义，这是符合民族主义概念本源的理解。任何企图从中国分裂出去，妄图破坏中国主权独立、领土完整，以泛民族（ethnicity，ethnic - group）主义为号召的民族分裂主义都是民族主义在中国的极端表现形式，是民族主义在中国的逆流，也是我们必须坚决抵制的；不适当地为了本民族（nationality）利益而损害国家整体利益的地方民族主义（local nationalism）是民族主义在中国的支流，是我们应该坚决反对的；而为了中华民族的伟大复兴和中国的繁荣富强，增强各族人民凝聚力的、摆脱了狭隘性的中华民族（Chinese nation）的民族主义（Chinese nationalism）是民族主义在中国的主流，也才是我们应该提倡的真正意义上的国家民族主义。①

（三）建国民族主义与立国民族主义

笔者认为，还可以根据民族主义面临的任务将其分为建国民族主义和立国民族主义。这两项任务是前后相继、接踵而至的。“在完成独立或统一之后从政治上维护和获取民族利益的思想和行为也常被人们，尤其是西方学者划入民族主义范畴。”② 民族国家的建立并不意味着民族主义任务的完成，更艰巨的是建设国家。如果建设国家的任务不能很好地完成，已经取得独立的国家很有可能再次倒退至非独立状态，此况可以苏联和南斯拉夫的解体为证。对于今天的国家来说，除像巴勒斯坦等少数处于准国家状态的政治单位之外，基本已经完成了建国的任务，建设国家的任务则是首

① 宋新伟：《民族主义误读解析》，《新疆师范大学学报》（哲社科版）2006年第2期。
② 王希恩：《民族过程与国家》，甘肃人民出版社，1998年版，第162页。

当其冲。因此，当前的中国民族主义是中华民族为了实现伟大复兴，在民族国家建设过程中出现的反对当今世界霸权主义和强权政治，维护中华民族利益、独立和尊严的集中体现。它将在中国长期存在，却不会对世界和平构成威胁。

三、对当前中国民族主义三种基本观点评析

在和平与发展成为时代主题的今天，中国的和平崛起引起世界聚焦。“中国威胁论”在一些别有用心者的鼓吹下油然而生，于是就有了中华民族的据理力争。这种为了维护国家、民族利益的情感表达和对国家、民族命运的关切和焦虑就是中国民族主义的当前表现，这是一个自觉民族面对外来压力的当然本能反应。20 世纪 90 年代后，以世纪之交为界，中国民族主义出现了两轮高潮。第一轮因苏联解体后以美国为首的西方某些国家对华实行战略打压而激发。这一时期的中国民族主义主要以知识分子为主体，以书籍为载体，掀起了“说不”风潮。1999 年，中国驻南斯拉夫大使馆被炸事件发生后，民众的反美情绪高涨。进入新世纪，以“撞机”事件为导火索，第二轮民族主义高潮逐渐兴起，高涨于 2003 年。此轮民族主义呈现出的显著特点是：民众的反日情绪突出，他们以网络为平台发表爱国主义言论，同时也反对国内的狭隘民族主义。同期，中华民族要求中国海峡两岸统一的呼声日益高涨。中华民族的凝聚力和向心力得到极大的提升。目前，关于当代中国民族主义的讨论主要局限于学术圈内，学者们主要持以下三种观点：

其一，主张中国应发扬民族主义。

这一观点的代表者王小东主张：第一，“中国如果不在国际上与西方人争国家利益，中国没有出路，从长远看，……终究逃脱不了亡国灭种的命运。但要外争国权，就必须内修人权”。“我们应该具有这样的根基：民主主义制度，民族主义的意识。”[①]。第二，崇尚尚武精神。[②] 他认为，今天的社会还是一个强权即真理的世界，所以“对于中国而言，这就有必要在中国人中提倡民族主义，提倡尚武精神”。第三，提出生存空间论。“一个民族是否能过上好日子，与其所占有的生存空间和自然资源直接有关。……现今的西方列强几乎都是在战争中抢到自然资源或生存空间的国

---

① 王小东：《民族主义和民主主义》，李世涛主编：《知识分子立场》，时代文艺出版社，2002 年版，第 86—101 页。

② “中国面临着四个方面极为严峻的挑战。即：（1）生存空间的狭小、自然资源的匮乏、环境的恶化。（2）科技的落后。（3）政治体制改革的难度。（4）民族精神的矮化、民族凝聚力的丧失。”参见王小东：《当代中国民族主义论》，《战略与管理》2000 年第 5 期。

家和民族。"[①] 赞同此类观点的中国民族主义者一般认为：虽然世界进入了所谓的"全球化"时代，"但是，从总体上看，整个基本格局并没有发生根本变化：西方列强的本质并没有变，西方独霸世界、奴役世界的野心没有变"。[②] 因此，对于中国来说，"恰当的选择不是抛弃民族主义，而是复兴民族主义，把民众的忠诚集中到国家水平上"，[③] 用民族主义来整合国民意识。

这类主张有其合理性。他们看到了中国当今在国际上的处境并不容乐观，把民族主义作为改变中国落后面貌，争取在国际上拥有平等地位的手段来使用；看到了民族主义所内含的民族凝聚力作用，并使之服务于国家利益的需要。但这类观点的代表人王小东所提出的"尚武"精神和"生存空间论"却很容易让人望文生义，给人以"武力""霸权"的感觉，虽然他本人也对其"尚武"的内涵做了解释，[④] 但还是难免让人生疑并遭人反对。

其二，坚决反对民族主义在中国存在。

马立诚认为："民族主义飙升往往和封闭意识抬头联系在一起……结果连学外语都成了崇洋媚外的罪状，谈何对外开放？……如果民族主义狂热浮出水面，势必会影响我们向发达国家学习科学技术、管理经验和优秀文化，延缓我国现代化进程，损坏我国的经济利益。""民族主义的作用机制是利用民众情感力量，因此它在本质上是非理性的……我国某些少数民族中有极少数人，并不承认自己是中华民族的一部分。有些人企图使本民族从中国独立出去，即使付出再高成本也在所不惜。有些人甚至宁愿把自己同国外的一些民族联系在一起……这些人就是想利用民族主义实现自己的目标。因此，民族主义对国家安全构成威胁，是明显的事实。"[⑤] 许纪霖在《反西方主义与民族主义》一文中指出："这种自上而下弥漫开来的反西方主义，是否像有的评论所说的，象征着'在当今世界格局中，中国民族主义的觉醒？'……中国的民族主义：是一个巨大而空洞的符号。"[⑥] 萧

---

① 王小东：《当代中国民族主义论》，《战略与管理》2000 年第 5 期。

② 房宁等：《全球化阴影下的中国之路》（序），中国社会科学出版社，1999 年版，第 1 页。

③ 尹保云：《民族主义与现代经济发展》，李世涛主编：《知识分子立场》，时代文艺出版社，2002 年版，第 129 页。

④ "尚武是为了振兴中国目前确实十分矮化的国民精神。""尚武精神意味着不向任何强权低头，意味着不依附于别人，意味着自尊自强，意味着敢于战胜困难、敢于战胜敌人、意味着除强扶弱。"参见王小东：《当代中国民族主义论》，《战略与管理》2000 年第 5 期。

⑤ 马立诚：《为何不要民族主义》，《环球时报》1999 年 11 月 19 日。

⑥ 许纪霖：《寻求意义：现代化变迁与文化批判》，上海三联书店，1997 年版，第 290—297 页。

功秦也认为："中国人致命的弱点是由于中国人历史上所受的痛苦太多，在长期专制下受的压抑太深，民族主义一旦被激发起来，极容易走向非理性。"①

总体上看，反对中国民族主义者认为民族主义危害中国国家利益。具体表现在：第一，民族主义飙升将会干扰甚至破坏中国的对外开放和现代化建设。第二，民族主义助长少数民族的分离倾向。第三，民族主义高涨将促使其他国家使用同样武器对付中国。②"即使有一天，中国真的有能力提出修改游戏规则，也应当以大同主义为旗帜。民族主义是陷于民族危机时不得已的法宝，滥用不得。"③ 在中国，反对民族主义的声音似乎要高于其支持者。其实，这些反对者对中国民族主义的认识与其真正的内涵有偏颇。理由如下：

第一，"中国民族主义"不等于"中国的民族主义"。"中国的民族主义"包括在中国出现的不同层面上的三种民族主义，而"中国民族主义"仅是其中之一：中华民族的国家民族主义，它和少数民族的民族主义这一国内的地方民族主义不同。中华民族是一个历史形成的统一体，各民族是同进退、共患难的利益共同体。中华民族的民族主义才是民族主义在中国的主流。在中国，倡导中华民族的民族主义有利于增强民族凝聚力，抑制民族分裂，只有中华民族的民族主义才是正当的。组成中华民族这样一个"多元一体"的国族内部的任何族体的民族主义与国家整体利益都是相悖的。我们应该坚持中华民族的民族主义，它是中华民族的伟大复兴所不可缺少的精神力量和动力源泉，也是中华民族爱国主义的体现。因此，不应该笼统地把不同层面的民族主义一概否定，而应具体分析，区别对待。

第二，"民族主义"不等于"民族分裂主义"。反对中国民族主义者的最大理由是认为民族主义的发展会破坏中国的国家统一和民族团结。这种理由似乎很有道理。因为，民族分裂主义在中国的确存在，它是造成中国社会不稳定的最大危害。可它恰恰是中华民族的民族主义所反对的。其实，民族主义与民族分裂主义之间是不能划等号的。民族分裂主义也称民族分离主义，"是指一国之内的政治力量以民族为单位的分裂倾向和要求。它可以是个别民族从统一国家中脱离而出，也可以是一个统一国家以民族

① 萧功秦：《警惕极端民族主义》，"民主与科学"网站（http://www.dvscn.net），2002年6月16日。

② 凌志军、马立诚：《呼喊——当今中国的五种声音》，广州出版社，1999年版，第292—295页。

③ 陈少明：《民族主义，复兴之道?》，李世涛主编：《知识分子立场》，时代文艺出版社，2002年版，第391—394页。

为单位的分解。前者使原有的国家统一遭到破坏，后者则使原有的国家不复存在。民族分离主义是国家社会的致命内患，当代民族问题也以民族分离主义最为突出”。[①] 由此可见，民族分裂主义的确是民族国家，尤其是多民族国家统一的大敌。但中国的民族分裂主义分子不并仅仅存在于少数民族之中，汉族中也同样有图谋分裂的势力，具有代表性的就是“台独”分子的分裂活动。民族分裂主义分子不代表哪个民族，他们是中华民族的共同敌人。民族分裂主义是民族主义中的极端表现形式，二者也不是一个层面上的概念，将其混为一谈，自然会得出错误结论。

第三，中国民族主义已经趋于理性，不再是“巨大而空洞的符号”。引起一时轰动的《中国可以说不》一书在得到好评的同时也被看作是狭隘民族主义情绪化的体现而遭到了一些人的批判。然而，批评者却没有看到该书封面上赫然写着：“中国说不，不是寻求对抗，而是为了更平等的对话。”“民族主义在当代中国，并不是什么巨大而空洞的符号，不是知识话语的禁区……它在当代中国的表现与中国经济的崛起和社会生活的多元化同步。在日益广泛的经济、文化交往中，普通中国人正逐渐摆脱经验的局限和意识形态的朦胧状态，开始对个人、集体和国家的利益和前途表现出越来越多的体认、关心和参与意识。这种姗姗来迟的民族主义不但是‘正当’的，而且其表现方式总体上说也相当地理性、温和。”[②] 今天的中国民族主义已经趋于理性，有自己明确的目标追求。中国民族主义从产生之初就是作为中华民族反抗外来压迫的武器出现的。民族主义是自觉民族的正常反应，它并不仅仅只在民族危机之时才显现。在今天和平与发展的时代背景下，“新殖民主义、政治霸权主义、文化霸权主义是压在包括中国在内的广大发展中国家头上的三座大山”。[③] 中国对外来的倾轧势力不能不反抗，它是近代历史上中国反抗外来压迫和强权的民族主义的延续。为了追求在国际社会中的平等地位，也需要国家民族主义发挥作用。

第四，中国民族主义不是“反西方主义”。近代以来，西方列强从未间断对中国的侵略，它们的侵略行径遭到反对是天经地义，无可厚非的。即便是“义和团”运动，也并非像有些人所说是盲目排外的非理性表达。只是近代以后，中国的闭关自守使得人民愚昧落后，即使这样，义和团的勇士们也没有放弃反抗的决心。运动虽然失败了，但他们反抗外来侵略的勇气无论何时都是值得后人学习的。这也从反面促使后来者走出愚昧。但

---

① 王希恩：《民族过程与国家》，甘肃人民出版社，1998 年版，第 214 页。

② 房宁、王炳权：《论民族主义思潮》，高等教育出版社，2004 年版，第 4 页。

③ 房宁、王炳权：《论民族主义思潮》，高等教育出版社，2004 年版，第 145 页。

今天的中国人并不是盲目排外的。鲁迅的“拿来主义”我们继承下来了，取其精华，去其糟粕。中国人并没有固守传统，而是有鉴别地吸收西方先进的科学、技术、理念与方法。今天，中国民众反对的主要是以美、日为代表的对中国的发展进行遏制的某些国家，并非所有的西方国家。反对和抵御西方霸权是中国民族主义的长期主题。中国民族主义并不是不辨菽麦。因此，不能把中国民族主义等同于“反西方主义”。

总体而言，此种观点不乏以偏盖全，有失全面和具体问题具体分析的态度。

其三，用一分为二的态度看待中国民族主义。

对于民族主义的双重性中国学者也注意到了。朱学勤指出：“民族主义来源于中国近代历史受尽外敌凌辱的集体记忆，但是它有两种表现形态。一是理性的民族主义，既能严守民族气节，又能与‘左’倾排外划清界限……二是狂热的民族主义，借爱国而排外，借排外而媚上，百年内频频发作，至今没有得到清理。”[①]“从近代历史看，民族主义成为被压迫国家和人民争取独立解放的动力源，代表着国际关系上的平等意识的苏醒。从人道主义角度看，它具有一种历史正义性。从另一方面看，民族主义也是战争和杀戮的精神之源……民族主义似乎也有高下善恶之分。”[②] 还有人说，从今天的国际政治现实看，民族主义既可以是建设者，也可以是破坏者。

此种观点比较全面地看到了民族主义的两面性。但是，“民族主义是‘双刃剑’的看法，既是对民族主义的正确理解也是对民族主义的一种误解。正确的方面表现在这种观点看到了民族主义发展的动态过程，错误的方面在于没有看到危害背后的深刻的历史原因。错误的方面还在于以偏盖全，把西方品质的民族主义当作普遍范式。不是所有的民族主义都是进步的，也不是所有的民族主义都是落后的，它的实践指向与民族主义在实际运动中的蜕变相伴随，与民族主义在理论上的演变有关”。[③] 这说明，民族主义本身是一个动态的过程，它的性质并不取决于它自身，而是由其背后的政治、经济、历史、文化等诸多因素，尤其是它的“幕后”操纵者所决定的。要看到民族主义作用的双重性，更要找到它背后隐藏的真正原因。不能用西方民族主义走过的历程看待中国民族主义，二者产生原因、性

---

① 朱学勤：《五四以来的两个精神“病灶”》，李世涛主编：《知识分子立场》，时代文艺出版社，2002 年版，第 506 页。

② 黄晴：《民族主义是把双刃剑》，《环球时报》1999 年 11 月 5 日。

③ 房宁、王炳权：《论民族主义思潮》，高等教育出版社，2004 年版，第 25 页。

质、作用都不可同日而语。中国民族主义今天的存在有其合理性和必要性。

多民族国家民族认知教育的需求*

王淑兰

中国作为一个统一多民族国家，稳定和谐的民族关系对中国社会发展无疑有着重要的意义。改革开放以来，各民族之间的交往交流频繁、居住格局发生变化、网络信息的普及的社会格局变化使得不同民族成员间直接建立社会联系的广度和深度日益扩展，在此条件下执政党“各民族共同繁荣发展，各民族共同团结进步”的理念不仅需要具体化为各类社会政策，而且需要在各类社会规范中得到体现，使社会成员在对民族现象具有较高认知基础上理解国家民族政策，使各民族之间在相互理解和包容的基础上和谐生活。因此，对我国民族以及民族问题的认知，不仅关涉理论研究，也关涉民族关系发展态势和各民族共同繁荣目标的实现。笔者于2011年对中国社科院研究生院部分研究生进行了一次深度访谈，考察具有一定知识水平的青年群体如何认知和理解我国的民族以及国家的民族政策和现实民族问题。

一、对民族认知两个基本问题的访谈

为了考察研究生认知和理解中国民族现象以及为调整民族关系国家所实施的民族政策，本文通过考察这一群体对民族概念以及对我国少数民族的具体认识这两个认识民族现象的基本问题来展示现实状况，思考民族认知教育的路径等问题。

第一，对民族概念相关性问题的认知。随着时代的发展，人们对民族现象的认知在不断加深，而且进入21世纪以来，民族现象对人类社会的影响也日益彰显并复杂化，不仅学术界对民族进行学术性定义面临更复杂的

---

* 原文以《多民族国家民族认知教育的需求——以一次小型访谈为分析个案》为题载于《满族研究》2012年第3期，略有改动。

作者简介：王淑兰（1987—），女，宁夏同心人，西北民族大学马克思主义学院讲师，中国社会科学院马克思主义学院博士生，主要研究方向为马克思主义民族理论。

情况，而且全球化和人流、物流的大流通也使普通人面临认知民族现象的需求。正如有学者指出的民族“在政治词典中最令人迷惑和最有倾向性的术语之一”[①]、而且“由于‘民族’一词兼称过多过泛，遂使本来较为单纯的一个用词也复杂化起来”[②]。对研究生的访谈中，在“什么是民族”这一问题上，他们有着不同的侧重点和认知，被访者对民族的定义总体都表述为具有血缘关系，享有共同文化和特定社会规范的人们共同体，大多数被访者认为持久的文化积淀、特定行为规范、历史传说、价值认同等是构成民族的一些基本要素，并且认为民族的形成是社会发展的必然结果。

为进一步探索被访者对民族现象的认知，访谈中笔者将“民族”一词置于不同的情境中，了解被访者是否能在中文语境中自然地理解“民族”含义，如谈到“民族身份”和“民族归属感”时，被访者全部认同自己的汉族身份和群体归属；谈到“华夏儿女”时，他们会理解为中华民族；谈到“民族企业”“民族品牌”时，他们会理解为“中国”企业或品牌。这至少说明，被访者对“民族”在不同语境下不会产生混淆或者误解，他们并不认为中华民族、少数民族概念给他们理解民族现象造成混淆和误解，实际上“在中国，‘少数民族’‘民族政策’和‘民族理论’等话语已经深入人心，不但渗透在政策语言、社会语言，而且也在我们的学术语言中被广泛认可了”。[③] 也就是说在中文语境中，问及某特定民族群体成员民族认同时，他知道民族是指其所出身的那个群体而不是别的，但是，当问及其对中华民族认同之时，他们了解是这是指国家民族而言。就一般情况而言，“民族”在中文语境下没有混淆不清的可能性。

第二，对其他民族群体认知和理解的调研。调查发现，被访者对其他民族了解甚少。一般来说，被访者虽然能够泛泛地谈“民族风俗”“民族习惯”“宗教信仰”“生活方式”等现象，但是当要求其具体谈谈我国少数民族的名称以及某个少数民族的民族文化时，被访者中没有人能够做到此点，实际上，他们对其他民族群体缺乏基本的了解。与此同时，他们对国家的民族政策形成过程也缺乏认识，导致他们无法正确认识中国解决民族问题的制度和政策。这些被访者的想法在社会上具有一定的代表性，当影响民族关系稳定发展的大事件或局部民族关系出现波动时，这类想法便

---

① 郝亚明：《试论民族概念界定的困境与转向》，《世界民族》2011 年第 2 期。

② 王明甫：《“民族”辩》，郝时远主编：《解读民族问题的理论思考》（上），社会科学文献出版社，2009 年版，第 323 页。

③ 王希恩：《也谈我国民族问题上的“反思”和“实事求是”——与马戎教授的几点商榷》，《西南民族大学学报》2009 年第 1 期。

会活跃，人们总是将这类事件的原因归咎于制度和政策本身。被访者大多对民族识别、民族优惠政策同样都有一定的保留意见。

在访谈过程中遇到的问题不能不引起我们的思考：如果连受过高等教育的青年知识分子都不能从多民族国家民族关系和谐发展的层面认识和理解国家的民族政策，那么“民族区域自治”作为执政党基本经验不容质疑、作为国家基本政治制度不容动摇、作为中国政治由于不容削弱的目标如何能够达成？在访谈中遇到的问题也说明政府民族工作和民族认知教育还有很大的空间，引导社会公众，尤其是未来社会发展的中坚力量——青年人，系统把握民族知识，认识多民族中国的民族构成，对民族现象有良好的认知，并能正确看待中国民族政策和民族问题，是促进民族团结的重要环节。

二、被访者民族现象认知缺失的根源

被访者具有一定的民族基本知识，但是缺少对其他民族的了解，访谈告诉提示我们一个基本结论便是被访者对民族现象缺少正确的认知，他们对民族有最基本的知识，但是大多不能准确理解和认识其他民族的文化，不能真正从平等、团结、互助、和谐原则出发认识民族现象。这种认知缺失一般受到多种因素影响，对于这部分被访者而且最主要的有如下两点：

其一，被访者缺乏与其他民族接触和交往的生活经历：认知来源的直接途径是社会生活实践。通过调查不难发现被访者对中国民族概念及其语境性和层次性有良好把握：被访者了解本民族、其他民族和中华民族不同概念所指，他们在民族现象一般性认知上并不缺少理论和知识点，只是他们观察和分析民族关系时却缺少民族平等的观念，特别是在尊重其他民族成员方面缺少实际经验和生活阅历。

通过分析被访者的背景资料发现，他们均生活于汉族人口聚居区，很少有机会与其他民族的成员交往，“除非人们在理解一个语词的同时实现与这个语词有关的生存性活动，否则，任何一个语词都不会得到理解；除非生活过程中所遵循的道路适合于这个共同体内部的各种过程，否则，任何一种过程都无法得到表述、无法变成可理解的东西”[①]，正如有学者指出过的：“在很长的时期，由于东、中部的人们缺乏民族接触和民族交往体验，加之认为民族问题过于敏感，因而猛然接触民族问题和民族政策难免

---

① 陈庆德：《试析民族理念的建构》，郝时远主编：《解读民族问题的理论思考》（上），社会科学文献出版社，2009 年版，第 386 页。

会出现一定的主观认知偏差。”①

其二，被访者缺少系统民族认知教育。有学者指出：“我们虽然制定和实施了被认为是世界上最先进的民族政策，但却没有让自己的人民（尤其是主体民族）很好地理解这些民族政策背后的价值理念”，因而，“当前中国民族政策面临的最大风险，不是来自于民族政策本身，而是来自于精英阶层和主体民众对民族政策的态度和认知以及依据这种态度和认知可能产生的决策”②。从此次调研来看，在某种程度上证实了这一结论，受过高等教育的青年学生对中国的民族问题和民族政策有一定的认识，但是，缺少对民族政策形成进程的认知和民族平等的基本态度。“由于有些社会成员对于民族地区的现实情况不尽了解，政策制定者又没有充分的政策解释和社会告知，于是出现了误读或歪解政策的空间，原本实现均衡发展的初衷被曲解为‘对特殊群体的特殊照顾’，认为有失社会公正。”③ 如本次调查被访者由于没有接受过系统的民族政策教育，他们仅仅从自身的生活经验出发认识和评价民族政策，从个体层面对社会上的民族现象就事论事，自然不可能从国家、社会公平与公正等视角认知相关问题，“主观意识经常是不合理的，人们习惯于站在自己的角度理解世界，‘意念中的就是客观存在的’是屡试不爽的社会学格言”④。可见，寻求有效途径，促使各民族之间相互了解，正确解释政策背后价值理念都成为多民族社会和谐发展的重要需求。实际上，公共教育机构应承担起民族观、民族知识传播和民族关系处理原则和知识等责任，正是知识可能搭建起各民族之间充分交往和理解的桥梁。

三、普通高等院校民族认知教育

作为一个统一的多民族国家，如何处理好多民族国家各民族之间的关系的问题是执政者不可回避的现实。中国共产党根据中国民族关系的具体实际，在马克思主义民族理论指导下，创造性地实施了一系列有益于民族平等和各民族共同发展繁荣的的制度和政策，民族区域自治制度、“三个离不开”的思想、各民族平等、团结、互助、和谐的新型民族关系建构等等，大大推动了“中华民族多元一体格局”的发展，国家统一、民族团结和各民族发展繁荣不断取得成果。当然，随着国际政治格局的变迁和中国

---

① 言轻：《认知民族问题应秉承情怀至上原则》，《中国民族报》2012 年 4 月 6 日。

② 周少青：《我们为什么坚持这样的民族政策》，《中国民族报》2012 年 2 月 24 日。

③ 言轻：《广泛关注才有助于问题的解决》，《中国民族报》2012 年 3 月 30 日。

④ ［英］爱德华·莫迪默等主编，刘泓、黄海慧译：《人民·民族·国家》，中央民族大学出版社，2000 年版，第 24 页。

经济体制改革和社会转型进程的发展，与民族相关的新情况和新问题也不断出现，政府民族工作面临新挑战，而多民族国家国民整体民族认知教育的需求更具紧迫性。因此，普通高等学校应在民族理论与民族政策、民族学、人类学等学科方面提供更全面的课程选择，为正确认知民族现象提供丰富的知识和分析视角。中共中央宣传部、教育部规定在民族院校开设民族理论与民族政策作为公共政治理论课程内容，这一课程追求的主要社会效果为宣传马克思主义民族理论、中国共产党的民族理论与民族政策、各民族对中国历史文化发展的伟大贡献，促使在校大学生树立正确的民族观、宗教观、国家观。几十年来，这一课程在民族院校已取得了丰富的科研和教学成果，培养了大量人才，但是，仅仅对民族院校的学生开设此类课程显然不够，因为民族关系是相互之间的关系，就是因为非民族院校的高等院未开设此类课程，学生们在最具可塑造性时未得到相关知识，以至于他们仅对多民族国情有基本知识，却不能正确理解多民族国家处理民族关系的基本原则，他们对民族现象的认知还停留在低级阶段，甚至由于缺少对中国国家转型等常识的基础，对中国民族问题产生的历史背景等缺少相关知识支撑，对国家实施的民族政策目标等缺少真正了解，因此，影响了他们对民族问题、民族关系的正确判断。

总之，访谈中的问题提醒我们应把相关课程作为所有高等院校的基本教学内容，课程虽然不能根本解决民族问题的发生，但是可能帮助人们了解和认识民族问题，培育青年一代理性认知和辨别在民族问题上的是非，进而从根本上认识中华民族多元一体的格局的历史与现实，树立正确的民族观，在推动各民族共同团结奋斗和共同发展繁荣进程中，“尊重差异，包容多样”，使各民族团结不断达到新水平。

坚持马克思主义，构建中国民族理论话语体系*

魏俊雄

世界话语体系“西强我弱”的局面随着中国崛起发生了显著改变，但

---

* 原载《民族论坛》2015 年第 12 期，略有改动。

作者简介：魏俊雄（1980—），女，四川合江人，西华师范大学马克思主义学院副教授，中国社会科学院马克思主义学院博士生，主要研究方向为马克思主义民族理论。

与中国道路成功的丰富实践相比，中国哲学社会科学话语体系建设相对滞后，中国的理论话语体系尚未形成。近年来，面对我国民族工作出现的新情况新问题，在中国民族理论研究领域，一些学者的深刻反思、积极阐释促进了马克思主义民族理论中国化的深入，但也有一些人受到了西方话语的强力影响，学术观念和研究视角被西方民族思想所“挟制”，使得西方民族理论的话语模式成为“传统中国民族理论之外的第二套话语体系”①，对民族工作产生了很大的负面影响，体现了对以马克思主义为指导的中国民族理论的不自信。构建中国特色民族理论话语体系，必须要相信“在世界上，马列主义是能够解决民族问题的”②。马克思主义是构建中国民族理论话语体系的根本前提。

一、马克思主义为构建中国民族理论话语体系提供了意识形态的根本立场

今天，我们仍处于“社会主义与资本主义两个前途、两条道路、两种命运、两大力量生死博弈的时代”③。通过意识形态渗透来西化、分化中国的“和平演变”图谋是当代西方资本主义国家企图摧毁社会主义的主要手段，“其中利用民族问题是其实施和平演变战略的一贯手段”④。自20世纪80年代末90年代初起，西方所谓的“国际援藏势力”，境外“东突”势力加紧以人权、宗教信仰自由等为由对我国民族问题进行干预。随着近年来中国的不断崛起和强大，西方更是加紧了“西化”和“分化”的步伐，这使中国面临着民族分裂问题的严峻挑战，民族领域里意识形态的渗透与反渗透斗争显得日趋尖锐和复杂。因此，中国民族理论话语体系构建不仅是一种思想和理论构建，更是一种政治态度、一种意识形态的构建和表达。

马克思主义是社会主义意识形态的旗帜和灵魂，构建中国民族理论话语体系，就应该坚持以马克思主义为指导，体现马克思主义的根本立场，旗帜鲜明地抵御国外敌对势力的思想渗透，反对西方话语霸权。从意识形态角度上看，马克思主义民族理论和西方资产阶级民族理论是相对立的两种理论。西方的民族理论话语体系是从资产阶级的狭隘利益出发的，它服务于西方资本主义的国家利益、政治信仰和资产阶级的阶级利益，为此可

① 王希恩：《坚持中国民族理论的正确方向》，《中国社会科学院院报》2004年12月30日。
② 《邓小平文选》第1卷，人民出版社，1994年版，第163页。
③ 王伟光：《坚持人民民主专政，并不输理》，《红旗文稿》2014年第18期。
④ 郝时远：《中国共产党怎样解决民族问题》，江西人民出版社，2011年版，第136页。

以牺牲和剥削其他民族利益。当代资本主义世界仍然存在民族压迫和剥削，而且“更多表现出的是一种对于弱势民族合乎‘规则’的支配和剥削，其中蕴涵的阶级压迫关系更具有隐匿化和‘合法化’的特点”①。马克思主义民族理论在处理民族问题时不仅从本国人民的根本利益出发，同时也从世界各族人民的利益出发，以维护全人类共同的根本利益，坚决反对任何的民族压迫。马克思主义民族理论相对于资本主义意识形态的民族理论具有根本的优越性，我们一定要坚持马克思主义的理论自信。

二、马克思主义民族理论是构建中国民族理论话语体系的基本理论支撑

民族平等是马克思主义民族理论的核心原则，它为构建中国民族理论话语体系提供了坚实的理论基础和内核。马克思主义“将‘民族平等’从资产阶级的空谈变成了具有牢固基础的社会目标”②，把“民族平等”纳入到废除私有制的无产阶级革命实践和社会主义建设的发展目标中，明确提出只有消除“事实上的不平等”才是真正意义上的民族平等，充分体现了民族平等的正当性、合理性。

时至今日，西方国家倡导的多元文化主义，虽然在“民族平等”上实现了一定的突破，但这种平等仍然带有被迫的、不彻底的因素，以它为理论基础的政策主要是一种文化政策。而在马克思主义民族理论指导下的中国民族政策内容则要丰富得多，“它涉及到应对不同民族结构的国家体制、少数民族的应有权利、民族关系的准则、国家和国内民族的关系、少数民族经济文化的发展方针等”③。

中国民族理论话语体系应该凸显马克思主义民族平等思想的科学性和实践的优越性，以增强其对世界的吸引力、感染力和影响力。

构建中国民族理论话语体系必须要以马克思主义民族理论为支撑。比如，马克思主义民族理论揭示了民族产生、发展和消亡的基本规律，认为民族是在形成中发展，在发展中融合，在融合中走向消亡，这是指导我们科学认识民族现象和民族问题，构建中国民族理论话语体系的基本观点。又如，马克思主义民族理论认为，民族问题是社会总问题的一部分，“它

① 王希恩：《论民族问题中的阶级因素》，《西南民族大学学报》2007 年第 2 期。

② 王希恩：《批判、借助与吸纳——对马克思主义经典作家关于民族主义论述的再认识》，《民族研究》2007 年第 5 期。

③ 王希恩：《多元文化主义与马克思主义民族理论的两点比较》，《科学社会主义》2010 年第 2 期。

完全是由社会环境的条件、国家政权的性质并且总的说来是由社会发展的全部进程决定的”①。当前，中国民族理论话语体系的构建除了要植根于民族问题和民族工作实践之外，还要植根于中国特色社会主义建设实践的宏观视域中，植根于整个中国特色社会主义理论体系的宏观历史语境中，只有这样才能构建真正具有中国特色和体现时代精神特点的民族理论话语体系。再如，马克思主义民族理论认为，解决民族问题的基本理念只能是尊重差异，包容多样，在此基础上促进各民族经济文化的发展，遵循在差异中求和谐，在多样中求整合，在发展中解决问题的基本原则和科学态度，这是我们构建中国民族理论话语应该倡导的基本价值原则。

三、马克思主义实事求是原则为构建中国民族理论话语体系提供了根本方法

构建中国民族理论话语体系，不仅要以马克思主义民族理论为基本理论支撑，而且还必须要从认识论和方法论的高度重视马克思主义的指导意义，保证理论话语体系的科学性、开放性和时代性。

实事求是作为马克思主义的根本方法和原则，是构建中国民族理论话语体系应该坚持的科学态度。“‘实事’就是客观存在的一切事物，‘是’就是客观事物的内部联系，即规律性，‘求’就是我们去研究。”② 实事求是思想内在地包含一切从实际出发，理论联系实际，在实践中检验真理和发展真理的内容。其中，从“实事”出发，即一切从实际出发是贯彻实事求是的前提和基础，理论联系实际是“去研究”“求”规律的根本途径，是贯彻实事求是的根本途径，实践是实事求是的检验标准和目的。

（一）坚持一切从实际出发

一切从实际出发，就是要以中国客观存在的民族社会实体、以不断变化发展着的民族问题和现象作为构建中国民族理论话语体系的根本立足点，从大量的民族现象中，“从事实的整体上、从它们的联系中去掌握事实”③ 的总和，去发现事实的确凿证据。把握民族事实的总和，从整体和联系中把握民族事实，最根本的是抓作为矛盾聚焦点的事实：“一是抓住最简单、最普通、最基本、最常见、最平凡的事实，此类事实能够反映某一社会的基本属性和根本矛盾。”④ 比如，当前中国最基本的民族问题是民

---

① 郝时远：《中国共产党怎样解决民族问题》，江西人民出版社，2011 年版，第 14 页。

② 《毛泽东选集》第 3 卷，人民出版社，1991 年版，第 801 页。

③ 《列宁全集》第 28 卷，人民出版社，1988 年版，第 364 页。

④ 侯惠勤：《马克思主义方法论的四大基本命题辨析》，《哲学研究》2010 年第 10 期。

族地区与汉族地区的发展差距问题，反映了少数民族和民族地区发展愿望和自我发展能力不足的矛盾。城镇化是衡量现代化的重要标志，“少数民族人口城镇化率仅为32.84%，低于汉族20个百分点，低于全国平均水平17个百分点。维吾尔、藏、彝族的农牧业人口均占83%，位居全国首位。”① 另外，民族地区的工业化水平也远远低于其他地区的发展水平。因此，发展仍然是解决我国民族问题的关键。“二是抓住最反常，最病态，最不尽情理，最不可理喻的事实，此类事实反映了某一社会的矛盾尖锐化和对抗程度，是其病根所在，问题所在。”② 就当前中国民族问题而言，最反常的“事实”是近年来“藏独”“东突”势力持续制造暴力恐怖事件，这使我们面临着一场特殊而艰巨的斗争。“三是抓住最新大量出现、且不断增长而具有普遍化趋势的事实，此类事实预示着社会矛盾的发展趋势。”③ 关注民族问题的“事实”应该不断总结和预见发展过程中出现的新阶段性特征，正如当前随着民族交往密度和范围的扩大而引起的各民族间的文化冲突和利益冲突的越来越突出，少数民族大量进入城市而引起的管理问题等，这些问题突出反映了我国市场化、工业化、城镇化、信息化进程对民族地区的影响。当前中国已经进入各民族跨区域大流动的活跃期，各民族交往交流交融正在以前所未有的广度和深度推进，这要求我们更应该高度重视这一问题。总之，构建中国民族理论话语体系，关键就是用中国的理论解读中国实际，关注民族发展中出现的问题，对其进行理性的认识和科学的解答。

（二）坚持理论联系实际

中国民族理论话语体系是对中国解决民族问题之现实路径的理论反映，是认识中国民族现象之价值观念的反映，它与中国民族发展的实际互为表里、互相促进。

理论联系实际，一方面应该运用中国的民族理论研究中国民族发展实际，解答民族问题，另一方面还应该把民族问题的解决和发展经验上升为理论，不断概括出科学的、融通的、开放的、新的理论范畴和新的语言表述，在实践中丰富和发展中国民族理论话语体系。

中国共产党历来重视马克思主义民族理论话语和中国民族问题实际的结合和互动。改革开放以来，我国召开的每一次中央民族工作会议都是基于民族问题和民族工作出现新的阶段特点和挑战，需要做出新判断和新举

① 郝时远：《大国成长与民族问题：中国及其国际比较》，《国际经济评论》2014年第5期。

② 侯惠勤：《马克思主义方法论的四大基本命题辨析》，《哲学研究》2010年第10期。

③ 侯惠勤：《马克思主义方法论的四大基本命题辨析》，《哲学研究》2010年第10期。

措的关键时期。不同阶段的会议主题会根据新的实际而有所调整，其侧重点也会根据解决民族问题具体实践的需要而有所变化。但是，每一次会议的宗旨始终没有脱离马克思主义强调的民族平等、民族团结和各民族的共同发展繁荣。同时，每一次会议都会对前期民族工作进行科学的理论总结，这些总结一次比一次丰富、一次比一次完善，也一次比一次更加切合中国实际。1992 年的民族工作会议就概括总结了中国共产党“运用马列主义、毛泽东思想观察和处理民族问题，在几十年的实践中，形成了一系列基本的观点和政策”①。特别是对民族问题有了新的概括，明确提出了民族工作的长期性、复杂性和重要性。2005 年，第三次中央民族会议之后形成了《中共中央国务院关于进一步加强民族工作，加快少数民族和民族地区经济社会发展的决定》，其中对中国共产党关于民族问题的基本理论和政策做了“十二条”概括，对中国特色社会主义民族理论做了集中表达，为构建中国民族理论话语体系提供了理论阐释的支点。而 2014 年 9 月份召开的第四次中央民族会议对我国解决民族问题的道路、制度、理论和政策实践做出了新的概括和总体判断，深刻阐明中国特色解决民族问题正确道路的科学内涵，对中国特色解决民族问题的正确道路做出“八个坚持”的精辟概括。“八个坚持”涵盖了党的领导、中国特色社会主义道路、维护祖国统一、各民族一律平等、民族区域自治、“两个共同”主题、打牢中华民族共同体的思想基础、依法治国等方面的内容，对民族工作理论和实践做出了新的科学总结，也为我们构建中国特色民族理论话语体系提供了基本遵循。总之，正是这些对民族工作实践的经验总结，又反过来指导民族工作实践的顺利进行，实现了理论与实际的互动统一。

坚持中国民族理论话语体系与中国具体实际相结合，特别要注意克服“教条主义”和“经验主义”两种形式的主观主义。在这方面，中国共产党树立了成功典范。例如新中国选择民族区域自治制度就克服了对苏联联邦制的“经验主义”，而新中国的民族识别工作就克服了对斯大林民族理论的“教条主义”。

（三）坚持在实践中检验理论和发展理论

实践是理论产生、发展的源头活水，构建中国民族理论话语体系，离不开中国实践的基础性作用。中国民族理论话语体系需要从实践中产生、在实践中发展、用实践来检验、到实践中指导，它是随着实践发展而不断完善、丰富和发展的开放体系。丰富鲜活的中国实践，始终是中国民族理

① 中央民族事务委员会、中共中央文献研究室编：《民族工作文献选编（1990—2002 年）》，中央文献出版社，2003 年版，第 40 页。

论话语体系产生的不竭源泉、发展的根本依据和检验的唯一标准。

民族区域自治制度在我国的实践已经走过了60多年的发展历程，“在维护祖国统一、领土完整、民族团结和社会稳定方面，在保障少数民族平等权利和促进自治地方各民族人民共同繁荣发展方面，取得了显著的成就”①。构建中国民族理论话语体系，一定要利用好民族区域自治政策这一优势话语资源。但是，制度设计、政策理念的先进性，并不意味着制度优越性、政策保障性的成功实践。事实上，当前中国还处于社会主义初级阶段的建设实践，这个特殊国情限制了先进制度设计实现的程度。在实践中，我们不能因为现阶段出现的民族问题而否定我们的民族制度和政策，也不能盲从于民族制度和政策，必须重视实践中民族政策的坚持、完善和发展。而且任何一种理论，只有通过反复的实践，才能不断丰富与发展，因为实践也是一定社会历史条件下的实践，它也要受到一定制约。

总之，构建中国民族理论话语体系是一个动态的命题，必须接受实践的不断检验，并在实践中不断丰富和发展，升华理论的合理性，实现科学指导实践的目的。

---

① 郝时远：《中国共产党怎样解决民族问题》，江西人民出版社，2011年版，第23页。